CB058904

REINVENTANDO O CAPITALISMO DE ESTADO

Aldo Musacchio e Sergio G. Lazzarini

REINVENTANDO O CAPITALISMO DE ESTADO

O Leviatã nos negócios: Brasil e outros países

TRADUÇÃO
Afonso Celso da Cunha Serra

PORTFOLIO
PENGUIN

Copyright © 2014 by the President and Fellows of Harvard College Published by arrangement with Harvard University Press

A Portfolio-Penguin é uma divisão da Editora Schwarcz S.A.

Grafia atualizada segundo o Acordo Ortográfico da Língua Portuguesa de 1990, que entrou em vigor no Brasil em 2009.

PORTFOLIO and the pictorial representation of the javelin thrower are trademarks of Penguin Group (USA) Inc. and are used under license. PENGUIN is a trademark of Penguin Books Limited and is used under license.

TÍTULO ORIGINAL Reinventing State Capitalism: Leviathan in Business, Brazil and Beyond
CAPA Rob Friede
FOTO DE CAPA Cássio Vasconcellos/ SambaPhoto
PREPARAÇÃO Luciana Araujo
ÍNDICE REMISSIVO Probo Poletti
REVISÃO Marise S. Leal, Ana Maria Barbosa e Adriana Bairrada
REVISÃO TÉCNICA João Mancel P. de Mello e Vinicius Carrasco

Dados Internacionais de Catalogação na Publicação (CIP)
(Câmara Brasileira do Livro, SP, Brasil)

Musacchio, Aldo
Reinventando o capitalismo de Estado : o Leviatã nos negócios : Brasil e outros países / Aldo Musacchio e Sergio G. Lazzarini; tradução Afonso Celso da Cunha Serra. — 1ª ed. — São Paulo : Portfolio-Penguin, 2015.

Título original: Reinventing State Capitalism: Leviathan in Business, Brazil and Beyond.
ISBN 978-85-8285-004-6

1. Brasil – Condições econômicas 2. Brasil – Condições sociais 3. Brasil – Política econômica 4. Capitalismo 5. Economia I. Lazzarini, Sergio G. II. Título.

14-09452   CDD-330.15

Índice para catálogo sistemático:
1. Capitalismo : Economia 330.15

[2015]
Todos os direitos desta edição reservados à
EDITORA SCHWARCZ S.A.
Rua Bandeira Paulista, 702, cj. 32
04532-002 — São Paulo — SP
Telefone (11) 3707-3500
Fax (11) 3707-3501
www.portfolio-penguin.com.br
atendimentoaoleitor@portfoliopenguin.com.br

A Ximena e Valentina
A Edite e Juliana

SUMÁRIO

Introdução   9

I. A reinvenção do capitalismo de Estado no mundo

1. Ascensão e queda do Leviatã como empreendedor   35
2. Visões sobre o capitalismo de Estado   74

II. O Leviatã como empreendedor e como investidor majoritário no Brasil

3. Evolução do capitalismo de Estado no Brasil   103
4. O Leviatã como gestor: São importantes os CEOs de empresas estatais?   142
5. A queda do Leviatã como empreendedor no Brasil   168
6. Domando o Leviatã? Governança em empresas petrolíferas estatais   193

III. O Leviatã como investidor minoritário

7. O Leviatã como acionista minoritário   229
8. A tentação do Leviatã: O caso Vale   254
9. O Leviatã como emprestador: Bancos de desenvolvimento e capitalismo de Estado   271
10. O Leviatã como emprestador: Política industrial versus política partidária   300

Conclusões e ensinamentos   322

Agradecimentos   341
Notas   345
Índice remissivo   391

INTRODUÇÃO

EM MAIO DE 2007, a JBS, empresa brasileira até então relativamente desconhecida, adquiriu a Swift & Co por 1,4 bilhão de dólares e, de uma hora para a outra, tornou-se a maior processadora de carnes do mundo. Dois anos depois, em setembro de 2009, a JBS fez outra manobra surpreendente ao adquirir a Pilgrim's Pride, tradicional processadora de carnes americana, por 2,8 bilhões de dólares. Onde uma empresa brasileira mais ou menos desconhecida teria obtido os fundos necessários para financiar essas aquisições? A resposta é simples. O Banco Nacional de Desenvolvimento Econômico e Social — empresa pública federal brasileira, conhecida como BNDES — escolheu a JBS como "campeã nacional" e concedeu-lhe financiamento para tornar-se ator dominante no mercado global de carne bovina e de frango. Em consequência do investimento de 4 bilhões de dólares na JBS, o BNDES acabou controlando 30,4% da composição acionária da empresa, tornando-se o maior acionista minoritário da Swift e da Pilgrim's Pride.[1] Essas transações, como muitas outras conduzidas por governos e bancos de desenvolvimento em todo o mundo, suscitam questões interessantes. Os governos devem usar bancos de desenvolvimento, como o BNDES, para apoiar empresas privadas? Os governos devem apoiar empresas privadas, tornando-se acionistas minoritários? Quais são as implicações desses investimentos para as empresas e para os países?

Em julho de 2010, enquanto a história da JBS se desenrolava no Brasil, um consórcio de bancos de investimento no outro lado do mundo lançava a oferta pública inicial (IPO) do Agricultural Bank of China (ABC) nas Bolsas de Valores de Xangai e de Hong Kong. Tradicionalmente, o ABC sempre atuara como "banco político", ou seja, instituição financeira que emprestava de acordo com os interesses dos líderes do Partido Comunista chinês. Consequentemente, em 2008, mais de 25% de seus empréstimos eram considerados de liquidação duvidosa. Para consertar o ABC antes do IPO, o governo socorreu a instituição financeira, limpou seu balanço patrimonial e reformulou seus processos de governança.

O interesse dos investidores foi enorme. Tratava-se do maior IPO do mundo na época. Levantou quase 22 bilhões de dólares em ações — 15% do capital da empresa — e, em dois meses, o valor das ações aumentou em quase 30% em relação ao preço de emissão. Não estava claro, entretanto, se os investidores que compraram as ações sabiam onde estavam entrando. Eles estariam mal orientados? O governo chinês merecia confiança como investidor majoritário?

Em ambos os casos, os investidores se defrontavam com algo que era, sem dúvida, capitalismo de Estado, mas não se podia negar que não era o mesmo capitalismo de Estado com que estavam acostumados. Neste livro, estudamos a ascensão dessas novas formas, em que o Estado trabalha de mãos dadas com os investidores privados em novos arranjos de governança. Definimos capitalismo de Estado como *a influência difusa do governo na economia, seja mediante participação acionária minoritária ou majoritária nas empresas, seja por meio do fornecimento de crédito subsidiado e/ou de outros privilégios a negócios privados.* As novas variedades de capitalismo de Estado diferem dos modelos mais tradicionais, em que os governos são proprietários e gestores de empresas estatais (SOEs),[2] como extensões da burocracia pública. Denominamos esse modelo tradicional *Leviatã como empreendedor.*

INTRODUÇÃO

Identificamos dois novos modelos de capitalismo de Estado que vão além do modelo de Leviatã como empreendedor. No modelo *Leviatã como investidor majoritário*, assim como no exemplo do Agricultural Bank of China, o Estado ainda é o acionista controlador, mas as empresas estatais apresentam características de governança diferentes que possibilitam a participação de investidores privados. No modelo *Leviatã como investidor minoritário*, o capitalismo de Estado adota forma mais híbrida, em que o Estado renuncia ao controle de suas empresas em favor de investidores privados, mas continua presente, com participações acionárias minoritárias, por meio de fundos de pensão, de fundos soberanos e do próprio governo. Neste último modelo, também incluímos a autorização de empréstimos a empresas privadas por bancos de desenvolvimento e outras instituições financeiras estatais. Em nossa opinião, portanto, o surgimento de campeões nacionais, como a JBS, cuja expansão se baseou em capital subsidiado pelo governo do país de origem, é manifestação do modelo do Leviatã como investidor minoritário.[3]

Os exemplos do Agricultural Bank of China e da JBS não são exceções curiosas. Conforme alguns cálculos, as empresas sob controle governamental respondem por um quinto do total do valor de mercado das ações negociadas em Bolsas de Valores em todo o mundo.[4] Na Itália, por exemplo, as empresas estatais listadas em Bolsa (com participação acionária minoritária ou majoritária do governo) respondem por mais de 20% da capitalização do mercado de ações. Na Grécia, a proporção chega a 30%, enquanto nos Países Baixos e na Suécia está mais perto de 5%.[5] Nos grandes mercados, como Rússia e Brasil, as empresas controladas pelo governo ou em que o Estado tem participação significativa dominam as negociações e respondem por algo entre 30% a 40% da capitalização de mercado. Na China, as empresas em que o governo é acionista controlador respondem por mais de 60% da capitalização do mercado de ações.[6] Além disso, em nossas análises de empresas estatais em numerosos países emergentes (ver capítulo 1), o modelo do Leviatã como investidor minoritário é predominante, abrangendo cerca de metade das empresas em que o governo tem participação acionária (as demais são estatais com participação acionária majoritária do Estado).

Portanto, é muito provável que os investidores globais pelo menos tenham considerado as empresas estatais como possíveis alvos de investimentos. De fato, nove dos quinze maiores IPOs do mundo entre 2005 e 2012 foram vendas de participações acionárias minoritárias por estatais, a maioria delas de países em desenvolvimento.[7] Uma das razões pelas quais os investidores não temem comprar esses títulos mobiliários é o fato de os governos dividirem os rendimentos com eles, o que no mais das vezes resulta em retornos mais altos. Por exemplo, de acordo com um relatório do Morgan Stanley, as ações de empresas estatais negociadas nas Bolsas de Valores da Europa, do Oriente Médio, da África e da América Latina, entre 2001 e 2012, "geraram retornos superiores [aos] do benchmark [índices que lhes serviam de referência]".[8]

Além disso, as empresas que estudamos não são de modo algum pequenas. As estatais, tipicamente, estão entre as maiores companhias abertas dos mercados de ações dos países em desenvolvimento. De fato, as grandes estatais também são algumas das empresas mais lucrativas do mundo. O número de estatais entre as cem maiores empresas da lista da *Fortune* "Global 500", que classifica as empresas por receita, aumentou de onze, em 2005, para 25, em 2010. Em 2005, não havia estatais entre as dez primeiras colocadas, mas, em 2010, já havia quatro — Japan Port Holding, Sinopec e China National Petroleum (duas petroleiras estatais chinesas), e State Grid (concessionária de serviços públicos chinesa).[9]

Muitos observadores, no entanto, veem com apreensão o surgimento de novas formas de capitalismo de Estado. O analista político Ian Bremmer[10] caracteriza esse capitalismo como "um sistema em que o Estado atua no papel de principal ator econômico e usa os mercados basicamente para ganhos políticos".[11] Uma conferência na Harvard Business School, reunindo fundadores e CEOs de algumas das maiores empresas do mundo, identificou o capitalismo de Estado e seu apoio a campeões nacionais como uma das dez mais importantes ameaças ao capitalismo de mercado.[12] Os gestores de empresas privadas não raro se queixam de enfrentar concorrentes que contam com forte apoio ou subsídio dos governos locais.

INTRODUÇÃO

Embora nem todos os investidores e formuladores de políticas expressem a mesma apreensão,[13] para muitos as preocupações decorrem da vasta literatura teórica e empírica, mostrando que, *em média*, as empresas estatais são menos eficientes que suas contrapartes do setor privado (ver, a título de revisão, Megginson e Netter, 2001).[14, 15] Nessa literatura, encontram-se três explicações amplas para a ineficiência da propriedade estatal.[16] De acordo com a *visão de agência*,* as estatais são ineficientes porque seus gestores carecem de incentivos poderosos e de monitoramento adequado, seja dos conselhos de administração, seja do mercado, ou simplesmente porque os gestores, para começar, foram mal selecionados.[17] De acordo com a *visão social*, empresas estatais têm objetivos sociais que às vezes conflitam com a rentabilidade. Por exemplo, podem ser incumbidas de maximizar o emprego ou de abrir unidades de produção deficitárias em áreas pobres.[18] De acordo com a *visão política*, as fontes de ineficiência residem no fato de os políticos usarem as empresas estatais em proveito próprio ou para o benefício de empresários com boas relações políticas. Além disso, os gestores de grandes estatais não sofrem pressão o suficiente para apresentar resultados, pois sabem que o governo os socorrerá se levarem as empresas à falência.[19] A participação do Estado, portanto, alimentaria a "mão espoliadora" prejudicial à eficiência econômica.[20]

Em contraste, os defensores da *visão de política industrial* veem o investimento do Estado como maneira de promover o desenvolvimento além do que seria possível em condições de livre mercado. Desse ponto de vista, os governos deveriam ajudar as empresas a desenvolver novas capacidades, diminuindo as restrições de capital,[21] reduzindo os custos de pesquisa e desenvolvimento ou coordenando os recursos e as empresas em busca de novos projetos com maiores efeitos de externalidades

---

* Problemas de agência podem ocorrer em uma empresa quando há separação entre propriedade e controle, o que implica desalinho ou conflito de interesses entre os gestores e os proprietários ou acionistas. (N. E.)

positivas.*²² De acordo com essa visão, a criação de novas capacidades na economia local exige a "mão solidária" do governo para mitigar todos os tipos de falhas de mercado.

O objetivo deste livro não é avaliar o grau de acerto das diferentes visões, tampouco pretende testar se as empresas privadas são mais eficientes que as estatais. O propósito deste livro é compreender (a) como o mundo veio a adotar novas formas de capitalismo de Estado e (b) em que circunstâncias essas novas formas superam alguns dos problemas salientados pela literatura e solucionam insuficiências do mercado que inibem o desenvolvimento. Embora cada capítulo proponha e verifique hipóteses explícitas relacionadas com diferentes visões do papel das empresas estatais, o livro como um todo trata das nuances da intervenção do Estado e das condições que tornam essa atuação mais ou menos eficaz.²³

Além disso, não tentamos argumentar que a privatização não seja política desejável. Achamos, porém, que o retrocesso em relação às privatizações plenas em grandes mercados desenvolvidos e em desenvolvimento torna relevante o estudo de novas formas de capitalismo de Estado. Isto é, mesmo que as novas formas de propriedade estatal que estudamos sejam uma segunda melhor solução [*second-best*], elas em geral são soluções politicamente aceitáveis. Nos mercados emergentes, os governos depararam com forte oposição política a programas de privatização abrangentes. Shirley²⁴ mostra que, na América Latina, a rejeição popular à privatização aumentou entre a década de 1990 e começo da década de 2000. Nos países do BRIC, os programas de privatização quase pararam no Brasil e na Índia e vêm prosseguin-

---

* Uma atividade gera externalidades positivas quando seus benefícios sociais vão além dos benefícios gerados para os agentes que desempenham essa atividade. É o caso de pesquisa e desenvolvimento que induzem inovações. Por exemplo, uma inovação produzida por uma empresa do setor A pode beneficiar empresas do setor B, e os retornos sociais associados à inovação (os benefícios líquidos da empresa do setor A, que promoveu a inovação, e os benefícios gerados para as empresas do setor B, que utilizarão a inovação) são maiores que o retorno privado, isto é, que os benefícios líquidos gerados pela empresa do setor A. (N. E.)

do em ritmo gradual na China e na Rússia, com esses governos agora preferindo privatizar apenas pequena parcela do capital próprio de suas grandes estatais.

Por fim, tampouco argumentamos que as novas variedades de capitalismo de Estado são *universalmente* melhores que as anteriores. Ressaltamos que as novas variedades também têm limites quando se trata de refrear a tentação do governo de intervir politicamente nas empresas. No modelo em que o Leviatã é investidor majoritário, por exemplo, o governo ainda é investidor controlador e, na falta de freios e contrapesos, pode ser levado a intervir em setores estratégicos, como energia, mineração e serviços de utilidade pública. No modelo em que o Leviatã é acionista minoritário, os investimentos de capital próprio ou as concessões de empréstimos podem na verdade beneficiar capitalistas com ligações políticas em vez de empresas com restrições financeiras.

A reinvenção do capitalismo de Estado

Como evoluíram as novas formas de capitalismo de Estado nos últimos anos? Para alguns observadores, a ascensão do capitalismo de Estado ao proscênio dos mercados globais é consequência da crise financeira global que começou em 2008. Bremmer,[25] por exemplo, vê a crise como um abalo que levou ao ressurgimento alarmante do capitalismo de Estado. Parte da preocupação decorre do fato de que, mesmo numa economia liberal como a dos Estados Unidos, a crise levou o governo a socorrer empresas como a General Motors e a AIG, um grande grupo segurador, tornando-se acionista minoritário daquela e acionista majoritário desta. Como mostram os exemplos do Agricultural Bank of China e da JBS, contudo, o capitalismo de Estado estava vivo e ativo — e até em expansão — *antes* da crise.[26] Empresas de propriedade estatal e operadas pelo governo foram privatizadas em massa nas décadas de 1980, 1990 e no começo da década de 2000, mas a participação e a influência do Estado nessas empresas prosseguiu.

O capitalismo de Estado atingiu o auge na década de 1970, quando os governos europeus estatizaram grande número de empresas. Mais ou menos na mesma época, os governos de países em desenvolvimento estatizaram empresas ou criaram dezenas ou centenas de novas empresas, passando à condição de proprietários desses empreendimentos. Em consequência, no final da década de 1970, a produção das estatais como proporção do PIB alcançou 10% em economias mistas e quase 16% nos países em desenvolvimento.

Em seguida, entre os anos 1970 e a virada para o século XXI, os governos mudaram a maneira como controlavam e gerenciavam as empresas. Na década de 1980, os governos e as agências multilaterais fizeram experiências de reformas nas estatais como meio para atenuar as dificuldades financeiras com que defrontavam as empresas e os próprios Estados. As autoridades públicas tentaram mudar a governança, estabelecer contratos de desempenho com as empresas e com os gestores e desenvolver programas de treinamento para os seus executivos.[27]

Esses esforços, porém, foram inúteis, e o custo político da privatização começou a parecer pequeno em comparação com as perdas que afligiam as empresas estatais. Por exemplo, em consequência dos choques do petróleo da década de 1970 e do aperto de liquidez do começo da década de 1980, as estatais de todo o mundo incorreram em perdas médias equivalentes a 2% do PIB, cifra que alcançava 4% nos países em desenvolvimento.[28] Esses prejuízos por fim se converteram em déficits nos orçamentos nacionais, que acabaram explodindo quando as taxas de juros dispararam nos Estados Unidos, em 1979, e depois que os mercados de empréstimos se fecharam para os países em desenvolvimento na esteira do calote da dívida do México, em 1982.[29] Finalmente, em consequência desses choques macroeconômicos e da queda do bloco socialista, os governos acabaram privatizando milhares de empresas,[30] abrindo suas economias para o comércio internacional e, aos poucos, desmantelando os controles de capital.

No entanto, como a privatização desenfreada envolvia altos custos políticos, algumas estatais foram privatizadas apenas em parte. Em todo o mundo, os governos se tornaram acionistas controla-

INTRODUÇÃO

dores ou investidores minoritários de grande número e de grande variedade de empresas, como se vê com clareza no estudo de Bortolotti e Faccio[31] sobre empresas estatais nos países da OCDE (Organização para a Cooperação e Desenvolvimento Econômico), assim como nas evidências que apresentamos no capítulo 1 referentes a amostra mais ampla de países. Por volta de 2005, enquanto países como Austrália, Áustria, Bélgica, Chile, Dinamarca, Nova Zelândia, Eslovênia e Reino Unido possuíam menos de cinquenta estatais controladas pelo governo, outros países como Canadá, Finlândia, França, Grécia, Itália, Israel, Noruega e Suécia tinham de cinquenta a cem. República Tcheca, Alemanha, Coreia, México, Polônia e Espanha, por sua vez, tinham mais de cem dessas empresas. Relatório mais recente da OCDE[32] descobriu que as empresas estatais tinham capital próprio total de 1,4 trilhão de dólares, do qual 61% era representado por companhias em que o governo detinha participações minoritárias. Mercados emergentes, como Rússia e China, tinham milhares de estatais, e outros como Brasil, Índia, Polônia e África do Sul tinham mais de duzentas estatais, no nível federal, e muitas outras nos três níveis: federal, estadual ou municipal.

Portanto, a organização do capitalismo de Estado e da propriedade estatal que observamos na virada para o século XXI é o desfecho de um longo processo de mudança, com a adoção gradual do que se aprendeu ao longo de trinta anos de pesquisas sobre governança e teorias de agência,[33] e após muitas décadas de experimentação com reformas de estatais e privatizações plenas e parciais.* [34]

Estamos conscientes de que, no passado, a composição acionária das empresas estatais nos Estados Unidos e na Europa em geral incluía governos na condição de minoritários.[35] No século XXI, entretanto, as estruturas de propriedade de muitas estatais se ajustaram a regras mais

---

* As teorias de agência estudam mecanismos que têm por objetivo mitigar problemas relacionados ao desalinho de interesses entre um principal (por exemplo, o conselho de administração de uma empresa) e agentes que tomem decisões em seu nome (como os gestores da empresa). (N. E.)

rigorosas de governança e a exigências mais severas para a listagem das empresas em Bolsas de Valores.

Novas variedades de capitalismo de Estado

Nossa conceituação de novas formas de capitalismo de Estado, portanto, é cheia de nuanças para evitar as visões dicotômicas que permeiam parte da literatura. Bremmer[36] trata o capitalismo de Estado como modelo geral de capitalismo, imbricado com uma forma idealizada de economia de mercado liberal em que o governo não intervém na direção das empresas nem na alocação do crédito. Para nós, há mais tons de cinza entre os extremos. Ampliamos, portanto, o espectro da intervenção do Estado para incluir não só o modelo em que o Leviatã é empreendedor — controlando e gerenciando as empresas estatais[37] —, mas também os modelos em que o Leviatã é investidor majoritário ou investidor minoritário (ver figura I).[38]

Figura I. Variedades de capitalismo de Estado: Modelos de organização alternativos

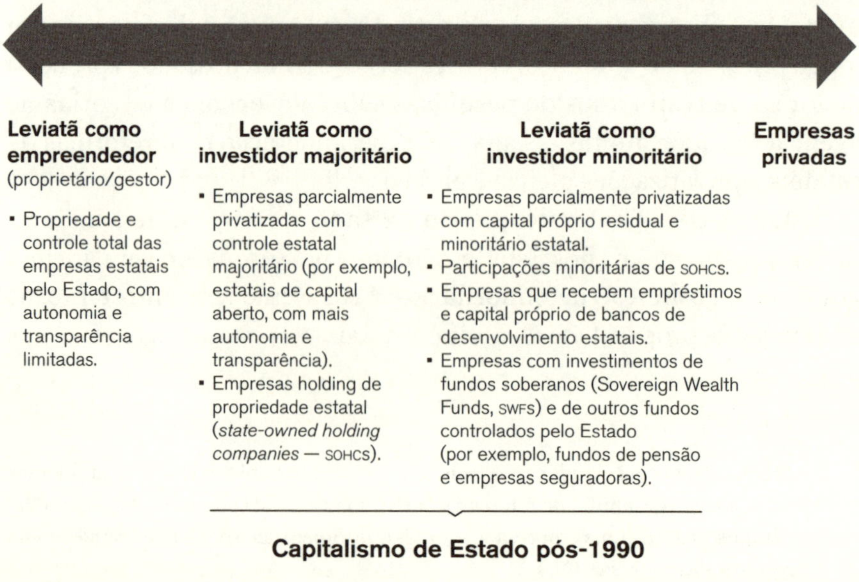

Leviatã como empreendedor (proprietário/gestor)	Leviatã como investidor majoritário	Leviatã como investidor minoritário	Empresas privadas
• Propriedade e controle total das empresas estatais pelo Estado, com autonomia e transparência limitadas.	• Empresas parcialmente privatizadas com controle estatal majoritário (por exemplo, estatais de capital aberto, com mais autonomia e transparência). • Empresas holding de propriedade estatal (*state-owned holding companies* — SOHCS).	• Empresas parcialmente privatizadas com capital próprio residual e minoritário estatal. • Participações minoritárias de SOHCS. • Empresas que recebem empréstimos e capital próprio de bancos de desenvolvimento estatais. • Empresas com investimentos de fundos soberanos (Sovereign Wealth Funds, SWFS) e de outros fundos controlados pelo Estado (por exemplo, fundos de pensão e empresas seguradoras).	

Capitalismo de Estado pós-1990

INTRODUÇÃO

No modelo do *Leviatã como investidor majoritário*, o governo converte em empresa ou lista em Bolsa de Valores empreendimentos públicos ou estatais. Essa é uma forma de privatização parcial em que o Estado retém o controle acionário enquanto atrai investidores privados minoritários. Embora haja amplas variações na configuração de governança dessas empresas, as estatais de capital aberto tendem, em geral, a ter relativa autonomia financeira, gestão profissional, conselhos de administração com alguns membros independentes e auditoria das demonstrações financeiras por auditores independentes. Em alguns casos, os governos exercem o controle como investidores majoritários por meio das denominadas empresas holding de propriedade estatal (SOHCS) — estruturas de propriedade piramidais em que o governo é proprietário majoritário da empresa, que, então, detém participações majoritárias ou minoritárias no capital próprio de outras empresas.[39]

Os governos também podem influenciar indiretamente a economia, atuando como acionista minoritário e fornecedor de empréstimos de empresas privadas. Esse é o modelo que denominamos *Leviatã como investidor minoritário*. Trata-se de capitalismo de Estado mais matizado e híbrido em que participantes privados gerenciam a empresa que o governo deseja apoiar com recursos financeiros. Em nossa opinião, esse modelo de capitalismo de Estado está menos sujeito aos problemas de agência e às injunções sociais que afligem as empresas sob a propriedade e o controle integral do governo. Além disso, a intervenção política também deve ser baixa ou mínima (embora presente) nessa forma de propriedade estatal.[40]

A participação minoritária do Estado em empresas é fenômeno crescente em todo o mundo. Argumentamos que vários são os canais pelos quais os Estados atuam como acionistas minoritários, como manter diretamente ações residuais em empresas parcialmente privatizadas e usar empresas holding de propriedade estatal para manter participações minoritárias em várias empresas controladas por investidores privados. Nesse modelo, os governos também usam bancos de desenvolvimento, fundos soberanos (SWFS) e outros fundos controlados pelo Estado (como fundos de pensão e seguradoras) para emprestar ou investir em empresas privadas. Na Índia, por exemplo, a Life Insurance

Corporation praticamente atua como empresa holding do governo com investimentos em torno de 50 bilhões de dólares em setembro de 2011. No Brasil, como mostra o exemplo da JBS, o BNDES injetou dinheiro ativamente em empresas locais.

Para resumir as diferenças entre os vários modelos de capitalismo de Estado, a tabela I explica as principais fontes de ineficiência em empresas estatais, de acordo com a visão de agência, com a visão social e com a visão política de como essas falhas poderiam ser abordadas pelo Leviatã nos modelos de investidor majoritário e de investidor minoritário.

Somos, no entanto, cautelosos porque, mesmo que esses novos modelos de capitalismo de Estado tenham melhorado os incentivos e o monitoramento dentro da empresa e, em alguns casos, tenham blindado as estatais contra interferências políticas diretas, os governos ainda podem intervir e, em alguns casos, de fato intervêm. Esses novos modelos têm seus limites e, em alguns casos, podem entrar em colapso quando a tentação do governo para intervir se torna irresistível, por exemplo, durante grave crise econômica ou antes de eleição muito acirrada. Como analisamos em todo o livro, reduzir a intervenção política no modelo em que o governo é acionista majoritário ou reduzir os problemas de agência no modelo em que é acionista minoritário dependerá não só da garantia de observância, no âmbito privado, dos direitos dos investidores (por exemplo, com base nos próprios estatutos da empresa e por meio da capacidade dos mercados de ações e das agências de *rating* de evitar abusos contra os acionistas minoritários), mas também das proteções legais e regulatórias que atam as mãos do governo e evitam interferências discricionárias.

Nos dois últimos capítulos do livro, atentamos para além do envolvimento do governo como acionista majoritário ou minoritário a fim de examinar os casos em que os governos usam bancos de desenvolvimento de propriedade estatal para oferecer às empresas privadas empréstimos subsidiados a longo prazo. Os bancos de desenvolvimento, em especial, são veículos importantes, e pouco estudados, de participação minoritária do Estado. Essas instituições devem ser intermediários financeiros relativamente autônomos, especializados em prover crédito de longo

Tabela 1. Teorias das eficiências e ineficiências das empresas estatais

Teoria da ineficiência da empresa estatal	O Leviatã como empreendedor (isto é, proprietário e gestor)	O Leviatã como investidor majoritário	O Leviatã como investidor minoritário
Visão social	Duplo resultado (por exemplo, maximização do lucro juntamente com outros objetivos sociais, como inflação baixa ou emprego alto).	Maximização do valor para os acionistas suscetível de interferências políticas, se a empresa não estiver isolada. Probabilidade de conflitos se a busca da lucratividade pelos acionistas minoritários se chocar com a busca de objetivos sociais e políticos pelos governos.	Maximização do valor para os acionistas. Minimização da intervenção do governo em busca de objetivos sociais (exceto nos casos em que os governos retêm capacidade de intervenção residual).
	Horizonte de longo prazo; governo como investidor paciente que tolera perdas.	Probabilidade de objetivos de mais curto prazo: os mercados geralmente são impacientes com os prejuízos; as pressões do mercado, no entanto, podem ajudar a evitar pressões de curto prazo resultantes dos ciclos políticos.	Predomínio do curto prazo para agradar os analistas de mercado e os investidores.
Visão política	Nomeação dos CEOs com base em outros critérios que não o mérito (por exemplo, ligações políticas).	Gestores profissionais, selecionados pelo conselho de administração. O governo exerce forte influência sobre o investidor majoritário.	Gestores profissionais selecionados pelo conselho de administração. A opinião do governo só importa quando ele é acionista importante ou quando entra em conluio com outros acionistas.
	Os governos usam as empresas estatais para atenuar os ciclos econômicos (por exemplo, admitir mais ou demitir menos trabalhadores que o necessário).	O efeito é reduzido se a empresa estiver imune a intervenções políticas.	Pouca interferência política na gestão, a não ser nos setores em que o governo tem a tentação de intervir (por exemplo, setores de recursos naturais) e quando o governo entra em conluio com outros acionistas minoritários.
	Poucas limitações orçamentárias (socorro pelo governo).	Não há risco claro de falência (os governos provavelmente as socorrerão).	Grandes limitações orçamentárias, exceto quando a empresa é escolhida como campeã nacional. Nesse caso pode ser socorrida se for considerada "grande demais ou importante demais para falir".

(continua)

Tabela 1. (continuação)

Teoria da ineficiência da empresa estatal	O Leviatã como empreendedor (isto é, proprietário e gestor)	O Leviatã como investidor majoritário	O Leviatã como investidor minoritário
Visão de agência	Os gestores têm poucos incentivos.	Maior probabilidade de remuneração por desempenho, de bônus e de opções sobre ações (os incentivos talvez não sejam tão poderosos quanto os de empresas privadas).	Incentivos poderosos.
	Difícil avaliar o desempenho (os indicadores financeiros não são suficientes, não é fácil medir os objetivos sociais e políticos).	Os preços das ações e os índices financeiros funcionam como critérios de avaliação do desempenho. A satisfação e o feedback dos clientes atuam como indicadores de qualidade dos bens e/ou serviços.	Preços das ações e índices financeiros como principais critérios de avaliação do desempenho.
	Mau monitoramento: inexistência de conselho de administração (cujas funções são exercidas pelos ministros) ou predomínio de conselho de administração constituído com base em critérios políticos (poucos freios e contrapesos).	Conselho de administração com alguns membros independentes e alguns nomeados políticos; dependendo dos números, talvez promova o equilíbrio de forças entre o governo e o CEO. O governo, porém, pode cooptar membros do conselho de administração.	O conselho de administração atua como *principal* do CEO, enquanto este exerce suas funções como agente daquele (monitoramento/punição; a eficácia pode variar).
	Não há punição clara para os gestores que apresentam mau desempenho.	Os conselhos de administração podem demitir gestores com mau desempenho.	O conselho de administração pode demitir gestores com mau desempenho.
	Falta de transparência: informações financeiras incompletas.	Melhoria da transparência; em vários casos, as demonstrações financeiras seguem normas de contabilidade nacionais ou internacionais.	Melhoria da transparência; na maioria dos casos, as demonstrações financeiras seguem normas de contabilidade nacionais ou internacionais.

prazo, geralmente subsidiado, para promover a industrialização ou financiar projetos de infraestrutura.[41] No entanto, as implicações dessa atuação dos bancos de desenvolvimento em termos de comportamento e de desempenho têm sido negligenciadas na literatura, embora existam 286 bancos de desenvolvimento operando em 117 países, alguns deles muito grandes, com boa saúde financeira (como o KfW, da Alemanha; o Korea Development Bank; e o BNDES, do Brasil). Em contraste, dispõe-se de vasta literatura que mostra como bancos *comerciais*, de propriedade estatal, não funcionam bem por terem objetivos sociais e políticos que os impedem de tornar-se lucrativos.[42, 43] Não examinamos minuciosamente os bancos comerciais neste livro, porque eles se concentram principalmente no fornecimento de crédito para famílias e de capital de giro para empresas. Estamos interessados, isto sim, na análise dos bancos de desenvolvimento, que concedem empréstimos de longo prazo para promover a industrialização ou para construir a infraestrutura, razão por que tendem a associar-se intimamente ao processo de desenvolvimento econômico.[44]

O Brasil como estudo de caso

Embora apresentemos uma análise geral das novas formas de capitalismo de Estado, grande parte de nossos estudos empíricos minuciosos sobre suas implicações se baseia em dados do Brasil, no nível de empresas. Duas são as razões pelas quais achamos que o Brasil é um bom contexto em que se pode estudar a evolução do capitalismo de Estado. Primeiro, a ascensão do capitalismo de Estado no Brasil é semelhante ao que ocorreu em outros países do mundo ocidental e no Leste Asiático não comunista, onde, parte por acaso e parte de propósito, os governos acabaram controlando e gerenciando centenas de empresas entre as décadas de 1960 e 1980.[45] Portanto, usamos o caso do Brasil para mostrar como os acontecimentos externos resultaram em transformações na maneira como os governos intervieram na gestão e na propriedade das empresas, culminando com grande desmantelamento do Leviatã como modelo de empreendedorismo.

Segundo, o Brasil teve e ainda tem todos os diferentes modelos de capitalismo de Estado que queremos estudar e dispõe de dados acumulados ao longo de décadas sobre o funcionamento dessas formas. Por meio de ampla variedade de arquivos públicos e privados, conseguimos compilar bancos de dados minuciosos com diversas variáveis financeiras para estudar o desempenho das maiores empresas estatais e privadas do Brasil entre 1973 e 2009.

Com esses dados fecundos sobre as empresas brasileiras, testamos uma série de hipóteses específicas relacionadas com o estudo. Por exemplo, comparamos o comportamento de empresas privadas e estatais antes e depois dos choques de 1979-82 e mostramos que as estatais ajustaram os níveis de emprego com mais lentidão e, portanto, enfrentaram maiores prejuízos ao longo da década de 1980. Ou seja, usamos o caso detalhado do Brasil para argumentar que a grande crise do Leviatã como modelo de empreendedorismo aconteceu em grande parte porque as empresas estatais não conseguiram ajustar-se aos choques drásticos das décadas de 1970 e 1980, e, portanto, sangraram continuamente as finanças do governo.

Além disso, usamos o caso brasileiro para descrever as mudanças introduzidas na governança das estatais, especialmente depois da década de 1990. Pesquisas como as de Bortolotti e Faccio[46] e da OCDE[47] mostram como os governos se mantiveram como acionistas majoritários ou minoritários depois das privatizações da década de 1990. Esses estudos, contudo, não examinam os arranjos de governança corporativa dentro das estatais. Consideramos importante examinar como os arranjos de governança mudaram. Com efeito, achamos que as prescrições normativas decorrem do exame dos estatutos que tornaram as empresas estatais menos propensas a problemas de agência ou a intervenções políticas. No capítulo 3, mostramos detalhadamente a transformação da governança nas estatais em que o governo brasileiro é acionista majoritário, e, no capítulo 6, realizamos estudos ainda mais detalhados dos arranjos de governança pela empresa petrolífera nacional, a Petrobras, em comparação com outras empresas petrolíferas nacionais em todo o mundo.

O caso brasileiro também oferece insights singulares sobre o modelo em que o Leviatã é investidor minoritário. A grande relevância do BNDES na economia brasileira oferece um caso fecundo para estudar os bancos de desenvolvimento e seu papel como veículos de investimento do Estado na forma de participações acionárias minoritárias em empresas privadas. Portanto, com base em dados minuciosos sobre investimentos não majoritários do BNDESPAR (o braço de investimentos do Banco Nacional de Desenvolvimento Econômico e Social — BNDES), entre 1995 e 2009, fizemos estudos empíricos sobre o impacto dessas operações no comportamento das empresas. Ao examinar como o BNDES seleciona as empresas-alvo e o efeito de seus empréstimos nas empresas receptoras, em termos de desempenho e investimentos, analisamos de que maneira o Leviatã pode atuar como emprestador.

Nosso argumento geral

Nosso livro expõe três argumentos gerais. Primeiro, sustentamos que os governos aprenderam que precisam de esquemas de propriedade e de regimes de governança mais sustentáveis para as empresas estatais. Nossa narrativa histórica sustenta que, em consequência da crise de fins dos anos 1970 e princípios dos 1980, o modelo de propriedade e gestão das estatais pelo governo tornou-se muito ineficiente e converteu-se em ônus para as finanças públicas. Os governos reestruturaram seus portfólios de empresas, privatizaram aquelas em que não tinham razão política para operar e mudaram a estrutura societária de muitas nas quais realmente queriam manter participação (por exemplo, empresas estratégicas, com altas rendas oriundas de petróleo, minérios e serviços de utilidade pública). Alguns Estados, entretanto, concluíram que, a fim de desenvolver modelos mais sustentáveis para essas empresas, precisavam envolver o setor privado no monitoramento e financiamento das estatais, assim como no compartilhamento dos prejuízos desses empreendimentos. Isso significava que o Estado tinha de dividir a gestão e as rendas.

Figura II. Comparação do desempenho de empresas privadas e de empresas com 10% a 50% de participação estatal nos países do BRIC, com base no retorno sobre os ativos, 2007-9

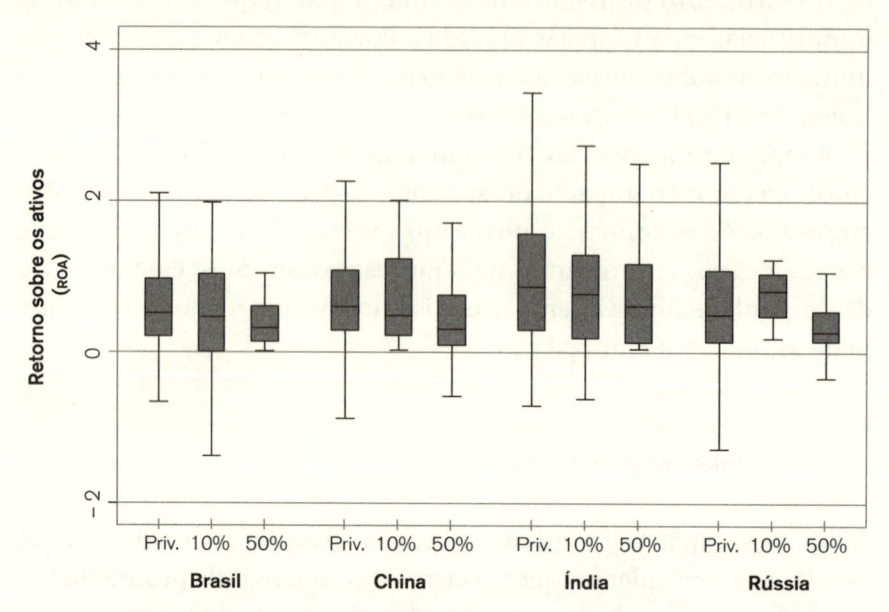

FONTE: Criada pelos autores com base em dados da Capital IQ. Esses dados resumem o desempenho das empresas estatais e das empresas privadas entre as 125 maiores empresas com ações negociadas em Bolsas de Valores do Brasil, da Rússia, da Índia e da China.
OBSERVAÇÃO: O gráfico exclui valores externos.

Segundo, em vez de debater o que é melhor, se a propriedade estatal ou a privada, sugerimos que há grande heterogeneidade em cada modelo. Em outras palavras, parte de nosso argumento é que a amplitude das variações não permite generalizações. Admitimos, contudo, que as empresas estatais mal gerenciadas estão sujeitas a interferências políticas, mas também encontramos muitas estatais nas quais, depois de mudanças em suas práticas de governança, os governos atuam como investidores, não como gestores. Também são muitos os casos de propriedade estatal minoritária que efetivamente ajudam as empresas a desenvolver novos projetos lucrativos, ao lado de outros de apoio injustificável a campeões nacionais com ligações políticas. Ver, por exemplo, na figura II, a ampla variação de desempenho em empresas privadas e em empresas nas quais o governo é acionista majoritário ou minoritário. Em síntese, qualquer tentativa genérica de afirmar se a propriedade estatal é boa ou má não capta necessariamente os matizes e as modulações das formas organizacionais que emergem da reinvenção do capitalismo de Estado documentada neste livro. Empreendemos basicamente um esforço de descoberta, nas estatais, das fontes de heterogeneidade no nível da empresa.

Terceiro, argumentamos que os novos modelos de propriedade estatal, que denominamos Leviatã como investidor majoritário e Leviatã como investidor minoritário, serão mais ou menos eficazes em decorrência de numerosas condições que esmiuçamos ao longo do livro e resumimos na conclusão. Por exemplo, se a privatização total de uma estatal não for possível, o governo pode — e deve — pelo menos melhorar os mecanismos de proteção da governança para mitigar problemas de agência e de intervenção política. Sustentamos que os novos modelos de propriedade estatal serão mais eficazes quando se associarem a arranjos de governança que impeçam práticas abusivas pelos acionistas controladores — não só quando o governo é investidor majoritário, mas também quando é investidor minoritário e os acionistas privados são capazes de desviar fundos da empresa. Assim, em nossa opinião, ao adotar o modelo em que o Leviatã é investidor minoritário, os governos devem mirar empresas privadas com boa governança e severas restrições financeiras. Com o passar do tempo, à medida que se desenvolvem os mercados de capitais locais, o Estado deve sair progressivamente da empresa, restringindo a participação estatal a casos em que o financiamento de projetos com grandes externalidades positivas é muito arriscado ou árduo demais para ser executado por capitais privados.

Em outros termos, o aspecto contrafatual de nossa defesa do modelo do Leviatã como investidor majoritário é que, sem freios e contrapesos contra os abusos do governo como acionista controlador, até empresas estatais listadas em Bolsas de Valores, com participação acionária privada minoritária, podem acabar tornando-se as estatais ineficientes do passado, com preços controlados, endividamento excessivo e necessidades infindáveis de cobertura de seus prejuízos com recursos públicos. Ou seja, se o governo retira as rendas e transgride a parceria com o setor privado, é muito possível que assuste os investidores e regrida à situação da década de 1980.

Já o aspecto contrafatual de nossa sustentação do modelo do investidor minoritário é mais complexo. Argumentamos que os investimentos ou empréstimos do governo em empresas com oportunidades de investimento, mas que não têm controle financeiro, não compensarão o custo de oportunidade dos fundos públicos. O governo, portanto, estaria em melhores condições usando seus recursos de investimento para apoiar empresas com controle financeiro e capacidades latentes, em vez de grandes grupos ou campeões nacionais, capazes de financiar os próprios projetos por meio de seus mecanismos de capitalização. Além disso, quando os mercados financeiros são mais desenvolvidos, os investimentos do governo em capital próprio talvez sejam necessários apenas no caso de empresas com projetos complexos, que sejam arriscados ou muito difíceis de ser financiados por intermediários financeiros privados.

Tentamos manter as abordagens metodológica e narrativa do livro tão abrangentes quanto possível para facilitar a conversa com amplo conjunto de setores. Entretanto, fomos tão rigorosos quanto pudemos em nosso trabalho empírico para tentar convencer os céticos de nossos argumentos. Apesar de tudo, é certo que alguns leitores não se deixarão convencer por nosso trabalho estatístico simplesmente porque governos não optam por controlar a propriedade de empresas nem por intervir em empresas privadas de maneira aleatória. Em outras palavras, as análises deste livro não são casuais. Por esta razão, estamos muito conscientes de que nosso trabalho pode padecer de problemas de viés de seleção e que nossos resultados devem ser interpretados com cuidado, uma vez que não estamos tratando de causalidade no sentido mais estrito. Em todos os capítulos que envolvem trabalho estatístico, incluímos uma seção explicativa de como o viés de seleção pode afetar nossos resultados e adicionamos uma série de testes para minimizar essas influências ou, quando possível, para garantir que não nos estão induzindo a essas conclusões. Por exemplo, se estudamos o efeito dos investimentos do governo em capital próprio, no desempenho e nas despesas de capital de empresas privadas, fazemos questão de examinar que características orientam a seleção de empresas — para descartar a possibilidade de que os governos estejam escolhendo de antemão empresas de alto desempenho. Usamos técnicas de pareamento e outras verificações de robustez para garantir que nossos resultados não sejam impulsionados exclusivamente pelo viés de seleção.

Visão geral do livro

Os primeiros três capítulos desenvolvem nosso argumento de maneira geral, descrevendo a história global do capitalismo de Estado e oferecendo possíveis explicações para as origens e implicações dos novos modelos de capitalismo de Estado. O capítulo 1 é um relato histórico da ascensão, queda e reinvenção do capitalismo de Estado em todo o mundo no século XX. Descrevemos os esforços dos governos da Europa e dos países em desenvolvimento, em várias épocas, para melhorar o desempenho das empresas estatais e enfatizamos a evolução do capitalismo de Estado como processo de aprendizado, de tentativa e erro, e, em grande parte, como resposta a choques econômicos. Terminamos a história com a explicação de como as crises do Leviatã como empreendedor desembocou nas políticas de privatização da década de 1990.

O capítulo 2 revê a literatura e as implicações decorrentes de cada visão das empresas estatais para cada um dos modelos de propriedade que estudamos. As visões são material de construção das hipóteses testáveis apresentadas nos capítulos subsequentes.

No capítulo 3, tomamos o Brasil como estudo de caso. Primeiro narramos com minúcias a história macroeconômica que levou à reinvenção do capitalismo de Estado no país, durante as décadas de 1980 e 1990, e exploramos algumas das variações entre as empresas estatais brasileiras. Também descrevemos a transformação das estatais no Brasil depois do processo de privatização.

No capítulo 4, estudamos os CEOs como fonte de variação no desempenho das SOEs. No modelo Leviatã como empreendedor, os governos tinham poucas alavancas para influenciar o desempenho das empresas estatais. Nessas condições, os governos, portanto, tendiam a substituir os CEOS sempre que quisessem mudar o desempenho das empresas. Esses esforços, porém, parecem ter sido inúteis, pois mostramos que os CEOS, na verdade, exerciam muito pouca influência sobre o desempenho das estatais, à exceção de altos executivos que frequentaram universidades de elite. Esses CEOS de elite realmente levavam as empresas a apresentar melhor desempenho que a média das empresas estatais.

No capítulo 5, examinamos de que forma o modelo do Leviatã como empreendedor entrou em colapso na década de 1980. Mostramos que as estatais, ao enfrentar choques econômicos, adotam políticas bem diferentes daquelas das empresas privadas. Enquanto estas tendem a demitir trabalhadores para ajustar a capacidade de produção, em face de reduções na demanda agregada (ou seja, reduzem o efetivo de pessoal para melhorar a produtividade e diminuir a produção), as empresas estatais demitem muito menos trabalhadores ou até contratam outros. A literatura que compara empresas estatais e privadas geralmente pressupõe que as diferenças de desempenho entre as duas são sempre amplas. Mostramos que essas diferenças de desempenho eram, na verdade, menores antes da década de 1980 e depois se ampliaram em tempos de dificuldade econômica.[48]

O capítulo 6 examina os arranjos de governança corporativa que os governos adotaram em suas empresas petrolíferas nacionais (*national oil companies* — NOCS) depois de mudanças na estrutura de propriedade para atrair investidores privados minoritários. Estudamos as características básicas da governança em trinta NOCS bem como a extensão em que algumas dessas empresas impuseram algumas restrições importantes ao acionista controlador — o governo. Imergimos, então, em estudo mais detalhado de três petrolíferas nacionais — Pemex, Petrobras e Statoil — e examinamos as relações entre cada governo e a respectiva empresa. Esses casos enfatizam a importância de conferir autonomia financeira aos gestores e, ao mesmo tempo, impor freios e contrapesos ao poder do governo.

O capítulo 7 começa com nosso exame do Leviatã como acionista minoritário. Estudamos, de início, os efeitos dos investimentos minoritários do governo em empresas privadas usando base de dados detalhada dos investimentos em capital próprio do banco de desenvolvimento nacional do Brasil, o BNDES, entre 1995 e 2009. Consideramos que esses investimentos produziram efeitos positivos entre 1995 e 2002, mas não depois de 2002. Uma de nossas explicações para a falta de impacto positivo após 2002 é que, talvez, o rápido desenvolvimento do mercado de capitais local, depois daquele ano, tornou os empréstimos do governo menos importantes para reduzir as limitações financeiras com que em geral se defrontavam as empresas brasileiras.

O capítulo 8 é um estudo de caso das relações do governo com a Vale, gigante de mineração brasileira, em que o governo do Brasil é investidor minoritário. Analisamos, aqui, os limites do Leviatã como investidor minoritário. Explicamos por que, entre 2009 e 2011, as pressões do governo sobre a Vale para investir em usinas siderúrgicas culminaram com a demissão de um CEO muito bem-sucedido. O capítulo leva adiante nosso estudo das circunstâncias que podem facilitar a intervenção do governo, mesmo quando este é acionista minoritário. Argumentamos que em indústrias com altas rendas econômicas os governos podem recorrer a coalizões com atores quase estatais, como fundos de pensão de empresas estatais, para intervir na administração.

O capítulo 9 introduz a discussão sobre o papel dos bancos de desenvolvimento e apresenta uma narrativa histórica do papel desempenhado pelo BNDES na industrialização do Brasil. Usando dados de 2002 a 2009, o capítulo 10 mostra que o BNDES está emprestando para grandes empresas, que são capazes de obter capital em outras fontes. Também lançamos luz sobre o processo por meio do qual o banco seleciona as empresas-alvo.

A conclusão traz a compilação de algumas lições de nossos estudos. Concentramos o foco numa análise das condições sob as quais cada um dos modelos de capitalismo de Estado é eficaz ou ineficaz. Concluímos com uma seção prática, destinada a políticos e a gestores incumbidos de dirigir empresas, bancos de desenvolvimento e outras organizações estatais.

I
A reinvenção do capitalismo de Estado no mundo

1
Ascensão e queda do Leviatã como empreendedor

UM DOS PRINCIPAIS ARGUMENTOS deste livro é que, desde a década de 1970, a governança das empresas estatais passou por intensas transformações. Para compreender as novas variedades de capitalismo de Estado e suas implicações para a eficiência econômica, este capítulo acompanha a ascensão e a queda do capitalismo de Estado no século XX e início do XXI. A narrativa histórica pretende mostrar como monitoramento e gestão têm mudado através de tentativas e erros. Esse processo de aprendizado passou por diferentes experimentos e crises que levaram à criação de grandes empresas estatais paradigmáticas, frequentemente de capital aberto, com ações negociadas em Bolsas de Valores, nas quais os governos atuam como acionistas majoritários ou minoritários.

Portanto, sustentamos aqui que o processo de privatização que começou na década de 1980 na Europa, e se difundiu mundo afora na década de 1990, não redundou na plena desarticulação dos sistemas de capitalismo de Estado desenvolvidos no século XX, mas, sim, na transformação da maneira como os governos gerenciam as grandes empresas estatais. Sob essas novas formas de propriedade, as estatais se tornaram mais profissionais, mais transparentes e, em alguns países, mais isoladas do governo.

Moderno capitalismo de Estado: uma história

O capitalismo de Estado se expandiu gradualmente em âmbito global entre fins do século XIX e princípios do XX. A ascensão das empresas estatais começou no século XIX, em ampla escala, quando os governos tentaram resolver falhas elementares de mercado, que induziram a monopólios naturais. Os governos entraram em cena para fornecer bens públicos, como correios, abastecimento de água, saneamento básico e, mais tarde, eletricidade, telefonia e ferrovias. Na maioria dos casos, a prestação desses serviços começou com os governos outorgando concessões a empresas privadas. Assim, no final do século XIX, era comum os governos subsidiarem a construção de ferrovias ou garantir dividendos mínimos a acionistas de empresas ferroviárias. Posteriormente, em razão da ineficiência dos serviços ou mesmo do fracasso ostensivo, os governos acabaram assumindo a propriedade desses serviços.[1] Por exemplo, depois de "acusações generalizadas de ineficiência, formação de cartéis e corrupção",[2] na Alemanha da década de 1870, Bismark tentou criar uma empresa ferroviária nacional unificada. Embora a iniciativa tenha fracassado, os governos provinciais da Bavária, da Saxônia e da Prússia nacionalizaram a maioria das ferrovias privadas, entre 1879 e 1885, aumentando de 56% para 82% a porcentagem das ferrovias estatais na extensão da malha ferroviária total.

Nesse estágio inicial do capitalismo de Estado, portanto, os governos agiam como seguradores contra o fracasso. Eles garantiam que empresas fornecedoras de importantes bens públicos fossem lucrativas. Às vezes, garantiam explicitamente o sucesso delas. Com as rupturas desencadeadas pela Primeira Guerra Mundial, porém, com a instabilidade do começo da década de 1920 e com a desaceleração do crescimento econômico durante a Grande Depressão, os governos acabaram tendo de assumir as operações de muitos desses serviços.[3] A transferência da propriedade, não raro, foi produto de estatizações, muitas das quais devem ser compreendidas como operações de socorro. Na América Latina, os governos criaram bancos e ferrovias estatais, e, depois, estatizações e operações de socorro aumentaram o número de empresas estatais nas primeiras duas décadas do século XX.[4]

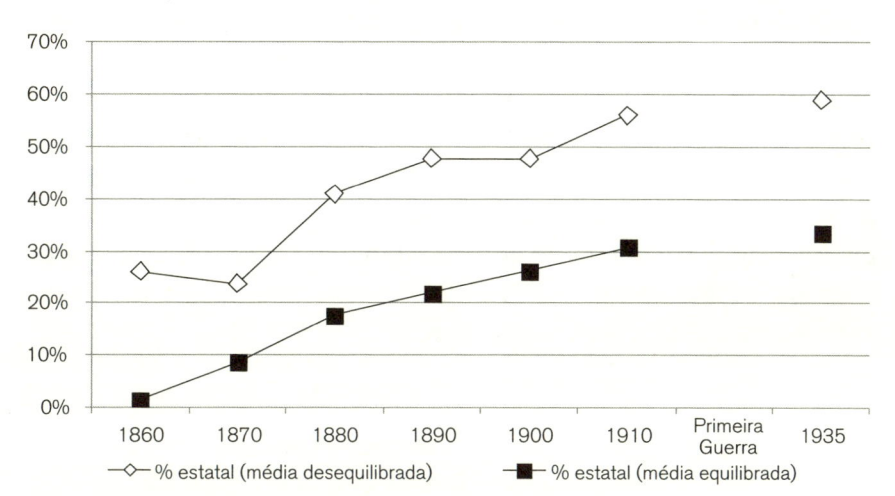

Figura 1.1. Propriedade estatal da malha ferroviária mundial (% do total), 1860-1935

◇ % estatal (média desequilibrada)   ■ % estatal (média equilibrada)

FONTE: Criada pelos autores com base em estudos de Dan Bogart[5] para dados anteriores a 1935, e do Bureau of Railway Economics[6] e de Timpson[7] para 1935.
NOTA: A linha superior mostra a média, envolvendo 42 países, do índice entre a extensão da malha ferroviária controlada pelo governo e a extensão da malha ferroviária total. Esse critério está distorcido. A linha inferior mostra a propriedade estatal da malha ferroviária em uma amostra equilibrada de 35 países que podemos acompanhar entre 1860 e 1935, e representa o índice entre a extensão da malha ferroviária de propriedade do governo desses países e a extensão total de sua malha ferroviária.

Na Europa, as nacionalizações ocorreram com mais frequência na década de 1920, ao passo que no Leste Asiático e no Sudeste Asiático (por exemplo, Índia) houve transferências de propriedade, seja de autoridades coloniais para autoridades locais, seja de proprietários privados para órgãos públicos ou para holdings estatais.[8] Na África, o avanço da propriedade estatal na primeira metade do século XX teve a ver com o importante papel das autoridades inglesas na construção de ferrovias. A figura 1.1 mostra a ascensão gradual da propriedade estatal de ferrovias como consequência de estatizações e de operações de socorro entre 1860 e 1935.

As políticas de salvamento de setores econômicos em dificuldades tornaram-se parte mais comum das políticas públicas na Europa, na América Latina e na África depois da Grande Depressão. O exemplo típico é o Instituto Italiano de Reconstrução Industrial (conhecido como IRI). Em 1933, o governo italiano teve de socorrer dois de seus maiores bancos universais [instiuições que funcionam como banco comercial e de investimento], que, por sua vez, controlavam várias outras empresas. O IRI fora criado como entidade pública para *temporariamente* gerenciar as composições acionárias dos bancos e para facilitar as reestruturações de seus ativos problemáticos.[9] Mas "logo pareceu claro que o setor privado era incapaz de (e relutava em) recomprar a totalidade desses ativos [...] em mãos do Estado".[10] Em 1937, o IRI converteu-se em holding permanente do governo italiano. De acordo com alguns cálculos, o IRI era proprietário de 20% de todas as empresas italianas às vésperas da Segunda Guerra Mundial.[11, 12]

A ASCENSÃO DO LEVIATÃ COMO EMPREENDEDOR

A segunda fase do capitalismo de Estado se estende da década de 1930 até a de 1980. De um lado, na Europa Continental, o pequeno aumento da presença do Estado nas concessionárias de serviços públicos antes da Grande Depressão acelerou depois da Segunda Guerra Mundial. Os governos controlavam e dirigiam empresas de água, petróleo, gás, eletricidade e telecomunicações, transporte e outras.[13] De outro lado, a Segunda Guerra Mundial mudou a maneira como os governos pensavam sobre o envolvimento do Estado na economia. O Leviatã tornou-se empreendedor, aventurando-se em ampla variedade de empresas, abrangendo numerosos setores, além de serviços públicos. Às vezes, o governo agia assim de propósito, constituindo empreendimentos industriais na Europa, na Ásia e na América Latina; outras vezes, o fazia quase por acidente, em consequência da estatização de empresas estrangeiras, como na Europa Ocidental e Oriental, na Índia e em grandes extensões da África.

Assim, no período do pós-guerra, com a ascensão do socialismo — principalmente na União Soviética, na Europa Oriental, no Sudeste da Ásia e em partes da América Latina — ocorreu uma virada ideológica no mundo não socialista que levou os Estados a aumentar a participação na economia, criando empresas estatais de grande porte, em ampla escala.

ESTATIZAÇÕES NA EUROPA

Na Europa Ocidental, os governos começaram a estatizar importantes empresas de infraestrutura nas décadas de 1920 e 1930. No Reino Unido, o governo estatizou a British Petroleum, em 1914, principalmente por motivos estratégicos e de segurança (por exemplo, para abastecer a Marinha britânica), com a especificidade de que a administração continuou autônoma.[14] Em 1926, contudo, o governo britânico estatizou a British Broadcasting Corporation e, em 1927, criou o Central Electricity Board.[15] Na França, a primeira grande onda de estatização ocorreu em 1936 e em 1937, quando o governo estatizou fábricas de aviões e de armamentos, consolidou as grandes empresas de aviação privadas em nova empresa controlada pelo governo (Air France) e fundiu cinco ferrovias, agregando-as sob o controle de nova holding de ferrovias, a Société Nationale de Chemins de Fer Français.[16]

Na Itália, o governo criou o já mencionado Instituto Italiano de Reconstrução Industrial (IRI), em 1933, para assumir as holdings financeiras de dois dos maiores bancos do país, que funcionavam como bancos universais, mantendo participação acionária em grandes empresas, às quais também concediam empréstimos.[17] Mesmo depois de ter vendido parte dessas participações acionárias a investidores privados, em fins da década de 1930, o IRI ainda era o maior operador de usinas de eletricidade e de unidades de produção siderúrgicas, de máquinas e equipamentos, bem como de construção naval.[18] Francisco Franco, o ditador espanhol, copiou o sistema italiano e criou holding semelhante para socorrer empresas e gerenciar indústrias nacionalizadas.[19]

A primeira onda de nacionalização intensificou-se logo depois da Segunda Guerra Mundial.[20] Megginson alega que a "mobilização econômica e industrial que ocorreu durante a Segunda Guerra Mundial aumentou drasticamente o poder (e o prestígio) dos governos nacionais como gestores econômicos e preparou o palco para o surto de estatização do pós-guerra, impulsionado por motivações ideológicas".[21]

Durante a guerra, as invasões e as expropriações nazistas transformaram significativamente a organização da atividade econômica. A partir do final da década de 1930, o governo nazista passou a integrar importantes indústrias alemãs, como siderurgia, sob o guarda-chuva de uma grande holding, a Reichswerke Hermann Göring, criada em 1937 e batizada com o nome do segundo homem mais importante do Partido Socialista Nacional. A Reichswerke expropriou a mineração de ferro de mãos privadas e constituiu uma grande empresa siderúrgica nova. Outro projeto nazista foi a Volkswagenwerk, fabricante de carros estatal oriunda do desejo de Adolf Hitler de produzir o "carro do povo" em escala maciça. "Engenheiros americanos da Ford Motor Company projetaram a fábrica da Volkswagen, perto da Reichswerke."[22]

Com a ocupação de novos territórios pelos nazistas, principalmente na Europa Oriental, a Reichswerke assumiu o controle de quase trezentas empresas subsidiárias, operando com carvão, ferro, aço, armamentos e munições, bem como transporte fluvial e ferroviário, na condição de negócio principal ou de empresas subsidiárias, na Alemanha, Tchecoslováquia, Polônia e Iugoslávia. Também tinha uma divisão para controlar fábricas soviéticas e minas ucranianas, espoliadas durante a guerra.[23, 24]

Na França, logo depois da guerra, ocorreu nova rodada de nacionalizações. Em 1945 e 1946, o governo de Charles de Gaulle assumiu o controle integral de uma série de bancos (Banque de France, Société Générale, Crédit Lyonnais, Comptoir National d'Escompte e Banque Nationale du Commerce e de l'Industrie); estatizou 36 empresas seguradoras, empresas de carvão e duas importantes empresas industriais, Gnome et Rhône e a fabricante de automóveis Renault; e aumentou seu poder de voto na Air France. O governo também aprofundou suas pegadas na infraestrutura ao criar uma holding (Électricité et Gaz de France) para controlar a Électricité de France e Gaz de France, duas das maiores concessionárias de serviços públicos do mundo.[25] Além disso, o governo francês adotou sistema abrangente de planejamento econômico.[26]

No Reino Unido, o governo do pós-guerra estatizou a maioria das empresas de infraestrutura e a indústria do carvão. As estatizações mais importantes logo depois da guerra foram as do Bank of England e a da British European Airways, em 1946; da indústria do carvão, em 1947; de ferrovias, ônibus, portos e eletricidade, em 1948; gás, em 1949; e aço, em 1951. Essas foram nacionalizações em grande escala para as quais o governo criou uma série de holdings com o intuito de operar as muitas empresas pequenas, retiradas da iniciativa privada.

O governo inglês apresentou duas justificativas para a criação de grandes estatais destinadas a controlar as indústrias nacionalizadas. Primeiro, havia um problema de coordenação, na medida em que as empresas privadas de alguns desses setores não estavam consolidadas para a geração de economias de escala. Por exemplo, na década de 1920, o progresso tecnológico da eletricidade tornou "mais econômicas as grandes usinas geradoras, desde que se desenvolvessem redes de transmissão e se padronizassem as correntes elétricas".[27] Segundo, de acordo com Millward, "o fracasso da regulação das indústrias de infraestrutura no entreguerras"[28] foi a outra importante razão pela qual a integração em conglomerados estatais fazia mais sentido nesses setores. A estatização da indústria do carvão foi exceção a essa lógica e teve a ver com a volatilidade dos resultados do setor e com a necessidade de melhores condições de trabalho. Essa nacionalização, porém, criou o que foi, talvez, a maior empresa da Europa, The National Coal Board, que controlava oitocentas minas e tinha quase 720 mil empregados.[29]

Na Espanha, a onda de nacionalizações na década de 1940 foi parte das amplas reformas nacionalistas e fascistas do ditador Francisco Franco. Entre 1941 e 1944, o governo dele nacionalizou as empresas ferroviárias, as fábricas de motores, os estaleiros, todas as empresas de telecomunicações e outras mais.[30]

Em parte como maneira de recuperar o controle depois da ocupação nazista e em parte devido à influência soviética, os governos do pós-guerra na Europa Oriental apreenderam os ativos que tinham sido parte do aparato industrial alemão, assim como empresas privadas. Em 1945 e 1946, o governo tchecoslovaco estatizou minas, grandes empresas industriais, usinas de energia elétrica, concessionárias de gás e água, metalúrgicas e fundições, e uma longa lista de outros empreendimentos industriais. Os governos polonês e búlgaro tomaram medidas semelhantes em 1946, seguidos de Iugoslávia, Hungria e Romênia.[31]

Em 1946, o Parlamento austríaco, como parte do plano de expropriar empresas alemãs, "decidiu nacionalizar 71 grandes empresas, 20%

das indústrias do país",[32] abrangendo indústrias químicas, maquinarias e mineração. Em 1947, os três principais bancos da Áustria foram estatizados. Muitas dessas empresas, contudo, foram reprivatizadas na década de 1950, quando o Partido Conservador assumiu o poder.[33]

Depois dessa primeira onda de estatização, políticos e cidadãos da Europa Ocidental e da Europa Oriental passaram a considerar as empresas estatais soluções indispensáveis para problemas de coordenação e para falhas de mercado, além de importantes ferramentas para superar as dificuldades de regulação de certos monopólios naturais. Os governos europeus começaram também a usar recursos para atuar como empreendedores em novos setores. Na França, o governo recorreu a holdings para financiar *start-ups* estatais em setores como energia nuclear, petróleo e lubrificantes, mineração e empreendimentos aeroespaciais. Na Alemanha, as holdings estatais remanescentes da década de 1930 continuaram a diversificar até a década de 1960 adentro. Por exemplo, a VEBA, de início operadora de minas de carvão, descartou essas operações e passou a concentrar-se em energia e petroquímica.[34] Na década de 1950, o governo italiano desenvolveu três holdings — Finmeccanica, Finelettrica e ENI — com o objetivo de criar, apoiar e investir em empresas de fabricação de máquinas, de equipamentos eletrônicos e de petróleo e gás, respectivamente.[35] O número de estatais também explodiu na Espanha, depois de 1945, com a holding Agência Nacional Industrial (ANI) socorrendo, estatizando e financiando empresas de eletricidade, petróleo, bancos, produtos químicos, alumínio, telecomunicações, engenharia e de outros setores.[36]

Outra onda de estatização ocorreu na Europa Ocidental, na década de 1970 e no começo da de 1980, expandindo em muito a influência dos governos nas atividades econômicas. De acordo com Toninelli, "as principais ondas de estatização aconteceram na França, na Áustria, no Reino Unido e nos Países Baixos, quando os partidos [Trabalhista, Socialista e Social-democrata] estavam no poder", como maneira de promover a "'autêntica' democracia industrial".[37] Na Inglaterra, o governo estatizou na década de 1970 uma série de setores manufatureiros e de distribuição de água, entre elas Rolls-Royce e British Leyland (Jaguar), em 1974, e British Aerospace e British Shipbuilders, em 1977.[38] Na Alemanha, o governo fundiu a VEBA com a empresa privada Gelsenberg para constituir uma empresa petrolífera estatal. Na Itália, as holdings IRI, ENI e EGAN, criadas, de início, para controlar empreendimentos de mineração, continuaram a expandir-se e a diversificar-se, adquirindo até jornais. O equivalente austríaco do IRI, conhecido como OIAG, expandiu-se para aço, metais não ferrosos, produtos químicos e outras, em parte em socorro a empresas privadas.[39]

Os programas de estatização mais abrangentes ocorreram na França, em Portugal e na Noruega. Na França, o governo de François Mitterrand estatizou a maioria dos bancos e suas holdings industriais. Por meio de várias holdings, Mitterrand também aumentou a participação do governo na Compagnie Génerale d'Électricité, conglomerado de energia elétrica e nuclear; na CIT-Alcatel (telecomunicações); e em empresas de alumínio, aço, produtos químicos e fabricação de aviões.[40] Na Noruega, o governo usou receitas de petróleo recém-descoberto para estatizar a Norsk Hydro (conglomerado de eletricidade) para criar novos bancos estatais e para empreendimentos em alumínio, refinação de petróleo e outros negócios. Em 1978, a participação das empresas estatais como porcentagem do PIB industrial (sem petróleo) da Noruega era de mais ou menos 30%.[41]

Obviamente, o maior aumento da participação estatal nos complexos industrial e de serviços foi registrado na União Soviética, que, depois da Segunda Guerra Mundial, completou sua transição para economia planejada. Como explicou Paul Gregory, "numa economia socialista planejada, o Partido Comunista assume função de liderança na direção da atividade econômica". O Partido, porém, usava o planejamento e as empresas estatais para "controlar os níveis de produto e insumo somente das mercadorias industriais mais importantes [...] algumas mercadorias não são planejadas de modo algum; em raros casos, as mercadorias são até alocadas pelo mercado".[42] Como mostraremos a seguir, contudo, a produção das estatais se aproximava de 90% do PIB da União Soviética.

De fato, há evidências demonstrando que, antes da década de 1980, as indústrias nacionalizadas da Europa tiveram rápidos aumentos na produtividade total dos fatores (PTF),* ao mesmo tempo que também mobilizavam capital com rapidez. Millward[43] mostra que, entre 1950 e 1973, o crescimento da produtividade total dos fatores nas indústrias estatizadas da Inglaterra — como eletricidade, gás, carvão, mineração, transporte aéreo, comunicações e manufatura (mas não ferrovias) — foi maior que em indústrias similares nos Estados Unidos, onde esses mesmos setores estavam sob administração privada. Do mesmo modo, empresas alemãs e francesas dessas indústrias desfrutaram de rápido crescimento da PTF, mais rápido que nos Estados Unidos, entre 1950 e 1980. Parte desse aumento, argumenta ele, foi um processo de recuperação do atraso, depois da guerra. Além disso, os dados do mesmo autor também mostram que as empresas estatais inglesas superaram o desempenho de suas equivalentes americanas durante a década recessiva de 1980.[44]

NACIONALIZAÇÕES NOS PAÍSES EM DESENVOLVIMENTO

A onda de nacionalizações nos países em desenvolvimento, que começara com as ferrovias na virada para o século XX, acelerou-se depois da Segunda Guerra Mundial, na medida em que o nacionalismo impulsionou a expansão do Estado para atividades até então dirigidas por estrangeiros. A figura 1.2 apresenta os números de atos de expropriação de investimentos estrangeiros diretos nos países em desenvolvimento, entre 1960 e 1992, mostrando que as nacionalizações alcançaram o pico entre 1970 e 1975, quando 117 países em todo o mundo realizaram atos de expropriação. As estatizações foram mais comuns nos países da África Subsaariana e na América Latina, com o Norte da África e o Oriente Médio logo atrás.

---

* A produtividade total dos fatores (em inglês *total factor productivity*) corresponde a variações na produção (de um país, uma indústria ou uma empresa) que vão além de mudanças na quantidade utilizada de insumos de produção. (N. E.)

Figura 1.2. Número de estatizações (expropriações) nos países em desenvolvimento, 1960-92

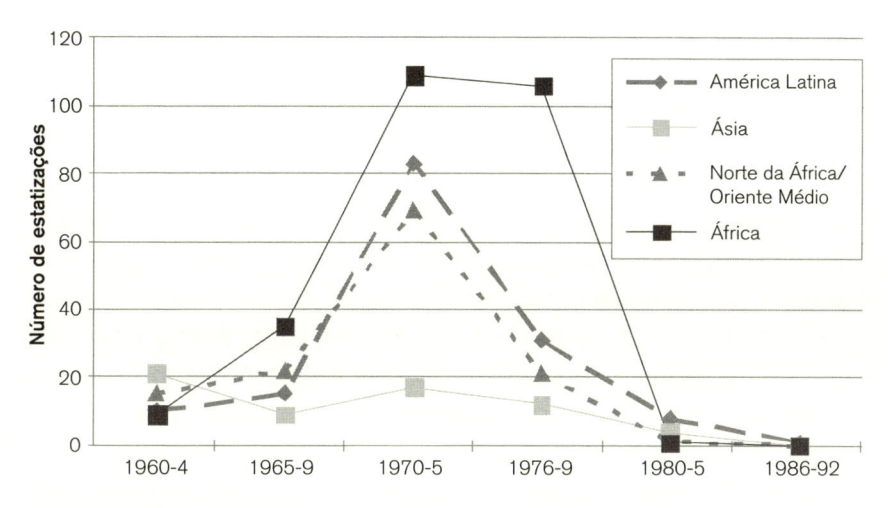

[Gráfico de linhas mostrando número de estatizações no eixo Y (0-120) e períodos no eixo X (1960-4, 1965-9, 1970-5, 1976-9, 1980-5, 1986-92), com séries para América Latina, Ásia, Norte da África/Oriente Médio e África]

FONTE: Dados das obras de Kobrin e Minor.[45]

Na América Latina, as estatizações em geral tinham a ver com operações de socorro, ao passo que na Ásia e na África os governos criaram empresas estatais depois de nacionalizarem ex-empresas coloniais. Com essas estatizações, os governos em geral pretendiam "reduzir a participação estrangeira na indústria, sobretudo de ex-potências coloniais, como no Egito e na Indonésia".[46]

No Oriente Médio, no Norte da África e na América Latina, tanto os choques do petróleo da década de 1970 quanto a ascensão de governos nacionalistas levaram a expropriações (estatizações) na indústria petrolífera. Algumas dessas estatizações se basearam exclusivamente em preocupações com a segurança nacional, como a necessidade de garantir o abastecimento constante de petróleo para finalidades internas.[47, 48] O governo de Houari Boumédienne, na Argélia, expropriou investimentos estrangeiros durante toda a década de 1970. O Irã nacionalizou o setor petrolífero "numa série de iniciativas, entre 1974 e 1979".[49] A Líbia e o Kuwait aumentaram suas participações nas concessões de petróleo em 1973 e em 1976, respectivamente, enquanto a Arábia Saudita, em 1974,[50] anunciou que assumiria participação de 100% na Aramco. O governo venezuelano estatizou a indústria petrolífera em 1976.⁵¹

ALÉM DAS NACIONALIZAÇÕES

Os governos de países em desenvolvimento usaram a estatização para promover a industrialização. Os objetivos eram superar problemas de coordenação, por meio de investimentos em infraestrutura básica,⁵² financiar a pesquisa e o desenvolvimento em indústrias inovadoras,⁵³ para enfrentar falhas de mercado percebidas e para forjar alianças com empresas multinacionais estrangeiras, com propósitos de transferência de tecnologia,⁵⁴ e promover programas de industrialização nacionalistas, por meio de substituição de importações.⁵⁵

O governo chileno, por exemplo, usou sua instituição financeira de desenvolvimento, CORFO, para criar a empresa de eletricidade ENDESA (1944), a siderúrgica Companía de Acero del Pacífico (1946) e a indústria açucareira nacional como um todo (1952). Na década de 1970, o governo de Salvador Allende estatizou uma série de empresas e minas, a ponto de, em 1972, as estatais contribuírem com 40% do PIB total.⁵⁶ No México, o governo socorreu ou criou quase mil empresas estatais entre 1970 e 1990. No Brasil, o governo, de início, usou seu banco de desenvolvimento, o BNDES, para financiar a formação de novas empresas de eletricidade, de aço e de telecomunicações. Constituiu, em seguida, holdings para controlar esses empreendimentos (ver capítulo 3).

A diferença significativa entre as grandes estatais de países como França, por exemplo, e de outros países da América Latina e da África é que as empresas francesas foram organizadas como negócios com fins lucrativos, "operando, geralmente, em contextos competitivos, nacionais ou internacionais".⁵⁷ Esse foi o caso nas indústrias aeronáutica, de aviação civil e de energia, entre outras.⁵⁸ Na América Latina e na África, contudo, os governos geralmente protegiam as estatais porque elas eram parte de planos mais amplos de substituição de importações para a nacionalização de empresas que até então estavam em mãos estrangeiras. Mesmo assim, nem todas as empresas estatais africanas e latino-americanas foram isoladas da competição. Mineradoras estatais na América Latina, como a Codelco, no Chile, e a Vale, no Brasil, desde o início enfrentaram intensa competição internacional.[59]

O APOGEU DO LEVIATÃ COMO EMPREENDEDOR

Depois da onda de estatizações e do início do esforço explícito para que o Leviatã atuasse como empreendedor em manufatura e serviços, a participação média das empresas estatais no PIB, na década de 1980, superou a marca de 7% nas economias desenvolvidas e chegou a quase 12% nos países em desenvolvimento não socialistas (ver tabela 1.1). Sheshinski e López-Calva[60] calcularam que, nos países em desenvolvimento, a produção das estatais como porcentagem do PIB chegou ao auge em 1981, em torno de 16%. Nellis estimou que, no fim da década de 1970, a participação dessas empresas no PIB da África era superior a 17%.[61]

Nos países socialistas, os números eram obviamente mais altos, uma vez que os governos possuíam a maioria das empresas e todos os bancos. Na tabela 1.2, mostramos que, em 1989, na maior parte dos países da Europa Oriental, quase 90% da produção era gerada por empresas estatais, com exceção da Polônia, onde a produção das estatais como porcentagem do PIB era de apenas 70%. O índice de servidores públicos e de empregados de estatais sobre o emprego total era de quase 90%, fora a Polônia, onde o emprego privado já era superior a 44%, em 1989.[62] Mesmo em 1995, o World Survey of Economic Freedom [levantamento mundial de liberdade econômica] calculou que na maioria dos países ex-socialistas a produção das empresas estatais como porcentagem do PIB era de 60% ou algo próximo a isso.[63]

Tabela 1.1. Produção das empresas estatais como porcentagem do PIB em economias mistas (média), 1978-85

	Produção das empresas estatais como porcentagem do PIB (1975-85)
Países desenvolvidos	
Alemanha	7,1
Áustria	6,5
Bélgica	2,6
Espanha	4,0
Estados Unidos	1,3
França	10,7
Grécia	5,3
Itália	6,7
Portugal	22,2
Reino Unido	5,9
Média (países desenvolvidos)	7,2
Países de renda média	
África do Sul	13,9
Argélia	69,9
Argentina	4,7
Botsuana	5,7
Brasil	5,0
Cingapura	15,0
Chile	13,6
Colômbia	6,9
Congo	10,4
Coreia (República da)	9,6
Costa Rica	6,7
Dominica	3,3
Equador	8,6
Guatemala	1,1
Honduras	4,6
Marrocos	18,6
Maurício	2,1
México	12,0
Nigéria	13,5
Panamá	7,3
Paraguai	3,8
Peru	8,5
Taiwan	7,4
Tunísia	29,8
Turquia	6,3
Uruguai	4,0
Venezuela	23,1
Média (países de renda média)	11,7

Tabela 1.1. (continuação)

	Produção das empresas estatais como porcentagem do PIB (1975-85)
Países de baixa renda	
Bangladesh	2,5
Bolívia	13,0
Burundi	5,4
Camarões	18,0
Comores	5,6
Costa do Marfim	10,5
Egito	37,1
El Salvador	2,4
Filipinas	1,5
Gâmbia	3,9
Gana	5,8
Guiné	25,0
Guiana	37,0
Índia	10,8
Indonésia	15,4
Jamaica	21,0
Madagáscar	2,3
Malawi	7,0
Mali	13,6
Mauritânia	25,0
Nepal	2,3
Níger	4,8
Paquistão	9,4
Quênia	10,0
República Centro-Africana	4,1
República Democrática do Congo	22,8
República Dominicana	2,0
Senegal	8,9
Serra Leoa	20,0
Sudão	48,2
Tanzânia	10,8
Togo	11,8
Zâmbia	31,7
Média (países de baixa renda)	**13,6**

FONTE: Dados do Banco Mundial, tabela A.1.[64]

Tabela 1.2. Participação do setor público no PIB das economias socialistas da Europa Oriental e da Eurásia, 1989

Estimativa da produção das empresas estatais como porcentagem do PIB, 1989		Estimativa da produção das empresas estatais como porcentagem do PIB, 1989	
Europa Central e Europa Oriental		**União Soviética**	
Bulgária	93,8	Bielorrússia	94,9
Croácia	91,5	Cazaquistão	85,0
Eslovênia	91,6	Estônia	82,3
Hungria	87,0	Geórgia	82,4
Polônia	71,4	Letônia	100,0
República Eslovaca	95,9	Lituânia	89,6
República Tcheca	95,9	Rússia	94,7
Romênia	87,0	Ucrânia	97,8
		Uzbequistão	90,2
Média	**89,3**	**Média**	**90,8**

FONTE: Calculado com base na participação da produção privada no PIB, de P. Aghion et al.,[65] tabela 1.1. Supomos que o PIB não privado foi produzido por estatais.

Além disso, a participação dos investimentos das empresas estatais na formação de capital total de todas as economias mistas alcançou 17% por volta de 1980, como consequência, em parte, da proeminência das estatais nas indústrias intensivas em capital, como eletricidade, telecomunicações, petróleo e aço. Por exemplo, enquanto a produção das estatais no Reino Unido correspondia a cerca de 11,3% do PIB, por volta de 1975, as empresas públicas empregavam apenas 8,1% da força de trabalho. No Paquistão e na Turquia, a produção das estatais como porcentagem do PIB era de 5,8% e de 5%, respectivamente, enquanto o emprego nessas empresas, em comparação com o tamanho da força de trabalho, era de 2,1% e 3,9%, respectivamente.[66]

ESFORÇOS PARA MELHORAR AS ESTATAIS ANTES DE 1990

Embora os governos nos países em desenvolvimento e desenvolvidos continuassem a estatizar empresas existentes ou a criar novas estatais, as fraquezas do modelo do Leviatã como empreendedor eram evidentes. Como afirmaram Shirley e Nellis:

O governo esperava que os empreendimentos públicos contribuíssem para o desenvolvimento de setores "estratégicos", tivessem acesso a crédito comercial que fosse negado a pequenas empresas privadas, preenchessem "lacunas nos empreendimentos", capacitassem segmentos da população numericamente grandes, mas economicamente fracos, mantivessem os níveis de emprego e aumentassem os níveis de poupança e investimento [...]. [Contudo,] a quantidade e a qualidade da produção frequentemente caíam abaixo das projeções, e esses empreendimentos públicos sobrecarregavam os governos com encargos fiscais e gerenciais crescentes.[67]

Os CEOs tinham de manejar vários objetivos sociais ou políticos, enquanto tentavam evitar prejuízos ou até gerar lucros. A multiplicidade de objetivos, o fato de os políticos imporem objetivos não comerciais às empresas (como maximizar o nível de emprego durante as recessões) e a falta de incentivos ao desempenho levaram as estatais a perdas prolongadas.

De acordo com Gómez-Ibañez, os governos do pós-guerra na Europa e nos países em desenvolvimento adotaram três abordagens à reforma das estatais. Primeiro, dos anos 1950 aos 1970, concentraram-se em "injeções de capital físico" e no "desenvolvimento de capacidade gerencial nas empresas estatais por meio de "assistência técnica e treinamento".[68] Por exemplo, na década de 1950, a USAID (agência americana para o desenvolvimento), as Nações Unidas, a OCDE, o governo francês e a Ford Foundation financiaram e apoiaram a criação de escolas de administração pública para treinar diretores e gestores de estatais. Com o apoio da Fundação Ford e da USAID, escolas de negócios americanas orientaram e promoveram o desenvolvimento de instituições, como o Instituto Indiano de Gestão [Indian Institute of Management], em Ahmedabad; o Instituto Asiático de Gestão [Asian Institute of Management], em Manila; e o Central American Institute of Business Administration (INCAE), de início na Nicarágua, depois transferido para a Costa Rica, "voltado para as necessidades dos gestores de empresas estatais". Nenhuma outra instituição, porém, foi mais importante para treinar os gestores de estatais que o International Center for Public Enterprise, em Ljubljana, Iugoslávia, constituído em 1974. "No auge, contava com mais de quarenta países como membros contribuintes, publicava monografias e periódicos, *Public Enterprise*, e treinava centenas de gestores por ano."[69, 70]

Segundo, durante as décadas de 1970 e 1980, o foco dos governos e das organizações multilaterais se deslocou para a melhoria dos "incentivos gerenciais" nas empresas estatais. O governo francês começou a experimentar um novo conceito, o "plano contratual" (PC), destinado a "atacar os problemas de objetivos confusos ou mutantes, autonomia insuficiente dos gestores e sistemas de controle demasiado restritivos", que eram "percebidos como grandes obstáculos à eficiência e à produtividade das empresas públicas".[71]

Os planos contratuais definiam as intenções, as obrigações e as responsabilidades do governo e do CEO da estatal:

> O PC típico especifica os objetivos do empreendimento em termos do impacto socioeconômico total almejado, dos objetivos de produção, e/ou da quantidade e da qualidade dos bens e serviços a serem oferecidos. Estabelece políticas e parâmetros em relação a itens como número de empregados, tamanho e crescimento dos salários e benefícios da empresa, e atividades sociais e não comerciais. Muitos PCs estipulam indicadores físicos e financeiros para a avaliação do desempenho empresarial [...] também determina as obrigações e limitações do governo. Muitos PCs estatuem o princípio de que o governo compensará a empresa por custos decorrentes de atividades e objetivos não comerciais [...]. O PC típico explicita o programa de financiamentos e de investimentos da empresa, definindo os recursos a serem gerados em âmbito interno, as quantias a serem fornecidas pelo governo como subsídio ou como investimentos de capital e os valores a serem levantados como crédito, com ou sem garantias do governo.[72]

Em 1971, o governo francês assinou o primeiro plano contratual com grandes estatais, nos quais as empresas propunham investimentos, níveis de emprego e programas financeiros e eram obrigadas a recorrer ao mercado como fonte de financiamento. Em troca, as empresas dispunham de mais autonomia em relação ao governo e podiam definir as próprias tarifas e preços.[73] O governo assumia o compromisso de compensar as estatais por "obrigações de serviços públicos impostas às empresas [...] [como pedir à] SNCF [para] operar trens de passageiros regionais não lucrativos".[74] O governo, porém, muitas vezes não cumpria esses compromissos, em consequência de circunstâncias políticas e econômicas imprevistas.

Governos de países em desenvolvimento começaram a adotar o sistema de plano contratual para as empresas estatais em 1980, quando o Senegal passou a praticar o sistema francês de contratos. Esses acordos rapidamente se difundiram para a África francófona, para o Paquistão e para a República da Coreia, em 1983; para a China, em 1986; para a Índia, em 1988; e, por volta do fim da década, para a África anglófona, Bangladesh, Argentina, Brasil, Nova Zelândia e México. Na verdade, o Banco Mundial pediu aos governos que experimentassem os planos contratuais como parte das condições de seus empréstimos de ajuste estrutural.[75]

Por várias razões, os planos contratuais acabaram fracassando na maioria dos países. Primeiro, os objetivos de desempenho eram difíceis de medir, uma vez que eram, em geral, uma combinação, ou média ponderada, de vários fatores.[76]

Segundo, esses contratos eram complexos e sujeitos à influência de várias circunstâncias macroeconômicas e políticas; como eram incompletos e como não previam todas as situações, precisavam ser renegociados com frequência. Por exemplo, na França, a Électricité de France (EDF) e as ferrovias nacionais adotaram os primeiros planos contratuais do mundo, na década de 1970, mas, quando o choque do petróleo, de 1973, aumentou os custos, a EDF foi obrigada a efetuar investimentos em energia nuclear não previstos nos contratos.[77] Tempos depois, a extensão dos contratos foi reduzida; nem isso, porém, resolveu o problema dos contratos incompletos.

Terceiro, os executivos das empresas estatais, em geral, conheciam melhor que o governo a verdadeira capacidade da empresa de cumprir as metas. Além disso, como já mencionamos, o governo frequentemente não cumpria os termos dos contratos.[78]

Mary Shirley, ex-assessora de empresas estatais do Banco Mundial, ajudou os governos a elaborar alguns desses contratos na década de 1980. "Trabalhei durante muito tempo e com muito afinco na tentativa de reformar as empresas estatais", explicou. "No entanto, a maioria dos casos de reformas bem-sucedidas que incluímos no World Development Report de 1983 depois se converteu em fracassos."[79] Por exemplo, em doze contratos em Gana, Índia, Coreia, México, Filipinas e Senegal, apenas três empresas aumentaram a produtividade total dos fatores depois do contrato.[80] Estudo posterior de 628 empresas manufatureiras chinesas constatou que a produtividade melhorava apenas se parcela significativa da remuneração dos gestores fosse atrelada ao desempenho da empresa.[81]

Os governos também tentaram resolver os problemas de agência, básicos das empresas estatais, impondo-lhes práticas de gestão de sociedades anônimas. Ou seja, governos do Reino Unido, do Brasil, da China e de outros países outorgaram aos conselhos de administração das estatais autonomia financeira e decisória, permitindo-lhes, assim, melhorar a eficiência. Tais esforços, contudo, não produziram os resultados esperados, em consequência da falta de agências regulatórias fortes, de sistemas sofisticados de relatórios financeiros, de monitoramento externo do CEO pelo conselho de administração e de outros mecanismos de governança aprimorados.[82]

A queda do Leviatã como empreendedor

O declínio do modelo em que o governo agia como empreendedor, na condição de proprietário e gestor de empresas, foi consequência de dois choques macroeconômicos. Primeiro, com os choques do petróleo vieram a inflação, os controles de preços e os prejuízos das empresas estatais. Segundo, nos Estados Unidos, o Federal Reserve reagiu à alta inflação da década de 1970 com o aumento radical das taxas de juros, o que acarretou uma série de crises nos países em desenvolvimento.

Os dois choques do petróleo da década de 1970 expuseram alguns dos problemas das intervenções políticas nas estatais. À medida que o aumento dos preços do petróleo provocou aumento da inflação nos países desenvolvidos e em desenvolvimento, os governos tentavam segurar a inflação por meio de controles de preços, em especial de bens e serviços fornecidos por empresas estatais. Os preços e os salários do setor privado, portanto, aumentaram com mais rapidez que os preços controlados das empresas estatais, e, em fins da década de 1970 e princípios da de 1980, os controles de preços haviam corroído a lucratividade das estatais em todo o mundo.

No Reino Unido, por exemplo, os choques do petróleo da década de 1970 geraram os primeiros prejuízos sistemáticos das estatais desde a Segunda Guerra Mundial, forçando o governo a subsidiar essas empresas. Millward[83] calcula que os lucros das estatais no Reino Unido (depois da subtração dos subsídios) se tornaram negativos em algum momento depois de 1970 e alcançaram o fundo do poço em 1974. Monsen[84] mostra que, entre 1971 e 1981, as 25 maiores empresas estatais da Europa Ocidental sofreram perdas sistemáticas, além de apresentarem margens de lucro mais estreitas e crescimento da produtividade mais baixo que empresas privadas comparáveis.

Na década de 1980, as empresas estatais, em média, sofreram perdas de pelo menos 1,75% do PIB nos países desenvolvidos e de quase 4% do PIB nos países em desenvolvimento. O primeiro estudo abrangente das finanças das estatais pelo Fundo Monetário Internacional constatou déficits particularmente grandes na Ásia, onde a perda agregada média das estatais foi de 5% do PIB (em especial por causa de déficits muito elevados na Índia, em Taiwan, na Coreia do Sul e onde é hoje Mianmar). O estudo advertiu sobre a instabilidade macroeconômica gerada pelas empresas estatais, uma vez que os governos financiavam os déficits contraindo empréstimos ou imprimindo dinheiro. O balanço de pagamentos também se tornava vulnerável porque as grandes estatais tendiam a tomar empréstimos de bancos internacionais e de organizações multilaterais, como o Banco Mundial, e, portanto, acumular grandes dívidas em moeda estrangeira. Entre 1976 e 1978, os empréstimos contraídos por estatais representavam 23% de todos os empréstimos nos mercados de capitais internacionais acompanhados pelo Banco Mundial e 33% dos empréstimos externos concedidos aos países em desenvolvimento.[85]

Na América Latina, as vulnerabilidades das empresas estatais pareciam menos ameaçadoras em 1980 porque o déficit total das estatais girava em torno de 2,5% do PIB e grande parte dele podia ser coberto por transferências do governo ou pela tomada de empréstimos no exterior. Em 1982, porém, as vulnerabilidades se tornaram grande problema, visto que as altas taxas de juros nos Estados Unidos, o calote da dívida do México e a contaminação subsequente da região complicou o refinanciamento dos saldos devedores para os governos dos países em desenvolvimento.[86] Quando os mercados de capitais se fecharam para os governos latino-americanos e para as estatais, o refinanciamento dos déficits ficou problemático e alguns dos mais agressivos programas de investimentos de capital foram paralisados.[87] No Chile, a crise precipitou um grande programa de privatização, enquanto na maioria dos outros países a privatização maciça só ocorreria na década de 1990. De acordo com John Nellis, consultor de privatização do Banco Mundial, o programa de privatização do México, que começou em 1989, emitiu o sinal de que os métodos tradicionais de promover a reforma das estatais não foram bem-sucedidos e demonstraram que os programas de privatização maciça podiam aumentar as receitas, sem muita reação política.[88]

Portanto, em consequência dos choques do petróleo da década de 1970 e da crise de liquidez global do começo dos anos 1980 — sobretudo na Europa, na África e na América Latina —, o capitalismo de Estado estava numa encruzilhada. Os governos passaram a repensar o papel das empresas estatais no aparato do Estado e a considerar não só grandes reformas estruturais nessas organizações, mas também grandes reformulações em seus sistemas de capitalismo de Estado.

Achamos que pelo menos cinco fatores levaram os governos a desmontar algumas das estatais mais problemáticas no início da década de 1990. Primeiro, os governos dos países em desenvolvimento, assim como os da Europa Ocidental e da Oriental, incluíram a privatização em seus pacotes de reformas estruturais. Na Europa Oriental, a privatização foi parte da transição do socialismo para a economia capitalista. De acordo com Perotti e Biais,[89] a privatização em si aumentou o apoio político aos novos governos reformistas. As reformas na Europa Ocidental também se associaram a políticas públicas para promover a integração na Comunidade Econômica Europeia, para o que os governos precisavam liberalizar os mercados e reduzir os déficits orçamentários.

Segundo, em 1983, os eleitores da França e da Inglaterra — formadores de opinião no capitalismo de Estado no Ocidente — começaram a rejeitar as empresas estatais e as estatizações e passaram a associá-las a "crises econômicas".[90] Essa rejeição explica em parte a ascensão de governos conservadores e a deflagração dos programas de privatização maciça lançados na Europa na década de 1980.

Terceiro, os políticos e os tecnocratas do governo mudaram suas crenças sobre a importância de superávits fiscais e perceberam que as ineficiências das empresas estatais podiam enfraquecer as finanças públicas.[91] Ou seja, estatais ineficientes podiam comprometer os esforços governamentais para estabilizar a economia e a capacidade dos governos de tomar empréstimos nos mercados internacionais. De acordo com John Nellis, "os governos concluíram com relutância que o ônus financeiro que as empresas estatais impunham aos governos estava estropiando seus orçamentos. Passaram, então, a perseguir programas de reformas estruturais, em que o FMI lhes pedia para melhorar o desempenho financeiro de suas estatais, de modo que pudessem procurar o Banco Mundial e perguntar-nos o que fazer". Em fins da década de 1980, o FMI e o Banco Mundial passaram a incluir alguns programas de privatização entre as condições para a concessão de empréstimos.[92]

O FMI, ao patrocinar muitos dos programas de reforma estrutural, também impôs novos padrões de divulgação de informações aos governos. Entre eles, incluíam-se mudanças radicais na maneira como os governos monitoravam e relatavam as finanças das empresas estatais. Em 1986, o FMI desenvolveu seu primeiro manual de estatística para os governos e, pela primeira vez, exigiu que estes incluíssem sistematicamente o saldo líquido das estatais em seus orçamentos consolidados (inclusive mudanças líquidas nos ativos e passivos), juntamente com os prejuízos, as dívidas e os subsídios das empresas. Os países que seguissem essas normas teriam mais dificuldade em usar as estatais para ocultar subsídios ou questões de dívida externa.[93]

Não só os governos perceberam que as empresas estatais haviam enfraquecido as finanças públicas no começo da década de 1980, mas também, no final da década, os países em desenvolvimento tinham começado a emitir títulos soberanos e precisavam convencer o mercado de que praticavam a responsabilidade fiscal, como condição para atrair recursos de credores e investidores internacionais. No começo da década de 1990, dezessete países em desenvolvimento haviam trocado com os bancos internacionais seus saldos devedores atrasados pelos denominados "Brady Bonds" (títulos de dívida com baixas taxas de juros, garantidas implicitamente pelos Estados Unidos).[94] Seguiu-se um surto de emissões de dívidas soberanas pelos "mercados emergentes", e as finanças públicas passaram a ser rastreadas em tempo real por grande número de analistas e investidores.[95]

Quarto, entre 1986 e 1994, governos em mais de cem países começaram a abrir suas economias, como parte da Rodada do Uruguai de negociações comerciais, e, portanto, precisavam tornar suas economias mais eficientes, a fim de competir. Isso geralmente envolvia a eliminação dos controles de preços e tarifas que protegiam muitas empresas privadas e públicas ineficientes. Numerosos países começaram a levantar controles de capitais, facilitando, em consequência disso, os fluxos financeiros globais.[96]

Quinto, no começo da década de 1990, correntes intelectuais hostis à intervenção do Estado tornaram-se vozes dominantes nos círculos acadêmicos e políticos. Teorias sobre ineficiência gerencial, fundamentadas em evidências empíricas de muitos países, demonstrando que o desempenho das estatais era inferior ao de empresas privadas comparáveis, levaram ao consenso de que a privatização devia ser parte integrante da estratégia de desenvolvimento econômico.[97]

Em síntese, uma combinação de condições econômicas, de teoria e de evidências quantitativas, induziu governos de todo o mundo a adotar programas de privatização.[98] O avanço da globalização intensificou as pressões fiscais sobre os governos para sustentar estatais ineficientes e aumentou demais o custo de oportunidade de manter ativos que geravam retornos negativos. Para os governos com grande endividamento a altas taxas de juros, o cálculo era simples: por que, de um lado, pagar 10% a 20% por ano sobre passivos e, de outro, manter ativos que geram retornos de quase zero ou negativos? Nesse contexto, a privatização era a escolha óbvia — decisão financeira elementar. Com efeito, em algumas privatizações, os governos permitiam que os investidores pagassem com títulos públicos, o que reduzia o endividamento do governo e liquidava ativos estatais mal remunerados ou deficitários.[99]

Privatização

O sistema de empresas estatais que existia sob o modelo de capitalismo de Estado do Leviatã como empreendedor começou a esboroar-se em consequência dos programas de privatização maciça nas décadas de 1980 e 1990. Margaret Thatcher, no Reino Unido, e Jacques Chirac (então primeiro-ministro), na França, deflagraram uma onda de programas de privatização em grande escala. Chirac, sozinho, privatizou 22 grandes empresas em quinze meses, entre 1986 e 1988. O programa de privatização de Thatcher geralmente é considerado o marco inicial dessa tendência reformista. Por exemplo, a oferta pública inicial (IPO) da British Telecom, em 1984, legitimou programas de privatização em todo o mundo. "A enorme emissão de ações — de longe a maior oferta de capital próprio da história, até então — foi acolhida com forte demanda pelos investidores [...] na Inglaterra e no exterior [...] [e] mostrou que existia um mercado global para ofertas de ações de privatização."[100]

Em meados da década de 1980, a tendência da privatização se espalhou do Reino Unido para Áustria, Bélgica, Canadá, Chile, Dinamarca, França, Holanda, Itália, Jamaica, Japão, Malásia, Cingapura, Espanha, Suécia e Estados Unidos.[101]

Nos mercados emergentes, contudo, os governos foram lentos em liquidar ou privatizar empresas estatais na década de 1980. As privatizações da época, na maioria, foram de pequenas empresas que haviam sido socorridas no passado. Mesmo no Chile, "praticamente todas as empresas desinvestidas tinham sido estatizadas recentemente [pelo regime Allende]".[102] Além disso, a maioria das privatizações nos países em desenvolvimento implicava transferência integral da propriedade.[103] Por exemplo, de 133 privatizações no Chile e 217 em Bangladesh antes de 1987, nenhuma foi venda parcial de participação acionária.

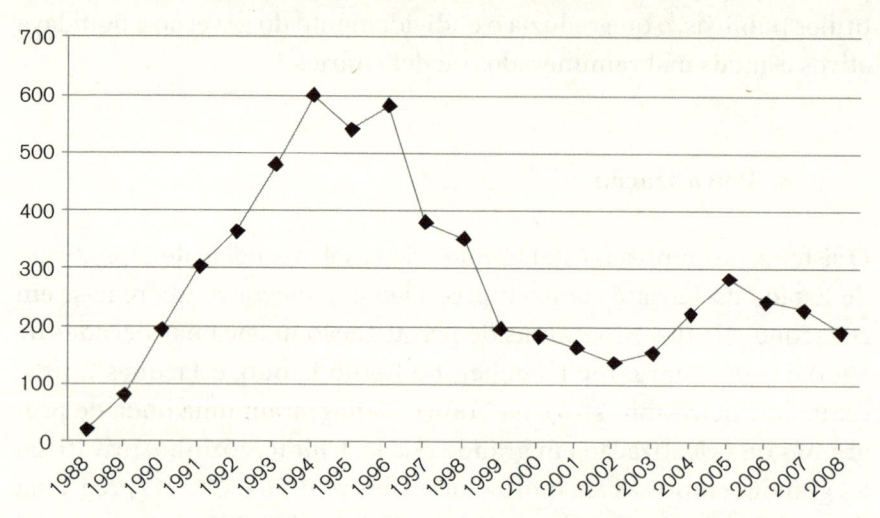

Figura 1.3. Número de operações de privatização por ano (com geração de receita de pelo menos 1 milhão de dólares, em valores de 2005), 1988-2008

FONTES: Para a Europa, usamos o banco de dados Privatization Barometer, disponível em: <http://www.privatizationbarometer.net/>. Acesso em: 15 jun. 2014. Para outros países, usamos os bancos de dados de privatização do Banco Mundial (um de 1990 até 1999 e outro de 2000 até 2008). Em seguida, incluímos observações do banco de dados do Banco Mundial referentes a transações de privatização inferiores a 1 milhão de dólares, no período de 2000 a 2008, todas disponíveis em: <http://go.worldbank.org/W1ET8RG1Q0>. Acesso em: 15 jun. 2014.
OBSERVAÇÃO: Nossos dados não incluem Oceania, pois não tínhamos dados completos para Austrália e Nova Zelândia. Também faltam informações sobre Estados Unidos e Canadá.

Entre 1988 e 2009, houve duas ondas de privatizações. Na figura 1.3, lançamos o número de operações de privatização entre 1988 e 2008; constata-se com nitidez que ocorreu grande onda de privatizações na década de 1990, seguida de uma segunda onda, depois de 2003. A primeira onda de privatizações decorreu de programas de reforma estrutural, ao passo que a segunda consistiu basicamente em privatizações parciais de empresas da China (envolvendo venda de participações minoritárias a investidores privados) e em algumas ex-repúblicas soviéticas. A figura 1.3 mostra com nitidez que, em termos de número de operações, a década de 1990 foi a era de ouro da privatização. Depois de 1999, a quantidade de transações caiu da média de trezentas a quatrocentas por ano para cerca de duzentas.

Figura 1.4. Receitas de privatização em todo o mundo (bilhões de dólares, em valores de 2005), 1977-2008

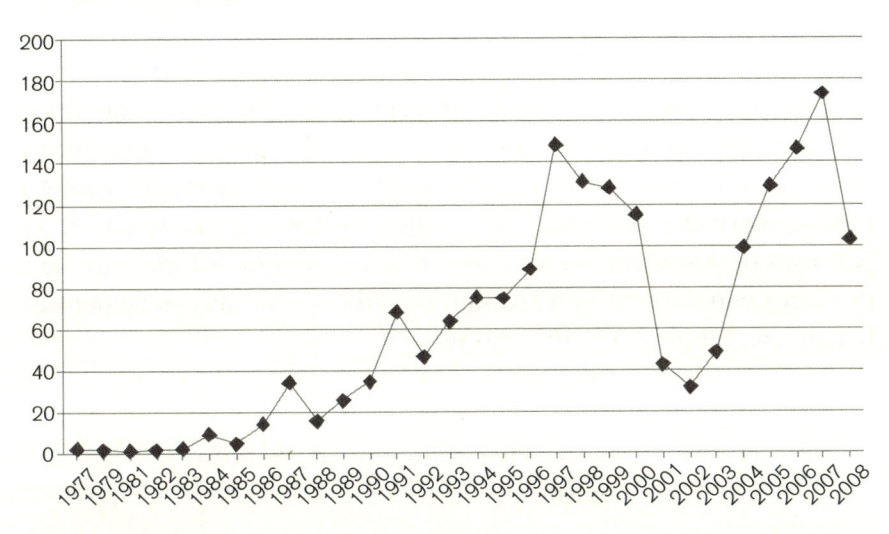

FONTE: Ver figura 1.3.
NOTAS: Nossos dados não incluem números referentes às privatizações no Canadá, nos Estados Unidos, no Japão, na Austrália, na Nova Zelândia e na República da Coreia. A escalada das receitas depois de 2005 foi impulsionada em grande parte pelos seguintes IPOs: Rosneft (10,7 bilhões de dólares), Bank of China (quase 14 bilhões de dólares) e Industrial and Commercial Bank of China (quase 22 bilhões de dólares), em 2006; PetroChina (9,15 bilhões de dólares), China Shenhua Energy (7,95 bilhões de dólares) e China Pacific Insurance (7,7 bilhões de dólares), em 2007. Os dados sobre as vendas em nosso banco de dados podem não coincidir com os dados reais extraídos dos IPOs, nas condições em que efetivamente ocorreram, porque os bancos de dados se baseiam nos anúncios oficiais das privatizações.

Além de o número de privatizações ter diminuído depois do ano 2000, houve mudança significativa na estratégia de privatização seguida pelos governos, na primeira década do século XXI. Nos anos 1990, mais da metade das privatizações incluíam a transferência do controle acionário, do governo para o setor privado. Depois de 1999, as privatizações passaram a envolver mais concessões, mais arrendamentos e mais vendas de blocos de ações menores, nem sempre com transferência do controle acionário para o setor privado. As receitas auferidas com a emissão de ações aumentaram mais rapidamente depois do IPO de uma pequena parcela da Rosneft na Rússia, em 2006, alcançando níveis recordes entre 2006 e 2008 (ver figura 1.4). Ou seja, as privatizações parciais passaram a ser o padrão depois de 2006, e os governos de países como Rússia, China, Brasil e Turquia optaram por privatizar pequenas porcentagens da propriedade (ou seja, posições minoritárias) no mercado de ações em vez de privatizar o controle.

Os IPOS bilionários já mencionados tinham mostrado aos governos que não era necessário ceder o controle para levantar grandes quantias. Assim, as privatizações, aos poucos, deixaram de implicar transferência de propriedade e controle, transformando-se em esquema para auferir receita, sem ceder o controle. Mesmo quando transferiam o controle, os governos muitas vezes mantinham participações minoritárias por meio de vários canais, como investimentos públicos ou fundos de pensão, bancos estatais ou holdings estatais.

Novas variedades de capitalismo de Estado em todo o mundo

As consequências da privatização não foram, portanto, necessariamente o descarte generalizado de ativos produtivos do Estado. As privatizações enfrentaram intensa oposição política, e, em setores estratégicos específicos, os próprios governos decidiram que era melhor manter certas empresas sob controle estatal. Estudo de Bortolotti e Faccio[104] de empresas estatais nos países ricos da OCDE revela que, entre 1996 e 2000, não obstante o grande esforço de privatização anterior, a proporção de empresas sob controle governamental não diminuiu, exceto em bens de capital, transportes e serviços de utilidade pública.

Em 2005, por exemplo, um relatório da OCDE mostrou a importância das estatais nos países-membros. Achamos que duas são as tendências importantes a enfatizar. Primeira, são muitas as empresas em que o governo é o acionista controlador, compartilhando a propriedade com investidores privados (ou seja, o modelo do Leviatã como investidor majoritário). Na França e na Itália, os ativos das estatais representavam 25% do PIB, enquanto na Finlândia o índice chegava a 80%. Na Coreia e na Turquia girava em torno de 20% do PIB. Guillén[105] descreve como as empresas estatais espanholas foram consolidadas antes de 1996 e, de início, privatizadas apenas em parte. Mesmo depois da privatização,

Tabela 1.3. Número de empresas estatais nos países da OCDE com participações minoritárias do governo, 2005

	Número de estatais	Participações minoritárias	% de empresas com participação estatal minoritária
Alemanha	37	20	54%
Austrália	12	0	0%
Áustria	78	21	27%
Bélgica	15	0	0%
Canadá	100	15	15%
Dinamarca	27	10	37%
Espanha	40	15	38%
Finlândia	55	19	35%
França	100	33	33%
Grécia	50	14	28%
Itália	25	4	16%
Japão	77	n.a.	n.a.
Nova Zelândia	34	3	9%
Noruega	26	6	23%
Países Baixos	44	16	36%
Polônia	1189	691	58%
República da Coreia	30	4	13%
República Eslovaca	115	55	48%
República Tcheca	>1000	>120	12%
Suécia	58	7	12%
Reino Unido	80	14	18%
Turquia	39	n.a.	n.a.

FONTE: Todos os números são estimativas dos autores, com base em dados da OCDE de 2005,[106] e, para a Polônia, de Waclawik-Wejman do mesmo ano.[107]

o governo ou um banco estatal manteve participação em algumas das maiores empresas espanholas.

Segunda, é significativo o número de empresas (privatizadas, na maioria) em que o governo não é acionista controlador, mas, de fato, delas participa ativamente como capitalista minoritário.[108] Em outras palavras, o Leviatã vem desempenhando papel crescente como investidor minoritário. Os governos dos países da OCDE mantêm participações minoritárias em cerca de 25% das empresas em que são acionistas. Na Alemanha, mais de 50% das participações acionárias do governo federal em empresas consideradas estatais são minoritárias (e aí não se incluem empresas com menos de 25% de propriedade estatal).[109]

Em países como Dinamarca, Finlândia, França, Países Baixos, Polônia, República Eslovaca e Espanha, em mais de 30% das empresas identificadas como estatais, os governos detêm participações acionárias minoritárias.[110]

Na tabela 1.4, vemos que os governos em mercados emergentes ainda mantêm muitas empresas estatais e também participam como acionistas minoritários de muitas outras empresas. Na maioria dos países para os quais dispomos de dados, o modelo do Leviatã como investidor minoritário se aplica a cerca de 20% a 30% das empresas em que o governo tem participação acionária (sendo o resto representado por empresas 100% de propriedade do Estado ou sob controle acionário do Estado). Essa tabela também mostra que, nos mercados emergentes, as estatais ainda contribuem com grande fatia do PIB e acumulam boa parte da capitalização total do mercado de ações (perto de 30% em média).

Mais importante, a tabela 1.4 mostra a resiliência do capitalismo de Estado nos países em desenvolvimento. Considere as seguintes tendências: enquanto nas ex-economias socialistas a produção das empresas estatais como proporção do PIB diminuiu de 90% para menos de 30% entre 1989 e 2010, em outros países em desenvolvimento (como Brasil, Indonésia, Índia, Turquia, Cingapura e México) esse índice mal se moveu, mantendo-se perto de 15%.

Parte importante da transformação do Leviatã, do modelo de empreendedor (proprietário e gestor de empresas estatais) para o modelo de investidor majoritário, é o fato de os governos terem mudado não só a estrutura de propriedade das estatais, mas também a governança das maiores empresas públicas. Os governos registraram grandes estatais em Bolsas de Valores, profissionalizaram a administração das empresas, constituíram conselhos de administração (em geral com conselheiros independentes) e concederam a muitas dessas estatais autonomia orçamentária substancial. Na tabela 1.4, vemos que os papéis de algumas das estatais são negociados nos mercados de ações (em geral, as das maiores empresas) e que essas empresas compõem grande parte da capitalização total do mercado de ações do país. Também na OCDE os governos trilharam esse caminho; algumas das maiores empresas de

Tabela 1.4. Padrões de propriedade estatal em mercados emergentes, c. 2010

	Produção (receitas) das estatais como % do PIB (não financeiro)	Empresas estatais listadas[a]	Empresas estatais como % da capitalização de mercado[a]	Número de estatais com controle majoritário		Número de empresas em que o governo federal tem propriedade majoritária
				Federal	Estadual/Local	
África do Sul	30%			270		
Brasil	30%	14	34%	247		
China	30%	942	70%	17000	150000	
Cingapura	12%	12	20%	20		
Egito				57[b]		59
Índia	14%	29	40%	217	837	404
Indonésia	18%	16	30%	142		21
Malásia		15	36%	52		28
México	3%	0	0%	205		
Polônia	28%			498		691
Rússia	20%	12	40%	7964	250	1418
Tailândia	26%	6	21%	60		
Turquia	14%			74	700	67
Vietnã	34%	461		1805	1559	1740

FONTE: Ver Apêndice, tabela 1.A. Incluímos empresas sob propriedade estatal superior a 10% das ações com direito a voto na condição de acionista minoritário, e outras com propriedade estatal superior a 50% das ações com direito a voto como empresas estatais sob controle majoritário.
NOTAS: (a) Essas estimativas incluem empresas sob controle governamental e outras com participação estatal minoritária.
(b) Para o Egito, o número de empresas estatais aqui apresentado é de 2005, mas o número de empresas sob propriedade estatal minoritária é de 2002.

energia e de serviços de utilidade pública desses países — como Enel e Eni, na Itália; GDF, na França; e o Banco Postal do Japão — estão entre as maiores empresas do mundo por receita e foram privatizadas em parte, listadas em pelo menos uma Bolsa de Valores e melhoraram sua transparência financeira.

Em Brasil, Rússia, Índia e China (BRIC) — os maiores mercados emergentes —, é grande o número de empresas em que o governo detém participação acionária majoritária e minoritária. Na figura 1.5, é mostrada a distribuição da propriedade, usando um banco de dados das 125 maiores empresas de capital aberto (por capitalização de mercado), entre 2005 e 2009. Encontramos o Leviatã como acionista minoritário com mais frequência no Brasil e na Rússia, e, depois, na Índia, onde o governo ou uma de suas holdings (por exemplo, Life Insurance Corporation) detém participações minoritárias em várias empresas. Na China, constatamos maior viés para maior participação acionária em empresas de capital aberto, mas ainda encontramos algumas participações acionárias minoritárias. Essas posições minoritárias ocorrem na maioria das vezes por meio de holdings, de propriedade estatal integral, que investem em várias empresas.

Os governos detêm participações majoritárias e minoritárias em grande número de empresas, usando diferentes agentes financeiros públicos. Na China, na Malásia e em Dubai, os governos contam com holdings estatais para gerenciar essas participações acionárias. No Brasil, o braço de investimentos do BNDES, denominado BNDESPAR, gerencia a maior parte dos investimentos em capital próprio da instituição. Ou seja, os governos criam grupos de negócios, às vezes concentrados em um único setor, mas, geralmente, diversificados em muitos setores.

Portanto, os governos usam estruturas de propriedade piramidais ou holdings estatais para gerenciar sua participação em grande número de empresas, da mesma maneira como grupos de negócios diversificados atuam nos países em desenvolvimento. Em geral, esses grupos de negócios privados são respostas a falhas nos mercados de capital, de trabalho e de produtos.[111, 112] No caso de governos, grupos ou holdings não só resolveram algumas das falhas de mercado, mas também facilitaram o monitoramento e a administração de um grande portfólio de empresas.

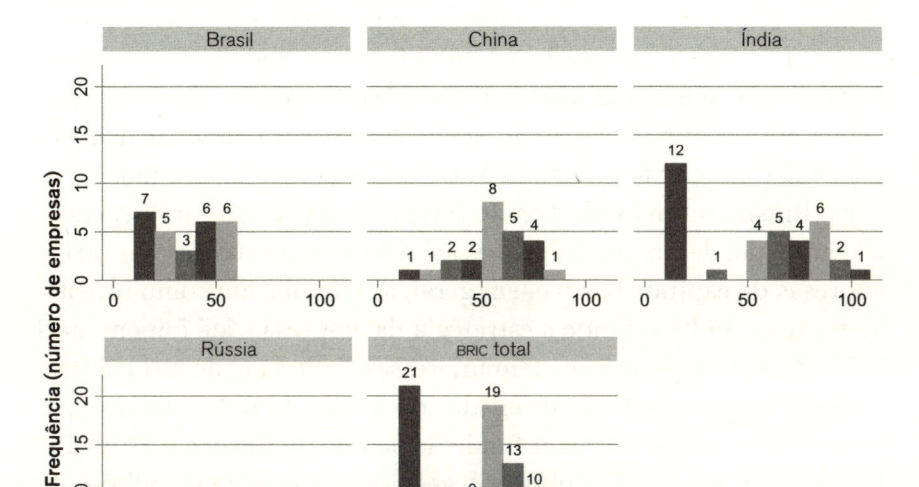

Figura 1.5. Distribuição do número de participações acionárias estatais em empresas de capital aberto nos países do BRIC, 2009

[Gráficos de barras com as seguintes distribuições — Frequência (número de empresas) vs participação acionária (0, 50, 100):

- Brasil: 7, 5, 3, 6, 6
- China: 1, 1, 2, 2, 8, 5, 4, 1
- Índia: 12, 1, 4, 5, 4, 6, 2, 1
- Rússia: 1, 1, 1, 1, 1, 3, 2
- BRIC total: 21, 7, 7, 9, 19, 13, 10, 7, 2, 1]

FONTE: Criado pelos autores com base em dados da Capital IQ e dos sites das empresas, usando uma amostra das 125 maiores empresas de capital aberto nos mercados de capitais dos países do BRIC.

Na Rússia, a Gazprom é efetivamente uma pirâmide, com participação acionária majoritária na Gazprom Neft (73,02%), JSC "TGC-1" (51,79%) e JSC Latvijas Gaze (53,56%), entre outras. Na China, a estatal Comissão de Supervisão e Administração de Ativos [Assets Supervision and Administration Commission (SASAC)] atua como holding, supervisionando mais de cem empresas autônomas e holdings.[113]

Na Índia, a Life Insurance Corporation (LIC) desempenha o papel de grande holding do governo. A LIC é o maior investidor ativo do mercado de ações na Índia, com cerca de 50 bilhões de dólares investidos em setembro de 2011. O governo controla a LIC e investe nas ações de estatais, sobretudo quando a demanda pelas ações da oferta pública inicial de uma empresa é baixa. A LIC e o governo, porém, às vezes discordam em público. Nossos cálculos indicam que, em 2012, o governo da Índia tinha investido em cerca de quatrocentas empresas por meio da LIC, principalmente com participações acionárias minoritárias, que representam em torno de 4% da capitalização total do mercado de ações da Índia. O investimento mediano da LIC era de 4% da empresa, enquanto o investimento médio era de 7,4%. A LIC é, em geral, investidor passivo. Quando, porém, têm a incumbência de comprar ações em privatizações parciais, esses investimentos apresentam desempenho significativamente inferior ao do mercado.[114] Portanto, a LIC é exemplo do Leviatã como acionista minoritário.

No Brasil, os fundos de pensão estatais, cuja gestão é influenciada pelo governo, detêm participações acionárias minoritárias em várias empresas de capital aberto e, em geral, se comportam como investidores ativos, influenciando a estratégia da empresa e até fomentando fusões das empresas em que têm interesses.[115] No final de 2012, a Previ, fundo de pensão dos empregados do Banco do Brasil, instituição financeira estatal, era o maior fundo de pensão do Brasil e o 27º maior do mundo,[116] com ativos totais sob gestão em torno de 83 bilhões de dólares, mais de quatro vezes o valor de mercado das participações de Jorge Paulo Lemann, o mais rico empreendedor brasileiro.

Em Qatar, Abu Dhabi e Cingapura, o governo usa fundos soberanos para investir em empresas nacionais e estrangeiras.[117] A China Investment Corporation (CIC) compra ações (participações minoritárias) de empresas e instituições financeiras chinesas. O Temasek, fundo soberano de Cingapura, investe 32% de seu portfólio no mercado local, em empresas como Singapore Technologies Telemedia, Singapore Communications, Singapore Power e Singapore Airlines.[118] Mubadala, fundo soberano de Abu Dhabi, investe intensamente em grandes projetos de desenvolvimento nacional, nas áreas de energia, telecomunicações, assistência médica e outros setores.[119]

O fato de as estatais agora se destacarem entre as maiores empresas de capital aberto europeias, latino-americanas e asiáticas torna quase impossível para os investidores compor um portfólio com boa exposição a todos os setores dessas economias sem neles incluir grandes estatais. De acordo com nossos cálculos, as empresas em que o governo é acionista relativamente importante (acima de 30% do capital próprio) respondem por algo entre 30% e 50% da capitalização do mercado de ações em grandes economias emergentes, como os países do BRIC.

Figura 1.6. Capitalização de mercado de empresas estatais em relação ao tamanho do mercado nos países do BRIC, 2009

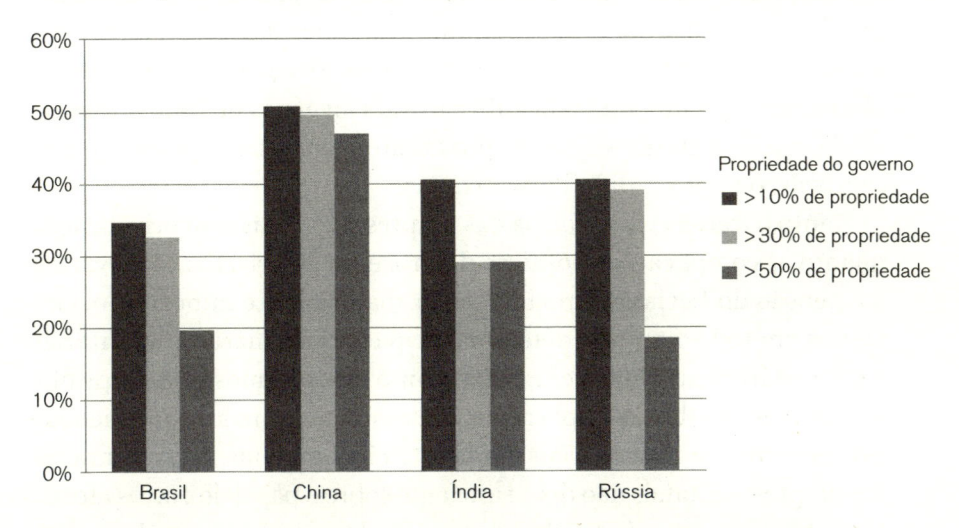

FONTE: Estimativa dos autores com base em dados da Capital IQ. Incluímos aqui apenas as cem maiores empresas, o que superestima o tamanho da propriedade do governo em países como a Índia, mas subestima no caso da China. Também consideramos em nossas análises apenas os acionistas com mais de 10% das ações. Uma vez que algumas empresas de nossa lista são de propriedade de outras organizações, tivemos de rastrear os controladores finais dessas empresas usando o site da respectiva Bolsa de Valores ou da própria empresa. No caso da China, também usamos o site da SASAC, a holding estatal. Portanto, nossas estimativas mostram o valor das empresas controladas direta ou indiretamente pelo governo.

Conclusão

Este capítulo descreve a evolução do capitalismo de Estado em todo o mundo no século XX e no início do XXI. Há duas alternativas correlatas. Uma história é sobre a transformação contínua do capitalismo de Estado, geralmente em consequência de circunstâncias imprevistas. A outra história é sobre aprendizado. Exatamente porque a ascensão das empresas estatais no século XX foi o resultado de crises, mais que de desígnios específicos, os governos tiveram de experimentar diferentes métodos de governança e de gestão empresarial na tentativa de descobrir o que é e o que não é eficaz. Os choques das décadas de 1970 e 1980 revelaram algumas das fraquezas da rede de estatais nos países desenvolvidos e em desenvolvimento. Enfatizamos, todavia, que a história das empresas estatais não é feita de mudanças pontuais. Os governos nas décadas de 1970 e 1980 testaram várias abordagens à reforma das estatais antes de decidir privatizá-las. A privatização em si não foi tão abrangente quanto a retrata a literatura. Governos de todo o mundo ainda mantêm grandes estatais, por atuarem em setores politicamente sensíveis, ou por ser difícil privatizá-las.

Tanto o fracasso da reforma das empresas estatais sem privatização quanto as complicações políticas do processo de privatização levaram à ascensão do Leviatã como investidor majoritário e minoritário. Governos em todo o mundo detêm participações acionárias majoritárias e minoritárias em muitas empresas, como descrevemos neste capítulo, mas as teorias sobre as implicações dessas novas formas de propriedade e de governança empresariais ainda estão incompletas. A literatura sobre empresas estatais não diz o suficiente sobre o papel de outros atores, como holdings estatais, fundos soberanos e bancos de desenvolvimento. No capítulo seguinte, analisamos — sob perspectiva teórica — a evolução do capitalismo de Estado depois da privatização, examinando por que assumiu certas formas específicas em vez de outras, e especulamos sobre as consequências dos modelos do Leviatã como investidor majoritário e minoritário, para o desempenho das empresas e para o desenvolvimento econômico.

Apêndice

Tabela 1.A. Fontes para estudar os padrões da propriedade estatal em mercados emergentes

País	Fonte
África do Sul	• "An analysis of the financial performance of state-owned enterprises". Disponível em: <www.gov.za/documents/download.php?f=95671>. Acesso em: 15 jun. 2014.
Brasil	• Dados sobre o número de empresas sob propriedade estatal majoritária e minoritária e sobre a participação das estatais no PIB foram extraídos de "Estado Ltda.", *Época*, 6 nov. 2011. • O número de estatais listadas em Bolsas de Valores e a importância relativa delas na capitalização do mercado de ações se baseiam em nossos cálculos e consideram apenas as cem maiores empresas. Todos os dados são da Capital IQ.
China	• Dados sobre a participação das estatais no PIB são de OCDE, "State-Owned Enterprises in China: Reviewing the Evidence". Paris: OCDE, jan. 2009, p. 6. • Andrew Szamosszegi e Cole Kyle, "An Analysis of State-Owned Enterprises and State Capitalism in China". Documento preparado pela Capital Trade, Inc., para a U.S. — China Economic and Security Review Commission, Washington, DC, 2011. • O número de empresas estatais listadas em Bolsas de Valores e a importância relativa na capitalização do mercado de ações também são do estudo da OCDE, p. 16, e se baseiam em dados de 2004.
Egito	• O número de empresas estatais subtraindo-se o número de empresas privatizadas, arrendadas e liquidadas do número total de empresas sob controle governamental quando o programa de privatização começou, em 1991. Mohammed Omran, "Ownership Structure: Trends and Changes Following Privatization in Egypt". Apresentação em PowerPoint no OCDE. Second Meeting of Working Group 5 on Corporate Governance, Rabat, Marrocos, set. 2005. Disponível em: <http://www.oecd.org/document/50/0,3746>. Acesso em: 10 jan. 2012. • O número de empresas sob propriedade estatal minoritária (calculado com base na participação acionária de holdings estatais depois da privatização) é de "Privatization in Egypt". *Quarterly Review*, abr.-jun. 2002. Mimeo, Carana Corporation, 2002. Disponível em: <http://www1.aucegypt.edu/src/wsite1/Pdfs/Privatization%20in%20Egypt%20-Quarterly%20Review.pdf>. Acesso em: 15 jun. 2014.
Índia	• A maioria dos dados é de OCDE, "State Owned Enterprises in India: Reviewing the Evidence". Paris: OCDE, 29 jan. 2009. • O número de estatais listadas em Bolsas de Valores e a importância relativa delas na capitalização do mercado de ações se baseia em nossos cálculos e considera apenas as cem maiores empresas. Dados de 2009. Todos os dados são da Capital IQ. • Department of Public Enterprises, "National Survey on State Level Public Enterprises (2006-7)", 2007. Disponível em: <http://dpe.nic.in/newgl/SLPErep0607.pdf>. Acesso em: 10 jan. 2012. • As empresas com participação estatal minoritária são aquelas em que a Life Insurance Corporation of India (LIC), empresa com propriedade estatal majoritária,

(continua)

Tabela 1.A. (continuação)

País	Fonte
	detém participações minoritárias. Os dados sobre as participações da LIC são de Bloomberg. Disponível em: <www.bloomberg.com>. Acesso em: 10 jan. 2012.
Indonésia	• O número de empresas estatais e de empresas com participação estatal minoritária são de Andriati Fitriningrum, "Indonesia: Experiences in Managing the State Companies", apresentação em PowerPoint no OECD-Asian Roundtable on Corporate Governance of State-Owned Enterprises, Cingapura, maio 2006. Disponível em: <http://www.oecd.org/daf/ca/corporategovernanceprinciples/37339611.pdf>. Acesso em: 15 jun. 2014. • As empresas estatais listadas em Bolsas de Valores e sua importância relativa para a capitalização do mercado de ações são de Rajasa e Hatta, "State of Indonesian State Owned Enterprises", site do Sovereign Welth Fund Institute, ago. 2011. Disponível em: <http://www.swfinstitute.org/swf-news/state-of-indonesian-state-owned-enterprises/>. Acesso em: 15 jun. 2014.
Malásia	• Dados de Khazanah Nasional, "Seventh Khazanah Annual Review", 18 jan. 2011, PowerPoint. Disponível em: <http://www.khazanah.com.my/docs/30June2011_investment_structure.pdf>. Acesso em: 15 jun. 2014.
México	• Os dados sobre o México são de Sunita Kikeri e Aishetu Fatima Kolo, "Privatization: Trends and Recent Developments", nov. 2005. World Bank Policy Research Working Paper n. 3765. Disponível em SSRN: <http://papers.ssrn.com/sol3/papers.cfm?abstract_id=849344>. Acesso em: 15 jun. 2014.
Rússia	• O número de empresas estatais, o número de estatais listadas em Bolsas de Valores e a porcentagem da capitalização do mercado é de Carsten Sprenger, "State-Owned Enterprises in Russia", apresentação em PowerPoint na OECD. Roundtable on Corporate Governance of SOEs, Moscou, out. 2008. Aí não se incluem as empresas com participação estatal minoritária. • O número de empresas federais e municipais e o de empresas com participação estatal minoritária são de Carsten Sprenger, "State Ownership in the Russian Economy: Its Magnitude, Structure and Governance Problems". Mimeo, Higher School of Economics, Moscou, fev. 2010, pp. 5-8. O número de empresas com participação estatal majoritária e minoritária está subestimado, uma vez que abrange somente participações diretas, ou seja, não considera participações de holdings controladas pelo governo russo. O número de empresas estaduais e locais inclui apenas empresas municipais.
Tailândia	• A estimativa da participação das empresas estatais no PIB se baseia no lucro líquido das empresas e no PIB de 2004. Os dados sobre as empresas são de Pallapa Ruangrong, "ARGC Task Force on Corporate Governance of SOEs: The Case of Thailand". Apresentação em PowerPoint, 20 maio 2005. Disponível em: <http://www.oecd.org/daf/ca/corporategovernanceprinciples/34972513.ppt>. Acesso em: 15 jun. 2014.
Turquia	• A participação das empresas estatais no PIB corresponde ao lucro líquido sobre PIB. Os dados são de *2007 Public Enterprises Report*, p. 19; o número de estatais em nível local consta da p. 208. Nossos dados sobre o número de estatais federais e a distinção entre participação estatal majoritária e minoritária são das listas nas pp. 12, 189-90, 201 e 248-50. Em nossas contas, excluímos instituições financeiras, como bancos e empresas de leasing e factoring, de propriedade do Savings Deposit Insurance Fund (conhecido como TMSF). O número de empresas com participação estatal minoritária se refere às controladas pelo governo federal: de 141 estatais

(continua)

Tabela 1.A. (continuação)

País	Fonte
	federais, 67 são de propriedade minoritária. Todos os dados são de Republic of Turkey, Directorate General of State Owned Owned Enterprises, *2007 Public Enterprises Report*, ago. 2008. Disponível em: <http://www.treasury.gov.tr/File/?path =ROOT%2fDocuments%2fState+Owned+Enterprises+Reports%2f2007_Public_ Enterprises_Report.pdf>. Acesso em: 15 jun. 2014.
Vietnã	• O número de empresas com participação estatal minoritária é o da categoria "Joint Stock Co. with Capital of State" do Vietnã, General Statistics Office, *Statistical Yearbook of Vietnam 2010*, p. 181. Disponível em: <http://www.gso.gov.vn/default_ en.aspx?tabid=515&idmid=5&ItemID=11974>. Acesso em: 15 jun. 2014. • Dados sobre o número de estatais e sobre a porcentagem que representam do PIB são do site do General Statistics Office of Vietnam. Disponível em: <http://www.gso. gov.vn/default.aspx?tabid=217>. Acesso em: 10 fev. 2012; e do Central Institute of Economic Management (CIEM), "Viet Nam Economy: State-Owned Enterprise (SOE) Reform and Market Structure", apresentação em PowerPoint no Residential Training Workshop on Structural Reform of APEC, Cingapura, ago. 2011. Disponível em: <aimp.apec.org/Documents/2011/SOM/WKSP/11_som_wksp_006.pdf>. Acesso em: 15 jun. 2014.

2
Visões sobre o capitalismo de Estado

ATÉ AGORA, oferecemos um retrato do capitalismo de Estado na virada para o século XXI e um relato histórico da evolução do capitalismo de Estado, em âmbito mundial, no século XX. A história deixa um conjunto de questões quanto às ações do Leviatã no mercado, o que queremos explorar no restante do livro, principalmente usando evidências detalhadas do caso brasileiro. As questões que queremos examinar, contudo, não são gratuitas; dispõe-se de ampla literatura sobre as origens do capitalismo de Estado e sobre as implicações do envolvimento do Estado na economia. Como queremos partir das teorias existentes como elementos constitutivos das hipóteses que testamos ao longo de todo o livro, neste capítulo analisamos diferentes opiniões sobre o capitalismo de Estado e a propriedade estatal de empresas, para examinar hipóteses específicas nos capítulos seguintes.

Por que existe o capitalismo de Estado?

Várias explicações têm sido propostas para elucidar o surgimento do capitalismo de Estado.[1] Alguns argumentos partem da visão favorável de que o envolvimento estatal na economia ajuda o governo a resolver numerosas falhas de mercado, desde a necessidade de coordenar os investimentos (a visão da *política industrial*) até o desejo de realizar objetivos sociais, além da pura maximização do lucro (a visão *social*). Outros argumentos adotam perspectiva mais negativa, enfatizando o fracasso do governo: a intervenção do Estado é induzida pela busca de rendas ou por motivações políticas, não pela necessidade de resolver falhas de mercado (a visão *política*). Outros ainda salientam que o capitalismo de Estado é consequência não de necessidade econômica, mas, sim, de preferência ideológica pela intervenção do Estado na economia ou de política nacionalista para afastar investidores externos. Essa visão enfatiza que a resiliência do capitalismo de Estado tem sido resultado de processos históricos complexos e de condições institucionais herdadas, difíceis de mudar (visão da *dependência da trajetória*). Analisamos, em seguida, detalhadamente, cada uma dessas visões.

VISÃO DA POLÍTICA INDUSTRIAL

A visão da política industrial encara o capitalismo de Estado como ferramenta importante para resolver falhas de mercado que redundam em investimentos produtivos subótimos. Identificam-se, em geral, três importantes fontes de falhas de mercado. A primeira tem a ver com os mercados de capitais. Nos mercados financeiros mal desenvolvidos, os investimentos estão sujeitos a profundas restrições,[2] sobretudo quando as empresas precisam empreender projetos de grande escala, de longa maturação. Nesses casos, os governos podem atuar como financiadores ou como capitalistas de risco, em circunstâncias nas quais as fontes privadas de capital são escassas. Com efeito, vasta literatura sobre bancos de desenvolvimento propõe que instituições financeiras estatais atenuem as limitações do crédito no setor privado e promovam projetos com valor presente líquido positivo, que, do contrário, não seriam executados.[3] Além disso, em economias com importantes restrições de capital, o financiamento público pode aliviar a escassez de capital e promover ações empreendedoras para impulsionar indústrias novas ou existentes.[4]

A segunda fonte de falha de mercado diz respeito a problemas de coordenação. O envolvimento governamental pode alterar a natureza e a trajetória dos investimentos produtivos, sobretudo quando determinados contextos regionais estão sujeitos a externalidades entre setores e atividades.[5] Muito já se discutiu sobre proposta famosa de Hirschman[6] de que é necessário promover a integração para a frente e para trás das cadeias de produção, a fim de estimular o desenvolvimento local. Para que se interessem em construir uma usina siderúrgica, os investidores precisarão de fontes estáveis de minério de ferro e de coque e deverão convencer-se da existência de capacidade logística para garantir o fornecimento dos insumos e a distribuição dos produtos com pontualidade e capilaridade. Com base nessa lógica, talvez seja necessário um "grande empurrão" do governo para promover investimentos complementares coordenados.[7]

Esses problemas de coordenação se ampliam em mercados restritos, com escassez de capital. Em casos de capital privado abundante, os governos podem incentivar o surgimento de novos setores mediante tributação diferenciada ou proteção temporária. Sob condições de escassez de capital, contudo, o fornecimento direto ou indireto de capital estatal pode ser benéfico para fomentar investimentos complementares. A análise de Trebat sobre a industrialização do Brasil conclui que as empresas estatais foram providenciais para o desenvolvimento setorial em contexto de escassez dos mercados de capitais: "As empresas públicas foram consideradas no Brasil um atalho para a industrialização — recurso a que se viram forçados os formuladores de políticas por falta de um setor privado nacional bem financiado e da relutância do país em permitir que empresas transnacionais entrassem em setores estratégicos".[8]

A terceira, Rodrik argumenta que certas externalidades inerentes aos "custos de descoberta" são bastante altas para inibir o desenvolvimento de novos produtos ou tecnologias.[9] Por exemplo, os empreendedores precisam experimentar para descobrir se um produto é viável, processo que custa dinheiro e tempo, seja ele bem ou malsucedido. Se for bem-sucedido, outros empreendedores no país terão condições de replicar o sucesso do empreendedor pioneiro. Portanto, sugere Rodrik, as políticas industriais devem concentrar-se em impulsionar esse processo de descoberta de duas maneiras. Primeiro, os governos devem fornecer tantas informações quanto possível sobre os custos de desenvolvimento de novos produtos e de novas indústrias. Segundo, se necessário, os governos devem oferecer incentivos financeiros, sem excessos, limitando-os ao necessário para ajudar no processo. Esses subsídios, sustenta Rodrik, não devem ser dirigidos para setores inteiros, mas destinar-se a novas atividades ou produtos. Finalmente, os incentivos devem ser desativados gradualmente, se o processo de descoberta falhar.[10]

Talvez o exemplo típico de política industrial em que o governo absorveu os custos de pesquisa do que é hoje importante produto comercial seja a criação da internet. A Defense Advanced Research Projects Agency (DARPA) é o laboratório patrocinado pelo governo americano a que se atribui o desenvolvimento da internet. De acordo com Mazzucato, desde a criação da DARPA, em 1958, "tornou-se função do governo desenvolver as tecnologias que gerariam possíveis aplicações para finalidades militares assim como para objetivos comerciais".[11] Amsden, no capítulo 11 de seu livro,[12] explica como o governo da Coreia do Sul atuou na coordenação e subsidiou custos de descoberta em muitas novas indústrias, como automobilística e de construção naval. O governo brasileiro, por meio de suas empresas estatais e de programas públicos, subsidiou os custos de desenvolvimento de novos produtos, como etanol de cana-de-açúcar (com o programa Pró-Álcool) e etanol de celulose, feito de biomassa (hoje em desenvolvimento nos laboratórios de pesquisa da empresa estatal Petrobras).[13]

Essa análise, porém, não considera as numerosas e variadas formas organizacionais de capitalismo de Estado. Os governos podem impulsionar investimentos complementares, criando estatais (com participação acionária majoritária) em vários setores. No entanto, também podem abrir mão do controle para empresas privadas e fornecer capital próprio por meio de bancos de desenvolvimento ou de fundos estatais. Ainda em outros casos, as próprias empresas privadas podem constituir alianças para promover investimentos conjuntos e para acessar capitais e recursos estrangeiros por meio de cadeias de produção globais.[14] Em outras palavras, embora a visão da política industrial ajude a explicar o papel do capitalismo de Estado no manejo de falhas de mercado, ela não explica por que, em alguns casos, o Leviatã é empreendedor ou investidor majoritário, enquanto em outros o Leviatã atua de maneira mais indireta, por meio de ações não controladoras ou de empréstimos direcionados, ou seja, como investidor minoritário.

VISÃO SOCIAL

A visão social assevera que empresas influenciadas pelo Estado perseguem o "duplo resultado". Ou seja, têm objetivos "não comerciais" que vão além da lucratividade ou até contrariam o princípio da maximização do valor para os acionistas.[15] Nas palavras de Shirley e Nellis:

> Objetivos não comerciais incluem o uso de empresas públicas para promover o desenvolvimento regional, a criação de empregos e a redistribuição de renda; em geral, envolvem admitir ou manter trabalhadores redundantes, vender produtos e serviços a preços inferiores aos do mercado (às vezes, mesmo abaixo do custo), instalar fábricas em áreas não econômicas ou manter abertas unidades não econômicas.[16]

Os governos também podem determinar os custos dos insumos, estabelecer tetos salariais, subsidiar taxas de juros ou oferecer fundos a estatais com taxa de juros preferencial. Portanto, de acordo com a visão social, as empresas controladas pelo Estado atuam como ferramenta eficaz para mitigar as falhas de mercado, perseguindo objetivos sociais — emprego alto e preços baixos — além da lógica do lucro como único critério e da maximização do valor para os acionistas.

Do mesmo modo, esse afastamento da maximização do lucro e do valor para os acionistas significa que o capitalismo de Estado tem condições de perseguir objetivos de longo prazo que seriam inaceitáveis para investidores privados em busca de retornos mais rápidos.[17] Enquanto os investidores privados podem reduzir ou até liquidar sua participação numa empresa na hipótese de desempenho de curto prazo insatisfatório, os governos, em geral, são mais pacientes e se dispõem a tolerar empresas não lucrativas no curto prazo. Além disso, alguns projetos podem gerar resultados satisfatórios apenas no longo prazo, o que talvez exija fonte de capital mais "paciente", para resistir a períodos de maior turbulência nos mercados. Os governos, consequentemente, podem atuar mais como "parceiros financeiros", empenhados no apoio de projetos valiosos, com horizontes temporais relativamente longos.[18] Musacchio e Staykov, por exemplo, argumentam que a principal característica dos fundos soberanos é orientação paciente, de longo prazo. Esses fundos, argumentam os autores, "também são mais imunes ao 'espírito animal' e suportam com mais facilidade o pânico de mercado". Além disso, sem quaisquer pressões de curto prazo para proporcionar retornos significativos em dinheiro aos governos", os fundos soberanos são capazes de manter seus investimentos ao longo dos vales do mercado".[19]

Portanto, na visão social, o capitalismo de Estado minorará, deliberadamente, a influência do lucro como poderoso incentivo do capitalismo privado. A redução da ênfase na maximização do lucro no setor público é compatível com a análise de Williamson da governança pública em comparação com a governança privada. Ele introduz o conceito de *probidade*: a necessidade de "lealdade e retidão",[20] em várias áreas, como "política internacional, defesa nacional, inteligência externa, gestão da oferta de moeda e, possivelmente, judiciário".[21] Williamson argumenta que os incentivos menos poderosos do setor público garantem a probidade ao evitar a excessiva "mobilização de recursos mediante economias de custo".[22] No mesmo tom, Hart, Shleifer e Vishny salientam que a organização pública será desejável quando a maximização do lucro acarretar ênfase excessiva na redução de custos, em detrimento da "qualidade" (por exemplo, busca excessiva de baixo custo em escolas privadas com fins lucrativos, com possíveis reflexos negativos na qualidade da educação).[23] Embora Williamson e Hart et al. não se concentrem na propriedade de empresas pelo Estado, as propostas deles são compatíveis com a visão social. Nesse sentido, o capitalismo de Estado talvez desponte como maneira de "domar" as motivações de lucro no curto prazo dos mercados.

Como a visão de política industrial, contudo, a visão social não considera explicitamente as variedades de capitalismo de Estado que encontramos nos diferentes países. Em tese, os governos terão mais facilidade em induzir os gestores a perseguir objetivos sociais se tiverem participação acionária majoritária, ou seja, se puderem vetar decisões que entrem em conflito com seus objetivos almejados, como, digamos, evitar aumento no desemprego ou nos preços. No entanto, também é possível que, por meio de participações acionárias minoritárias, os governos exerçam algum grau de influência. Um exemplo é a orientação de longo prazo dos fundos soberanos, já analisada. Os governos também podem tentar convencer outros proprietários de empresas parcialmente privatizadas a adotar objetivos sociais, os quais talvez concordem com a interferência governamental como maneira de preservar seus interesses na empresa ou de receber futuros benefícios, como o fornecimento contínuo de capital estatal. Na próxima seção, analisaremos com mais profundidade esse tema.

VISÃO POLÍTICA

Embora a visão de política industrial e a visão social considerem benignas e até benéficas a influência do governo e a atenuação de poderosos incentivos de mercado, a visão política salienta as ineficiências relacionadas com *falhas governamentais*.[24] Nesses termos, contestam Shleifer e Vishny, "o principal problema das empresas estatais é a interferência do governo em suas atividades, direcionando-as para o cumprimento de objetivos políticos em vez de econômicos".[25] Políticos e capitalistas com interesses políticos podem estender a "mão espoliadora" para desviar recursos públicos em benefício próprio, com consequências negativas para o desempenho empresarial. A interferência política nas empresas estatais pode resultar em excesso de pessoal e a seleção de empregados com base em ligações políticas, em vez de nos méritos ou nos antecedentes. Em geral, esses empregados carecerão dos poderosos incentivos contratuais comuns nas empresas privadas (como bônus por desempenho ou opções sobre ações). Portanto, as estatais sujeitas a muita intervenção política são mais propensas a tomar decisões inadequadas. Talvez não consigam reduzir custos nem enxugar as operações em períodos de crise, e é provável que façam investimentos ineficientes e deficitários em resposta a pressões do governo.

Esse problema é agravado pela denominada *restrição orçamentária fraca* das empresas estatais.[26] Com o capital abundante e "paciente" do Estado, os burocratas estarão mais dispostos a aprovar maus investimentos e a usar fundos públicos para cobrir prejuízos e para salvar projetos fracassados. Sem as pressões dos investidores do mercado exigindo rentabilidade, as empresas estatais podem ser usadas como fontes de capital barato para atender aos objetivos políticos dos governos e dos políticos. A visão política diverge da visão social em relação aos incentivos de mercado insuficientes da governança pública como desvantagem crítica. As deficiências daí resultantes serão mais agudas na medida em que as intromissões políticas distorcem as decisões empresariais.

Embora a interferência política seja, em tese, mais intensa nas empresas estatais com participação estatal majoritária, a visão política também explica certos tipos de influências que podem ocorrer quando o Leviatã é investidor minoritário. As ligações público-privadas podem ser condutoras de *compadrio*, mecanismo pelo qual "os *compadres* das autoridades políticas que formulam e executam as políticas públicas recebem favores de grande valor econômico".[27] Na visão política, os governos fornecem capital às empresas não no intuito de canalizar fundos para aplicações sociais eficientes, mas, sim, para maximizar seus objetivos sociais ou de realizar transações de compadrio com empresários rentistas com ligações políticas.[28]

A literatura recente apresenta evidências empíricas compatíveis com a hipótese de que os financiamentos públicos podem ser influenciados por fatores políticos, como ciclos eleitorais e doações para campanhas.[29] A implicação é que os governos fornecem capital a empresas em troca de apoio político — seja doações para campanhas de coalizões políticas do governo, seja decisões de investimento que beneficiam políticos e seus constituintes. As empresas podem pedir crédito subsidiado ou capital próprio minoritário mesmo em situações nas quais os projetos poderiam ser lançados e financiados por vias mais normais, usando fontes de capital privadas. O potencial de compadrio também desponta na criação de "campeões nacionais",[30] ou seja, políticos e autoridades escolhem certas empresas para receber fundos, na forma de empréstimos ou de investimentos, como maneira de impeli-las na busca do crescimento e da consolidação setorial. De um lado, a criação de campeões nacionais é compatível com a visão de política industrial mais benigna, segundo a qual o capital estatal pode resolver falhas de mercado que tolhem o desenvolvimento industrial. De outro, há quem argumente, os critérios do governo para selecionar empresas não são claros e às vezes se associam a objetivos políticos.[31] Os campeões nacionais, portanto, podem ser outra manifestação do desejo do governo de induzir o setor privado a pagar dividendos políticos.[32]

Em consonância com a visão política e com nossa análise anterior de privatizações parciais, vários autores afirmam que a influência do governo persiste mesmo depois de o controle das empresas ser assumido por investidores privados. Bortolotti e Faccio[33] opinam que, depois de 2000, os governos dos países da OCDE mantiveram algum grau de controle sobre 62,4% das empresas privatizadas. Examinando eventos de privatização em economias sob transição, Pistor e Turkewitz observam que empresas privadas com participação estatal auferem benefícios decorrentes do "seguro estatal" [*state-granted insurance*]:[34] "A presença do Estado como proprietário lhe confere posição privilegiada para influenciar certas decisões, como preços de energia ou fechamento de fábricas em regiões com altos níveis de emprego".[35] Calomiris[36] acha que, ao ser privatizadas, as empresas que desfrutam de laços estreitos com o governo apresentam melhor desempenho que suas congêneres mais isoladas. Bennedsen[37] propõe um modelo teórico de jogo e que uma das situações de equilíbrio envolve empresários do setor privado que aceitam as diretrizes do Estado (por exemplo, evitando demissões excessivas), em troca de subsídios. As implicações dos laços empresa-governo pós-privatização também são examinadas por Boycko, Shleifer e Vishny,[38] e Kauffman e Siegelbaum.[39]

Consequentemente, embora a interferência política possa explicar o desejo de criar empresas estatais, esse fator também ajuda a compreender o modelo de capitalismo de Estado híbrido (minoritário). A influência política direta, exercida por meio da capacidade de realização do governo, é substituída por formas de persuasão mais indiretas e matizadas, em geral mediante laços de compadrio. Nas palavras de Shleifer e Vishny,[40] "não há linha mágica que separe, depois da privatização, empresas e políticos".[41]

VISÃO DA DEPENDÊNCIA DA TRAJETÓRIA

A visão da *dependência da trajetória* explica tanto o surgimento quanto a evolução de variantes do capitalismo de Estado, em consequência de atributos institucionais e de processos históricos idiossincráticos em âmbito nacional. Fundamentalmente, processos dependentes da trajetória resultam de interações complexas envolvendo atores políticos e econômicos, que tentam defender seus interesses, em situações de mudanças iminentes.[42] Essa visão se baseia em três ideias. Primeira, a ascensão do capitalismo de Estado no século XX resultou de influências ideológicas e de instituições herdadas do passado. Segunda, o evento catalisador da recente evolução do capitalismo de Estado foi o movimento de privatização das últimas décadas do século XX.[43] Terceira, atributos institucionais idiossincráticos em âmbito de nação determinaram a intensidade do processo de privatização em cada país.[44]

A análise de Stark[45] sobre a transição do Estado nos países da Europa Oriental oferece um exemplo de privatização desuniforme e incompleta. Compilando dados de empresas recém-privatizadas na Hungria, Stark revela que elas continuaram sob propriedade parcial de atores estatais (State Property Agency e State Holding Corporation) e que esses atores também tinham participação acionária em importantes empresas húngaras, em conjunto com investidores privados nacionais e estrangeiros. Ele observa que, "ironicamente, os órgãos responsáveis pela privatização estão atuando como agentes de *étatization*"[46]. Ele se refere a esse processo como *recombinação* de recursos públicos e privados, com base nas rotinas, práticas e vínculos sociais existentes na economia. Considerando que esses atributos "locais" tendem a ser específicos em cada país, essa visão sugere não só que as relações de propriedade serão heterogêneas nos diversos países, mas também que a importância do Estado será variável, de acordo com as condições herdadas.[47] "Uma nova ordem social", escreve Stark, "não pode ser criada por imposição — pelo menos onde os próprios cidadãos querem voz ativa na determinação de novas instituições."[48]

Argumento correlato é que a plausibilidade da privatização dependerá da ideologia e das atitudes locais em relação à propriedade pública e privada[49] e que os governos tentarão levar em conta esses aspectos ao elaborar reformas políticas. Antecipando-se às reações públicas contra os programas de privatização, os governos podem envolver investidores privados nacionais e órgãos estatais na execução desses programas, e, ao mesmo tempo, infundir capital estatal nas empresas recém-privatizadas, como maneira de sinalizar ao público que o governo mantém-se presente na economia.[50] As reações públicas negativas contra as privatizações podem ser mais intensas quando as empresas estatais são vendidas a grandes empresários nacionais ou a investidores estrangeiros. Por exemplo, em linha com os achados de Stark,[51] o BNDES, banco de desenvolvimento brasileiro, não só coordenou todo o programa de privatização, mas também manteve participações minoritárias em várias empresas.[52] De Paula, Ferraz e Iotty argumentam que, no Brasil, consórcios mistos envolvendo atores nacionais privados, estrangeiros e estatais ajudaram a "diluir as críticas políticas que em geral acompanham a transferência de ativos públicos para entidades estrangeiras".[53]

Bortolotti, Fantini e Siniscalco[54] também enfatizam a heterogeneidade na extensão em que os governos privatizam empresas estatais, em termos de receitas totais de privatização como porcentagem do PIB, no período 1977-99. Eles descobriram que a privatização variou entre países de acordo com três fatores. Primeiro, a situação fiscal do governo no início do programa determinou a urgência da privatização. Segundo, o nível de desenvolvimento do mercado financeiro (avaliado pela capitalização do mercado como proporção do PIB e pelo índice de turnover do mercado de ações) também influenciou a viabilidade de programas de privatização em massa, na medida em que facilitava as privatizações com emissão de ações. Terceiro, os governos autoritários privatizaram menos.[55] Portanto, os regimes políticos — que tendem a ser muito resilientes — também parecem determinar a extensão da propriedade do governo. Nesse estudo,

Figura 2.1. Produção das empresas estatais como porcentagem do PIB c. 2010, em ex-economias socialistas e mistas

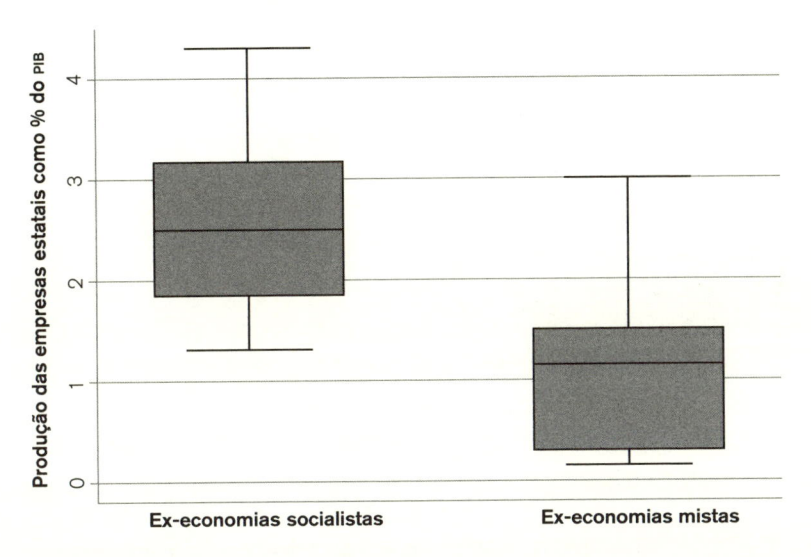

FONTE: Dados da tabela 1.1 (capítulo 1), combinados com dados do apêndice do Banco Mundial.[56] Incluímos aqui, entre as ex-economias socialistas, China, República Tcheca, Finlândia, Índia, Polônia, Rússia, República Eslovaca e Vietnã. As ex-economias mistas são Bélgica, Brasil, Dinamarca, França, Alemanha, Grécia, Indonésia, Itália, México, Países Baixos, Nova Zelândia, Cingapura, Suécia, Tailândia e Turquia. Incluímos Finlândia e Índia entre as economias socialistas por causa da alta porcentagem da produção das estatais em relação ao PIB antes de 1989.
OBSERVAÇÃO: Exclui valores externos.

entretanto, não fica claro se os governos em países democráticos efetivamente preferem a privatização ou se são induzidos a privatizar porque, nessas condições, é maior a tentação para usar empresas estatais para fins de patronagem, por exemplo, nomeando membros da coalizão no poder para posições na diretoria ou no conselho de administração de estatais.

A figura 2.1 mostra que o capitalismo de Estado tem forte dependência da trajetória, mesmo décadas depois da privatização. Nessa figura, lançamos a porcentagem da produção das empresas estatais em relação ao PIB para um grupo de países que eram considerados economias mistas em 1980 (como Alemanha, França e Brasil) ou economias socialistas (como China, República Tcheca e Rússia). É evidente que, em anos mais recentes, as empresas estatais se tornaram ainda mais importantes nas ex-economias socialistas.

Figura 2.2. Produção das empresas estatais como porcentagem do PIB em 1980 versus número de estatais federais por milhão de pessoas (c. 2010)

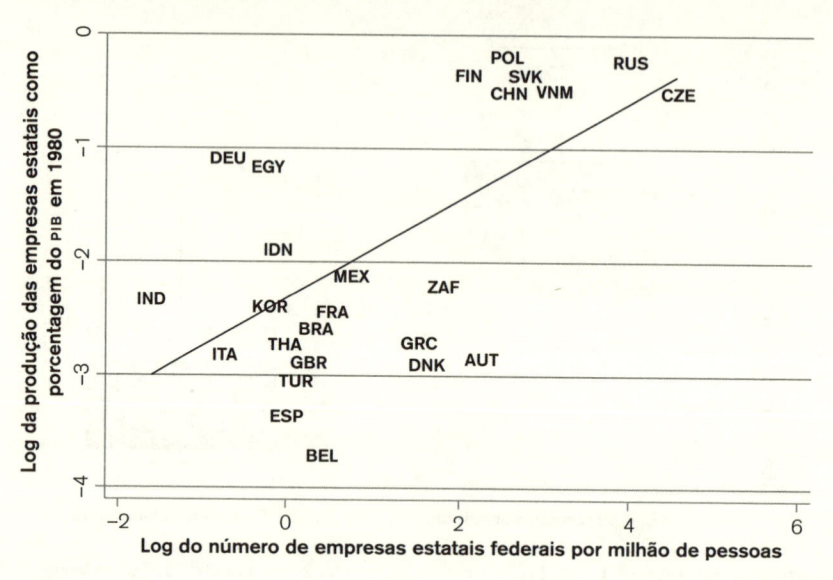

FONTE: Ver figura 2.1.

Além disso, os países em que a presença do Estado na economia era maior em 1980 tendem a ter governos com mais empresas estatais, em geral, e mais investimentos minoritários em empresas nos anos posteriores. Nas figuras 2.2 e 2.3 mostramos essas relações em gráficos de dispersão simples. Na figura 2.2 apresentamos um gráfico de dispersão da produção das empresas estatais como porcentagem do PIB, em 1980, e o número de estatais controladas pelo governo federal por volta de 2010. A relação positiva é evidente, demonstrando forte dependência da trajetória.

Também se constata forte dependência da trajetória quando se considera o número de empresas em que o governo tem propriedade minoritária e o nível de produção das empresas estatais como porcentagem do PIB em 1980. A figura 2.3 mostra que essa correlação é alta e que os países nos quais o Leviatã atua mais como acionista minoritário também são ex-economias socialistas, como Rússia e vários países da Europa Oriental.

Figura 2.3. Produção das empresas estatais como porcentagem do PIB em 1980 versus número de empresas com o governo como acionista minoritário por milhão de pessoas (c. 2010)

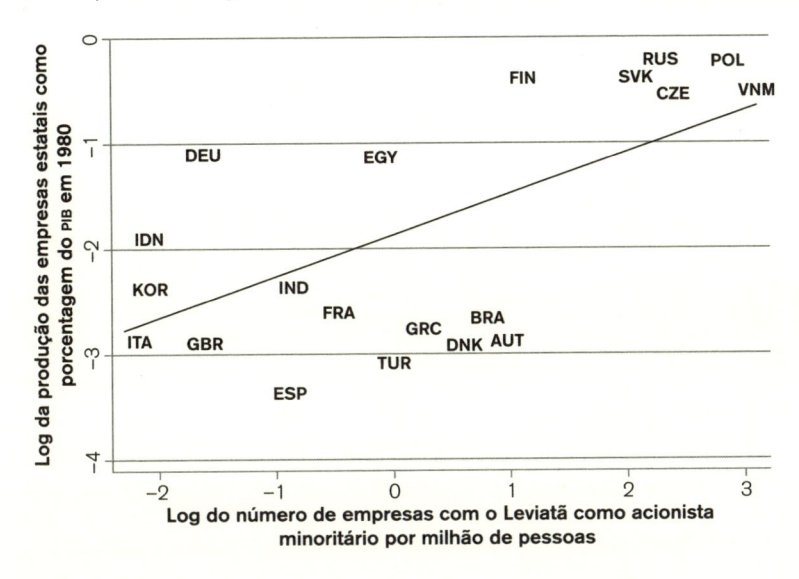

FONTE: Ver figura 2.1.

Em síntese, a visão da *dependência da trajetória* oferece novos *insights* sobre o predomínio do Leviatã como investidor majoritário e, talvez mais importante, sobre o surgimento do modelo híbrido de capitalismo de Estado, com o Leviatã como investidor minoritário. Na visão da dependência da trajetória, o capitalismo de Estado híbrido será consequência natural das regras, dos vínculos e das ideologias vigentes, que já existiam antes dos programas de reforma. Mesmo com a transferência de ativos para proprietários privados, o Estado pode continuar presente na economia, como maneira de preservar ligações anteriores com o setor produtivo ou de minimizar a oposição pública às reformas. Vista de ângulo diferente, a *menor* incidência do capitalismo de Estado também pode ser explicada pela posição ideológica favorável de partidos políticos em relação a mercados mais liberais, como no México e no Chile.[57]

Na tabela 2.1, resumimos essas explicações alternativas da existência do capitalismo de Estado, nas condições e nas formas atuais.

Tabela 2.1. Resumo das hipóteses que explicam a existência do capitalismo de Estado

Visão da política industrial	Visão social	Visão da dependência da trajetória	Visão política
a. Falhas do mercado de capitais: o governo financia projetos que, do contrário, não teriam financiamento. b. Problemas de coordenação: externalidades entre setores não podem ser realizadas em decorrência de problema de ação coletiva ou de falta de escala de pequenos produtores privados (a taxa de retorno social é maior que a taxa de retorno das empresas em projetos específicos; por exemplo, infraestrutura ou produtos com integração vertical). c. Custos de descoberta: o empreendedorismo privado é arriscado e gera externalidades positivas na cadeia de produção.	a. Duplo resultado: empresas com objetivos não comerciais (por exemplo, água e esgoto); necessidade de precificar mercadorias abaixo do custo; empresas que não podem concentrar-se em reduzir custos, comprometendo a qualidade ou a cobertura dos serviços (por exemplo, água potável, rodovias/ferrovias para cidades pequenas). b. Visão de longo prazo nos investimentos versus visão de curto prazo do setor privado. c. *Probidade*, de Williamson (necessidade de lealdade e retidão em serviços públicos complexos). d. Falhas de mercado que levam a monopólios naturais.	Fatores idiossincráticos e históricos, específicos do país, que redundam em presença difusa do Estado na economia.	a. Restrição orçamentária fraca: necessidade política de socorrer empresas com mau desempenho. b. Hipótese da "mão espoliadora": autoridades públicas criam empresas estatais a serem usadas para propósitos pessoais. c. Intervenção política: por motivos políticos, as empresas estatais são levadas a escolher mix de produtos inadequado e a tomar decisões ineficientes sobre localização industrial. d. Desejo do governo de fomentar campeões nacionais (estatais ou empresas privadas com apoio público). e. Compadrio: uma coalizão de elite apoia a criação de empresas estatais para ganhos privados (por exemplo, melhoria de acesso a insumos ou a financiamentos baratos).

Variedades de capitalismo de Estado: atributos e implicações para o desempenho

Consolidaremos, agora, as hipóteses anteriores em quadro comparativo que descreve os principais atributos de cada variedade de capitalismo de Estado e suas implicações para o desempenho da empresa e para o bem-estar social. Para fins de comparação, também consideramos os atributos da propriedade privada em mercado liberal hipotético, com o mínimo de intervenção do Estado. Como indicamos na tabela 2.2, identificamos quatro traços gerais que devem ser muito diferentes entre os modelos: a extensão em que cada modelo gera *problemas de agência* (ou seja, gestores cujos objetivos não se alinham com os propósitos da empresa); o efeito do modelo sobre a capacidade do Estado de *coordenar e executar os objetivos sociais* na economia; o nível observado de *compadrio*, definido pela extensão em que as ligações políticas rendem favores do governo para empresas privadas; e a *rigidez das alocações* na economia, indicada pelo grau em que novos negócios empreendedores entram no sistema, enquanto saem velhas empresas ineficientes. Descrevemos, em seguida, esses traços com mais detalhes.

PROBLEMAS DE AGÊNCIA

Os aspectos referentes a agência têm sido usados principalmente para explicar os resultados empíricos de que o desempenho das empresas com participação estatal majoritária geralmente é inferior ao de empresas privadas comparáveis. Em resumo, essa visão afirma que os CEOs das estatais não estão motivados para empenhar-se na melhoria do desempenho e/ou não são bem monitorados pelo conselho de administração, nem pela agência reguladora competente, nem pelo ministro incumbido de supervisionar a empresa em questão.[58] O problema de delegar decisões a agentes cujos objetivos talvez não se alinhem com os dos principais vem sendo discutido há muito tempo por teóricos dos problemas de agência.[59] As correções para o desalinhamento principal-agente

Tabela 2.2. Modelos de capitalismo de Estado em perspectiva comparativa

	Leviatã como empreendedor (proprietário/gestor)	Leviatã como investidor majoritário	Leviatã como investidor minoritário	Propriedade privada/intervenção mínima do Estado
Problemas de agência nas empresas	ALTO	MODERADO a ALTO[a]	MODERADO[a]	MODERADO a BAIXO[a]
Capacidade do Estado de coordenar a economia e realizar objetivos sociais	ALTO	MODERADO a ALTO	MODERADO	BAIXO
Potencial para compadrio (público-privado)	BAIXO	MODERADO	ALTO	BAIXO
Uso de estatais para patronagem	ALTO	MODERADO a BAIXO	BAIXO	BAIXO
Facilidade de entrada e saída	BAIXO	BAIXO a MODERADO	MODERADO	ALTO

NOTA: a. A extensão em que serão evitados os problemas de agência dependerá não só do desenho da governança das empresas, mas também do nível da garantia de observância em âmbito público (leis, agências reguladoras etc.) e privado (Bolsas de Valores, *underwriters*, etc.) dos mecanismos de proteção de investidores minoritários.[60] Ver capítulos 6 e 8.

normalmente envolvem contratos de incentivos ao desempenho ou de remuneração por desempenho para os gestores, monitoramento direto pelos principais ou combinação de ambas. A adoção dessas medidas, de acordo com essa visão, é muito mais difícil em estatais que em empresas privadas.[61] Portanto, os contratos de incentivos geralmente funcionam melhor quando se dispõe de critérios objetivos de avaliação do desempenho e de aplicação imediata, como nível de lucro ou preço da ação.[62] Além disso, como foi notado anteriormente, Williamson argumenta que incentivos pouco poderosos para gestores são característica *inerente* à organização estatal, como atributo que garante a probidade, ou seja, os gestores não devem ser incentivados a aumentar o lucro em detrimento de objetivos sociais mais genéricos.

O monitoramento nas burocracias públicas também é problemático.[63] Muitas atividades do setor público envolvem vários principais, dispersos em várias áreas.[64] Ao mesmo tempo, os próprios gestores de estatais podem não saber quem é o principal mais importante e a quem devem prestar contas. Seria o governo, um ministro, uma holding estatal ou a população em geral? Não raro, os empregados das estatais sentem que eles próprios são o principal.[65]

Ao adotar a visão social, os governos agravam ainda mais a questão ao incluir objetivos sociais na avaliação das empresas estatais, o que pode engendrar um conjunto confuso de objetivos para os gestores.[66] Devem os gestores maximizar lucros, minimizar salários ou maximizar empregos? Por exemplo, se o objetivo de uma estatal é maximizar o bem-estar social, talvez não fique claro para o CEO quem é a parte interessada relevante, que pode ser a sociedade como um todo, os cidadãos de uma cidade onde a empresa opera ou os próprios trabalhadores da empresa. Na prática, as agências reguladoras e o Banco Mundial, na década de 1980, criaram *scorecards* para avaliar o desempenho das estatais com base em vários objetivos sociais e financeiros, mas a mensuração era complicada e, sem bons sistemas de incentivos e de monitoramento, eles acabaram sendo abandonados.[67]

As organizações estatais, na visão mais estilizada das empresas, também carecem de um grupo bem definido de monitores, como acionistas que participem ativamente de órgãos colegiados da empresa. De fato, os governos podem nomear políticos ou outros atores com ligações políticas para "monitorar" as empresas estatais, o que suscita a questão fundamental de "quem monitora os monitores" ou "quem vigia os vigias".[68] Ao contrário dos acionistas de empresas privadas, esses membros nomeados de órgãos colegiados não colocam em risco a própria fortuna ao cumprir seus deveres de monitoramento. Além disso, os gestores de estatais não enfrentam a ameaça de tomadas de controle hostis quando apresentam desempenho inferior ao dos concorrentes, nem correm o risco de falência, pois sabem que o governo recapitalizará ou socorrerá a empresa em caso de insolvência.[69]

O que dizer, então, sobre o modelo híbrido em que o Leviatã é investidor *minoritário* de empresas privadas? Nesse modelo híbrido, como o Estado não controla diretamente as empresas, é de se esperar, em geral, que os já mencionados problemas de agência sejam menos intensos que nas empresas estatais. Mesmo assim, argumentamos que pode haver espaço para *interferência residual* em empresas nas quais o Estado é, aparentemente, apenas acionista minoritário, porque os governos podem participar de coalizões com outros atores não estatais, a fim de nomear gestores com ligações políticas e influenciar decisões à luz de outras considerações que não sejam a eficiência. Analisamos essa questão em profundidade no capítulo 8.

No todo, os problemas de agência no modelo híbrido do Leviatã como investidor minoritário devem situar-se em algum ponto entre os modelos extremos do controle estatal pleno e da propriedade privada integral. Alguns estudos sobre privatização e sobre empresas parcialmente privatizadas confirmam que, em algumas dimensões do desempenho, elas se saem melhor que empresas controladas pelo Estado, mas não necessariamente melhor que empresas privadas.[70] No capítulo 7, contudo, analisamos algumas circunstâncias em que o modelo do Leviatã como investidor minoritário pode superar em desempenho a propriedade privada, se o capital estatal minoritário ajudar a reformular a estrutura de capital da empresa e se a interferência governamental residual for limitada.

CAPACIDADE DO ESTADO DE COORDENAR A ECONOMIA E DE ATINGIR OBJETIVOS SOCIAIS

A visão de política industrial e a visão social enfatizam que a propriedade estatal pode ajudar a resolver falhas de mercado e a alcançar objetivos sociais, além da pura maximização do lucro. De acordo com essas visões, o desejo abrangente de *coordenar* o desenvolvimento econômico imporá, portanto, alguma ação governamental "empreendedora". Em tese, as empresas sob pleno controle estatal podem ser meios para fomentar investimentos de longo prazo em capital fixo e de estabelecer inúmeros "vínculos" setoriais. Com efeito, conforme já observamos, muitos autores sustentam que a industrialização tardia dos países da América Latina e do sul da Ásia envolveu alguma forma de ação governamental direta por meio de empresas estatais.[71]

A visão política, todavia, argumenta que a intervenção política (ou o fato de as empresas estatais almejarem duplo resultado) e as restrições orçamentárias fracas desalinham os objetivos dos gestores de empresas estatais ou das campeãs nacionais protegidas. Neste livro, examinamos dois aspectos da intenção do governo de coordenar as ações das empresas — tanto estatais quanto privatizadas — para alcançar objetivos sociais específicos. Primeiro, analisamos de que forma, no modelo do Leviatã como empreendedor, os governos reagem a choques externos usando as empresas estatais para reduzir o desemprego. Segundo, investigamos a existência de condições em que o Leviatã pode se conter, resistindo à tentação de influenciar empresas (estatais ou privatizadas), a fim de realizar objetivos sociais ou políticos, mesmo em detrimento de outros acionistas privados.

Quanto ao modelo híbrido do Leviatã como investidor minoritário, em geral, a capacidade do governo de promover essa coordenação dependerá da interferência residual em empresas nas quais o Estado tem participações minoritárias. Quando os governos investem capital ou concedem empréstimos a muitas empresas privadas, sem coordenação com os acionistas majoritários, a capacidade daí resultante de influenciar decisões não será muito maior do que seria no contexto de empresas privadas, empenhadas na maximização do lucro. Conforme já observamos, porém, os governos podem formar coalizões com outros proprietários e, assim, influenciar indiretamente as decisões. O caso da Vale, a maior empresa de mineração do Brasil e a terceira maior do mundo, é ilustrativo (ver capítulo 8). Embora a mineração seja outro setor em que a tentação de intervenção política é alta, não seria de esperar que a Vale fosse objeto de qualquer intervenção governamental. No entanto, mostramos como os Estados podem usar participações acionárias minoritárias para exercer pressão sobre empresas parcialmente privatizadas, controlando-as de maneira indireta.

Apesar desse risco, como essas coalizões nem sempre são possíveis, o modelo do Leviatã como acionista minoritário tende a proporcionar aos governos capacidade de interferência apenas moderada a baixa, em comparação com o modelo no qual as empresas estatais são invasivas. Por exemplo, no capítulo 6 analisamos a governança em grandes empresas petrolíferas nacionais, área em que a tentação de intervenção política é alta e na qual em geral os governos controlam a empresa. Em alguns casos, todavia, os governos vendem participações acionárias minoritárias a investidores privados e aderem às melhores práticas de governança ao listar a empresa em Bolsas de Valores. Verificamos se, nesses casos, as reformas da governança disciplinam o governo.

NÍVEL DE COMPADRIO (PÚBLICO-PRIVADO)

Definimos compadrio como o mecanismo pelo qual atores privados com ligações políticas recebem favores do Estado. No modelo prototípico do Leviatã como empreendedor, a predominância de empresas estatais controladas pelo Estado implica que haverá menos atores privados capazes de beneficiar-se diretamente de iniciativas do Estado. Embora os burocratas do Estado e seus compadres possam constituir laços mútuos em benefício próprio, a maioria das alocações será influenciada pelo Estado e no âmbito do Estado por meio de órgãos e empresas estatais. A China é um exemplo, com várias empresas estatais cujos gestores têm conexões estreitas com o governo e o Partido Comunista.[72]

Em contraste, nos modelos do Leviatã como investidor majoritário e minoritário, haverá mais oportunidades para as empresas privadas usufruírem de favores do governo. No modelo do Leviatã como investidor majoritário, as empresas privadas podem beneficiar-se de políticas de abastecimento que favorecem certos tipos de empresa nacional. Esse favoritismo pode ser disfarçado como política industrial, porquanto, realmente, é capaz de promover o desenvolvimento de uma rede de empresas locais. Não se sabe ao certo, contudo, se, no longo prazo, essa política, sozinha, produz atores globais competitivos.[73] Como exemplificam Amsden e Rodrik,[74] as políticas de abastecimento interno só deram certo na Coreia do Sul porque foram temporárias e em geral impunham metas de desempenho nítidas aos fornecedores preferenciais.

Finalmente, no modelo do Leviatã como investidor minoritário, a presença de vários proprietários controladores privados, cujas empresas, em grande parte, contam com capital estatal, amplia as oportunidades de compadrio. Considere, por exemplo, o caso de investimentos de capital ou de empréstimos subsidiados de bancos de desenvolvimento. Quando essas instituições financeiras investem enormes volumes de capital e emprestam a taxas de juros subsidiadas, muito inferiores às do mercado, os benefícios auferidos pelas empresas ao se empenharem no desenvolvimento de ligações políticas para atrair capital barato aumentam substancialmente.

Assim, quanto mais extensa e permeável for a interface público-privada, no modelo do Leviatã como investidor majoritário e minoritário, mais generalizado tende a ser o compadrio. No modelo extremo em que o Estado é proprietário integral de ampla variedade de empresas industriais e de instituições financeiras, a maioria das alocações efetivamente flui dentro do aparato do Estado. Portanto, nesse caso, reduz-se a captura privada, ou compadrio (mesmo que, como analisamos a seguir, possa ocorrer patronagem).

Na parte final deste livro, analisamos uma série de hipóteses relacionadas com o compadrio na distribuição de crédito subsidiado através de bancos de desenvolvimento. Com base na visão política, analisamos se a alocação de empréstimos subsidiados pelo BNDES se correlaciona com doações das empresas para campanhas políticas de candidatos vitoriosos. Em contraste, a visão da política industrial sugere que as empresas tomam empréstimos porque querem aplicar capital em projetos lucrativos. De maneira consistente com pesquisas anteriores,[75] encontramos poucas evidências dessa segunda hipótese, mas descobrimos fortes evidências de que as doações para campanhas se correlacionam aos valores dos empréstimos que as empresas obtêm do governo.

USO DE EMPRESAS ESTATAIS PARA PATRONAGEM

Outra dimensão na qual, em nossa opinião, são grandes as diferenças entre as variedades de capitalismo de Estado é a extensão em que os governos podem usar as estatais para fins de patronagem. Por patronagem referimo-nos não só ao favorecimento de eleitores e de empresas, mas também, com mais especificidade, à nomeação de pessoal nas empresas para favorecer membros da coalizão dominante. Supomos que seja mais alto o uso de empresas públicas para patronagem no modelo do Leviatã como empreendedor, em que os governos têm liberdade para preencher cargos de confiança nas empresas estatais. No modelo do Leviatã como investidor majoritário, o Estado tem menos oportunidades para nomear não só executivos, mas também membros do conselho de administração e funcionários em geral. A capacidade de fazer essas nomeações dependerá nitidamente da segregação entre governo e empresa; quanto mais a governança e as instituições possibilitarem a separação entre o Leviatã e as empresas, menos elas serão usadas para patronagem. Por isso é que no modelo do Leviatã como investidor minoritário e no modelo hipotético da empresa privada com o mínimo de intervenção governamental consideramos que as empresas são pouco usadas para patronagem.

FLEXIBILIDADE DAS ALOCAÇÕES (FACILIDADE DE ENTRADA E SAÍDA)

A propriedade privada com o mínimo de interferência do Estado geralmente se associa à capacidade herdada de lançar novos empreendimentos e, ao mesmo tempo, evitar a sobrevivência de empresas improdutivas.[76] Aspecto fundamental desse modelo, em seu estereótipo, são as poucas barreiras à entrada e à saída, o que facilita o ajuste flexível às mudanças de condições, como as rupturas tecnológicas e o surgimento de concorrentes estrangeiros mais competitivos. Por exemplo, Messick[77] mostra com clareza que os países com baixa intervenção estatal (por exemplo, menor participação das empresas estatais no PIB ou do consumo do governo no PIB) tendem a ter barreiras de entrada mais baixas.

Ajustes flexíveis e facilidade de entrada são condições mais difíceis de manter sob o capitalismo de Estado. Os governos não raro blindam as empresas nacionais e as estatais contra a competição estrangeira ou promovem campeãs nacionais com o uso de crédito subsidiado, tarifas de importação, políticas de abastecimento preferencial e barreiras à entrada explícitas. Conforme sugere a visão da dependência da trajetória, essas intervenções tendem a produzir efeitos duradouros. Esses efeitos podem ser positivos se as empresas favorecidas não contarem com outros recursos para financiar projetos ou tiverem projetos ou pretenderem financiar projetos com impacto social extremamente elevado, mas pouco interessantes para investidores privados. No entanto, também podem gerar efeitos negativos, se o governo apoiar empresas que não precisam ou não merecem nenhum apoio (ou quando o custo de oportunidade dos fundos usados para promover as empresas for muito elevado).

Além disso, considerando que o envolvimento direto do Estado é mais difuso no modelo do Leviatã como investidor majoritário, os ajustes flexíveis serão mais fáceis no modelo do Leviatã como investidor minoritário, mesmo que a existência de ligações políticas erija barreiras à entrada e à saída mais altas que as existentes no modelo de propriedade privada pura. Por exemplo, acusou-se o compadrio de motivação para o socorro pelo Estado de grandes grupos privados no leste da Ásia depois da crise de 2007.[78]

Questões analisadas no restante do livro

As próximas duas partes do livro usam evidências empíricas detalhadas para testar algumas das hipóteses derivadas das diferentes visões expostas neste capítulo, com base em dados minuciosos sobre a evolução do capitalismo de Estado no Brasil. Dividimos o restante do livro nessas duas seções para separar com nitidez os testes relacionados, de um lado, com o Leviatã como empreendedor e como investidor majoritário, e, de outro, com o Leviatã como investidor minoritário.

Entre as questões analisadas no restante do livro estão as seguintes. No caso do modelo do Leviatã como investidor majoritário, grande parte da literatura sobre empresas estatais se concentrou em mostrar como o desempenho dessas foi pior que o das empresas privadas, adotando, de certa maneira, a presunção de que o hiato de desempenho sempre foi amplo. Com base nas visões social e política, estudamos como o comportamento das estatais difere nas épocas de crise e foi diferente durante a transição do Brasil para a democracia, examinando o turnover [índice de substituição] de CEOs e funcionários em empresas públicas e privadas na década de 1980.

Além disso, em vez de convergir o foco para a questão da melhoria do desempenho logo depois da privatização, examinamos os arranjos de governança nas novas empresas estatais em que o governo é apenas investidor majoritário. Esse ponto é importante porque alguns países relutam em privatizar estatais em certos setores "estratégicos". Nessas condições, o modelo do Leviatã como investidor majoritário pode ser a única opção dos governos para melhorar a governança nessas empresas. Aqui, o objetivo de nosso estudo é aprender a aumentar a eficácia do modelo. Com base nas visões social e política, examinamos como criar sistemas de freios e contrapesos para evitar a interferência do governo para a conquista de objetivos sociais ou políticos.

Também é longa a lista de questões referentes ao modelo do Leviatã como investidor minoritário. Em contraste com a visão da política industrial e com a visão política, tentamos responder a várias perguntas. Por exemplo, em que circunstâncias os investimentos do governo em participações acionárias minoritárias melhoram o desempenho da empresa ou possibilitam que a empresa invista em projetos que, do contrário, lhes seriam inacessíveis? Seriam os investimentos do Leviatã em participações acionárias minoritárias mais eficazes quando os mercados financeiros são mais desenvolvidos? Ou quando a regulação da governança é mais rigorosa? Qual dos muitos canais de investimento é mais adequado (por exemplo, bancos de desenvolvimento, fundos de pensão, fundos soberanos e assim por diante)? Como reduzir a probabilidade de que as alocações minoritárias promovam o compadrio? Qual é a melhor maneira de gerenciar empresas parcialmente privatizadas?

II
O Leviatã como empreendedor e como investidor majoritário no Brasil

3
Evolução do capitalismo de Estado no Brasil

COMEÇAMOS AGORA nosso estudo do capitalismo de Estado, com base no caso do Brasil, analisando a ascensão do Leviatã como empreendedor nesse país, e, em seguida, a transformação do modelo, depois da década de 1990. Este capítulo primeiro descreve o esforço coordenado do governo brasileiro na mobilização de recursos para desenvolver indústrias como siderurgia, telecomunicações e serviços públicos. Também mostra como as empresas estatais no Brasil atuaram sem autonomia, mas também sem excesso de supervisão, e se expandiram para vários setores. Essa expansão acabou acarretando grave crise financeira, quando ficou claro que as estatais também eram parte do problema.

Em seguida, o capítulo descreve a transformação do Brasil depois de 1990, quando se iniciou grande programa de privatização. Terminamos o capítulo com a análise das transformações na governança das estatais brasileiras.

História primordial do capitalismo de Estado no Brasil

Da segunda metade do século XIX até cerca de 1930, temos uma primeira fase rudimentar do capitalismo de Estado no Brasil. Nessa fase, desponta o "Leviatã como garantia contra fracassos", na medida em que o governo brasileiro subsidiava indústrias específicas e às vezes atuava como proprietário residual. Nessas condições, fornecia incentivos para impulsionar empresas e às vezes garantia a sobrevivência da empresa, mesmo que fosse à falência sob a administração original. Em setores como instituições financeiras, serviços públicos, navegação, portos e ferrovias, o governo permitia o funcionamento de empresas privadas, mas selecionava certas empresas nacionais e estrangeiras para receber a garantia e a proteção estatal contra falências.

Por exemplo, entre 1880 (se não antes) e 1930, o governo brasileiro escorou a privatização de empresas que faziam a navegação de cabotagem. Algumas dessas empresas amparadas (os primeiros campeões nacionais) acabaram como propriedade estatal, no longo prazo, quando, depois de enfrentar dificuldades financeiras, o governo injetou-lhes capital e, por fim, tornou-se acionista controlador. O caso do Lloyd Brasileiro ilustra esse padrão. Em 1890, o governo fundiu quatro linhas de navegação que recebiam subsídios, constituindo, assim, a Lloyd Brasileiro, protegendo-a da competição externa ao restringir o número de empresas que podiam receber subsídios e operar no transporte de mercadorias. Mesmo assim, a empresa teve de ser socorrida em 1913 e passou a ser controlada pelo governo. Em 1917, ela foi ampliada, quando o governo deu-lhe navios alemães incorporados durante a Primeira Guerra Mundial. Em 1937, a Lloyd tornou-se *autarquia* — órgão público autorregulado e autofinanciado — e, em 1966, tornou-se uma empresa estatal.[1]

As ferrovias seguiram padrão semelhante. O governo começou a distribuir concessões na década de 1850, oferecendo dividendo mínimo de 5%. Como isso, aparentemente, não foi suficiente para atrair empreendedores ferroviários, os governos estaduais acrescentaram garantia de dividendo de 2%. Uma das primeiras linhas férreas, que se estendia da costa do Rio de Janeiro até as montanhas, acabou falindo e foi estatizada. Com o passar do tempo, em parte devido ao apoio do governo, ela se tornou a segunda maior ferrovia do país.

O aumento da propriedade do governo em ferrovias, na primeira metade do século XX, foi rápido, mas não aconteceu da noite para o dia. A figura 3.1 mostra que ele controlava apenas 20% da malha ferroviária em operação em 1900, mas acabou com quase 100% em 1953. A maioria das transferências de linhas do setor privado para o setor público ocorreu por meio de vendas diretas ou como resultado de estatizações previstas nos contratos de concessão, os quais, geralmente, atribuíam direitos residuais ao governo e garantiam a transferência de propriedade se a concessionária não cumprisse as obrigações contratuais (por exemplo, se a empresa não construísse as ferrovias prometidas ou se fosse à falência). Em 1904, uma das maiores empresas ferroviárias do Brasil (a Companhia de Estradas de Ferro Sorocabana e Ituana) faliu, e o governo federal tornou-se proprietário. Em 1905, o governo federal vendeu-a para o governo do estado de São Paulo, que, então, a arrendou para Percival Farquhar, empreendedor americano que estava desenvolvendo um truste ferroviário, contraindo empréstimos no exterior para comprar e arrendar ferrovias no Brasil. Com o aperto de liquidez durante a Primeira Guerra Mundial, a holding de Farquhar (Brazil Railway Company) foi à falência e a ferrovia retornou ao estado de São Paulo. Outras linhas operadas por Farquhar também faliram e voltaram ao controle federal. Depois disso, a propriedade estatal se ampliou gradualmente, à medida que ferrovias em todo o país ficavam insolventes e o Estado se tornava proprietário residual.[2]

Em 1934, o governo do presidente Getúlio Vargas promulgou o primeiro Código de Águas, regulando a propriedade de cursos e quedas-d'água no país e autorizando o governo a estabelecer as tarifas de energia elétrica. Depois disso, o governo brasileiro limitou em 10% o retorno dos investimentos em geração e distribuição de energia elétrica. Alguns autores argumentam que essa medida levou as empresas privadas a acabar vendendo seus ativos para o governo nas décadas de 1950, 1960 e 1970.[3]

Figura 3.1. Porcentagem da malha ferroviária de propriedade do governo no Brasil, 1860-1953

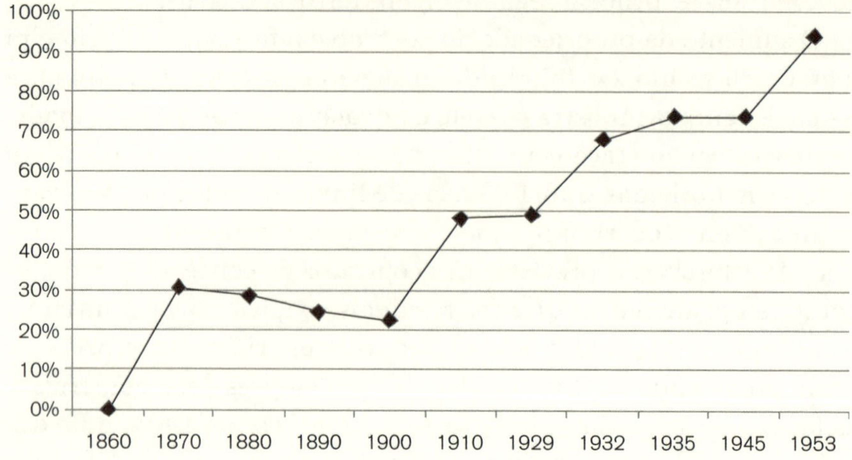

FONTE: Criado pelos autores com base em dados de Bogart, Bureau of Railway Economics e Baer et al.[4]

Em 1937, a política econômica de Vargas começou a tomar rumos radicais. Primeiro, ele tramou um suposto golpe contra ele mesmo, e, como reação, eliminou freios e contrapesos, fechando o Congresso e nomeando para a Suprema Corte juízes de sua confiança. No mesmo ano, como medida adicional para fomentar a industrialização, Vargas criou a Carteira de Crédito Agrícola e Industrial, como mecanismo especial do Banco do Brasil, instituição financeira estatal destinada a fornecer crédito de longo prazo a atividades agrícolas e industriais. Essa modalidade de banco de desenvolvimento era financiada por títulos públicos que as empresas seguradoras e os fundos de pensão eram obrigados a comprar.[5]

Depois de dirigir um governo favorável ao livre-comércio no começo da década de 1930, Vargas tornou-se protecionista no final do mesmo decênio. Durante a Segunda Guerra Mundial, Vargas e os militares brasileiros se deram conta do perigo de depender de matéria-prima e de produtos industrializados importados. Desde então, até os anos 1990, a maioria dos governos brasileiros, de uma maneira ou de outra, adotou a política de industrialização por substituição de importações, com participação significativa do Estado nas empresas industriais. Por exemplo, entre 1938 e 1942, Vargas coordenou com o setor privado o desenvolvimento da primeira usina siderúrgica integrada do Brasil, a Companhia Siderúrgica Nacional (CSN), recebendo apoio e financiamento dos Estados Unidos. Em consequência da pouca participação privada na subscrição de capital da CSN, o Tesouro brasileiro acabou adquirindo grande parte das ações com direito a voto, enquanto fundos de pensão compraram a maioria das ações preferenciais (sem direito a voto).[6]

Leviatã como empreendedor no Brasil

Sob o comando do presidente Vargas, o Estado brasileiro se tornou empreendedor ostensivo e se aventurou em vários setores como fundador de grandes empreendimentos. O governo precisava intervir, em parte para promover a industrialização por substituição de importações, mas também porque os mercados de ações e de créditos privados estavam em crise e os investidores privados não estavam dispostos a assumir riscos com a criação de novas empresas industriais, em contexto de inflação de dois dígitos.[7]

Entre as empresas estatais criadas por Vargas estavam a CSN, constituída em 1941; a empresa de mineração Companhia Vale do Rio Doce (CVRD), criada em 1942; a Fábrica Nacional de Motores, fundada em 1943; a empresa de eletricidade Companhia Hidroelétrica do São Francisco (Chesf), projetada em 1945 e inaugurada em 1948; e as produtoras de aços especiais Companhia de Ferro e Aço de Vitória (Cofavi), estabelecida em 1942, e a Companhia de Aços Especiais Itabira (Acesita), aberta em 1944.[8] Muitos desses empreendimentos vieram a se tornar as maiores empresas industriais brasileiras na década de 1970, quando o capitalismo de Estado atingiu o auge no Brasil.

Na década de 1950, o governo brasileiro deflagrou uma segunda onda de criação de empresas importantes, em especial a Petrobras, a mais importante das empresas estatais brasileiras. A criação da Petrobras ocorreu depois de duas décadas de debate político sobre o modelo a ser adotado pelo país para a exploração de petróleo. Na década de 1940, a demanda por petróleo e derivados aumentou rapidamente, e o governo concluiu que precisava desenvolver o setor. A questão era quem controlaria os direitos de exploração do petróleo e quem controlaria os direitos de importação, refino e distribuição de petróleo e derivados. Afinal, o governo criou a Petrobras em 1953, concedendo-lhe o monopólio de exploração, extração, refino e transporte de petróleo bruto e de produtos refinados (Lei nº 2004, de outubro de 1953).[9]

Parte do apoio financeiro para a criação de novas empresas veio de um novo banco de desenvolvimento, criado em 1952. Naquele ano, uma série de estudos conjuntos dos governos do Brasil e dos Estados Unidos, sobre a expansão da infraestrutura brasileira, culminou com a criação do Banco Nacional de Desenvolvimento Econômico (BNDE, depois mudado para BNDES, quando se acrescentou "e social" ao nome, em 1982). O objetivo do BNDE foi fornecer crédito de longo prazo para investimentos em energia e transporte.

O BNDE operava como holding gigantesca da nascente indústria siderúrgica nas décadas de 1960 e 1970, quando controlava algumas das maiores empresas. A progressão típica envolvia o financiamento de parcela minoritária de uma empresa para, em seguida, tornar-se acionista majoritário, por meio de injeções de capital ou de conversões de dívida. Em 1956, o BNDE e o governo do estado de São Paulo financiaram a criação de uma usina siderúrgica, a Companhia Siderúrgica Paulista (Cosipa). Embora o BNDE começasse como acionista minoritário, novas injeções de capital o converteram em acionista majoritário, de 1968 a 1974, quando o governo militar criou a Siderbras, holding estatal, para exercer essa função. História parecida ocorreu com a Usiminas, outra usina siderúrgica, financiada em parte pelo governo de Minas Gerais. Essa empresa era controlada, de início, por um consórcio japonês, mas o BNDE tornou-se acionista controlador por meio de subsequentes compras de capital em fins da década de 1960.[10]

Na década seguinte o BNDE assumiu outras funções, inclusive o financiamento de compras de máquinas em moeda estrangeira, emprestando diretamente a empresas brasileiras. Nos anos 1970, o BNDE começou a investir diretamente no capital próprio de empresas brasileiras. Em 1982, criou o BNDESPAR (BNDES Participações) para gerenciar essas participações acionárias.[11]

No capítulo 9, veremos detalhadamente a evolução dos programas do BNDES e as mudanças de foco estratégico desde a década de 1950. Mais importante, a instituição mudou de banco com foco no desenvolvimento de infraestrutura para banco com foco no apoio a empresas industriais, inclusive quando enfrentavam problemas. Embora sua estratégia inicial se concentrasse na concessão de empréstimos a taxas subsidiadas, o banco, a partir da década de 1980, começou a investir em participações acionárias minoritárias em empresas privadas. Com o decorrer do tempo, o retorno desses investimentos passou a subsidiar os empréstimos menos lucrativos.

O PICO DO CAPITALISMO DE ESTADO E DA INFLUÊNCIA ESTATAL

O capitalismo de Estado no Brasil atingiu o auge na década de 1970. Ao contrário da visão dos historiadores e sociólogos, para os quais a consolidação da intervenção do Estado na economia ocorreu no governo de Getúlio Vargas, nas décadas de 1940 e de 1950,[12] o verdadeiro auge aconteceu muito depois, durante o regime militar (1964-85) — em especial na administração de Ernesto Geisel, general que fora CEO da Petrobras —, quando se verificou a maior expansão no número de empresas estatais. Na figura 3.2, mostramos os números referentes à criação de estatais por ano, de 1857 a 1986, deixando claro que a principal leva se concentrara na década de 1970.[13]

Os governos militares (1964-85) seguiam uma política industrial ativa e criavam empresas estatais com o propósito explícito de desenvolver novas indústrias. Na década de 1970, de acordo com Kohli,[14] mais de 40% da formação bruta de capital no Brasil vinha do setor público. Na figura 3.3, classificamos as estatais de acordo com a principal razão de sua criação. É claro que a maioria das empresas foi criada para atender a objetivos nítidos de política industrial e que apenas no período de 1950 a 1980 algumas foram criadas com objetivos sociais específicos, como armazenamento e distribuição de alimentos, para

Figura 3.2. Número de novas empresas estatais não financeiras por ano, 1857-1986

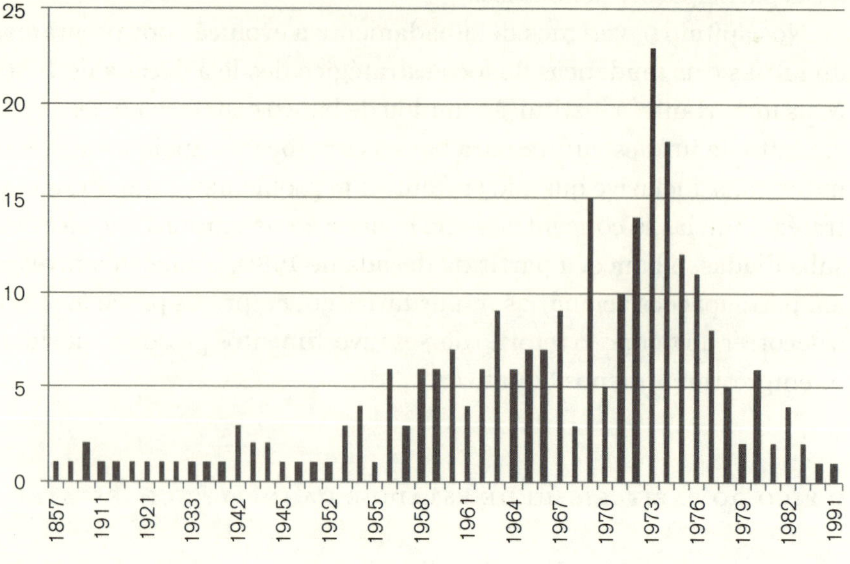

FONTE: Criado com base em dados da Secretaria de Controle de Empresas Estatais — SEST, do Brasil, e da revista de negócios *Exame*, 1973-7.

NOTA: O número de empresas estatais constituídas antes de 1940 pode estar subestimado devido ao viés da sobrevivência (ou seja, porque fizemos esse gráfico usando dados sobre empresas sobreviventes nas décadas de 1970 e 1980).

garantir a suficiência do abastecimento e a estabilidade dos preços. É importante observar que, na década de 1970, deu-se o ápice na criação não só de empresas industriais (por exemplo, alumínio, fertilizantes e petróleo), mas também de concessionárias de serviços públicos, das quais as mais importantes eram as de água, saneamento e telecomunicações (uma empresa por estado).

Trebat mostrou que, no pico da criação de novas estatais, essas empresas se aventuraram e construíram o que ele denominou "construção de impérios".[15] As estatais eram relativamente autônomas nesse período, mas essa autonomia dependia da lucratividade. As empresas lucrativas eram menos dependentes de transferências do Tesouro e menos sujeitas a intervenções do Estado. Essas empresas, porém, precisavam encontrar maneiras de investir seus lucros, que não eram todos absorvidos pelo governo, na forma de tributos e de dividendos. Elas,

Figura 3.3. Número de empresas estatais constituídas a cada ano, por tipo de visão — 1857-1991

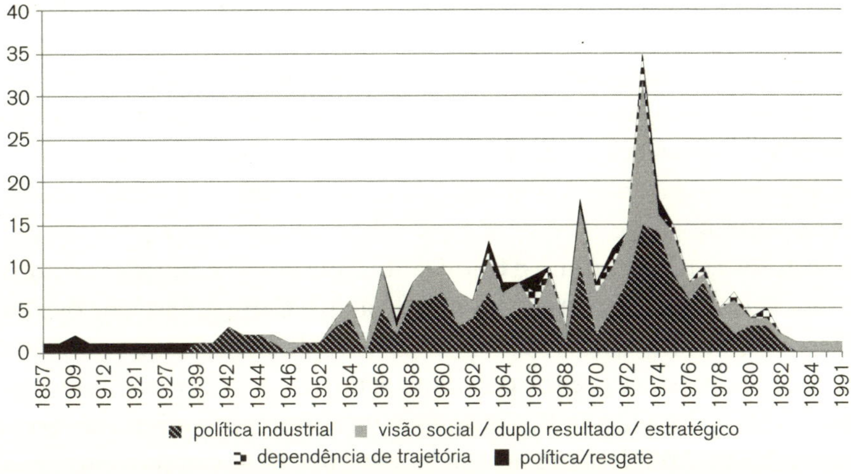

FONTE: Criada com base em dados da Secretaria de Controle de Empresas Estatais — SEST, do Brasil, e da revista de negócios *Exame*, 1973-7. Formulada pelos autores.

portanto, formavam grandes conglomerados, com várias subsidiárias, em diversos setores.

Em consequência, as empresas estatais brasileiras, nas décadas de 1960 e 1970, atuavam sob muitos aspectos como as estatais "corporatizadas" de hoje. Em 1967, o governo militar promulgou a Lei da Reforma Administrativa (Decreto-lei nº 200), que dispensava às estatais o mesmo tratamento de empresas privadas. Em vez de forçar as empresas a seguir planos de desenvolvimento específicos, a nova lei permitiu que as empresas se ajustassem aos planos gerais do governo, ao mesmo tempo em que buscavam os próprios objetivos.[16] Antes de 1979, o governo do Brasil não sabia o que as empresas estavam fazendo porque não monitorava seus fluxos de caixa.[17]

De acordo com Trebat,[18] muitas estatais eram suficientemente autônomas para ser dirigidas como empresas privadas. Algumas das maiores e mais internacionalizadas empresas estatais emitiam títulos de dívida em moeda estrangeira, abriam subsidiárias em outros países e desenvolviam empresas no país que às vezes competiam com congêneres de outras estatais. Era assim que as empresas estatais ingressavam em vários setores e era por isso que companhias como Petrobras e Vale concorriam em alguns setores (por exemplo, alumínio e fertilizantes).

A expansão das grandes estatais para setores além de suas missões centrais causou desconfiança na elite tecnocrática brasileira. Em maio de 1976, Marcos P. Vianna, presidente do BNDE, banco de desenvolvimento nacional, enviou memorando confidencial para o ministro do Planejamento, João Paulo dos Reis Velloso, sugerindo a privatização de setores como alumínio e fertilizantes, nos quais empresas estatais como Petrobras, Siderbras (holding do aço) e Companhia Vale do Rio Doce se aventuraram no começo da década de 1970. No memorando, Vianna manifestava preocupação com o fato de haver "poucas empresas privadas nacionais que figuram no elenco das cem maiores do país, cuja relação é amplamente ocupada por empresas estatais e empresas estrangeiras". O presidente do BNDE também observava que a ampla participação de estatais em inúmeros setores "compõe um problemático quadro de inibição e refreamento aos empresários nacionais privados, dando a todos a sensação de política de estatização deliberada, o que não é definitivamente o desejo do governo".[19, 20]

Curiosamente, o esquema de privatização proposto por Vianna não envolvia leilão entre licitantes privados. Em vez disso, ele imaginava um processo pelo qual o próprio BNDE destinaria certos setores a determinados grupos industriais no Brasil. Ele sugeria que o BNDE fosse "autorizado a agir como agente operacional". Nessa condição, a instituição não só designaria os grupos privados que deveriam assumir certos projetos estagnados, mas também forneceria a esses grupos capital estatal de maneira que "a dívida seria amortizada em proporção aos lucros líquidos efetivamente gerados" e que o período de amortização "não seria prefixado". Os empréstimos, nessas condições, equivaleriam a capital preferencial. Esse plano não foi executado, mas, no programa de privatização da década de 1990, o BNDES efetivamente atuou como agente operacional e participou do capital de várias empresas privatizadas. Assim, o relatório de Vianna antecipou-se ao modelo subsequente do Leviatã como investidor minoritário.

A "estatização" da economia brasileira foi em parte acidental e em parte consequência da construção de impérios pelos gestores das empresas estatais. Enigmaticamente, porém, o governo de fato não sabia quantas estatais existiam e o que os gestores das empresas estavam fazendo com os superávits de caixa gerados. Em 1973, a Fundação Getúlio Vargas, *think tank* econômico, publicou a lista das empresas estatais, de acordo com o censo que havia conduzido em 1969, concluindo que os governos federal e estadual controlavam 251 empresas.[21] Mesmo na década de 1970, o Ministério do Planejamento estimava que havia 175 empresas federais. Em 1976, contudo, a revista *Visão* publicou o próprio censo, segundo o qual o governo federal controlava duzentas empresas, enquanto os governos estaduais controlavam 339, e os governos municipais, 32.[22]

O governo, contudo, só começou a coletar dados sobre as estatais de maneira centralizada em 1979 e só passou a exercer pleno controle sobre essas empresas depois de 1983. Em 1979, o governo criou a Secretaria de Controle de Empresas Estatais (SEST), na estrutura da Presidência da República, vinculada à Secretaria de Planejamento (SEPLAN), que tinha status de ministério, hoje (Decreto nº 6929, 6 ago. 2009) Departamento de Coordenação e Governança das Empresas Estatais (DEST). A SEST começou a coletar dados sobre empresas em que o governo tinha participação acionária significativa. Assim foi porque, em consequência do choque do petróleo de 1979, o governo enfrentava dificuldades para refinanciar a dívida pública, na medida em que Paul Volcker, chairman do Federal Reserve Board, dos Estados Unidos, aumentava rapidamente as taxas de juros. Algumas estatais brasileiras, com forte geração de caixa em dólares, que ainda tinham condições de tomar empréstimos no exterior passaram a ser consideradas pelo governo possíveis fontes de moeda estrangeira para ajudar a pagar as importações. Para tanto, era preciso coletar informações que revelassem que empresas se encontravam nessa situação, pois algumas precisavam de apoio financeiro do Tesouro brasileiro, e, em especial, quais delas tinham condições de obter moeda estrangeira.

A alta das taxas de juros nos Estados Unidos, porém, em 1981, complicou o refinanciamento das linhas de crédito também para as empresas estatais. Um ano depois, as coisas pioraram ainda mais para os gestores das estatais e para o governo brasileiro, quando o governo do México suspendeu o pagamento da dívida externa, instilando temor entre os bancos americanos e outros mundo afora. Essas instituições financeiras, em parte por medo e em parte por determinação do Tesouro americano, fecharam suas linhas de crédito para os mercados emergentes, inclusive para o governo brasileiro e suas empresas. Daí resultou uma crise no balanço de pagamentos que levou o governo brasileiro a pedir ajuda ao Fundo Monetário Internacional (FMI). Entre as condições do pacote de estabilização do FMI estava a de que o governo brasileiro controlasse as despesas e a emissão de títulos de dívida pelas empresas estatais — sobretudo em moeda estrangeira — como maneira de reduzir o déficit orçamentário público. Consequentemente, depois de 1983, as empresas estatais brasileiras foram submetidas a rigoroso escrutínio pela SEST e por vários ministérios.[23] A partir de 1985, o governo também passou a controlar preços e salários, bem como a monitorar as contratações de pessoal, além de forçá-las a reduzir nominalmente as despesas com folha de pagamento.[24]

A crise financeira da década de 1980 e o fracasso das tentativas do governo de controlar as despesas públicas também resultaram em inflação galopante, que, em fins do decênio, atingiu níveis de hiperinflação (mais de 50% ao mês). Em consequência da hiperinflação e do controle de preços em alguns setores, foi difícil para as empresas estatais manter-se lucrativas e continuar pagando as dívidas.[25]

CRISE DE 1979-83

A crise econômica que atingiu o Brasil entre 1979 e 1983 foi a pior recessão do país na história moderna. O país enfrentou desequilíbrios de balanço de pagamentos e crises financeiras no século XX, mas nenhuma outra recessão foi de tal magnitude. Por exemplo, o Brasil saiu relativamente ileso da Grande Depressão da década de 1930, graças ao setor de exportação de café,[26] mas o denominado Segundo Choque do Petróleo, em 1979 (o primeiro foi a alta dos preços do petróleo em 1973), atingiu o Brasil em cheio. Na condição de importador de petróleo, o espigão aumentou as pressões tanto sobre a balança comercial quanto sobre a conta-corrente. Uma maneira de obter moeda estrangeira para pagar as importações era tomar empréstimos no exterior. Até então, o governo desfrutava de acesso relativamente fácil às linhas de crédito de bancos internacionais, de maneira direta e ou por meio das empresas estatais, em especial as que, como a Vale, exportavam commodities. Como disse Delfim Netto, ministro do Planejamento durante a crise, "os petrodólares eram algo delicioso; os países árabes nos vendiam petróleo e depositavam seus lucros em bancos americanos, que, então, nos emprestavam o dinheiro".[27] Em 1979, contudo, as coisas começaram a mudar. De acordo com Netto, "o preço do barril de petróleo passara de dois dólares, em 1974, para doze dólares, em 1979. Não havia como aumentar nossas exportações para cobrir esse aumento no preço das importações".[28] Os termos de troca para o Brasil declinaram continuamente entre 1979 e 1982.

Para piorar a situação, a oferta de crédito secou rapidamente para o Brasil entre 1981 e 1982 por pelo menos duas razões. Primeiro, para combater a inflação nos Estados Unidos, o Federal Reserve Board e seu chairman, Paul Volcker, aumentaram a taxa de juros de referência em ritmo acelerado (por exemplo, de menos de 10%, no começo de 1980, para quase 20%, no fim do ano). Segundo, em 1982, mesmo depois de as taxas de juros começarem a cair nos Estados Unidos, o governo do México declarou moratória dos pagamentos de suas dívidas em moeda estrangeira, difundindo o contágio para toda a região, o que aumentou os custos dos empréstimos para o governo brasileiro e suas estatais, assim como para as empresas privadas.[29]

No todo, o panorama para o Brasil era sombrio. De um lado, as taxas de juros sobre empréstimos externos aumentava (e os banqueiros se recusavam a ampliar as linhas de crédito), enquanto os preços das exportações despencavam. De outro, os banqueiros e o FMI racionavam o crédito para outros países, conforme plano acertado entre o governo dos Estados Unidos, o FMI, o Federal Reserve e um grupo de banqueiros internacionais. Essas restrições também afetaram as empresas privadas.

O golpe final foi a rápida desvalorização cambial em 1982, tornando ainda mais difícil para o governo e para as empresas pagar suas dívidas e enfrentar a inflação crescente no Brasil.[30]

Os anos 1980 são conhecidos hoje no Brasil e na América Latina como "a década perdida". Assim é em parte por causa da recessão que se seguiu a 1982. Os pagamentos da dívida pública aumentaram ao longo da década tanto por causa da desvalorização cambial, que onerou o serviço da dívida em moeda estrangeira, quanto em razão do aumento das taxas de juros. Além disso, com a recessão, a receita tributária caiu e o governo enfrentou graves déficits fiscais. Como as empresas estatais haviam financiado grande parte de sua formação bruta de capital nos anos 1970, na década seguinte o investimento total declinou, contribuindo ainda mais para a longa recessão. Finalmente, além das altas taxas de juros que, depois de 1982, o governo tinha de pagar sobre a dívida, as taxas de juros sobre a dívida pública também eram indexadas à inflação, razão por que tão logo o governo adotou política monetária expansionista no fim da década, o pagamento da dívida também disparou.[31]

Os anos 1980 como "década não tão perdida"

Mas nem tudo foi perdido na "década perdida". Duas importantes transições ocorreram no Brasil na segunda metade dos anos 1980. O Brasil tinha um governo militar, com eleições indiretas para presidente e um sistema eleitoral controlado, com eleições diretas para o Congresso. Depois de quase vinte anos de autoritarismo, todavia, sem eleições para presidente (que era eleito por um colégio eleitoral manipulado em favor do partido dos militares), os partidos da oposição, em 1982, conquistaram a maioria da Câmara dos Deputados e ganharam algumas eleições para governador, derrotando o partido dos militares no poder. Em 1983, partidos de direita e de esquerda juntaram forças, deflagraram uma campanha e depois propuseram um projeto de lei para reformar a Constituição e instituir a eleição direta para presidente. Esse esforço mobilizou a sociedade civil, que acorreu às ruas em grandes multidões, no movimento das Diretas Já, para grandes comícios. Embora o Congresso tenha rejeitado essa emenda constitucional, o candidato da oposição, Tancredo Neves, ganhou a corrida presidencial de 1985. Em virada dramática dos acontecimentos, contudo, na noite anterior à posse de Neves como presidente, ele foi hospitalizado e acabou falecendo. A morte dele, sem ser empossado, deixou a cadeira presidencial para José Sarney, seu vice-presidente e ex-membro do partido do regime militar.[32]

A segunda grande transição política aconteceu entre 1986 e 1988, quando a nova Constituição foi elaborada e aprovada. O Congresso eleito em novembro de 1986 efetivamente atuou como Assembleia Constituinte. Como explica Fishlow, houve um esforço inclusivo, com "ampla participação do público, assim como de organizações não governamentais [...] [e] de lobbies representando interesses econômicos".[33] Por exemplo, a crise econômica da década de 1980 e a transição para a democracia conferiu nova voz ao PT (Partido dos Trabalhadores) e aos sindicatos, que passaram a reivindicar direitos, recorrendo a greves maciças e a outras maneiras de pressionar o governo.[34] Assim, a Constituição de 1988 acabou estipulando garantias sociais para vários grupos, agravando as pressões fiscais sobre o governo brasileiro, que, a essa altura, já arcava com grandes despesas com pagamento de juros. Além disso, a Constituição de 1988 obrigou o governo federal a transferir consideráveis parcelas de suas receitas para os governos estaduais e municipais, dificultando ainda mais sua posição fiscal.[35, 36]

O programa de privatização brasileiro

A crise do começo da década de 1980, o processo de democratização de 1985 e a Constituição de 1988 mudaram tudo para as empresas estatais no Brasil. Em consequência da crise, o governo passou a controlar as despesas das estatais e não raro se viu obrigado a socorrer as que enfrentavam maiores dificuldades. Além disso, com as pressões fiscais impostas pela crise e exacerbadas pelos novos direitos sociais instituídos pela Constituição de 1988, o governo brasileiro perdeu o controle da economia. Ao confiar excessivamente na política monetária para financiar a dívida (e para reduzir seu valor real), também permitiu que a inflação atingisse níveis inimagináveis.

Com o fracasso dos programas de estabilização de fins da década de 1980 e princípios da de 1990 e com o consequente aumento das taxas de juros, piorando ainda mais a posição fiscal do governo, tornou-se necessário adotar um programa de privatização abrangente. Houve pelo menos cinco planos de estabilização, com o objetivo de conter a inflação e de reduzir o déficit orçamentário: Plano Cruzado (1986-7), Plano Bresser (1987), Plano Verão (começo de 1989), Plano Collor (1990), Plano Collor II (1991-2) e, finalmente, Plano Real, em 1994. Este, efetivamente, domou a inflação e conseguiu controlar o déficit orçamentário e os preços.[37, 38]

Em plena crise econômica, enfrentando elevados pagamentos de juros e assumindo maiores despesas de custeio impostas pela nova Constituição, a privatização se tornara inevitável para o presidente recém-eleito, Fernando Collor, em 1990.[39] Eis como Fishlow explica a situação:

> Durante a campanha presidencial de 1989, a privatização emergiu como uma das questões pelo então governador Collor. Iniciava-se nova fase. Até então, o tema não recebera farta cobertura da imprensa. Maioria esmagadora da população brasileira acreditava que desenvolvimento econômico e atuação do Estado eram fatores inextrincavelmente interligados. Privatização de estatais e capitais estrangeiros eram vistos com desconfiança. O Congresso reagiu [...] exigindo do governo a garantia de que a Petrobras estava fora de questão.[40]

Pelo menos três eram as motivações por trás do programa de privatização do Brasil. Primeiro, havia a necessidade de controlar as despesas públicas, a fim de aumentar a poupança em nível nacional. De início, o governo tentou controlar as despesas e os salários nas empresas estatais, mas, como o governo também adotou congelamento de preços, as estatais se defrontaram com grandes prejuízos, que exigiram transferências do Tesouro para recapitalização. Ou seja, as empresas estatais passaram a sugar, continuamente, parte dos recursos escassos do orçamento público. Essas transferências ampliaram o déficit orçamentário e contribuíram para aumentar a dívida pública. Como é mostrado no capítulo 5, mais de 30% das empresas estatais perdiam dinheiro e precisavam de ajuda do Tesouro Nacional ou do BNDES. A maioria das estatais brasileiras estava tecnicamente falida. Assim, o governo passou a encarar algumas privatizações como medidas indispensáveis para reduzir as despesas, em vez de apenas como maneira de atrair dinheiro para diminuir a dívida pública.

Segundo, no começo da década de 1990 — em meio à instabilidade financeira, à hiperinflação e aos enormes déficits orçamentários —, o governo brasileiro começou a reconsiderar seus investimentos em empresas estatais por motivos puramente financeiros. Com a inflação disparando, o governo tinha de pagar altas taxas de juros sobre a dívida crescente, o que aumentava o custo de oportunidade de manter capital nas estatais. Por exemplo, os dividendos pagos pela empresa de mineração Vale do Rio Doce, uma das mais lucrativas, variaram entre 0,5% e 5,2% na década de 1980 e no começo da de 1990. O dividendo médio de todas as estatais federais foi de 0,4%, de 1988 a 1994. Esses retornos eram baixos em comparação com o alto custo de oportunidade do capital próprio do governo. O governo tinha de pagar dívidas cujo custo variava de 20% ao ano, em média, para a totalidade da dívida até quase 1000% para a dívida de curto prazo no começo da década de 1990.[41]

Terceiro, parte do programa de ajuste do governo, a partir de 1990, foi a liberalização do comércio. A privatização era considerada meio para melhorar a eficiência da economia, não apenas aumentando a produtividade das empresas estatais privatizadas, mas também liberalizando os preços da maioria dos insumos industriais do país, que, em grande parte, tinham sido controlados na década de 1980 e no começo da de 1990.

ESTÁGIOS DO PROGRAMA DE PRIVATIZAÇÃO DO BRASIL

De maneira geral, o programa de privatização do Brasil pode ser dividido em três estágios. No primeiro, de 1981 a 1989, a privatização foi parte do programa de reajuste fiscal do governo do presidente João Figueiredo, o último governo militar. Privatizaram-se, então, dez empresas, consideradas metas fáceis, por serem pequenas ou por terem sido estatizadas recentemente, em operações de socorro de empresas privadas. O governo arrecadou cerca de 190 milhões de dólares com essas vendas. Entre 1985 e 1989, os dois primeiros governos democráticos venderam outras dezoito empresas, aumentando o total das receitas de privatização da década para 723 milhões de dólares.[42]

O segundo estágio do programa de privatização se estende, em linhas gerais, de 1990 a 1994. Em 1990, o presidente Fernando Collor (1990-2) iniciou o Programa Nacional de Desestatização (PND), mais abrangente, no qual o BNDES foi incumbido do processo de desinvestimento. Para tanto, selecionou em licitação pública um consórcio de duas empresas de consultoria para estudar e avaliar cada estatal que seria leiloada. Essas empresas recomendariam os preços mínimos dos leilões, a serem aprovados pelo Comitê Diretor de Privatização.[43]

O PND se concentrou na privatização de estatais relativamente produtivas, em setores estratégicos, como siderurgia, petroquímica e fertilizantes. Trinta e três empresas foram privatizadas entre 1990 e 1994, gerando receita de 8,6 bilhões de dólares (mais 3 bilhões de dólares em dívidas de empresas estatais transferidas para o setor privado). Mais de 60% desse resultado foi proveniente da privatização de usinas siderúrgicas, como a Usiminas (a primeira a ser privatizada). O presidente Collor sofreu impeachment em 1992, mas o PND prosseguiu com o presidente Itamar Franco (1992-4), que privatizou duas das mais importantes empresas do Brasil, a produtora de aço Companhia Siderúrgica Nacional (CSN), em 1993, e a fabricante de aviões Embraer, em 1994. A maioria das vendas ocorreu por meio de leilões em que o governo aceitava pagamento não só em dinheiro, mas também nas chamadas "moedas de privatização", que eram títulos públicos, debêntures emitidas pela holding siderúrgica estatal (Siderbras) e outras formas de dívida do governo. Entre 1990 e 1994, o governo arrecadou 19% da receita de privatização em dinheiro e o restante nessas outras "moedas".[44]

O último estágio do processo de privatização ocorreu durante os dois mandatos presidenciais de Fernando Henrique Cardoso (1994-2002). Nessa época, o governo vendeu ou transferiu o controle de serviços públicos — como eletricidade, comunicações e algumas empresas financeiras — para melhorar a qualidade dos serviços. O governo também transferiu a operação de portos, transportes e empresas de saneamento, além de algumas rodovias, por meio do programa de concessões. Durante essa fase, o governo arrecadou 78 bilhões de dólares, principalmente em dinheiro.[45] Entre as privatizações mais importantes e as privatizações parciais desse período, destacam-se Light (em 1996), empresa de eletricidade que operava no Rio de Janeiro; a gigante de mineração Vale do Rio Doce, privatizada em estapas entre 1997 e 2002; e a Eletrobras e a Telebras, holdings estatais de empresas de eletricidade e telecomunicações.[46]

A ascensão do Leviatã como investidor minoritário no Brasil

Além de transformar algumas estatais em empresas com participação majoritária do Estado, o governo brasileiro fez o BNDES operar como holding estatal. Esse banco, assim, também ajudou na transformação do Estado em investidor minoritário. De fato, o BNDES exerceu três funções no processo de privatização, de 1990 a 2003. Primeiro, ecoando o relatório profético de Marcos Vianna, serviu como agente operacional de transações de privatização, envolvendo a venda de blocos de controle de empresas estatais. Segundo, financiou os compradores em algumas transações de privatização. Terceiro, comprou participações minoritárias em empresas privatizadas (e em várias empresas listadas em Bolsas de Valores), por meio de sua holding, o BNDESPAR.

O BNDES foi envolvido no processo de privatização não só para rechaçar críticas de que o Estado estava perdendo o controle da economia, mas também para oferecer volumes de capital substanciais, a fim de atrair licitantes privados para os leilões. Aproximadamente 86% das receitas arrecadadas com os leilões de privatização decorreram de vendas de blocos, com os adquirentes quase sempre formando consórcios que incluíam grupos domésticos, investidores estrangeiros e entidades públicas, como o BNDESPAR, além de fundos de pensão de empresas estatais.[47]

Ao processo de privatização no Brasil, portanto, seguiu-se a ascensão de uma nova forma de propriedade estatal minoritária de empresas, por meio da compra de participação acionária pelo BNDES, através do BNDESPAR. O tamanho dessas alocações — 53 bilhões de dólares em 2009 — provocou críticas de que as compras de ações favoreciam grandes grupos empresariais locais que, na verdade, tinham capacidade financeira para executar seus projetos *sem* a ajuda do banco de desenvolvimento.[48] No capítulo 7, testamos algumas implicações desse modelo de capitalismo de Estado.

A tabela 3.1 também mostra como as participações acionárias do BNDES (por intermédio do BNDESPAR) aumentaram em nossa amostra de empresas listadas em Bolsas de Valores no período de 1995 a 2009. Essas participações podem ser *diretas* ou *indiretas*. Aquelas envolvem casos em que o BNDES participa como acionista direto da empresa-alvo. Em média, as participações acionárias diretas do BNDES correspondem a 16% do patrimônio líquido total das empresas listadas. A maioria de suas compras é parte de uma estratégia de investimento explícita concebida pela administração do BNDESPAR tanto para otimizar o portfólio do BNDES quanto para cumprir seus objetivos de desenvolvimento. Por exemplo, algumas das participações diretas são consequências de operações de socorro diretas ou de conversões de dívida em capital.

As participações indiretas, por seu turno, ocorrem quando o BNDES participa de uma empresa intermediária que, por sua vez, participa da empresa-alvo. Como as estruturas piramidais são complexas e, em geral, envolvem empresas não listadas em Bolsas de Valores, o tamanho das participações indiretas do BNDES nem sempre é de conhecimento do público. Como exemplo de participações indiretas, considere o caso da Vale. O governo privatizou o bloco de controle da

Tabela 3.1. Participações acionárias do BNDESPAR numa amostra de empresas listadas em Bolsas de Valores (1995-2009)

Ano	Número de participações acionárias do BNDESPAR (diretas ou indiretas)*	Número de participações acionárias diretas do BNDESPAR	Média de participações acionárias diretas como porcentagem do patrimônio líquido total das empresas-alvo
1995	23	11	17%
1996	18	11	19%
1997	27	15	15%
1998	26	14	14%
1999	29	13	19%
2000	29	14	19%
2001	28	16	16%
2002	23	14	17%
2003	24	14	19%
2004	22	13	15%
2005	25	17	15%
2006	37	21	13%
2007	44	26	12%
2008	48	28	13%
2009	47	32	13%

FONTE: Criada com base em dados sobre composição acionária, extraídos dos bancos de dados *Economática, Interinvest* e *Valor Grandes Grupos*, assim como de relatórios que as empresas devem arquivar na Comissão de Valores Mobiliários (CVM), equivalente à SEC americana.
(*) As participações acionárias indiretas ocorrem quando o BNDESPAR compra uma empresa que é parte de uma estrutura de propriedade piramidal, ou seja, quando tem ações de uma empresa que, por seu turno, é acionista de outra empresa (por exemplo, o BNDES tem ações da Valepar, que tem ações da Vale).

Valepar, holding de propriedade do BNDESPAR, do Bradesco e de outros investidores, inclusive fundos de pensão de estatais, como Previ (do Banco do Brasil) e Petros (da Petrobras). Assim, o Estado é proprietário indireto de ações da Vale, por meio do BNDES e de fundos de pensão relacionados com o Estado, os quais, por seu turno, são acionistas da Valepar. Como analisamos no capítulo 8, que apresenta estudo de caso detalhado da Vale, a coalizão desses proprietários relacionados com o Estado permitiu que o governo influenciasse determinadas decisões da empresa.

A resiliência do Leviatã como empreendedor e como investidor majoritário no Brasil

No Brasil, o processo de privatização mudou a face do capitalismo de Estado. Mesmo quando algumas das empresas estatais que continuaram lucrativas em fins da década de 1980 se tornaram alvos da privatização, entre 1990 e 2002 (por exemplo, a CSN e a empresa de mineração Vale), o governo manteve outras de suas principais empresas sob controle estatal. A tabela 3.2 mostra uma lista de empresas estatais remanescentes e de holdings estatais sob controle majoritário do governo em 2009. Identificamos 47 empresas sob controle direto do governo federal, com ativos no valor de 625 bilhões de dólares. Cinco delas são holdings estatais que controlavam 67 subsidiárias. Assim, incluindo as subsidiárias, o governo brasileiro ainda controlava 117 empresas, com ativos no valor aproximado de 1,094 bilhão de dólares.

Os governos estaduais também passaram por transformação semelhante. Empresas estatais em nível estadual, por seu turno, controlavam 49 empresas, com ativos totais de 116 bilhões de dólares (ver tabela 3.3). Isso significa que o governo federal no Brasil tem de duas a três vezes os ativos sob gestão do Fundo de Pensão do governo da Noruega, o maior fundo soberano do mundo, com ativos sob gestão de quase 500 milhões de dólares em 2009.

Como esperado, essas empresas estatais remanescentes atuam em setores considerados "estratégicos" pelo governo. É o caso da Petrobras, em petróleo e distribuição; da Eletrobras, em geração de eletricidade; dos Correios, em serviços postais; da Infraero, em aeroportos; da Sabesp, em serviços de água e esgoto (empresa de águas do estado de São Paulo); do Banco do Brasil e da Caixa Econômica Federal, em serviços bancários. Esta última, em particular, foi considerada de extrema utilidade no fornecimento de linhas de crédito para segmentos do mercado não atendidos por bancos privados, como crédito agrícola e habitacional.

Também se vê que ainda é grande a variação da composição acionária nas empresas estatais. A grande maioria das estatais não é listada

Tabela 3.2. Empresas e holdings com participação acionária majoritária da União no Brasil, 2009

Empresa	Setor	Número de subsidiárias	% do governo no capital votante	Listada na Bovespa (BSP) e/ou na NYSE (ADRS)	Ativos em milhões de dólares
Banco do Brasil	Finanças	17	68	BSP- "Novo Mercado"	216.949
Banco Nacional de Desenvolvimento Econômico e Social (BNDES)	Finanças	3	100	Não	124.558
Petróleo Brasileiro SA	Petróleo e derivados	34	57	BSP & ADRS	103.555
Centrais Elétricas Brasileiras (Eletrobras)	Eletricidade	11	78	BSP-Nível 1 & ADRS	35.440
Banco do Nordeste do Brasil	Finanças		100	BSP	6290
Banco da Amazônia	Finanças		97	BSP	2563
Eletrobras Participações (Eletropar, subsidiária da Eletrobras)	Eletricidade		68	BSP	40
Caixa Econômica Federal	Finanças		100	Não	112.260
Empresa Gestora de Ativos (Emgea)	Administração pública		100	Não	7571
Brasil Resseguros	Finanças		100	Não	3408
Correios e Telégrafos	Administração pública		100	Não	2295
Cia. Nacional de Abastecimento	Distribuição e armazenamento de alimentos		100	Não	1624
Cia. Brasileira de Trens Urbanos	Transportes		100	Não	1263
Financiadora de Estudos e Projetos	Finanças		100	Não	1218
Empresa Brasileira de Infraestrutura Aeroportuária — Infraero	Operação de aeroportos		100	Não	773
Valec — Engenharia, Construções e Ferrovias	Construção		100	Não	753
Serviço Social de Processamento de Dados — Serpro	Processamento de dados		100	Não	645

(continua)

Tabela 3.2. (continuação)

Empresa	Setor	Número de subsidiárias	% do governo no capital votante	Listada na Bovespa (BSP) e/ou na NYSE (ADRS)	Ativos em milhões de dólares
Cia. Docas do Estado de São Paulo (Codesp)	Portos		100	Não	593
Caixa de Participações	Finanças		100	Não	489
Casa da Moeda Brasil (CMB)	Cunhagem		100	Não	348
Cia. das Docas do Rio de Janeiro (CDRJ)	Portos		100	Não	348
Indústrias Nucleares do Brasil	Mineração		100	Não	286
Empresa de Tecnologia e Informações da Previdência Social	Administração pública		100	Não	239
Empresa Brasileira de Pesquisa Agropecuária (Embrapa)	Pesquisa agrícola		100	Não	226
Empresa de Trens Urbanos de Porto Alegre	Transportes		100	Não	158
Telecomunicações Brasileiras S.A.	Telecomunicações		100	Não	142
Cia. das Docas do Rio Grande do Norte (Codern)	Portos		100	Não	125
Hospital de Clínicas de Porto Alegre	Serviços médicos		100	Não	118
Cia. de Desenv. dos Vales do SF e do Parnaíba	Administração pública		100	Não	111
Cia. Docas do Pará (CDP)	Portos		100	Não	99
Cia. de Entrepostos e Armazéns Gerais de São Paulo (Ceagesp)	Distribuição e armazenamento de alimentos		100	Não	86
Empresa Brasil de Comunicação	Telecomunicações		100	Não	82
Indústria de Material Bélico do Brasil (Imbel)	Manufatura		100	Não	79
Cia. Docas do Estado do Espírito Santo (Codesa)	Portos		100	Não	78

(continua)

Tabela 3.2. (continuação)

Empresa	Setor	Número de subsidiárias	% do governo no capital votante	Listada na Bovespa (BSP) e/ou na NYSE (ADRS)	Ativos em milhões de dólares
Cia. de Pesquisa de Recursos Minerais (CPRM)	Administração pública		99	Não	73
Cia. das Docas do Estado da Bahia (Codeba)	Portos		100	Não	73
Hospital Nossa Senhora da Conceição S.A.	Serviços médicos	3	100	Não	68
Empresa Gerencial de Projetos Navais	Construção		100	Não	65
Nuclebrás Equipamentos Pesados S.A. (Nuclep)	Manufatura		100	Não	63
Empresa Brasileira de Hemoderivados e Biotecnologia (Hemobrás)	Serviços médicos		100	Não	63
Centro de Pesquisa de Energia Elétrica (Cepel)	Pesquisa energética		78	Não	52
Cia. das Docas do Ceará (CDC)	Portos		100	Não	29
Cia. das Docas do Maranhão (Codomar)	Portos		100	Não	19
Cia. de Armazéns e Silos do Estado de Minas Gerais (CASEMG)	Distribuição e armazenamento de alimentos		100	Não	12
Centrais de Abastecimento de Minas Gerais (Ceasaminas)	Distribuição e armazenamento de alimentos		100	Não	10
Empresa de Pesquisa Energética	Eletricidade		100	Não	10
Centro Nacional de Tecnologia Avançada	Manufatura		100	Não	7

FONTE: Dados obtidos da Comissão de Valores Mobiliários (Brasil) e do Departamento de Coordenação e Governança das Empresas Estatais (DEST), Ministério do Planejamento (Brasil).

Tabela 3.3. Empresas e holdings estatais, com participação acionária majoritária de unidades da Federação do Brasil

Empresa	Setor	% do governo no capital votante	Listada na Bovespa (BSP) e/ou na NYSE (ADRS)	Ativos em milhões de dólares
Cia. Energética de São Paulo	Eletricidade	94	BSP-Nível 1	13.838
Banco do Estado do Rio Grande do Sul	Finanças	100	BSP-Nível 1	7127
Cia. de Saneamento Básico do Estado de São Paulo	Água e esgoto	50,3	BSP-"Novo Mercado"	7060
Cia. do Metropolitano de São Paulo	Transportes	n.a.	Não	5546
Cia. Estadual de Águas e Esgotos	Água e esgoto	100	Não	4531
Cia. Energética de Minas Gerais	Eletricidade	52	BSP-Nível 1	3883
Cia. Paranaense de Energia	Eletricidade	85	BSP-Nível 1	3322
Banco Regional de Desenvolvimento do Extremo Sul	Finanças	n.a.	Não	2398
Cia. de Saneamento de Minas Gerais	Água e esgoto	53	BSP-"Novo Mercado"	2268
Companhia Energética de Goiás Participações (CELGPAR)	Eletricidade	100	BSP	2201
Empresa Baiana de Águas e Saneamento	Água e esgoto	n.a.	Não	1808
Cia. de Saneamento do Paraná	Água e esgoto	60	BSP	1590
Desenvolvimento Rodoviário (SP)	Transportes	100	Não	1567
Saneamento de Goiás 1	Água e esgoto	69	Não	968
Cia. Riograndense de Saneamento	Água e esgoto	100	Não	786
Banco do Estado do Sergipe	Finanças	94	BSP	733
Cia. Pernambucana de Saneamento	Água e esgoto	n.a.	Não	705
Centrais Elétricas de Santa Catarina	Eletricidade	50,2	BSP-Nível 2	669
Cia. de Água e Esgoto do Ceará	Água e esgoto	100	Não	592
Banco do Estado do Pará	Finanças	100	BSP	581
Cia. de Saneamento Ambiental do Distrito Federal	Água e esgoto	n.a.	Não	568
Cia. Catarinense de Águas e Saneamento	Água e esgoto	77	BSP	526
Cia. Espírito Santense de Saneamento	Água e esgoto	100	Não	508
Banco do Estado do Espírito Santo	Finanças	92	BSP	466
Cia. de Gás de Minas Gerais	Gás	n.a.	Não	397
Empresa Metropolitana de Águas e Energia	Água e esgoto	98	BSP	376

(continua)

Tabela 3.3. (continuação)

Empresa	Setor	% do governo no capital votante	Listada na Bovespa (BSP) e/ou na NYSE (ADRS)	Ativos em milhões de dólares
Sociedade de Abastecimento de Água e Saneamento	Água e esgoto	100	Não	246
Cia. de Eletricidade do Amapá (CEA)	Eletricidade	100	Não	183
Cia. de Tecnologia de Saneamento Ambiental de Brasil	Água e esgoto	n.a.	Não	154
Cia. de Eletricidade de Brasília	Eletricidade	89	BSP	142
Cia. de Gás da Bahia	Gás	n.a.	Não	136
São Paulo Turismo	Turismo	97	Não	94
Empresa Baiana de Alimentos — Cesta do Povo	Distribuição e armazenamento de alimentos	n.a.	Não	56
Cia. de Engenharia de Tráfego	Administração pública	n.a.	Não	54
Banco de Brasília	Finanças	97	BSP	41
Centrais de Abastecimento de Campinas S.A.	Distribuição e armazenamento de alimentos	n.a.	Não	32
Centrais de Abastecimento do Pará S.A.	Distribuição e armazenamento de alimentos	n.a.	Não	n.a.
Centrais de Abastecimento do Rio de Janeiro	Distribuição e armazenamento de alimentos	n.a.	Não	n.a.
Centrais de Abastecimento do Rio Grande do Sul	Distribuição e armazenamento de alimentos	n.a.	Não	n.a.
Centrais de Abastecimento de Alagoas S.A.	Distribuição e armazenamento de alimentos	n.a.	Não	n.a.
Centrais de Abastecimento de Sergipe S.A.	Distribuição e armazenamento de alimentos	n.a.	Não	n.a.
Centrais de Abastecimento do Ceará S.A.	Distribuição e armazenamento de alimentos	n.a.	Não	n.a.
Centrais de Abastecimento de Goiás S.A.	Distribuição e armazenamento de alimentos	n.a.	Não	n.a.
Centrais de Abastecimento do Paraná	Distribuição e armazenamento de alimentos	n.a.	Não	n.a.
Centrais de Abastecimento do Espírito Santo	Distribuição e armazenamento de alimentos	n.a.	Não	n.a.
Centrais de Abastecimento do Rio Grande do Norte	Distribuição e armazenamento de alimentos	n.a.	Não	n.a.
Cia. Municipal de Limpeza Urbana (Rio de Janeiro)	Administração pública	n.a.	Não	n.a.
Centrais de Abastecimento do Est. Santa Catarina	Distribuição e armazenamento de alimentos	n.a.	Não	n.a.
Centrais de Abastecimento do Mato Grosso do Sul	Distribuição e armazenamento de alimentos	n.a.	Não	n.a.

FONTE: Dados obtidos da Comissão de Valores Mobiliários (Brasil) e do Departamento de Coordenação e Governança das Empresas Estatais (DEST), Ministério do Planejamento (Brasil).

em Bolsas de Valores. Do total de empresas federais, apenas 5% são listadas na Bolsa de Valores local. Em contraste, no nível estadual, um terço das estatais é listado em Bolsas de Valores.

É difícil afirmar se ocorreu grande melhoria na governança e na qualidade da gestão de empresas não listadas em Bolsas de Valores, sob o controle do governo federal ou de governos estaduais, de 1990 a 2009. A maioria dessas empresas não listadas, ou de capital fechado, submete suas demonstrações financeiras a auditorias externas independentes, mas não dispõe de freios e contrapesos internos ou externos poderosos. Constataram-se duas grandes diferenças entre as empresas não listadas em Bolsas de Valores, em 2009, e as estatais antes de 1980. Primeiro, em 2009, todas as empresas estatais federais forneciam suas demonstrações financeiras ao Departamento de Coordenação e Governança das Empresas Estatais (DEST), do Ministério do Planejamento, e eram monitoradas de perto por diferentes ministérios. Em geral, seus conselhos de administração, com a participação de ministros, tentavam acompanhar e controlar a situação financeira da empresa. Segundo, desde 1990, quando o presidente Fernando Henrique Cardoso pôs em ordem as finanças públicas no Brasil, os prejuízos das empresas estatais se tornaram muito menos aceitáveis, pois podiam afetar as metas de déficit público (sempre em torno do nível de 2% do PIB, antes do pagamento de juros sobre a dívida pública — paradigma estabelecido pelo FMI) e, em última instância, a classificação do risco de crédito do Brasil. Portanto, em 2009, o ministro da Fazenda e outros tinham incentivos claros para monitorar o desempenho dessas empresas.

No entanto, evidências casuais sobre a governança e gestão das empresas estatais remanescentes depois do período de privatização indicam que muitas delas estavam sujeitas a patronagem e a corrupção. Em maio de 2005, um executivo da Empresa de Correios e Telégrafos (ECT, Correios), foi filmado recebendo propina em troca de contratos públicos. O acontecimento desencadeou uma série de acusações de pagamentos clandestinos de empresas estatais para partidos políticos — o chamado *mensalão*. Várias estatais foram alvos de acusações, incluindo não só os Correios, mas também Banco do Brasil, Petrobras e Furnas (subsidiária do grupo Eletrobras).

Não houve, porém, tentativa séria de tentar reformar a governança e o controle das empresas estatais até a posse da sucessora do presidente Lula, Dilma Rousseff, em 2011. A presidente Rousseff tentou nomear altos executivos com formação "técnica" (por exemplo, engenheiros ou economistas) para cargos de confiança em algumas das empresas controladas pelo governo federal. Como explicaremos no capítulo 6, contudo, a percepção no Brasil era a de que a intervenção política nas empresas estatais efetivamente aumentou depois de 2011. Ou seja, nossa pesquisa sugere que nem sempre há "progresso" na governança das estatais; ao contrário, podem mesmo ocorrer retrocessos, provocados por mudanças nos objetivos políticos (como a tentativa do governo de controlar os preços dos bens e serviços de uma estatal), o que pode comprometer os resultados de algumas das reformas executadas depois da década de 1980.

GOVERNANÇA EM EMPRESAS ESTATAIS COM AÇÕES NEGOCIADAS EM BOLSAS DE VALORES NO SÉCULO XXI

As empresas estatais brasileiras negociadas nos mercados de ações, em contraste, passaram por transformação em termos de governança e gestão. Os governos federal e estaduais tiveram de melhorar a governança e a transparência financeira nas empresas listadas na Bolsa de Valores do Estado de São Paulo (Bovespa) (ver tabelas 3.2 e 3.3).

As empresas estatais do Brasil — ao contrário das da China e do Vietnã, por exemplo — já eram constituídas sob a forma de sociedade anônima e apresentavam suas demonstrações financeiras anuais auditadas ao DEST, mesmo antes de ser companhias abertas. Depois de abrir o capital, porém, tiveram de seguir as normas pertinentes, legais e infralegais, referentes à proteção dos acionistas minoritários, conforme a Lei nº 10 303, de 2001, que reconhece, por exemplo, que o Estado, como acionista controlador, pode ter interesses opostos aos dos outros acionistas, e que, portanto, deve empenhar-se em proteger os interesses desses proprietários. Além disso, depois de 2001, os acionistas minoritários adquiriram o direito de eleger membros do conselho de administração (usando representação proporcional). Algumas transações também passaram a depender da aprovação de maioria qualificada dos acionistas (dois terços), em vez de maioria simples (metade mais um). No papel, portanto, o acionista controlador das empresas estatais — o Estado — passou a ter menos poder sobre certas transações, como a formação de consórcios ou a cisão da empresa.[49]

Entre as empresas do governo federal com ações listadas na Bovespa e na Bolsa de Valores de Nova York (NYSE) destaca-se a Petrobras. O presidente Vargas criou a Petrobras em 1953 e lhe garantiu monopólio na produção de petróleo e gás. Até a década de 1970, porém, a Petrobras atuava principalmente como empresa comercial, importando petróleo bruto e produtos refinados. Começou a ramificar-se, então, para a produção de derivados, associando-se ao setor privado e, por fim, absorvendo refinarias privadas e parcialmente privadas, que se fundiam em sua subsidiária de refino, a Petroquisa. As descobertas de petróleo e a expansão da Petrobras para outras atividades transformaram-na na maior empresa da América Latina.

Como parte das políticas de privatização e de liberalização da década de 1990, o presidente Fernando Henrique Cardoso liberalizou a indústria petrolífera em 1997. Naquele ano, promulgou a Lei do Petróleo, que extinguiu o monopólio do petróleo pela Petrobras e abriu os mercados de petróleo e gás no Brasil para empresas estrangeiras e para a concorrência no exterior. Cardoso também eliminou as restrições que proibiam estrangeiros de terem ações da Petrobras. Finalmente, em agosto de 2000, o governo FHC registrou as ações da Petrobras na Bolsa de Valores de Nova York através do programa American Depository Receipts (ADR). Também permitiu que os brasileiros usassem suas contas no Fundo de Garantia por Tempo de Serviço para adquirir ações da Petrobras. Ao listar suas ações na NYSE e em outras Bolsas da Europa (2002), a Petrobras foi obrigada a melhorar suas práticas de governança e de transparência financeira. A empresa também teve de adotar as normas contábeis americanas [Generally Accepted Accounting Principles — GAAP] e cumprir outras exigências da legislação americana, como as do Sarbanes-Oxley Act, que impõe a divulgação de transações entre partes relacionadas e da remuneração dos executivos. Além disso, passou a ser monitorada mais de perto por agências de *rating* e por investidores institucionais, como fundos de investimento e de pensão do Brasil e de outros países.[50] No capítulo 6, analisamos as mudanças na governança da Petrobras em comparação com os padrões de outras petrolíferas estatais.

Poucas outras estatais federais, entretanto, foram transformadas como a Petrobras. As exceções foram Banco do Brasil, o maior banco comercial estatal, e a Eletrobras, a maior concessionária de serviços públicos estatal. As ações de ambas também são listadas na Bovespa e na NYSE, e ambas também são negociadas em segmentos da Bovespa reservados para empresas que adotam práticas mais rigorosas de governança: o "Novo Mercado" e os segmentos chamados de Nível 1 e Nível 2. No Novo Mercado, entre outras restrições, as empresas não podem ter duas classes de ações (ou seja, o capital deve ser composto exclusivamente por ações ordinárias com direito a voto), a empresa deve manter no mínimo 25% das ações em circulação (*free float*), e o conselho de administração deve ser composto de no mínimo cinco membros, sendo 20% dos conselheiros independentes e o mandato máximo de dois anos. As empresas listadas no "Nível 1" também precisam garantir *free float* de pelo menos 25% das ações e divulgar demonstrações financeiras trimestrais mais detalhadas. As empresas listadas no "Nível 2" têm o direito de manter ações preferenciais (PN), mas, no caso de venda de controle, é assegurado aos detentores de ações ordinárias e preferenciais o mesmo tratamento concedido ao acionista controlador, prevendo, portanto, o direito de *tag along* de 100% do preço pago pelas ações ordinárias do acionista controlador. As empresas do Nível 2 concordam em resolver disputas entre acionistas controladores e acionistas minoritários por meio de arbitragem, se necessário.[51] Apenas uma estatal em nível federal, o Banco do Brasil, é listada no Novo Mercado; a Eletrobras é listada como empresa do Nível 1 (ver tabela 3.2). A Petrobras tentou entrar no segmento Nível 2, em 2002, mas a Bovespa não permitiu, porque os acionistas minoritários precisariam ter direitos não previstos nos estatutos da empresa, como no caso de decisões sobre fusões e aquisições, e, provavelmente, contrários aos interesses do país.[52]

As empresas estatais controladas por governos estaduais adotaram com mais frequência níveis mais altos de governança na Bovespa (ver tabela 3.3). Entre as empresas estaduais que entraram no segmento do Nível 1 estão Banco do Estado do Rio Grande do Sul e as empresas de energia Companhia Energética de São Paulo, Companhia Energética de Minas Gerais (eletricidade) e Companhia Paranaense de Energia. No Novo Mercado, havia as empresas de água e esgoto Companhia de Saneamento Básico do Estado de São Paulo (Sabesp) e Companhia de Saneamento de Minas Gerais. Finalmente, no Nível 2, havia Centrais Elétricas de Santa Catarina (energia).

Parte da motivação das empresas estatais para adotar esses padrões de governança era comprometer-se com a melhoria da gestão e com o monitoramento pelos acionistas, além de forçar os governos a permitir que operassem em condições tão próximas quanto possível da rentabilidade. Além disso, as estatais aderiram a segmentos da Bovespa que exigiam melhor governança porque as ações negociadas nesses segmentos tinham mais liquidez, aumentando o valor de mercado da empresa e reduzindo seu custo de capital. A adoção de melhores práticas de governança, portanto, permitiu que essas empresas atraíssem mais financiamentos. A Sabesp, empresa de águas do estado de São Paulo, decidiu entrar no Novo Mercado em abril de 2002 e, simultaneamente, emitiu títulos conversíveis em moeda local para reduzir sua dependência em relação a empréstimos externos. Além disso, de acordo com o secretário de Planejamento do governo paulista, André Franco Montoro Filho, a adesão ao Novo Mercado foi apenas uma forma de melhorar a gestão da Sabesp, sem precisar privatizar a empresa.[53]

Conclusão

Este capítulo analisa a evolução do capitalismo de Estado no Brasil, que, conforme já dito, é semelhante à de outros países. O Brasil é contexto interessante no qual testar algumas implicações empíricas das novas formas de capitalismo de Estado apresentadas no capítulo 2, em consequência não só das mudanças que ocorreram em sua governança e na composição societária das empresas estatais, mas também das amplas variações na gestão e no desempenho das empresas. No capítulo seguinte, examinamos uma fonte específica de heterogeneidade: a influência dos diretores de operações dessas estatais no nível de desempenho da empresa.

Este capítulo também explica como os choques macroeconômicos que o Brasil e outros países enfrentaram nas décadas de 1970 e 1980 levaram o governo a repensar as razões financeiras para manter tantas estatais. No capítulo 5, analisamos por que, na década de 1980, o comportamento das empresas estatais era tão diferente do das empresas privadas. Passamos, em seguida, para a segunda parte do livro, que examina o Leviatã como investidor majoritário. Para demonstrar ainda mais a variedade de arranjos de governança nas empresas estatais em que o governo é acionista majoritário, o capítulo 6 compara a governança da Petrobras com a de outras empresas petrolíferas nacionais.

Na terceira parte do livro, analisamos os efeitos de ter o governo como acionista minoritário. O capítulo 7 considera as implicações das compras de ações pelo governo para o desempenho de empresas privadas, enquanto o capítulo 8 oferece uma visão detalhada do caso da Vale, para mostrar tanto as implicações da privatização com propriedade estatal minoritária quanto os limites desse modelo de capitalismo de Estado. Terminamos nosso estudo do Brasil examinando a história do BNDES e as implicações positivas e negativas dos empréstimos do governo para empresas.

Apêndice

Tabela 3.A. Empresas estatais brasileiras por ano de criação

Ano	Empresa	Acrônimo	Setor
1941	Cia. Siderúrgica Nacional	CSN	Aço
1942	Cia. Brasileira de Cobre	CBC	Mineração
	Cia. Ferro e Aço de Vitória	Cofavi	Aço
	Cia. Vale do Rio Doce	CVRD	Mineração
1943	Cia. Nacional dos Álcalis	CNA	Química
	Cia. Brasileira de Zinco	CBZ	Mineração
1944	Cia. Aços Especiais Itabira	Acesita	Aço
	Mafersa Sociedade Anônima	Mafersa	Equipamentos de transportes
1945	Cia. Hidrelétrica do São Francisco	Chesf	Eletricidade
1946	Cia. Municipal de Transportes Coletivos	CMTC	Serviços de transportes
1951	Telecomunicações do Espírito Santo	Telest	Telecomunicações
1952	Cia. Energética de Minas Gerais	Cemig	Eletricidade
1953	Cia. Siderúrgica Paulista	Cosipa	Aço
	Petróleo Brasileiro	Petrobras	Petróleo e derivados
	Telecomunicações Minas Gerais S.A.	Telemig	Telecomunicações
1954	Cia. Paranaense de Energia	Copel	Eletricidade
	Cia. Telefônica da Borda do Campo	CTBC	Telecomunicações
	Espírito Santo Centrais Elétricas	Escelsa	Eletricidade
	Indústria Aeronáutica Neiva	Neiva	Equipamentos de transportes
1955	Hospital Fêmina	HFSA	Assistência médica
1956	Centrais Elétricas de Goiás	Celg	Eletricidade
	Centrais Elétricas de Santa Catarina	Celesc	Eletricidade
	Centrais Elétricas Matogrossense	Cemat	Eletricidade
	Cia. de Eletricidade do Amapá	CEA	Eletricidade
	Hospital Cristo Redentor	HCR	Assistência médica
	Usinas Siderúrgicas de Minas Gerais	Usiminas	Aço
1957	Furnas Centrais Elétricas	Furnas	Eletricidade
	Rede Ferroviária Federal	RFFSA	Serviços de transportes
1958	Centrais Elétricas de Rondônia	Ceron	Eletricidade
	Cia. Energética do Maranhão	Cemar	Eletricidade
	São José Armazéns Gerais Ltda.	SJAR	Distribuição e armazenamento de alimentos
	Telecomunicações da Bahia	Telebahia	Telecomunicações
	Telecomunicações de Alagoas	Telasa	Telecomunicações
	Telecomunicações de Pernambuco	Telpe	Telecomunicações
1959	Centrais Elétricas do Piauí	Cepisa	Eletricidade
	Cia. de Eletricidade da Bahia	Coelba	Eletricidade
	Cia. de Eletricidade de Alagoas	Ceal	Eletricidade
	Sistemas de Processamento de Dados	Datamec	Administração pública
	Empresa Distribuidora de Energia em Sergipe	Energipe	Eletricidade
	Rede Federal de Armazéns Gerais Ferroviários	AGEF	Distribuição e armazenamento de alimentos
1960	Aços Finos Piratini	AFP	Aço

(continua)

Tabela 3.A. (continuação)

Ano	Empresa	Acrônimo	Setor
	Centrais Elétricas do Pará	Celpa	Eletricidade
	Cia. de Eletricidade de Pernambuco	Celpe	Eletricidade
	Cia. Estadual de Energia Elétrica	CEEE-Piratini	Eletricidade
	Petróleo Minas Gerais	Petrominas	Petróleo e derivados
	Telecomunicações de Rondônia	Teleron	Telecomunicações
	Telecomunicações do Piauí	Telepisa	Telecomunicações
1961	Centrais de Abastecimento de Pernambuco	Ceasa/PE	Distribuição e armazenamento de alimentos
	Centrais Elétricas Brasileiras	Eletrobras	Eletricidade
	Cia. de Serviços Elétricos do Rio Grande do Norte	Cosern	Eletricidade
	Cia. Estadual de Energia Elétrica	CEEE	Eletricidade
1962	Cia. Brasileira de Alimentos	Cobal	Distribuição e armazenamento de alimentos
	Cia. Brasileira de Armazenamento	Cibrazem	Distribuição e armazenamento de alimentos
	Cia. de Telefones do Rio de Janeiro	Cetel	Telecomunicações
	Cia. Riograndense de Telecomunicações	CRT	Telecomunicações
	Empresa Brasileira de Telecomunicações	Embratel	Telecomunicações
	Vale do Rio Doce Navegação	Docenave	Serviços de transportes
1963	Aço Minas Gerais	Açominas	Aço
	Centrais Elétricas Fluminenses	Celf	Eletricidade
	Cia. das Docas do Ceará	CDC	Portos
	Cia. de Projetos Industriais	Cobrapi	Construção civil
	Cia. de Saneamento do Paraná	Sanepar	Água e esgoto
	Cia. Energética do Amazonas	Ceam	Eletricidade
	Telecomunicações do Paraná	Telepar	Telecomunicações
	Telecomunicações do Rio Grande do Norte	Telern	Telecomunicações
	Usina Siderúrgica da Bahia	Usiba	Aço
1964	Cia. de Eletricidade de Brasília	CEB	Eletricidade
	Cia. Pontapogrossense de Telecomunicações	CPT	Telecomunicações
	Cia. Brasileira de Trens Urbanos	CBTU	Serviços de transportes
	Cia. de Eletrificação da Paraíba	Saelpa	Eletricidade
	Serviço Social de Processamento de Dados	SERPRO	Administração pública
	Telecomunicações de Brasília	Telebrasília	Telecomunicações
1965	Cia. de Eletricidade do Acre	Eletroacre	Eletricidade
	Cia. Riograndense de Saneamento	Corsan	Água e esgoto
	Cia. Pernambucana de Borracha	Coperbo	Manufatura
	Hospital Nossa Senhora da Conceição	Hosp. NSC	Assistência médica
	Nuclebrás de Monazita e Associados	Nuclemon	Mineração
	Telecomunicações do Amazonas	Teleamazon	Telecomunicações
	Ultrafertil S.A. — Indústria e Comércio de Fertilizantes	Ultrafertil	Fertilizantes
1966	Cia. de Navegação Lloyd Brasileiro	Lloydbras	Serviços de transportes
	Cia. Eletromecânica	Celma	Equipamentos de transportes
	Cia. Energética de São Paulo	Cesp	Eletricidade

(continua)

Tabela 3.A. (continuação)

Ano	Empresa	Acrônimo	Setor
	Itabira Internacional Company Ltd.	Itaco	Empresas comerciais exportadoras
	Petroquímica União	Petroquímica União	Petróleo e derivados
	Seamar Shipping Corporation	Seamar	Serviços de transportes
	Telecomunicações do Maranhão	Telma	Telecomunicações
1967	Alumínio S.A. Extrusão Laminadas	Alumínio	Alumínio
	Brasileira de Dragagem	n.a.	Água e esgoto
	Cia. Docas do Pará	CDP	Portos
	Cia. Siderúrgica de Mogi das Cruzes	Cosim	Aço
	Cia. Espírito Santense de Saneamento	Cesan	Água e esgoto
	Empresa de Navegação da Amazônia	Enasa	Serviços de transportes
	Florestas Rio Doce	FRDSA	Agronegócio
	Petrobras Química	Petroquisa	Petróleo e derivados
	Saneamento de Goiás	Saneago	Água e esgoto
1968	Cia. de Gás de São Paulo	Comgás	Gás
	Cia. do Metropolitano de São Paulo	Metrô-SP	Serviços de transportes
	Telecomunicações de Goiás	Telegoiás	Telecomunicações
1969	Caraíba Metais — Indústria e Comércio	Caraíba	Aço
	Centrais Elétricas de Roraima	CER	Eletricidade
	Centrais Elétricas do Sul do Brasil	Eletrosul	Eletricidade
	Centrais Telefônicas de Ribeirão Preto	Ceterp	Telecomunicações
	Cia. de Pesquisa de Recursos Minerais	CPRM	Administração pública
	Cia. de Saneamento Ambiental do Distrito Federal	Caesb	Água e esgoto
	Correios e Telégrafos	Correios	Administração pública
	Desenvolvimento Rodoviário (SP)	Dersa	Serviços de transportes
	Empresa Baiana de Águas e Saneamento	Embasa	Água e esgoto
	Empresa Brasileira de Aeronáutica	Embraer	Equipamentos de transportes
	Indústria Carboquímica Catarinense	ICC	Química
	Meridional Artes Gráficas	MAG	Administração pública
	Meridional do Brasil Informática	Meridional	Administração pública
	Telecomunicações Aeronáuticas	Tasa	Telecomunicações
	Telecomunicações de Santa Catarina	Telesc	Telecomunicações
1970	Centrais de Abastecimento do Pará	Ceasa/PA	Distribuição e armazenamento de alimentos
	Centrais de Abastecimento do Rio de Janeiro	Ceasa/RJ	Distribuição e armazenamento de alimentos
	Centrais de Abastecimento do Rio Grande do Sul	Ceasa/RS	Distribuição e armazenamento de alimentos
	Cia. das Docas do Rio Grande do Norte	Codern	Portos
	Poliolefinas	Poliolefinas	Química
1971	Centrais de Abastecimento de Alagoas	Ceasa/AL	Distribuição e armazenamento de alimentos
	Centrais de Abastecimento de Sergipe	Ceasa/SE	Distribuição e armazenamento de alimentos
	Centrais de Abastecimento do Ceará	Ceasa/CE	Distribuição e armazenamento de alimentos
	Cia. de Eletricidade do Ceará	Coelce	Eletricidade
	Cia. de Água e Esgoto do Ceará	Cagece	Água e esgoto
	Ferrovia Paulista	Fepasa	Serviços de transportes

(continua)

Tabela 3.A. (continuação)

Ano	Empresa	Acrônimo	Setor
	Petrobras Distribuidora		Petróleo e derivados
	Rio Doce Geologia e Mineração	Docegeo	Mineração
	Telecomunicações do Ceará	Teleceará	Telecomunicações
	Usiminas Mecânica	Usimec	Construção civil
1972	Braspetro Algerie	Braspetro Alegerie	Petróleo e derivados
	Centrais de Abastecimento de Campinas	Ceasa Campinas	Distribuição e armazenamento de alimentos
	Centrais de Abastecimento de Goiás	Ceasa/GO	Distribuição e armazenamento de alimentos
	Centrais de Abastecimento do Maranhão	Ceasa/MA	Distribuição e armazenamento de alimentos
	Centrais de Abastecimento do Paraná	Ceasa/PR	Distribuição e armazenamento de alimentos
	Cia. de Entrepostos e Comércio	Cobec	Distribuição e armazenamento de alimentos
	Cia. Petroquímica do Nordeste	Copene	Petróleo e derivados
	Empresa de Infraestrutura Portuária	Infraero	Administração pública
	Petrobras Internacional	Braspetro	Petróleo e derivados
	Telecomunicações Brasileiras	Telebras	Telecomunicações
	Telecomunicações de Roraima	Telaima	Telecomunicações
	Telecomunicações de Sergipe	Telergipe	Telecomunicações
	Telecomunições do Pará	Telepara	Telecomunicações
	Valec — Comércio e Serviços Ltda.	Valec	Empresas comerciais exportadoras
1973	Casa da Moeda Brasil	CMB	Administração pública
	Centrais de Abastecimento do Piauí	Ceasa/PI	Distribuição e armazenamento de alimentos
	Celulose Nipo-Brasileira	Cenibra	Manufatura
	Centrais de Abastecimento da Paraíba	Ceasa/PB	Distribuição e armazenamento de alimentos
	Centrais de Abastecimento do Amazonas	Ceasa/AM	Distribuição e armazenamento de alimentos
	Centrais de Abastecimento do Espírito Santo	Ceasa/ES	Distribuição e armazenamento de alimentos
	Centrais de Abastecimento do Rio Grande do Norte	Ceasa/RN	Distribuição e armazenamento de alimentos
	Centrais Elétricas do Norte do Brasil	Eletronorte	Eletricidade
	Cia. Docas do Maranhão	Codomar	Portos
	Cia. das Docas do Rio de Janeiro	CDRJ	Portos
	Cia. de Saneamento Básico do Est. de SP	Sabesp	Água e esgoto
	Cia. Docas da Guanabara	CDG	Portos
	Cia. Catarinense de Águas e Saneamento	Casan	Água e esgoto
	Cia. de Tecnologia de Saneamento Ambiental de Brasil	Cetesb	Água e esgoto
	Fertilizantes Nitrogenados do Nordeste	Nitrofertil	Fertilizantes
	Itabrasco	Itabrasco	Mineração
	Itaipu Binacional	Itaipu	Eletricidade
	Navegação Rio Doce	NRD	Serviços de transportes
	Siderurgia Brasileira S.A.	Siderbras	Aço
	Telecomunicações de São Paulo	Telesp	Telecomunicações

(continua)

Tabela 3.A. (continuação)

Ano	Empresa	Acrônimo	Setor
	Telecomunicações do Acre	Teleacre	Telecomunicações
	Telecomunicações do Amapá	Teleamapa	Telecomunicações
	Valenorte — Alumínio Ltda.	Valenorte	Alumínio
1974	Acesita Energética	Acesita Energética	Eletricidade
	Álcalis do Rio Grande do Norte	Alcanorte	Química
	Bantrade Cia. Comércio Internacional	Bantrade	Empresas comerciais exportadoras
	Centro de Pesquisa de Energia Elétrica	Cepel	Administração pública
	Cia. de Saneamento de Minas Gerais	Copasa	Água e esgoto
	Cia. Paulista de Celulose	Copase	Manufatura
	Cia. Siderúrgica de Tubarão	CST	Aço
	Computadores e Sistemas Brasileiros	Cobra	Manufatura
	Cia. de Desenv. dos Vales do SF e do Parnaíba	Codevasf	Administração pública
	Cia. Pernambucana de Saneamento	Compesa	Água e esgoto
	Empresa de Tecnologia e Informações da Previdência Social	Dataprev	Administração pública
	Empresas Nucleares Brasileiras	Nuclebras	Eletricidade
	Forjas Acesita	Fasa	Manufatura
	Hispanobras	Hispanobras	Mineração
	Rio Doce Internacional	RDI	Empresas comerciais exportadoras
	Sociedade de Abastecimento de Água e Saneamento	Sanasa — Campinas	Água e esgoto
	Telecomunicações do Mato Grosso	Telemat	Telecomunicações
	Telecomunicações da Paraíba	Telpa	Telecomunicações
1975	Cia. Siderúrgica da Amazônia	Siderama	Aço
	Cia. Municipal de Limpeza Urbana (RJ)	Comlurb	Administração pública
	Cia. Nipo-Brasileira de Pelotização	Nibrasco	Manufatura
	Cia. Estadual de Águas e Esgotos	Cedae	Água e esgoto
	Empresa de Portos do Brasil	Portobras	Portos
	Fábrica de Estrutura Metálicas	FEM	Manufatura
	Indústria de Material Bélico do Brasil	Imbel	Manufatura
	Nuclebras Auxiliar de Mineração	Nuclam	Mineração
	Nuclebras Engenharia	Nuclen	Construção civil
	Nuclebras Enriquecimento Isotópico	Nuclei	Química
	Nuclebras Equipamentos Pesados	Nuclep	Manufatura
1976	Centrais de Abast. do Est. Santa Catarina	Ceasa/SC	Distribuição e armazenamento de alimentos
	Cia. de Engenharia e Tráfego	CET	Administração pública
	Cia. de Construções Escolares do Est. de São Paulo	Conesp	Construção civil
	Cia. Petroquímica do Sul	Copesul	Petróleo e derivados
	Ferritas Magnéticas	Fermag	Manufatura
	Interbras	Interbras	Empresas comerciais exportadoras
	Interbras Cayman Co.	InterbrasCayman	Empresas comerciais exportadoras
	Mineração Viçosa	Min. Viçosa	Mineração
	Petrobras Fertilizantes	Petrofertil	Fertilizantes

(continua)

Tabela 3.A. (continuação)

Ano	Empresa	Acrônimo	Setor
	Rio Doce Finance Ltd.	RDF	Empresas comerciais exportadoras
	Valesul — Alumínio	Valesul	Alumínio
1977	Braspetro Oil Services Co.	Brasoil	Empresas comerciais exportadoras
	Cia. das Docas do Estado da Bahia	Codeba	Portos
	Fertilizantes Fosfatados	Fosfertil	Fertilizantes
	Petrobras Mineração	Petromisa	Mineração
	Petroflex — Indústria e Comércio	Petroflex	Petróleo e derivados
	Rio Doce America Inc.	RDA	Empresas comerciais exportadoras
	Rio Doce Ltd.	Rio Doce	Empresas comerciais exportadoras
	Seagull Trading Co.	Seagull	Empresas comerciais exportadoras
1978	Alumina do Norte do Brasil	Alunorte	Alumínio
	Alumínio Brasileiro	Albrás	Alumínio
	Cia. Brasileira de Participação Agroindustrial	Brasagro	Agronegócio
	Goiás Fertilizantes	Goaisfertil	Fertilizantes
	Internor Trade Inc.	Internor	Empresas comerciais exportadoras
1979	Centrais de Abastecimento do Mato Grosso do Sul	Ceasa/MS	Distribuição e armazenamento de alimentos
	Empresa de Energia Elétrica de Mato Grosso do Sul	Enersul	Eletricidade
	Light — Serviços de Eletricidade	Light	Eletricidade
1980	Cia. Docas do Estado de São Paulo	Codesp	Portos
	Embraer Aircraft Corporation	EAC	Equipamentos de transportes
	Empresa Baiana de Alimentos — Cesta do Povo	Ebal	Distribuição e armazenamento de alimentos
	Empresa de Trens Urbanos de Porto Alegre	Trensurb	Serviços de transportes
	Prologo — Produtos Eletrônicos	Prologo	Manufatura
1981	Eletropaulo — Eletricidade de São Paulo	Eletropaulo	Eletricidade
	Embraer Aviation Internacional	EAI	Equipamentos de transportes
1982	Cia. Docas do Estado do Espírito Santo	Codesa	Portos
	Empresa Gerencial de Projetos Navais	Emgepron	Construção civil
	Interbras France	Interbras France	Empresas comerciais exportadoras
	Vale do Rio Doce Alumínio S.A.	Aluvale	Alumínio
1985	Cia. Brasileira de Infraestrutura Fazendária	Infaz	Administração pública
	Turis-Sul Turismo Sul Brasileiro Ltda.	Turis-Sul	Administração pública
1986	Cia. de Gás de Minas Gerais	Gasmig	Gás
1991	Cia. de Gás da Bahia	Bahiagás	Gás

FONTE: Baseada nos relatórios anuais da Secretaria de Controle das Empresas Estatais (SEST), constituída em 1979 para regular as empresas de propriedade da União (SEST 1981-5, 1985-94). Alguns dos dados foram complementados com informações dos relatórios anuais das maiores empresas, nas revistas de negócios *Exame* e *Visão*.

4
O Leviatã como gestor: São importantes os CEOs de empresas estatais?

A demissão dos gerentes de um time de beisebol (e, poderíamos acrescentar, de outros gerentes, dentro e fora dos esportes) é uma forma de busca de bodes expiatórios, o que, evidentemente, exige um bode expiatório. Uma das funções legítimas dos gerentes é representar esse símbolo.

Pfeffer e Salancik, 1978

ANTES DE PROSSEGUIR COM NOSSA HISTÓRIA DA TRANSFORMAÇÃO do capitalismo de Estado no Brasil, voltamos a atenção, neste capítulo, para a função de CEO de uma empresa estatal. Os governos, como acionistas controladores de estatais, contam com poucas ferramentas para influenciar o desempenho dessas empresas no curto prazo.[1] Assim, os governos não raro substituem os CEOs, seja na tentativa de promover viradas nas empresas, seja no esforço de encontrar bodes expiatórios; ou seja, como maneira de culpar os CEOs pelo mau desempenho dessas empresas.[2] No entanto, substituir o CEO como política para melhorar o desempenho das empresas estatais presume que esses gestores efetivamente podem mudar o curso e que essa influência se refletirá em indicadores de desempenho mensuráveis. Como já analisamos, contudo, as empresas estatais geralmente perseguem objetivos que vão além da pura maximização do lucro. E os governos podem ser tentados a nomear políticos ou executivos com ligações políticas como CEOs.

Estudar os CEOs das estatais e seu impacto sobre o desempenho da empresa é, portanto, uma forma de avaliar o problema do agente principal e seus efeitos políticos que podem afligir essas empresas. Exploramos a profusão de dados financeiros disponíveis sobre estatais, entre

1973 e 1993, para analisar até que ponto os CEOs explicam as variações de desempenho nessas empresas. Considerando as grandes oscilações no desempenho delas ao longo do tempo, nos países, nos setores ou até nas empresas em si, examinamos neste capítulo quanto dessa variação pode ser atribuído ao papel do CEO. Essa questão é de fato interessante, porque não sabemos se podem explicar parte da variação no desempenho e, se puderem, ignoramos que características do CEO são mais importantes para melhorar os resultados das empresas estatais.

Os CEOs e o desempenho das empresas estatais

Mesmo em relação às empresas privadas, não há consenso na literatura acadêmica sobre o grau de influência dos CEOs no desempenho financeiro. Certos modelos explicam por que o CEO *deve* importar, com base no fato de que diferentes CEOs têm diferentes estilos gerenciais, implementam diferentes políticas ou transmitem diferentes visões de mudanças na trajetória da empresa.[3] Também há uma série de estudos empíricos que examinam se os CEOs são importantes para os resultados da empresa. Alguns desses estudos concluem que esses altos gestores não importam tanto,[4] enquanto outros apresentam evidências que demonstram a maior capacidade de influência dos líderes empresariais.[5] Não se dispõe de trabalho semelhante para CEOs de empresas estatais, mas Salancik e Pfeffer examinam se os prefeitos são capazes de influenciar mudanças nas dotações orçamentárias em suas jurisdições e concluem que eles pouco explicam as variações totais nas características das despesas.[6]

Muitas são as razões imagináveis para que os CEOs de estatais sejam ou não influentes. A primeira consideração é que os CEOs dessas empresas estão sujeitos a restrições ainda maiores que as dos altos executivos de companhias privadas. Conforme analisamos no capítulo 2, as empresas estatais não determinam os próprios preços, sofrem limitações na capacidade de demitir empregados (pelo menos limitações políticas) e tendem a ter empregados que são servidores públicos e que, portanto, são difíceis de afastar e se sentem menos motivados a assumir riscos.

Nas empresas privadas é nítida a relação entre a influência do CEO e seu poder de implementar políticas;[7] é de esperar, portanto, que as restrições organizacionais impostas aos CEOs das empresas estatais poderiam enfraquecer os efeitos deles sobre o desempenho.

Segundo, há o problema da intervenção política. Quando os governos intervêm na gestão das empresas estatais, geralmente duas são as consequências. De acordo com a visão social, os governos impõem o duplo resultado. Além disso, conforme a visão política, a intervenção adota a forma de clientelismo ou patronagem; a nomeação dos administradores da empresa na base da afiliação partidária ou da lealdade a políticos no poder, em vez de sob o critério do mérito ou da capacidade de gerenciar a empresa.

Além disso, as estatais estão sujeitas a fraca restrição orçamentária, uma vez que os governos tendem a socorrê-las quando se tornam insolventes, o que produz efeitos indeterminados sobre a atuação do CEO. De um lado, os CEOs das empresas estatais se sentiriam com mais liberdade para assumir riscos e ser empreendedores por saber que as consequências negativas do risco para eles são limitadas. De outro, os CEOs das empresas estatais tradicionais (sob a propriedade e gestão do governo) têm poucos incentivos para assumir riscos e ser empreendedores. Além de avanços na carreira como burocrata do governo, não se sabe ao certo o que os CEOs ganhariam ao assumir riscos e até ao tornar as estatais mais lucrativas. No Brasil, as carreiras de gestores de empresas estatais eram relativamente estáveis e longas, reforçando a ideia de que esses burocratas não estariam dispostos a assumir maiores riscos nem a empreender novos projetos apenas para melhorar o desempenho das empresas sob sua gestão.[8]

Além das restrições e dos incentivos para os CEOs no âmbito da empresa, o desempenho das estatais se relaciona intimamente com os recursos a serem angariados pelos CEOs na rede de empresas do governo. Os CEOs de empresas estatais podem negociar a admissão e demissão de trabalhadores com o ministro a que prestam contas e podem atrair concessões do governo, como crédito subsidiado, proteções tarifárias, apoio ministerial para projetos de interesse pessoal, como expansão de fábricas e integração vertical e horizontal com outras empresas. Mais importante, talvez, é se o CEO consegue os insumos que necessita de outras empresas e, principalmente, de outras SOEs. Portanto, as redes de CEOs que estudamos são fundamentais para a capacidade do CEO de exercer suas funções e de empreender projetos importantes para a empresa e para o governo. De acordo com Schneider, no Brasil, durante as décadas de 1960 e 1970, "projetos complexos [exigiam] coordenação entre administradores e órgãos concorrentes, com jurisdições imbricadas, adjacentes ou contraditórias. A coordenação entre esses atores só é possível por meio de práticas políticas comuns, como fisiologismo e reciprocidade".[9] Assim, além das contribuições do CEO, em geral, é importante investigar que traços específicos do CEO — como educação, networking, atividades políticas e treinamento militar — melhoram ou comprometem o desempenho da estatal.

Neste capítulo, portanto, estudamos duas questões. Primeiro, os CEOs das empresas estatais são importantes para o desempenho? Segundo, certos tipos de formação dos CEOs são mais propensos a produzir melhor desempenho?

Nossa análise empírica se divide em três partes. De início, estudamos a contribuição dos CEOs para o desempenho das empresas estatais. Em seguida, adotamos a metodologia de Bertrand e Schoar, ao analisarem as influências dos executivos (CEOs e CFOs [diretores financeiros]) que trocaram de empresas.[10] Nesse caso, usaram variáveis dummy* para rastrear esses executivos e analisar o quanto contribuíram para a variação no desempenho da empresa. Os autores descobriram que os efeitos desses CEOs e CFOs que mudaram de empresa explicam 5% no desempenho da empresa (medido pelo EBITDA [lucro antes dos juros, dos impostos, da depreciação e da amortização] como porcentagem dos ativos, como indicador do retorno sobre ativos).

Em nosso terceiro teste empírico, estudamos os efeitos da formação dos CEOs sobre o desempenho das estatais. Para tanto, classificamos os

---

* Variável dummy é uma variável binária, que assume valor 1 quando determinada característica é presente (por exemplo, a empresa é gerida por determinado CEO) e 0 caso contrário.

CEOs por tipo de treinamento, usando dados sobre a escolaridade de cada um. Avaliamos, assim, as consequências da formação técnica (por exemplo, especialização em engenharia), formação militar e formação política (exercício de cargo político em algum ponto da carreira). Finalmente, como meio de avaliar o grau de relacionamento do CEO com a elite política, usamos uma variável que capta se o CEO frequentou universidades de elite no Brasil.

Decomposição da variância e efeitos CEO

Uma série de estudos na literatura sobre gestão analisa os efeitos CEO sobre o desempenho da empresa, decompondo a variância de uma variável de desempenho (como o retorno sobre ativos). Primeiro, Lieberson e O'Connor[11] decompuseram a variação do desempenho, descontando os efeitos do ano, do setor e da empresa, e concluíram que os CEOs respondem por 14,5% da variância total nas margens de lucro, enquanto o setor exerce o maior impacto sobre a lucratividade, explicando 28,5% da variância. Weiner e Mahoney[12] descobriram que os CEOs explicam entre 8,7% e 12,8% da variância na lucratividade, mas Thomas concluiu que os CEOs explicam apenas 5,7% desse resultado.[13] Wasserman, Anand e Nohria constataram que os efeitos CEO explicam somente 14% do q de Tobin.[14] Não existe trabalho similar para CEOs de empresas estatais. Talvez o estudo mais próximo seja de Salancik e Pfeffer, que analisaram se os prefeitos influenciam mudanças nas dotações orçamentárias em suas jurisdições, constatando que esses agentes explicam pouco da variância total nas variáveis de despesas.[15]

Seguimos os estudos mais recentes dessa literatura e decompusemos a variância de nossas variáveis de desempenho de empresas estatais no Brasil usando regressão de dados em painel, nas quais examinamos até que ponto a variação total nas variáveis de desempenho é explicada quando adicionamos, uma a uma, dummies de ano, dummies de setor, que medem características setoriais fixas, características setoriais que variam no tempo, efeitos fixos da empresa (características das empresas que não mudam com o tempo) e efeitos fixos do CEO (dummy para o mandato de cada CEO).

Rodamos um modelo simples de regressão MQO [mínimos quadrados ordinários], usando a seguinte especificação:

$$y_{it} = Ano_t + Indústria_i \times Ano_{it} + \beta X_{it} + \gamma_i + \lambda_{CEO} + e_{it}, \quad (5.1)$$

em que y_{it} representa o desempenho no nível da empresa — retorno sobre ativos (ROA), retorno sobre patrimônio líquido (ROE), alavancagem (endividamento) ou produtividade do trabalho (definida como receita por trabalhador ou lucro líquido por trabalhador). Em seguida, adicionamos as variáveis, uma de cada vez: efeitos fixos do ano (Ano_{it}), efeitos fixos do setor (*Indústria*) e efeitos do setor-ano (*Indústria$_i$* x Ano_{it}). Adicionamos, em seguida, um conjunto de características da empresa (X_{it}), que, dependendo das especificações, podem incluir idade da empresa, alavancagem, produtividade do trabalho e intensidade de capital (ativos fixos); efeitos fixos no nível da empresa (y_i); e, finalmente, todas as dummies do CEO, uma por CEO (λ_{CEO}). Para cada regressão, consideramos o R-quadrado ajustado para ver como cada variável contribui para a variação da variável dependente. Seguindo a literatura, denominamos a contribuição marginal para o R-quadrado dessas dummies de CEO "efeito CEO".

Repetimos esse procedimento com uma especificação que estima a produtividade total dos fatores (PTF)[16] decompondo o resíduo de uma função de produção simples, de acordo com a contribuição das mesmas dummies descritas acima. A especificação é:

$$\begin{aligned}Ln(Receitas)_{it} &= \beta_1 Ln(Empregados) + \beta_2 Ln(Ativos\ fixos) \\&+ Ano_t + Indústria_i \times Ano_{it} \\&+ \gamma_i + \lambda_{CEO} + e_{it},\end{aligned} \quad (5.2)$$

em que $Ln(Receitas)_{it}$ é o logaritmo das receitas reais em 1994, em dólares dos Estados Unidos, $Ln(Empregados)$ é o logaritmo do número de empregados e $Ln(Ativos\ fixos)$ é a proporção de ativos fixos no ativo total, usada para controlar a intensidade de capital. Como a propriedade total dos fatores (PTF) varia com os ciclos econômicos e flutua mais em alguns setores que em outros, usamos os mesmos controles de antes.

O Brasil, entre 1973 e 1993, oferece um caso interessante para que se estude a variação do desempenho das estatais por pelo menos três razões. Primeiro, havia grande número de empresas cujas informações financeiras eram divulgadas com frequência em revistas de negócios independentes e que apresentavam relatórios anuais minuciosos à Secretaria de Controle de Empresas Estatais (SEST), a partir de 1982. Portanto, conseguimos compilar dados sobre finanças e emprego de mais ou menos 250 empresas estatais durante vinte anos (1973-93). Segundo, durante esse período, havia muitas empresas estatais operando no mesmo setor (ver tabela 4.1). Terceiro, as variações de desempenho foram significativas nos setores e nas empresas ao longo do tempo. A tabela 4.1 mostra a variação de desempenho das estatais brasileiras por setor, entre 1973 e 1982. Constata-se com nitidez que as variações nos setores e nas empresas foram grandes e merecem análise mais profunda.

Obviamente, quando se estudam empresas estatais, sempre se enfrenta o problema de que é difícil medir a eficiência ou o desempenho porque os governos incumbem suas empresas de gerar duplo resultado, ou seja, maximizar a variável social (por exemplo, maximizar o emprego ou a cobertura da rede de energia) e, ao mesmo tempo, cuidar da lucratividade.[17] As estatais deficitárias podem cumprir os objetivos sociais no curto prazo, mas, no longo prazo, tendem a tornar-se encargo financeiro insustentável para o governo (Shirley e Nellis, 1991; Banco Mundial, 1996).

Por essa razão, consideramos nossas comparações de lucratividade ou produtividade entre estatais menos convincentes que nossas análises do desempenho das empresas ao longo do tempo. Diferentes empresas podem concentrar-se em resolver diferentes problemas — o que torna injusto comparar seus desempenhos —; no entanto, quando determinada empresa sempre foi incumbida de alcançar duplo resultado específico, as mudanças de desempenho ao longo do tempo, não atribuíveis a condições macroeconômicas ou setoriais, tenderão a ser, com mais probabilidade, consequência de mudanças na liderança.

Tabela 4.1. Estatísticas descritivas das empresas estatais por setor, Brasil, 1973-94

	Ditadura (1973-85)			Democracia (1985-93)		
	Número de empresas	(Média) ROA*	(Média) Desvio padrão	Número de empresas	(Média) ROA*	(Média) Desvio padrão
Agronegócios	2	−0,009	0,07	2	0,006	0,07
Alumínio	5	0,233	0,17	5	0,045	0,21
Química	5	0,169	0,16	5	0,036	0,29
Construção civil	4	0,003	0,14	4	0,018	0,11
Eletricidade	47	0,040	0,08	50	−0,016	0,09
Fertilizantes	6	0,060	0,14	7	−0,034	0,10
Distribuição e armazenamento de alimentos	17	−0,004	0,08	18	0,010	0,10
Gás	2	0,020	0,12	2	0,145	0,17
Assistência médica	4	0,004	0,14	4	−0,003	0,22
Manufatura	10	0,027	0,18	11	−0,116	0,16
Mineração	10	0,127	0,17	10	0,063	0,19
Petróleo e derivados	12	0,065	0,07	13	0,048	0,08
Portos	11	0,013	0,08	11	−0,027	0,09
Administração pública	13	0,047	0,13	14	0,000	0,15
Siderurgia	17	0,052	0,18	18	−0,092	0,12
Usinas de açúcar	2	0,009	0,07	2	−0,161	0,10
Telecomunicações	40	0,054	0,05	42	0,040	0,05
Empresas comerciais exportadoras	11	0,072	0,16	11	0,086	0,12
Logística	13	0,028	0,11	13	−0,022	0,15
Equipamentos de transporte	6	0,079	0,11	7	−0,069	0,16
Água e esgoto	11	0,005	0,07	10	0,014	0,09

* Retorno sobre os ativos.

EFEITOS CEO NAS EMPRESAS ESTATAIS, 1973-94

Na tabela 4.2, mostramos os efeitos estimados do CEO no desempenho das empresas estatais com base em simples decomposição da variância. Os efeitos estimados do CEO são de 14% da variação do retorno sobre ativos, que é o limite superior das estimativas encontradas na literatura (as quais variam entre 8% e 14%). Os efeitos CEO também explicam 14% da variação na alavancagem (endividamento). Por fim, constatamos, surpreendentemente, que os efeitos CEO explicam 41% da variação da produtividade do trabalho, ao passo que explicam so-

Tabela 4.2. Mensuração dos efeitos do mandato do CEO nas empresas estatais do Brasil, 1973-94 (dummies para cada mandato de CEO)

	Retorno sobre ativos	Alavancagem	Produtividade do trabalho (lucro por trabalhador)	PTF
Ano	0,047	0,021	–0,002	0,664
Setor	0,074	0,221	0,022	0,100
Setor × ano	0,149	0,060	–0,084	0,000
Grupo de negócios	0,017	0,145	0,019	0,014
Efeito da empresa	0,094	0,284	0,378	0,121
Efeito CEO	**0,135**	**0,137**	**0,412**	**0,015**
R^2 ajustado	0,593	0,868	0,745	0,914

NOTA: As estimativas foram obtidas por MQO [mínimos quadrados ordinários] com efeitos aleatórios, aglomerando erros no nível da empresa. Cada regressão também inclui controles das características da empresa, como alavancagem (exceto quando a alavancagem é variável dependente) e tamanho (log de ativos).

mente 1,5% da variação na produtividade total dos fatores. O efeito sobre a produtividade do trabalho é muito forte e pode refletir o fato de que os CEOs das empresas estatais brasileiras não tinham muitas alavancas com que melhorar ou piorar os rumos de suas empresas, mas aumentar o efetivo de pessoal era uma variável que, pelo menos antes de 1983, ficava a critério deles, decisão discricionária que, com toda a probabilidade, deteriorava a produtividade da empresa.

Agora, a questão é como dizer se esses resultados mostram que os CEOs das empresas estatais explicam ou não boa parte da variação no desempenho. Comparando nossos resultados com estimativas sobre o efeito CEO nas maiores empresas dos Estados Unidos, constatamos que pode ser ilusório por duas razões. Primeiro, usando o método da decomposição da variância, corremos o risco de confundir efeitos CEO com choques macroeconômicos específicos da empresa. Portanto, comparar efeitos CEO em diferentes momentos do tempo e em diferentes países pode ser problemático. Além disso, as limitações enfrentadas pelos CEOs brasileiros podem ser diferentes daquelas com que se deparam os CEOs americanos.

Melhor alternativa seria analisar os efeitos CEOs sobre as empresas estatais, em comparação com os efeitos CEOs sobre grandes empresas privadas brasileiras congêneres, durante o mesmo período.

Tabela 4.3. Mensuração dos efeitos do mandato do CEO nas empresas estatais do Brasil, 1973-94 (dummies para cada mandato de CEO)

	Retorno sobre ativos	Alavancagem
Ano	0,108	0,081
Setor	0,033	0,277
Setor × ano	0,125	–0,269
Efeito da empresa	0,099	0,543
Efeito CEO	**0,073**	**0,131**
R² ajustado	0,438	0,763

NOTA: As estimativas foram obtidas por MQO [mínimos quadrados ordinários] com efeitos aleatórios, aglomerando erros no nível da empresa. Cada regressão também inclui controles das características da empresa, como alavancagem (exceto quando a alavancagem é variável dependente) e tamanho (log de ativos).

Tabela 4.4. Estatística descritiva de empresas privadas e estatais, 1973-94

	Empresas estatais				Empresas privadas	
Variável		Média	DP	N	Média	DP
Ativos (bilhões de dólares, em valores de 2009)	3117	1,87	4,91	2772	0,42	0,44
ROA (retorno sobre ativos)	3133	0,03	0,12	2780	0,07	0,09
ROE (retorno sobre patrimônio líquido)	3133	0,05	0,45	2780	0,13	0,27
Alavancagem (endividamento)	3133	0,50	0,28	2780	0,49	0,20
Anos com prejuízo	3133	0,31	0,46	2780	0,13	0,33
Falência (passivo>ativo)	3133	0,04	0,19	2780	0,01	0,08
Turnover do CEO	2213	0,29	0,45	1473	0,10	0,30

Apresentamos os resultados na tabela 4.3. Descobrimos que os CEOS explicam 7,3% da variação do retorno sobre o ativo em empresas privadas e 13,1% da variação na alavancagem. Isso significa que nossas estimativas dos efeitos CEO sobre as estatais são maiores, pelo menos quando usamos o ROA como variável dependente, e sugere que os efeitos CEOS nas estatais podem ser mais importantes que nas privadas. Não podemos fazer a mesma comparação usando a produtividade como variável dependente porque não conseguimos encontrar dados anuais sobre o número de empregados de empresas privadas.

Algo que pode explicar o fato de os efeitos CEOS serem grandes nas empresas estatais é a diferença de índices de turnover (substituição) de CEOs entre empresas privadas e estatais. Como mostramos na tabela 4.4, todos os anos cerca de um terço das empresas estatais mudavam de CEO, enquanto nas maiores empresas privadas o turnover de CEOs era mais baixo. A maioria das grandes empresas que incluímos na amostra era controlada por famílias que talvez tenham indicado familiares para dirigi-las. O maior índice de mudança de CEOS nas empresas estatais aumenta a probabilidade de que nossos efeitos CEO também reflitam outros fatores que envolvem correlações espúrias com o mandato desse executivo. Por essa razão, nosso foco na próxima seção é medir os efeitos CEO apenas dos gestores que mudaram de empresa.

Identificação dos efeitos CEOs que mudaram de empresas

Em seguida, examinamos os efeitos CEO com base apenas nas variações associadas a CEOs que mudaram de empresa. A tabela 4.5 mostra as estatísticas descritivas de toda a nossa amostra de empresas para descrever a subamostra de empresas estatais que usamos nessa parte do estudo. Vê-se que as empresas com CEOS que dirigiram uma ou mais empresas na carreira eram maiores e apresentavam turnover, lucratividade, produtividade e crescimento dos ativos mais elevados. Portanto, nossa subamostra reúne algumas das melhores empresas, mas não necessariamente as mais intensivas em capital.[18]

Na tabela 4.6, mostramos os resultados de nossa análise de regressão da contribuição dos CEOs que mudaram de empresa para a variação do desempenho e da alavancagem. Seguimos a metodologia de Bertrand e Schoar[19] e mostramos somente o R-quadrado das regressões, com e sem dummies para CEOs que mudaram de empresa, o teste F, para mostrar se essas dummies de CEOs são significativas em conjunto, e, finalmente, a contribuição desses CEOs para o R-quadrado ajustado. Fizemos três testes: um para toda a amostra, outro para a amostra que

Tabela 4.5. Estatísticas descritivas de empresas com CEOS que mudam e não mudam de emprego

Variável	Com CEOS que mudam			Com CEOS que não mudam			Teste de comparação
	N	Média	DP	N	Média	DP	t-estatístico
Ativos (bilhões de dólares: 2009)	1872	1,7	4,4	672	3,2	7,1	−6,47 ***
Turnover (EBITDA/ativos)	1880	53%	85%	675	99%	137%	−10,00 ***
Alavancagem (dívidas totais/ativos)	1880	49%	30%	675	54%	31%	−3,5 ***
Retorno sobre ativos	1880	2%	11%	675	5%	13%	−7,11 ***
Retorno sobre patrimônio líquido (PL)	1880	3%	51%	675	11%	71%	−3,24 **
Receita por empregado (Milhares de US$)	1880	123,9	278,3	675	350,7	455,6	−15,11 ***
Lucro por empregado (Milhares de US$)	1772	5,7	215,7	553	−69,2	1.284,8	2,35 **
% de anos com prejuízo	1880	34%	47%	675	25%	43%	4,08 ***
% de anos em insolvência	1880	3%	18%	675	5%	23%	−2,59 ***
Ativo fixo/ativo total	1588	65%	26%	570	48%	33%	−0,97
Crescimento dos ativos	1867	1%	67%	670	4%	83%	12,28 ***
Trabalhadores por milhão de dólares em ativos	1805	25,1	209,9	599	14,0	43,9	1,28

NOTA: ***, ** e * denotam significância nos níveis de 1%, 5% e 10%, respectivamente.

cobre o período em que o Brasil estava sob a ditadura militar (1973-84) e outro para a amostra que cobre o período em que o Brasil teve governo democrático (1985-93).

Na segunda coluna, mostramos o resultado do retorno sobre ativos. De acordo com nossos testes, o acréscimo de controles para os CEOS que mudaram de empresa explica o aumento de 2% na variação dos retornos. Esse resultado é mais baixo que nossa estimativa anterior de 14% (considerando todos os CEOS), provavelmente porque essas estimativas refletem não só o efeito CEO, mas também possíveis choques temporais específicos da empresa que apresentam correlação espúria com mudanças de CEO. O efeito desses CEOS no retorno sobre ativos (ROA) é um pouco mais alto durante o período democrático. Nossos resultados para o retorno sobre patrimônio líquido (ROE) são menos consistentes, mas, para toda a amostra, os CEOS que mudam de empresa explicam quase 2% da variação.

Tabela 4.6. Efeitos CEO considerando apenas os CEOs que mudaram de empresa

Variável	Retorno sobre ativos (1)	Retorno sobre patrimônio líquido (2)	Turnover (3)	Alavancagem (4)	Receita por empregado (5)	Produtividade Total dos Fatores (PTF) (6)	Anos com prejuízo (7)	Falência (8)
Amostra total (1973-93)								
Número de observações	766	766	766	766	841	764	766	766
R-quadrado ajustado (sem dummies de CEO)	0,354	0,41	0,358	0,496	0,086	0,355	0,471	0,577
R-quadrado ajustado (com dummies de CEO)	0,375	0,428	0,442	0,544	0,266	0,456	0,506	0,626
Estatística F	17,36	14,86	35,93	22,14	34,74	26,79	25,22	28,19
Teste F valor p	<0,001	<0,001	<0,001	<0,001	<0,001	<0,001	<0,001	<0,001
Efeito CEO (mudança no R-quadrado ajustado)	**0,021**	**0,018**	**0,084**	**0,048**	**0,18**	**0,101**	**0,035**	**0,049**
Ditadura (1973-84)								
Número de observações	371	371	371	371	418	370	371	371
R-quadrado ajustado (sem dummies de CEO)	0,117	0,479	0,462	0,474	0,078	0,252	0,568	0,629
R-quadrado ajustado (com dummies de CEO)	0,139	0,473	0,486	0,511	0,214	0,29	0,573	0,696
Estatística F	7,5	5,93	8,41	9,54	13,5	8,65	6,9	15,73
Teste F valor p	<0,001	<0,001	<0,001	<0,001	<0,001	<0,001	<0,001	<0,001
Efeito CEO (mudança no R-quadrado ajustado)	**0,022**	**−0,006**	**0,024**	**0,037**	**0,136**	**0,038**	**0,005**	**0,067**
Democracia (1985-93)								
Número de observações	395	395	395	395	423	394	395	395
R-quadrado ajustado (sem dummies de CEO)	0,543	0,471	0,303	0,561	0,111	0,543	0,438	0,59
R-quadrado ajustado (com dummies de CEO)	0,574	0,478	0,293	0,612	0,336	0,615	0,486	0,623
Estatística F	8,82	6,26	5,1	11,54	17,74	14	9,86	9,5
Teste F valor p	<0,001	<0,001	<0,001	<0,001	<0,001	<0,001	<0,001	<0,001
Efeito CEO (mudança no R-quadrado ajustado)	**0,031**	**0,007**	**−0,01**	**0,051**	**0,225**	**0,072**	**0,048**	**0,033**

NOTA: Todas as regressões incluem controles para empregados por ativos, ativo fixo sobre ativo total, idade da empresa e logaritmo do ativo total. As regressões do ROA e do ROE controlam alavancagem, produtividade do trabalho, lucro por empregado, empregados por ativo, ativo fixo sobre ativo total, idade da empresa e logaritmo do ativo total. Excluímos os resultados das regressões que tinham lucro por empregado como variável dependente porque consistentemente tínhamos resultados negativos para R-quadrado ajustado.

Na coluna 5 da tabela 4.6, mostramos que os CEOs que mudaram de empresa explicam quase 5% da variação na alavancagem. Nas colunas 5 e 6, mostramos os resultados quando nossas variáveis de produtividade (receita por empregado ou produtividade total dos fatores) são usadas como variáveis dependentes. Na coluna 5, os CEOs explicam quase 18% da variação quando usamos a amostra total com a produtividade do trabalho como variável dependente. Os CEOs explicam 10% da variação da PTF, de acordo com a coluna 6. Esse resultado é compatível com as conclusões apresentadas na seção anterior, de que os efeitos CEO foram mais altos nas regressões da produtividade do trabalho.

Finalmente, nas duas últimas colunas da tabela 4.6, usamos como variáveis dependentes o número de anos em que a empresa teve prejuízo e o número de anos em que foi à falência. Os CEOs que mudaram de empresa explicam entre 3,5% e 5% da variação.

Nossos resultados mostram efeitos CEO um pouco mais baixos que os encontrados por Bertrand e Schoar.[20] Por exemplo, usando a variável proxy para ROA, eles descobriram que os CEOs explicam cerca de 5% da variação no desempenho, enquanto constatamos que os CEOs explicam apenas 2%. A diferença pode relacionar-se com o fato de que algumas das empresas estatais no Brasil eram relativamente autônomas (principalmente antes de 1985), mas nem todas. Algumas das estatais de nossa amostra também tinham objetivos sociais que podem ter desviado a atenção da lucratividade. Por exemplo, alguns dos CEOs que mudam de empresa em nossa amostra eram engenheiros que trabalharam para várias empresas de telecomunicações. Esses CEOs mudavam de empresa porque eram enviados pela holding para instalar ou reformar companhias operadoras de telefonia em áreas fronteiriças do Brasil (região amazônica, Mato Grosso e alguns estados do Nordeste), lugares onde a lucratividade era talvez de baixa prioridade para o governo.

Nossos resultados, porém, são surpreendentes, pois, consistentemente, encontramos efeitos CEO mais fortes durante o período democrático (1985-93), quando os controles sobre orçamentos, salários e políticas de recrutamento das empresas estatais eram mais rigorosos. Por que teria sido assim? Achamos que as restrições sobre as estatais são igualmente vinculantes para todas as empresas. Os CEOs com ligações e os participantes de redes clientelistas da coalizão dominante podem ter mais espaço de manobra para conseguir insumos adicionais a preços privilegiados, por exemplo, ou receber empréstimos de bancos de desenvolvimento a juros subsidiados. De fato, as estatais com CEOS que mudaram de empresa superaram em desempenho a média das empresas da amostra. Além disso, também achamos que parte dos efeitos CEO que encontramos pode refletir mudanças no grau de relacionamento dos CEOS. Como mostramos abaixo, houve muitas mudanças de CEOS na década de 1980 que envolveram a admissão (ou demissão) de CEOS formados nas melhores universidades do Brasil.

A formação do CEO é importante para o desempenho?

Nesta seção, estudamos até que ponto a formação do CEO explica o desempenho da empresa. A literatura sobre a formação dos gestores de empresas estatais geralmente conclui que os CEOS e executivos com formação técnica impulsionam melhor o desempenho da empresa que outros executivos (ver capítulo 2). Para Weber, "a razão decisiva para o avanço da organização burocrática sempre foi apenas sua superioridade puramente técnica em relação a qualquer outra forma de organização".[21] Amsden defende a ideia de que os engenheiros e outros profissionais técnicos nas universidades locais de alto nível foram fundamentais para o desenvolvimento de grandes indústrias pesadas na República da Coreia.[22] Schneider, Martins e Escobar defenderam a tese de que as empresas com melhor desempenho no Brasil eram dirigidas por executivos com formação técnica (a maioria engenheiros).[23] Por exemplo, conforme Escobar, os gestores técnicos da Companhia Vale do Rio Doce, a maior mineradora estatal do Brasil, "não se consideram assistentes sociais", uma vez que "o engenheiro deve escolher estratégias com base nas mesmas motivações fundamentais dos colegas em empresas privadas".[24]

Uma segunda hipótese é a de que os CEOS militares são diferentes. Malmendier, Tate e Yan consideraram os efeitos das experiências de vida dos CEOS sobre as políticas financeiras da empresa nos Estados

Unidos e concluíram que os gestores militares com experiência de combate tendem a assumir mais riscos e a preferir mais alavancagem.[25] Benmelech e Frydman estudaram os CEOs militares e constataram que eles atuam melhor nos períodos recessivos que os CEOs não militares e que tendem a envolver-se com menos frequência em fraudes empresariais.[26]

Identificaram-se dois tipos de CEOs militares: aqueles com formação militar genérica no Exército, na Marinha ou na Aeronáutica e aqueles com graduação em engenharia. Como achamos que estes últimos tinham qualificações técnicas talvez mais relevantes para a gestão de empresas estatais, nós os classificamos para testes em dois grupos diferentes.

Seria de esperar que a capacidade de liderança e as qualificações técnicas dos CEOs militares, desenvolvidas durante o treinamento para oficial, talvez fossem importantes para melhorar o desempenho das empresas por algumas razões. Primeiro, os CEOs militares no Brasil tinham formação e estilo gerenciais diferentes dos de CEOs técnicos ou políticos. A carreira desses servidores era muito peculiar. "Os cadetes geralmente são oriundos de famílias de militares e cursaram escolas secundárias militares, antes de entrar na academia militar."[27] Depois da academia militar, coronéis e generais geralmente passam um ano na Escola Superior de Guerra, espécie de *think tank* militar. Alguns oficiais optam por deixar as Forças Armadas e seguir carreiras civis como gestores de empresas estatais. Da mesma maneira como Becker defende a ideia de que os oficiais militares são treinados em "ampla variedade de qualificações, e muitas delas — pilotagem de aeronaves e conserto de máquinas — são bastante úteis no setor civil",[28] também nós achamos que os CEOs militares têm habilidades — principalmente habilidades de liderança — que são proveitosas para dirigentes de empresas estatais.[29, 30] Um relatório da Korn/Ferry International concluiu que as empresas americanas lideradas por CEOs com formação militar superavam em desempenho o índice S&P 500. As habilidades de liderança militar citadas no relatório como úteis para CEOs eram (a) trabalho em equipe, (b) planejamento e uso eficaz de recursos, (c) comunicação interpessoal, (d) definição de objetivos e motivação dos outros para cumpri-los, (e) senso de ética altamente desenvolvido, (f) aptidão para manter-se calmo sob pressão.³¹ É provável que essas habilidades também sejam aprendidas por oficiais militares brasileiros. Segundo, os CEOS militares também podem ter um conjunto de ligações durante o treinamento acadêmico e no rodízio de funções. Como o Brasil esteve sob ditadura militar de 1964 a 1985, é de supor que a rede de CEOS militares lhes tenha permitido conectar-se com pessoas importantes no governo, de maneira a garantir recursos e insumos, assim como apoio para seus projetos em geral.

Uma terceira hipótese se refere às ligações dos CEOS com a elite política e com outros CEOS, em vez de com formação e treinamento. Em outras palavras, talvez o que importe não seja se os CEOS são políticos ou técnicos, mas, sim, se frequentaram escolas de elite. Distinguimos formação e treinamento, de um lado, e associação a elites, de outro, com a adoção de uma variável que separa os CEOS que frequentaram ou não universidades de elite no Brasil.³² Consideramos universidades de elite as federais, a Universidade de São Paulo (USP) e o Instituto Tecnológico da Aeronáutica (ITA). As universidades federais eram e ainda são as melhores do país. São gratuitas e os exames de admissão são extremamente competitivos; em geral, os que se graduam por elas são os universitários mais talentosos do Brasil. Além das universidades federais, a entrada na USP e no ITA era extremamente difícil, e o treinamento neles recebido se incluía entre os melhores, sobretudo para engenheiros. Assim, nossa variável dummy referente a se o CEO frequentou universidade de elite também pode captar a capacidade analítica dos gestores e outros atributos intelectuais.

Codificamos os CEOS de acordo com o treinamento de graduação. As universidades brasileiras, diferentemente das americanas, não oferecem treinamento em artes liberais. Os alunos se matriculam em campos específicos, como engenharia civil, e todas as disciplinas, desde o primeiro dia, se concentram nessa área. Em termos gerais, dividimos nossos CEOS em cinco categorias. Primeiro, classificamos como técnicos todos os CEOS que tinham optado por graduação em área técnica (por exemplo, engenharia, economia, contabilidade e negócios) ou cuja formação fosse de alguma forma técnica e relevante para a empresa (por exemplo, geologia, em empresa de mineração). Segundo, classificamos

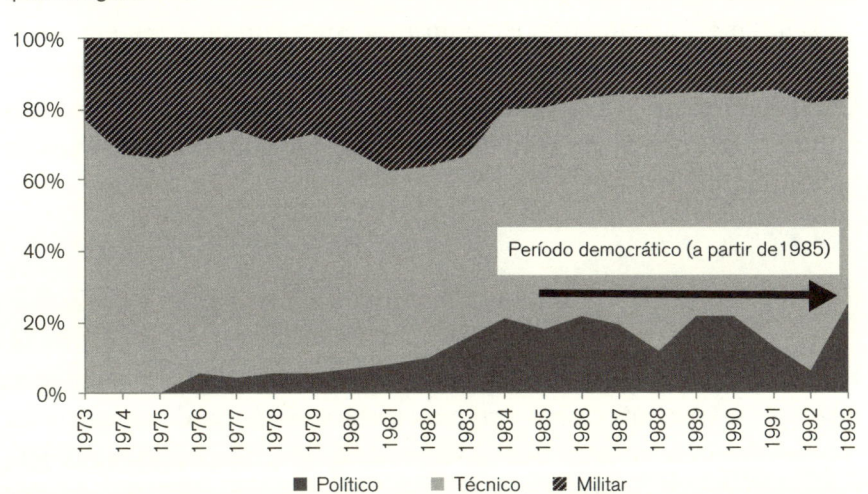

Figura 4.1. Distribuição da formação de CEOs de empresas estatais no Brasil, 1973-93 (porcentagem)

como militares todos os CEOS oriundos do Exército, da Marinha ou da Aeronáutica. Terceiro, classificamos como políticos quaisquer CEOS que tivessem exercido cargo político entre 1973 e 1993. Quarto, classificamos como técnicos-militares todos os CEOS que tinham formação militar *e* graduação em área técnica. Finalmente, também classificamos como técnicos-políticos todos os CEOS que, em algum momento, tenham ocupado alta posição política e também tivessem graduação em área técnica.[33]

Para qualquer ano, temos informações biográficas básicas de cem a 250 CEOS de empresas estatais. A figura 4.1 mostra a distribuição de CEOS ao longo de todo o nosso período de estudo. Três são os padrões a serem observados. Primeiro, o número de políticos na direção de estatais aumentou depois da transição para a democracia, em 1985, passando para mais de 10% da amostra. Em nossa opinião, trata-se de resultado lógico porque achamos que a democracia aumentou a necessidade de dividir as oportunidades — inclusive cargos em empresas estatais — com outros grupos, como eleitores em geral e membros do partido. Segundo, a proporção de CEOS técnicos na gestão de estatais manteve-se relativamente alta (cerca de 60%) durante todo o período analisado (mais ou menos sessenta a cem CEOS técnicos por ano). Terceiro, a proporção de CEOS militares era de quase 30% antes de 1985, mas, mesmo depois, continua em torno de 20%, em parte porque incluímos empresas em estreita ligação com objetivos militares. Essa proporção não é tão alta em comparação com o número de CEOS militares no Chile ou no Peru durante o mesmo período, onde mais de 50% tinham formação militar.[34]

FORMAÇÃO DOS CEOS E DESEMPENHO DAS EMPRESAS ESTATAIS

Para verificar se formação e capacidade importam, usamos nosso painel de empresas estatais e CEOS e rodamos regressões usando as equações (1) e (2). Incluímos efeitos fixos na tentativa de controlar aspectos inobserváveis da empresa. Portanto, nossos resultados devem ser interpretados como mudanças no desempenho das empresas em consequência de mudanças na formação dos CEOS. Essa configuração nos permite desatrelar o efeito empresa do efeito formação do CEO (o problema mais comum na literatura sobre formação dos CEOS no Brasil) e contribui para minimizar a endogeneidade da formação do CEO de acordo com o tipo de empresa em que ele atua (por exemplo, empresas de telecomunicações geralmente contratam engenheiros). Em consequência, as empresas que sempre tiveram CEOS técnicos, como a Companhia Vale do Rio Doce, não são úteis para identificar o efeito da formação do CEO sobre o desempenho.

Na tabela 4.7, examinamos o efeito sobre o desempenho (a) da formação do CEO e (b) de nossa dummy escola de elite, avaliando-se o desempenho seja como retorno sobre os ativos, seja como retorno sobre o patrimônio líquido. Em nossas especificações, incluímos todos os tipos de formação de CEOS simultaneamente e experimentamos omitir os CEOS civis não técnicos e os CEOS técnicos como categorias excluídas. Surpreendentemente, os coeficientes para CEOS técnicos e para CEOS políticos não são significativos.

Encontramos algumas evidências fracas de que os CEOS militares geraram maiores retornos sobre os ativos ao sucederem a gestores civis não

Tabela 4.7. Regressões: formação do CEO e desempenho da empresa estatal, Brasil, 1973-93

Variáveis	1 ROA Amostra total	2 ROA Amostra total	3 ROA Ditadura	4 ROA Democracia	5 ROE Amostra total	6 ROE Amostra total	7 ROE Ditadura	8 ROE Democracia
Mandato do CEO (anos)	0,000 (0,001)	0,000 (0,001)	-0,001 (0,001)	-0,004 (0,003)	-0,004 (0,005)	-0,004 (0,005)	0,001 (0,006)	-0,013 (0,020)
Universidade de elite	0,023*** (0,008)	0,023*** (0,008)	0,019** (0,008)	0,028* (0,015)	0,076** (0,035)	0,076** (0,035)	0,038 (0,027)	0,189*** (0,166)
Tipos de CEO								
Técnico	-0,007 (0,021)		0,020 (0,022)	-0,023 (0,040)	0,064 (0,087)		0,062 (0,084)	-0,191 (0,191)
Militar	0,003 (0,042)	0,010 (0,032)	0,183*** (0,046)	0,112* (0,064)	0,040 (0,128)	-0,024 (0,090)	-0,135*** (0,398)	-0,021 (0,194)
Político	0,002 (0,023)	0,010 (0,014)	0,050** (0,024)	-0,030 (0,043)	0,109 (0,091)	0,045 (0,052)	-0,056 (0,155)	-0,112 (0,169)
Técnico-militar	0,042* (0,021)	0,049*** (0,015)	0,087*** (0,028)	0,030 (0,033)	0,218** (0,095)	0,154** (0,063)	0,157 (0,120)	0,132 (0,118)
Técnico-político	0,006 (0,021)	0,013 (0,009)	0,020 (0,023)	0,004 (0,034)	0,114 (0,080)	0,050 (0,038)	0,008 (0,092)	-0,043 (0,137)
Não técnico-civil		0,007 (0,021)				-0,064 (0,087)		
Categorias de formação excluidas	Civil	Técnico	Civil	Civil	Civil	Técnico	Civil	Civil
Observações	537	537	275	262	537	537	275	262
Número de empresas	84	84	60	63	84	84	60	63
R-quadrado ajustado	0,5510	0,5510	0,5260	0,5590	0,4310	0,4310	0,7140	0,2880
R-quadrado dentro	0,7000	0,7000	0,6820	0,7100	0,6200	0,6200	0,8080	0,5310

OBSERVAÇÃO: Todas as regressões incluem controles das características da empresa (idade, alavancagem, lucro por empregado, trabalhador por ativos e ativo fixo sobre ativo total, como substituto de intensidade de capital). Além disso, todas as especificações incluem ano, setor, setor-ano e dummies da empresa. Coeficientes marcados com ***, ** e * denotam significância estatística nos níveis de 1%, 5% e 10%, respectivamente. Erros-padrões significativos em parênteses.

técnicos (ver especificações 3 e 4 na tabela 4.7). CEOs militares, porém, com formação técnica, melhoraram consistentemente o desempenho das empresas que dirigiram. Não podemos descartar, portanto, a hipótese de que o treinamento militar produz gestores com capacidade de liderança úteis para tornar as empresas estatais mais lucrativas. Parece, contudo, que os gestores militares com algum conhecimento técnico relevante no setor em geral se saem melhor. Nossos resultados indicam que mudar de CEO civil ou técnico não militar para CEO técnico-militar conduz a aumento superior a 4% no ROA. Esse efeito não é trivial, considerando que o ROA médio é de 2,8%.

Em todas as regressões da tabela 4.7, controlamos se o CEO frequentou universidade de elite. Essa variável mede o efeito da mudança de CEO que não frequentou universidade de elite no Brasil para CEO que se enquadra nessa situação. Os resultados são significativos, grandes e consistentes ao longo das especificações e se manifestam no ROA e no ROE. O efeito de ter CEO que frequentou universidade de elite pode ser aumento no retorno sobre ativos variando entre 1,5% e 2,3% ou aumento no retorno sobre o patrimônio líquido variando entre 4% e 7,6% (a média do ROE é de 6,8%).

Esse efeito forte da variável universidade de elite sugere que a característica mais importante do CEO para o desempenho da estatal não é necessariamente ser político ou especialista técnico, mas, sim, pertencer a uma rede de elite dentro do governo. Ou seja, pertencer à elite educada brasileira (e ser bastante inteligente para efetivamente entrar em uma das escolas de elite) ou à elite militar proporcionam certas vantagens aos gestores. Portanto, nossas análises confirmam alegações anteriores de que a gestão do setor público melhora com a seleção mais rigorosa de talentos para o topo[35] ou que é fundamental para as empresas estatais estarem conectadas a um manancial de recursos por meio de redes formais e informais.[36]

Em outras palavras, os CEOs que querem realizar grandes projetos precisam mobilizar recursos de diferentes partes do governo e, portanto, precisam de boa rede de conexões e apoio entre os altos burocratas. Talvez seja o caso de que no Brasil, como na França,[37] algumas das redes mais importantes tenham sido criadas na faculdade, na pós-graduação ou na Escola Superior de Guerra, entidade de cursos de extensão universitária nas áreas de segurança nacional e estudos estratégicos para as elites. Durante o período que estudamos, as faculdades eram mais importantes que a pós-graduação, e a Escola Superior de Guerra também era lugar central na rede das elites políticas.[38]

Na tentativa de esclarecer melhor o que significa pertencer a uma rede de pessoas que frequentaram universidades de elite, fizemos outros testes. Uma das possibilidades é que o mais importante para o desempenho do CEO não seja participar de uma ampla rede de elite, que frequentou as melhores universidades, nem sua capacidade intelectual como gestor, mas, talvez, a ligação do CEO com o superior hierárquico imediato, seja o ministro a que presta contas, seja o próprio presidente do Brasil. Portanto, desenvolvemos três testes em que verificamos se (a) o CEO frequentou a mesma universidade do ministro ou do presidente; se (b) o CEO e esses políticos de alto escalão estiveram na mesma universidade ao mesmo tempo, adotando um intervalo de quatro anos em torno das datas de formatura; e se (c) o CEO e o respectivo ministro ou o presidente do Brasil frequentaram a Escola Superior de Guerra simultaneamente ou com imbricação dos períodos letivo (considerando um intervalo de mais ou menos dois anos entre as formaturas, por se tratar de cursos de menor duração). Nenhuma dessas variáveis, contudo, apresenta coeficientes significativos nem enfraquece o coeficiente das universidades de elite. Portanto, parece que a rede ampla e a capacidade intelectual dos CEOs que frequentaram universidades de elite eram os fatores mais importantes, não as ligações imediatas com o ministro ou com o presidente.

Conclusão

Neste capítulo, examinamos um fator que, em nossa opinião, explica parte da variação do desempenho das empresas estatais ao longo do tempo. Como grande parte das pesquisas sobre estatais se concentra na comparação delas com empresas privadas, poucos estudos consideraram até que ponto é importante para essas empresas ter CEOs capazes. Com efeito, argumentamos que a seleção rigorosa na admissão de alunos pelas universidades públicas brasileiras é talvez o melhor filtro de talento gerencial (ou pelo menos de *futuro* talento gerencial) que os concursos públicos usados na triagem de funcionários para as empresas estatais. Depois da faculdade, o mais importante era a rede formada por esses CEOs que frequentaram escolas de elite.

Hoje, uma das grandes desvantagens enfrentadas pelas maiores empresas estatais do Brasil é ter de competir com empresas privadas sem dispor de mercado competitivo de talentos. As estatais no Brasil e em muitos outros países (por exemplo, Índia) selecionam pessoal mediante procedimentos de serviço público. Isso significa que todos os gestores são treinados na própria empresa e que a seleção inicial de gestores exerce efeitos de dependência da trajetória no desempenho da empresa. Se a seleção inicial for falha ou se a promessa de emprego vitalício gerar risco moral, algumas estatais estão fadadas ao mau desempenho.

Conclui-se, então, que é importante garantir às estatais flexibilidade para selecionar gestores talentosos, inclusive "outsiders", como gestores militares inteligentes, com formação técnica. Em consonância com nossa análise no capítulo 2, os governos que pretendem melhorar o desempenho das empresas estatais devem considerar a importância da capacidade e da formação ao selecionar o CEO. Os empregados das estatais, porém, geralmente resistem a essas propostas por acreditarem que os outsiders não compreendem a cultura nem as peculiaridades dessas empresas. Em nossa amostra, encontramos CEOs que dirigiram muitas empresas diferentes, cujo desempenho não foi significativamente superior nem inferior ao dos antecessores nem dos sucessores — parecia que a cultura da empresa não tinha nada a ver com os resultados. Portanto, o argumento da cultura deve ser analisado com mais profundidade, mas não parece ser razão suficiente para descartar as recomendações oriundas deste estudo sobre a importância de selecionar executivos talentosos para as estatais.

Apêndice

Banco de dados do desempenho de empresas estatais — 1973-93

DADOS DA EMPRESA

Para analisar o desempenho das empresas estatais no Brasil e o papel de seus CEOs, reunimos um banco de dados detalhado de cerca de 250 estatais, entre 1973 e 1993. Nossos dados são oriundos, principalmente, de relatórios da Sest (Brasil, 1981-5; Brasil, 1986-93). Também incluímos dados de um conjunto de empresas controladas pelos estados brasileiros. Coletamos esses dados das revistas de negócios *Exame* e *Visão*, que publicavam, anualmente, informações financeiras e número de empregados de grande quantidade de empresas. Usamos essas mesmas fontes para compilar o banco de dados de empresas federais, de 1973 a 1979. Omitimos de nossa amostra companhias com menos de cem empregados (por exemplo, pequenas empresas comerciais exportadoras).

É importante observar que uma das razões pelas quais os economistas e os historiadores econômicos não imergiram em estudos quantitativos das empresas estatais do Brasil, nas décadas de 1970 e 1980, foi a dificuldade de lidar com diferentes unidades monetárias e com a inflação galopante no processamento de dados financeiros. A crise financeira do começo da década de 1980 e o fracasso do governo no controle das despesas levaram à inflação desenfreada, que, em fins dos anos 1980, tinha atingido níveis de hiperinflação (mais de 50% por mês). Quando os preços aumentam com essa rapidez, é difícil para as empresas neutralizar os efeitos da inflação em suas demonstrações financeiras. Além disso, nos períodos de alta inflação, a quantidade de dígitos dos números financeiros aumenta tanto que fica difícil acompanhar a evolução e fazer comparações. Por essas razões, o governo brasileiro, entre 1970 e 1994, mudou a moeda cinco vezes, eliminando três zeros pelo menos três vezes em menos de trinta anos.

Além disso, desde 1976, o governo brasileiro tornou obrigatória a "correção monetária" do valor do ativo imobilizado, de acordo com o índice de inflação oficial usado para calcular a remuneração das Obrigações Reajustáveis do Tesouro Nacional (ORTNs), tipo de título de dívida indexado à inflação que o governo brasileiro emitiu de 1974 a 1986.[39] As ORTNs, contudo, em geral subestimavam a inflação. E, ainda por cima, a inflação era tão alta que as empresas também tinham de ajustar as vendas e as receitas, em geral mensalmente, para elaborar as demonstrações financeiras de fim de ano, tanto o balanço patrimonial quanto a demonstração do resultado. Mesmo assim, esses ajustes não produziam números comparáveis ano a ano.

Para lidar com as diferentes moedas e com a inflação galopante, decidimos converter todos os nossos dados em real brasileiro de 1994, quando o Banco Central do Brasil fixou a taxa de câmbio do real para o dólar em um para dois. Convertemos nossos dados em duas etapas. Primeiro, convertemos todos os números em reais e, em seguida, deflacionamos nossa série, usando como deflator de preços o IGP-DI.[40]

Além disso, por causa das dificuldades operacionais com que se defrontavam os CEOs na década de 1980 — alta inflação, controle de preços, obstáculos à contratação de novos empregados —, melhorar o desempenho financeiro das empresas era tarefa assustadora. Em geral, o retorno sobre os ativos das estatais nos anos 1980 era negativo, e muitas empresas de nossa amostra operavam com patrimônio líquido negativo (ou seja, estavam tecnicamente falidas), até serem recapitalizadas pelo governo. Considerando todas essas complicações, não confiamos muito na análise simples dos números, mesmo deflacionados. Confiamos mais na comparação do desempenho da empresa ao longo do tempo, com base em técnicas econométricas que possibilitam o controle das condições macroeconômicas de todas as empresas em geral ou de todas as empresas de um segmento.

DADOS SOBRE OS CEOS E SUA FORMAÇÃO

Conseguimos o nome e o mandato de 868 CEOs de empresas estatais brasileiras (federais e estaduais), abrangendo o período de 1973 a 1993.

Considerando a natureza dos dados, nossa pesquisa de informações biográficas foi heterodoxa e eclética. Usamos os arquivos biográficos do governo conhecidos como CPDOC, dicionários biográficos, biografias publicadas pelas empresas, biografias disponíveis na internet, e-mails para os próprios CEOS ou ex-CEOS, telefonemas e registros universitários (inclusive da Escola Superior de Guerra e de outras escolas do Exército).

Dos 868 CEOS que identificamos (cerca de 250 empresas), temos informações biográficas completas de 467. Essas informações incluem data de nascimento, escolas frequentadas, área de bacharelado, pós-graduação, afiliação às Forças Armadas e alguns dados sobre carreira, como anos na empresa, experiência prévia em empresa privada, experiência prévia em outra empresa da mesma indústria. Também sabemos que CEOS de nosso banco de dados frequentaram a Escola Superior de Guerra.

Com base nas informações sobre educação, codificamos se o CEO tinha frequentado universidade federal, conforme já exposto neste capítulo. Para qualquer ano, ao acaso, temos entre cem e 250 biografias básicas de CEOS de empresas estatais.

5
A queda do Leviatã como empreendedor no Brasil

NO COMEÇO DOS ANOS 1980, a maioria dos países do mundo experimentou graves recessões; no fim da década, grande grupo de países democratizou ou abandonou sistemas econômicos baseados no planejamento central. Ao longo do decênio, as diferenças de desempenho entre empresas estatais e privadas aumentaram perceptivelmente. Desde então, centenas de trabalhos compararam o desempenho de empresas estatais e de empresas privadas, quase sempre concluindo que o desempenho daquelas é inferior ao destas, exceto em algumas circunstâncias, como quando as estatais enfrentam competição[1] ou quando elas conseguiram atuar como empresas privadas, com gestores profissionais e com conselhos de administração que a monitora de perto.[2] Menos esforço acadêmico se dedicou a explicar o que leva as estatais a se comportar diferentemente das empresas privadas ao se defrontarem com circunstâncias semelhantes. Em especial, por que teriam as estatais mudado seu comportamento na década de 1980, nos mercados emergentes e, em especial, no Brasil? Ao examinar essas questões, também lançamos luz sobre por que o sistema de capitalismo de Estado do pós-Segunda Guerra Mundial (o que denominamos Leviatã como empreendedor) quebrou na década de 1980.

Este capítulo oferece uma narrativa causal que mostra como o comportamento das estatais difere daquele das empresas privadas. A maioria dos trabalhos que examinam por que as estatais são mais ineficientes que as empresas privadas utiliza variação de dados de corte transversal (variação *cross-section*), ao passo que grande parte da literatura teórica sobre a diferença entre empresas privadas e estatais também trata do problema do duplo resultado — o fato de as estatais, às vezes, almejarem maximizar objetivos sociais — ou o problema da interferência política (ver capítulo 2). Mas, tanto quanto sabemos, ninguém ainda ofereceu uma narrativa causal da queda do modelo do Leviatã como empreendedor. Nós o fazemos, identificando "choques" econômicos e políticos do final da década de 1970 e do começo da de 1980, que levaram as empresas estatais a se comportar com menos eficiência que as privadas. Em consequência desses choques, os balanços patrimoniais das estatais se deterioraram, fato que acabou levando os governos a privatizar suas empresas, no intuito de limpar os próprios balanços patrimoniais. Nossa narrativa causal, portanto, explica por que a onda de privatizações começou em fins dos anos 1980, não em princípios desse decênio nem em fins do anterior.

Nosso argumento é objetivo: em comparação com as empresas privadas, as estatais tendem a ser mais sujeitas a influências políticas e seus gestores podem ter menos incentivos para buscar ajustes que aumentem a eficiência. Nossa análise de como as empresas estatais reagiram aos choques externos pode encerrar lições importantes sobre seu comportamento diferenciado. Por exemplo, seria de esperar que as estatais fossem mais afetadas por mudanças políticas que as empresas privadas, porque o presidente da República e os ministros por elas responsáveis participam da gestão das estatais e não raro tendem a nomear aliados políticos como CEO ou, com muita frequência, a demitir CEOS como bodes expiatórios, se a empresa não estiver bem. E como os CEOS, em geral, cultivam o duplo resultado, talvez estejam menos inclinados a reduzir a força de trabalho durante as crises econômicas.

Examinamos especificamente o comportamento das empresas sob controle estatal total a fim de estudar como as estatais respondem a choques econômicos e políticos capazes de afetar as decisões de reestruturar o efetivo de pessoal. E, com efeito, descobrimos que, durante as crises, as estatais demitem menos trabalhadores que as empresas privadas. Também constatamos que, nas movimentações políticas, como sucessão presidencial, a probabilidade de mudança de CEO é mais alta nas estatais que nas empresas privadas.

Contexto e dados

Para este capítulo, construímos um banco de dados que monitora os níveis de desempenho e de emprego de 136 empresas estatais brasileiras (de propriedade da União) entre 1973 e 1993. Nossos dados foram extraídos principalmente de relatórios emitidos pela Sest, órgão do governo brasileiro criado em 1979 para regular as estatais federais (Brasil, 1981-5; Brasil, 1986-93). Também recorremos aos periódicos de negócios *Exame*, *Visão* e *Gazeta Mercantil* para compilar o banco de dados de 1973 a 1979. Essas revistas publicavam anualmente informações financeiras, número de empregados e o nome dos CEOs de grande quantidade de empresas. Considerando a natureza comparativa de nossa pesquisa — o comportamento das empresas estatais em face do comportamento de suas congêneres privadas —, também incluímos 156 empresas privadas, basicamente as principais do Brasil em termos de receita total, durante o período em questão, para servir como grupo de controle. Os dados das empresas privadas foram extraídos de várias fontes, como *Exame*, *Gazeta* e os próprios sites das empresas.

É óbvia a preocupação com o viés de seleção em nossa amostra. O problema de seleção mais preocupante seria o fato de estarmos comparando estatais de mau desempenho com empresas privadas extremamente eficazes (ou vice-versa). Consideramos algumas dessas preocupações ao compor nossa amostra. Por exemplo, eliminamos pequenas estatais por tenderem a ser mais ineficientes. Também excluímos empresas que atuavam exclusivamente em serviços públicos, como hospitais e armazéns de alimentos. Finalmente, pareamos algumas das maiores empresas privadas do Brasil com as grandes estatais de nossa amostra, para termos muitas empresas estatais e empresas privadas dentro de cada um de nossos códigos setoriais (códigos SIC de dois dígitos). Outra preocupação, decorrente do grupamento de empresas por setor, é o fato de algumas estatais no Brasil atuarem em indústrias sob monopólio estatal (como eletricidade, petróleo e telecomunicações), em que não há congêneres privadas. Contudo, como explicaremos a seguir, tentamos superar algumas dessas limitações controlando-as, no nível da empresa, tanto por variáveis que se movem no tempo como por variáveis fixas, por meio de especificações de efeitos fixos. Também realizamos análises da robustez usando técnicas de combinação baseadas em "fundamentos" no nível da empresa, como tamanho e indicadores financeiros.

Aproveitamos o fato de, durante o período da amostra (1973-93), terem ocorrido choques macroeconômicos exógenos e a ruptura relativamente exógena da transição para a democracia, em 1985. Essa característica de nosso conjunto de dados fornece oportunidade única para ver como as empresas estatais respondem a diferentes regimes políticos.

Nossa janela temporal, em particular, abrange importante choque econômico, a crise de 1979-83, a pior recessão da moderna história do Brasil. Em nossa opinião, esse choque acarretou mudanças comportamentais em empresas estatais e privadas, diferença que devemos ser capazes de captar empiricamente. De fato, a figura 5.1 mostra que tanto as estatais quanto as empresas privadas foram atingidas duramente pela crise de tal maneira que a porcentagem de empresas que apuraram prejuízo aumentou em ambos os casos. No entanto, parece que as estatais sofreram maior impacto durante a crise. Acreditamos que essa disparidade de impacto esteja ligada à maneira como reagiram ao choque externo, considerando as restrições políticas a que estão submetidas.

VARIÁVEIS DE RESULTADO NO NÍVEL DAS EMPRESAS

Considerando a magnitude do choque e o fato de ter sido de origem externa, queríamos comparar como as estatais e as empresas privadas rea-

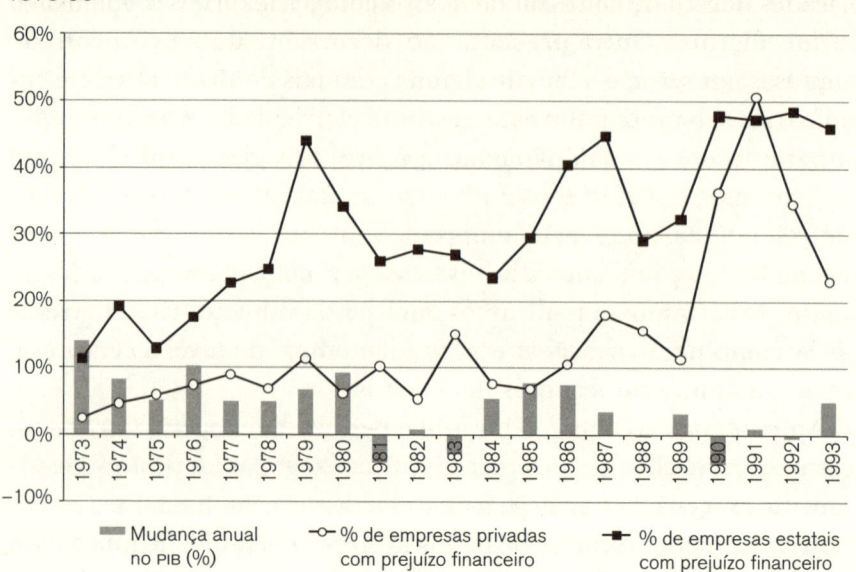

Figura 5.1. Crescimento do PIB e prejuízo das empresas privadas e estatais no Brasil, 1973-93

■ Mudança anual no PIB (%)   –○– % de empresas privadas com prejuízo financeiro   –■– % de empresas estatais com prejuízo financeiro

giram à crise em duas dimensões: turnover do CEO (mudança do CEO da empresa) e demissões coletivas (variáveis que medem mudança no número de empregados). Usamos o turnover do CEO como variável dummy, codificada como 1, se o CEO da empresa em determinado ano não é o mesmo do ano anterior, ou como 0, em caso contrário.[3]

Nossas variáveis que medem demissões coletivas são preocupação básica porque, em nossa opinião, é nas crises econômicas que o Leviatã se sente tentado a usar as empresas estatais como meio de amenizar a situação, mantendo o nível de emprego, com mais admissões ou menos demissões, acima do que seria necessário para atender à demanda sem diminuir a produtividade do trabalho. Em outras palavras, as empresas estatais seriam obrigadas a manter ou até a contratar trabalhadores apenas para que não fiquem desempregados — prioridade social, mas não empresarial. Estimamos nossa variável primária de interesse como o valor logarítmico do número total de empregados reportado anualmente, $Ln(empregados_t)$. Calculamos, então, uma medida das demissões como $Ln(empregados_{t-1}) - Ln(empregados_t)$, que é positiva se houver redução no número de empregados entre $t-1$ e t. Como nossas medidas finais, usamos duas variáveis dummy: $\Delta demissões$, codificada como 1 se ocorrer alguma redução no número de empregados, ou seja, quando $Ln(empregados_{t-1})-Ln(empregados_t)>0$), e $\Delta demissões20\%$, codificada como 1 quando a redução for de 20% ou mais em termos logarítmicos (isto é, quando $Ln(empregados_{t-1})-Ln(empregados_t) \geq 0,20$).

A figura 5.2 mostra a porcentagem de empresas estatais e de empresas privadas que foram observadas, com turnover do CEO e com grandes demissões (isto é, $\Delta demissões20\%$ = 1). O turnover do CEO nas empresas estatais é, em geral, muito mais alto que nas empresas privadas e tendeu a aumentar no período de democracia (ver os testes de comparação na tabela 5.1). Grandes demissões, ao contrário, parecem ser mais frequentes, em geral, nas empresas privadas, como ocorreu durante a crise econômica de 1981-3 e em 1991, o ano seguinte à eleição de Fernando Collor de Mello. Collor implementou um plano controverso de combate à inflação que lançou a economia em recessão. Embora esse acontecimento possa ser considerado choque econômico, provocando forte aumento nas demissões, não o tratamos como tal em nossas análises, pois coincide com mudanças políticas (eleição de um novo presidente). A crise de 1981-3, em contraste, ocorreu durante o mandato de um presidente militar, João Baptista Figueiredo. Entretanto, como explicamos abaixo, sempre incluímos em nossas regressões dummies de ano para controlar os choques temporais em geral.

VARIÁVEIS QUE CAPTAM CHOQUES POLÍTICOS

Também queremos estudar como as empresas estatais reagem a choques políticos. Tentamos identificar situações de mudança política que podem ter afetado o turnover e as demissões. A variável dummy *Mudança de presidente* codifica se, em dado ano, nomeou-se (durante a ditadura) ou elegeu-se (durante a democracia) um novo presidente da República. Considerando que as mudanças presidenciais afetam igualmente todas as empresas em determinado ano, também criamos medida mais refinada, a variável dummy *Mudança de ministro*, indicando se houve mudança do ministro responsável pelo setor de atuação da empresa. Por exemplo, durante a ditadura, o ministro de Minas e Energia supervisionava mineração, eletricidade e petróleo.

Em algumas especificações, tanto *Mudança de presidente* quanto *Mudança de ministro* também são separadas para o regime ditatorial e para o regime democrático. Por exemplo, *Mudança de presidente durante a democracia* é variável dummy codificada como 1 se houve mudança do presidente da República em determinado ano entre 1985 e 1993 e codificada como 0, caso contrário.

VARIÁVEIS QUE CAPTAM CHOQUES ECONÔMICOS

A variável *Crise* é codificada como 1, durante 1981-3, quando ocorreu o choque econômico, acarretando acentuada redução no crescimento do PIB (ver figura 5.1). O impacto específico no desempenho financeiro da empresa é captado por duas variáveis: *ROA*, o retorno sobre o ativo de cada empresa da amostra, observado no ano (isto é, lucro líquido sobre ativo total), e *Prejuízo*, variável dummy codificada como 1 se a empresa reportou lucro líquido negativo em dado ano e codificada como 0, caso contrário.

CONTROLES ADICIONAIS

Acrescentamos vários controles em nossas regressões. *Ln(ativos)* e *Ln(empregados)* atuam como controles do tamanho da empresa e medem o valor logarítmico dos ativos da empresa (em dólares) e do número de empregados, respectivamente. *Alavancagem* (endividamento) mede o índice de dívidas sobre ativos da empresa com o intuito de captar variações no endividamento capazes de influenciar as decisões da empresa de mudar o tamanho de sua força de trabalho. Como já observamos, também acrescentamos dummies de anos para refletir fatores temporais que afetam os resultados. Além disso, como explicamos a seguir, considerando que estamos interessados basicamente em interações entre variáveis políticas e econômicas e no tipo de empresa (estatal ou privada), também incluímos como controles em algumas especificações *ROA* e *Prejuízo* (não interagidas). Finalmente, sempre controlamos os efeitos fixos (específicos da empresa) para evitar influências espúrias resultantes de fatores fixos não observáveis que influenciam o turnover do CEO ou as demissões. O apêndice 5.1 apresenta as variáveis usadas neste estudo, com estatísticas descritivas.

Métodos de estimativa e hipóteses

Nossa estratégia de estimativa se baseia em dois métodos complementares: estimativa em painel e análise de diferenças-em-diferenças.

ESTIMATIVA EM PAINEL (LOGIT CONDICIONAL)

Usando *Turnover do CEO*, $\Delta demissões$ e $\Delta demissões 20\%$ como variáveis dependentes (binárias), para a empresa i no ano t, primeiro rodamos modelos Logit condicionais (efeitos fixos), em painel, especificados onde as variáveis que especificam choques econômicos e políticos são variáveis independentes. O modelo Logit condicional estima a função de probabilidade derivada da Equação 6.1, condicionada à suficiência das estatísticas para o parâmetro fixo referente a cada empresa.[4] Assim, o modelo controla inobserváveis fixos específicos da empresa, além dos controles observáveis descritos antes.

De maneira compatível com Kato e Long,[5] nossa estratégia consiste em examinar a sensibilidade das empresas estatais a variáveis-chave — em nosso caso, choques políticos e econômicos — interagindo essas variáveis com uma variável dummy, SOE_i, codificada como 1 se a empresa for estatal (SOE) e 0, se for privada. Como nosso banco de dados não inclui situações de mudança na propriedade estatal, SOE_i é efeito fixo, específico da empresa, e, portanto, já é controlado no modelo Logit condicional. Do mesmo modo, os principais efeitos da mudança presidencial ou da crise econômica — eventos que afetam tanto empresas estatais quanto privadas — são controlados pelas dummies de ano, que servem como variáveis de controle; nosso interesse focal converge para a interação dessas mudanças, de um lado, e da propriedade estatal, de outro. O principal efeito de mudanças ministeriais, contudo, varia por setor e, portanto, pode ser incluído como controle quando se usa a variável *Mudança no Ministério*.

Além disso, rodamos regressões separadas de amostras cindidas para empresas estatais e privadas. Alguns autores observaram que os termos de interação em modelos de escolha discreta, como Probit e Logit, podem ser problemáticos devido à natureza não linear desses modelos.[6] Portanto, podemos estimar o impacto de variáveis políticas e econômicas separadamente para empresas estatais e privadas, e, então, examinar como os coeficientes das variáveis políticas e econômicas diferem entre esses dois grupos.[7]

De acordo com as visões política e social, as estatais são mais suscetíveis a mudanças políticas que as empresas privadas. Esperamos, pois, que as variáveis codificadoras de choques políticos — *Mudança de presidente* e *Mudança de ministro* — afetem mais o turnover do CEO em empresas estatais que em empresas privadas. Por exemplo, um presidente recém-eleito pode nomear amigos ou aliados para CEOs de estatais.

Também esperamos que o turnover do CEO em estatais seja mais alto durante o período democrático. Como os regimes democráticos propiciam a formação de coalizões de partidos e de políticos, a nomeação de CEOs de empresas estatais pode ser parte do processo de distribuição de empregos entre membros das coalizões. Ou seja, consideramos o turnover do CEO durante as sucessões presidenciais (e, até certo ponto, durante as mudanças ministeriais) como proxy de patronagem; e esperamos constatar que houve mais turnover sob o regime democrático simplesmente porque, entre 1985 e 1993, diferentes coalizões dominantes assumiam e deixavam o poder, enquanto as sucessões presidenciais sob o regime militar implicavam menos turnover. Não estamos dizendo que o regime militar não teve lutas de facções pelo poder nem que inexistiam partidos nas eleições para o Congresso. Os governos militares diferiram bastante uns dos outros em termos de objetivos e de

Figura 5.2. Porcentagem de empresas estatais e de empresas privadas que mudaram o CEO e demitiram, 1973-93

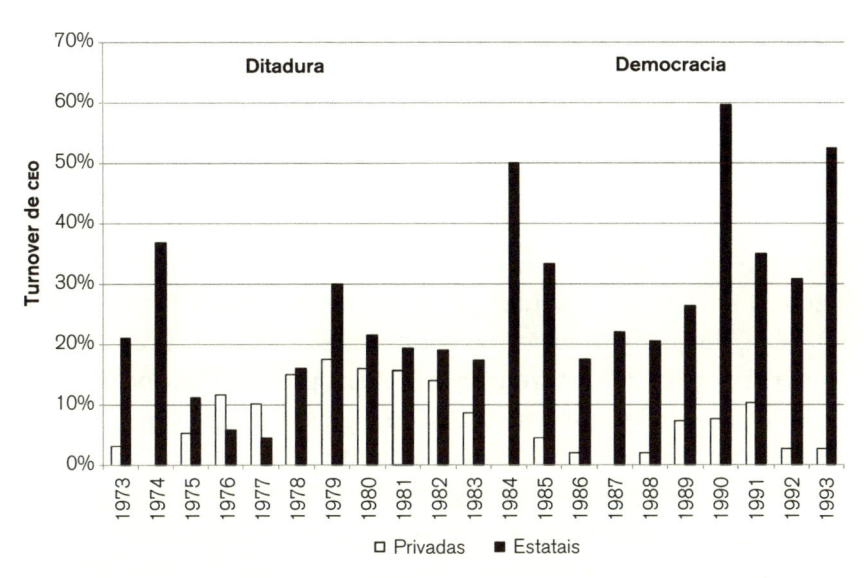

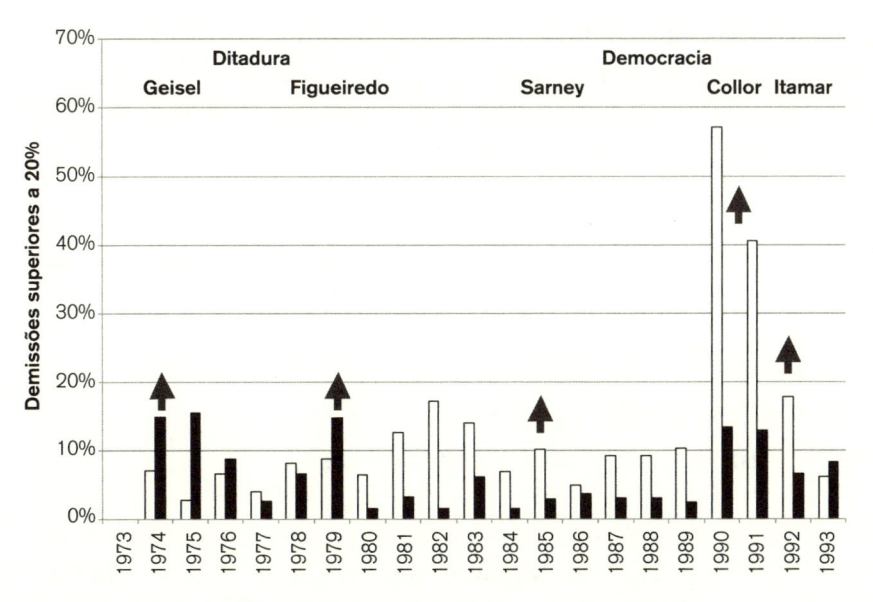

NOTA: Definimos demissões maciças como redução no número de empregados superior a 20%. As setas denotam mudanças de presidente do país.

políticas.⁸ Em geral, porém, realmente esperamos ver turnover menor na elite tecnocrática dirigente de empresas estatais durante as administrações militares. Assim é em parte porque o regime militar, como um todo, lembrava, até certo ponto, um sistema de partido único ou um governo com horizonte temporal mais longo.⁹ Sabemos por Schneider que,¹⁰ durante esse período, os burocratas e os tecnocratas das estatais desfrutavam de carreiras longas e um tanto estáveis no governo.

Em termos de demissões, contudo, esperamos constatar que os gestores de empresas estatais são *menos* reativos que os de empresas privadas aos choques medidos pelas variáveis *Crise, ROA* e *Prejuízo*. Ou seja, não esperamos ver as estatais demitindo empregados na mesma proporção que o fazem as empresas privadas por ocasião de quedas na atividade econômica. Assim é porque os gestores de empresas estatais tendem a ser menos incentivados a buscar reduções de custo como reação ao mau desempenho. Além disso, os CEOs de estatais geralmente sabem que suas empresas acabarão sendo socorridas pelo governo. Logo, para começar, não raro preferem evitar a tarefa desagradável de demitir trabalhadores.¹¹ A visão social das empresas estatais,¹² analisada no capítulo 2, também sugere que os governos podem usar as estatais para amortecer os efeitos da queda da atividade econômica, a fim de evitar a disparada do desemprego. Além disso, na maioria dos países, há restrições legais à demissão de empregados do Estado. Embora os governos, até certo ponto, tenham condições de remanejar pessoal entre as unidades, as estatais sofrem muito mais restrições que as empresas privadas na execução desses remanejamentos.

ANÁLISE DE DIFERENÇAS-EM-DIFERENÇAS

Usando a transição democrática de 1985 e a crise econômica de 1981-3 como períodos de corte, adotamos a técnica de diferenças-em-diferenças ajustada para pareamentos. Concentramo-nos em dois resultados: mudança no número de empregados em consequência do choque¹³ e mudança no turnover do CEO. Para a transição democrática, calculamos as médias por empresa das variáveis para os períodos 1977-84 e 1986-93, e, então, avaliamos sua variação para as empresas estatais e para as privadas. Para a crise econômica, medimos os resultados pré e pós-choque, como médias de 1979-81 e 1982-4, respectivamente. Em seguida, comparamos as estimativas para empresas privadas e para estatais e verificamos se o comportamento desses dois grupos diferia significativamente de um período para o outro.

Mais uma vez, esperamos que a mudança no emprego como resultado da crise deve ser menos intensa nas estatais que nas empresas privadas. Estas devem ajustar-se à crise demitindo empregados, enquanto aquelas devem evitar esses ajustes e até *aumentar* a admissão de pessoal como maneira de atenuar o impacto da crise no mercado de trabalho. Por outro lado, como argumentamos, o turnover do CEO, depois da transição para a democracia, deve aumentar nas estatais, mas não necessariamente no grupo de controle das empresas privadas.

Contudo, o simples cálculo das médias pré e pós-choque das variáveis de resultado pode ser ilusório. Já observamos que as estatais e as empresas privadas diferem em termos de "fundamentos", como tamanho e indicadores financeiros. Heckman, Ichimura e Todd sugerem um procedimento para combinar estimativas de diferenças-em-diferenças com técnicas de pareamento de escores de propensão para garantir melhor comparação entre grupos distintos.[14] Pareamentos de escores de propensão possibilita a criação de grupos de controle comparáveis com base em características observáveis. Estima-se a regressão Logit com SOE_i como variável dependente no período pré-choque usando, como covariadas, os fundamentos da empresa — *Ln(empregados)*, *Ln(ativos)*, *Alavancagem*, *ROA* e *Prejuízo* — tanto de empresas privadas quanto de estatais. Criam-se, então, escores de propensão, usando combinação Kernel. Esse procedimento identifica as empresas mais propensas a ser estatais, considerando seus fundamentos, e pondera essas observações com os escores de propensão, possibilitando, assim, a comparação de empresas semelhantes, mesmo que de propriedade diferente.[15] As empresas privadas com escores de propensão mais altos receberão, pois, maior peso na estimativa das diferenças de resultado. Além disso, só consideramos combinações de empresas estatais e privadas em regiões de apoio comum, ou seja, onde as empresas estatais e as privadas se encontram em faixa semelhante, com base nos escores de propensão computados.[16] Dessa maneira, os subgrupos estatais e privados se tornam mais semelhantes em termos de características observáveis, reduzindo, assim, possíveis vieses, resultantes da má comparabilidade.

Conclusões

A tabela 5.1 apresenta comparações básicas dos dados por tipo de regime político e por tipo de empresa. É fácil identificar os principais padrões dos dados. O turnover do CEO é mais alto durante os anos de democracia que durante o período de ditadura. Essa constatação talvez se relacione com o fato de as sucessões presidenciais serem mais frequentes durante o período democrático. A frequência da substituição de ministros também parece ter sido mais alta durante a democracia que durante a ditadura. Finalmente, as demissões são mais altas durante a democracia, que corresponde ao período pós-crise. Por exemplo, durante a ditadura, 33% de nossas observações empresa-ano foram de companhias com prejuízo, mas esse número aumentou para mais de 50% durante os anos de democracia. Em suma, parece que os anos de democracia foram de alto turnover nos cargos políticos e de altas demissões nas empresas estatais e nas privadas.

As duas últimas colunas da tabela 5.1 também mostram que as estatais apresentam maior turnover de empregados, em relação às empresas privadas, e que tendem a promover demissões em massa com menos frequência que as empresas privadas. A estatística descritiva, no entanto, também mostra o resultado um tanto enigmático de que as estatais demitiam com mais frequência que as empresas privadas, algo que exploramos com mais profundidade em nossa análise empírica a seguir.

Tabela 5.1. Estatísticas descritivas comparativas: turnover do CEO e demissões

	Por tipo de regime político			Por tipo de empresa		
	Ditadura (1973-84)	Democracia (1985-93)	t (média comparativa)	Empresas privadas	Empresas estatais	t (média comparativa)
Turnover do CEO	0,172	0,243	−5,06***	0,098	0,281	−13,43***
	(0,008)	(0,012)		(0,008)	(0,010)	
Ln(demissões)	−0,044	0,023	−7,91***	−0,006	−0,025	2,178*
	(0,005)	(0,007)		(0,007)	(0,005)	
Δdemissões	0,338	0,519	−12,27***	0,389	0,447	−3,88***
	(0,010)	(0,011)		(0,010)	(0,011)	
Δdemissões 20%	0,075	0,105	−3,50***	0,116	0,058	6,79***
	(0,005)	(0,007)		(0,007)	(0,005)	
Mudança de presidente	0,158	0,325	−14,55***	0,231	0,222	0,74
	(0,007)	(0,010)		(0,008)	(0,008)	
ROA	0,061	0,020	14,81***	0,069	0,015	20,58***
	(0,002)	(0,002)		(0,002)	(0,002)	
Prejuízo	0,156	0,305	−12,95***	0,128	0,323	−17,32***
	(0,007)	(0,010)		(0,006)	(0,010)	
Ln(ativos)	19,369	19,409	−0,86	19,486	19,274	4,55***
	(0,029)	(0,039)		(0,016)	(0,045)	
Ln(empregados)	7,859	7,911	−1,43	8,290	7,413	25,73***
	(0,024)	(0,028)		(0,018)	(0,030)	
Alavancagem	0,513	0,449	9,48***	0,489	0,484	0,67
	(0,004)	(0,006)		(0,004)	(0,006)	

NOTA: †, *, ** e *** denotam significância estatística nos níveis de 10%, 5%, 1% e 0,1%, respectivamente.

RESULTADOS DAS ESTIMATIVAS EM PAINEL (LOGIT CONDICIONAL)

Na tabela 5.2, apresentamos os resultados de nossa análise dos determinantes do turnover do CEO usando dados em painel. Primeiro, vamos analisar o efeito de choques políticos no turnover.

Compatível com nossas expectativas, o turnover do CEO em empresas estatais é significativamente mais sensível às mudanças políticas que o turnover do CEO em empresas privadas, sendo mais intenso na democracia. Usando os coeficientes das especificações 2 e 3 da tabela 5.2, vemos que as interações de SOE com as variáveis *Mudança de presidente* e *Mudança de ministro* são significativamente positivas e que seus coeficientes são expressivamente maiores quando a mudança política ocorre no período democrático do que quando ocorre no período

Tabela 5.2. Determinantes do turnover do CEO

	Todos os períodos				
	(1)	(2)	(3)	(4)	(5)
Empresa estatal × Mudança de presidente	1,253*** (0,286)				
Empresa estatal × Mudança de presidente (ditadura)		0,580 (0,366)			
Empresa estatal × Mudança de presidente (democracia)		2,199*** (0,504)			
Empresa estatal × Mudança de ministro (ditadura)			0,376 (0,349)		
Empresa estatal × Mudança de ministro (democracia)			1,633** (0,509)		
Empresa estatal × Crise $(t-1)$				0,353 (0,301)	
Empresa estatal × ROA $(t-1)$					−1,590 (1,905)
Empresa estatal × Prejuízo $(t-1)$					0,356 (0,496)
ROA $(t-1)$	0,447 (0,818)	0,436 (0,820)	0,169 (0,850)	0,411 (0,813)	1,651 (1,695)
Prejuízo $(t-1)$	0,044 (0,177)	0,023 (0,178)	−0,012 (0,184)	0,045 (0,177)	−0,289 (0,458)
Controles adicionais					
Log de ativos, empregados e alavancagem $(t-1)$	Y	Y	Y	Y	Y
Dummies de ano	Y	Y	Y	Y	Y
Efeitos fixos da empresa	Y	Y	Y	Y	Y
N (total)	2.436	2.436	2.103	2.436	2.436
N (número de empresas)	213	213	184	213	213
p (teste LR)	<0,001	<0,001	<0,001	<0,001	<0,001

NOTAS: †, *, ** e *** denotam significância estatística nos níveis de 10%, 5%, 1% e 0,1%, respectivamente. Estimativas dos modelos Logit (efeito fixo) condicional (erros-padrões entre parênteses). A variável dependente é *Turnover de CEO*, dummy igual a 1 se houver mudança do CEO da empresa no ano t. Na especificação (3), a principal variável (não interativa) *Mudança de ministro* está adicionada à regressão, enquanto *Mudança de presidente* já está controlada pelos dummies de ano.

Tabela 5.3. Determinantes de demissões, 1973-93

	Todos os períodos				
	(1)	(2)	(3)	(4)	(5)
Empresa estatal × Mudança de presidente	1,290† (0,170)				
Empresa estatal × Mudança de presidente (ditadura)		0,261 (0,276)			
Empresa estatal × Mudança de presidente (democracia)		0,304 (0,201)			
Empresa estatal × Mudança de ministro (ditadura)			0,491* (0,246)		
Empresa estatal × Mudança de ministro (democracia)			0,798*** (0,209)		
Empresa estatal × Crise ($t-1$)				−0,514** (0,180)	
Empresa estatal × ROA ($t-1$)					−1,914 (1,195)
Empresa estatal × Prejuízo ($t-1$)					0,258 (0,270)
ROA ($t-1$)	−1,538* (0,604)	−1,541* (0,604)	−1,746** (0,677)	−1,372* (0,606)	−0,505 (0,879)
Prejuízo ($t-1$)	0,023 (0,133)	0,023 (0,133)	0,034 (0,150)	0,033 (0,133)	−0,158 (0,205)
Controles adicionais					
Log de ativos, empregados e alavancagem ($t-1$)	Y	Y	Y	Y	Y
Dummies de ano	Y	Y	Y	Y	Y
Efeitos fixos da empresa	Y	Y	Y	Y	Y
N (total)	4.251	4.251	3.335	4.251	4.251
N (número de empresas)	292	292	239	292	292
p (teste LR)	<0,001	<0,001	<0,001	<0,001	<0,001

NOTAS: †, *, ** e *** denotam significância estatística nos níveis de 10%, 5%, 1% e 0,1%, respectivamente. Estimativas dos modelos Logit (efeito fixo) condicional (erros-padrões entre parênteses). A variável dependente é Δ demissões, dummy igual a 1 se houver redução no número de empregados entre $t-1$ e t. Na especificação (3), as principais variáveis (não interativas) *Mudança de ministro* estão adicionadas à regressão. (*Mudança de presidente* já está controlada pelas dummies de ano.)

Tabela 5.4. Determinantes de grandes demissões (20% ou mais dos empregados)

	Todos os períodos				
	(1)	(2)	(3)	(4)	(5)
Empresa estatal × Mudança de presidente	0,053 (0,281)				
Empresa estatal × Mudança de presidente (ditadura)		1,495*** (0,434)			
Empresa estatal × Mudança de presidente (democracia)		−0,685* (0,341)			
Empresa estatal × Mudança de ministro (ditadura)			0,541 (0,403)		
Empresa estatal × Mudança de ministro (democracia)			−0,627† (0,353)		
Empresa estatal × Crise ($t-1$)				−0,877* (0,402)	
Empresa estatal × ROA ($t-1$)					−2,492 (2,038)
Empresa estatal × Prejuízo ($t-1$)					−1,320** (0,495)
ROA ($t-1$)	−1,842† (1,012)	−1,843† (1,021)	−2,908* (1,149)	−1,632 (1,018)	−1,013 (1,344)
Prejuízo ($t-1$)	0,056 (0,240)	0,077 (0,241)	−0,243 (0,279)	0,077 (0,240)	−0,562† (0,300)
Controles adicionais					
Log de ativos, empregados e alavancagem ($t-1$)	Y	Y	Y	Y	Y
Dummies de ano	Y	Y	Y	Y	Y
Efeitos fixos da empresa	Y	Y	Y	Y	Y
N (total)	3.005	3.005	2.184	3.005	3.005
N (número de empresas)	199	199	153	199	199
p (teste LR)	<0,001	<0,001	<0,001	<0,001	<0,001

NOTAS: †, *, ** e *** denotam significância estatística nos níveis de 10%, 5%, 1% e 0,1%, respectivamente. Estimativas dos modelos Logit (efeito fixo) condicional (erros-padrões entre parênteses). A variável dependente é Δdemissões20%, dummy igual a 1 se $Ln(empregados_{t-1}) - Ln(empregados_t) \geq 0,20$. Na especificação 3, as principais variáveis (não interativas) *Mudança de ministro* estão adicionadas à regressão. (*Mudança de presidente* já está controlada pelas dummies de ano.)

ditatorial. De fato, as mudanças de presidente ou de ministro durante a ditadura não parecem levar a aumento significativo no turnover do CEO, ou, pelo menos, a não resultar em turnover mais alto nas estatais que nas empresas privadas.[17]

O efeito da mudança política nas demissões é menos consistente entre as especificações (ver tabelas 5.3 e 5.4). A mudança do presidente da República na ditadura parece aumentar as demissões. Ver, por exemplo, o coeficiente *Empresa estatal* × *Mudança do presidente* (*ditadura*) na especificação 2 da tabela 5.4. Conforme nossas entrevistas com ministros e com ex-CEOs de empresas estatais, os CEOs nomeados por novos presidentes tentaram reestruturar suas empresas. De fato, as estatais seguiram o mesmo regime legal das empresas privadas, o que lhes permitia demitir empregados, quando necessário.

O efeito da mudança ministerial nas demissões, contudo, aparentemente segue um padrão diferente. Na tabela 5.3 podemos ver que as mudanças de ministro envolviam maior probabilidade de acarretar demissões durante o período democrático que durante a ditadura, o que é compatível com o fato de que, depois de 1986, o Brasil se engajou numa série de programas de ajustes estruturais radicais que incluíam o enxugamento (e às vezes a privatização) de algumas estatais. Esse resultado, contudo, se reverte quando se trata de grandes demissões (ver especificação 3 na tabela 5.4), em que se constata efeito negativo, moderadamente significativo, de *Empresa estatal* × *Mudança de ministro* sob a democracia e grande coeficiente positivo para mudanças de ministro durante a ditadura, significando que grandes demissões, envolvendo alto custo político, eram mais comuns durante os anos de ditadura que durante os de democracia (depois de 1985).

Nas tabelas 5.3 e 5.4 também podemos examinar o efeito da crise de 1979-83 no comportamento das empresas estatais em termos de demissões. Por exemplo, na especificação 4 dessas tabelas, vê-se que as estatais são menos propensas que empresas privadas a demitir empregados durante crises econômicas, sobretudo quando se trata de grandes demissões. Também se constata na tabela 5.4, especificação 5, que as empresas estatais tendem menos que as empresas privadas a promover grandes demissões em consequência de perdas econômi-

Tabela 5.5. Regressões de amostra dividida, comparando empresas estatais e empresas privadas

	Turnover do CEO		Δdemissões		Δdemissões20%	
	SOES (1a)	EP‡ (1b)	SOES (2a)	EP (2b)	SOES (3a)	EP (3b)
Mudança de presidente durante a ditadura	0,028 (0,361)	1,645 (1,131)	−2,083*** (0,368)	−1,332*** (0,357)	−0,001 (0,599)	−0,980† (0,549)
Mudança de presidente durante a democracia	0,898** (0,323)	−15,447 (1836,570)	−0,941** (0,353)	0,011 (0,346)	0,105 (0,619)	−1,177* (0,592)
ROA ($t-1$)	0,152 (0,949)	0,968 (2,215)	−2,168* (0,869)	−1,044 (0,931)	−4,029* (1,612)	0,036 (1,508)
Prejuízo ($t-1$)	0,056 (0,200)	−0,181 (0,531)	0,116 (0,187)	−0,032 (0,207)	−0,680† (0,391)	0,738* (0,321)
Ln(ativos) ($t-1$)	−0,078 (0,164)	−0,117 (0,331)	−0,393** (0,142)	−0,245† (0,147)	−0,548* (0,264)	−0,362 (0,225)
Ln(trabalhadores) ($t-1$)	0,569* (0,261)	−0,192 (0,423)	1,894*** (0,254)	2,508*** (0,208)	2,357*** (0,430)	3,491*** (0,332)
Alavancagem ($t-1$)	0,015 (0,400)	−1,211 (1,172)	0,548 (0,360)	0,144 (0,475)	0,000 (0,648)	1,000 (0,815)
Dummies de ano	Y	Y	Y	Y	Y	Y
Efeitos fixos da empresa	Y	Y	Y	Y	Y	Y
N (Total)	1.673	763	2001	2250	1085	1920
N (número de empresas)	133	80	136	156	69	130
p (teste LR)	<0,001	<0,001	<0,001	<0,001	<0,001	<0,001

NOTAS: †, *, ** e *** denotam significância estatística nos níveis de 10%, 5%, 1% e 0,1%, respectivamente. Estimativas dos modelos Logit (efeito fixo) condicional (erros-padrões entre parênteses). As dummies de ano que são colineares com situações de mudança presidencial foram excluídas.
(‡) Empresas privadas.

cas passadas, embora não haja diferença significativa em termos de lucratividade passada (*ROA*).

A tabela 5.5 apresenta nossos resultados do Logit condicional, regressões de amostras divididas, para empresas estatais e privadas. As primeiras duas especificações (1a e 1b) confirmam que a mudança de presidente afeta positivamente o turnover do CEO apenas nas estatais. Além disso, o coeficiente *Mudança de presidente durante a democracia* é significativamente maior que o coeficiente de *Mudança de presidente durante a ditadura*, de acordo com o teste do *Qui-quadrado* do coeficiente de comparação. As sucessões presidenciais durante a ditadura envolviam menos probabilidade de acarretar demissões que durante os anos de democracia, embora tenham ocorrido algumas demissões maciças nas empresas estatais, depois das sucessões, nos últimos anos. Curiosamente, esse exercício também mostra, em contraste com resultados anteriores, que as estatais tendiam menos que as empresas privadas a promover demissões durante a ditadura, embora os respectivos coeficientes não sejam significativamente diferentes.

Embora as variáveis econômicas *ROA* e *Prejuízo* não afetem expressivamente o *Turnover do CEO*, o teste do *Qui-quadrado* de comparação de coeficiente usando as estimativas das especificações 3a e 3b confirma que empresas privadas não lucrativas (*Prejuízo* = 1) são mais propensas a promover demissões em massa que as estatais. Além disso, um aumento no *ROA* reduz significativamente a probabilidade de demissões em estatais, mas não em empresas privadas. Possível explicação para esse resultado é que o aumento da lucratividade melhora a geração de caixa da empresa, reduzindo, pois, os incentivos para reestruturar a força de trabalho. Nas empresas privadas, em contraste, o aumento da lucratividade talvez seja repassado em maior proporção para os acionistas privados por meio de dividendos ou de reinvestimentos.

RESULTADOS DA ANÁLISE DIFERENÇAS-EM-DIFERENÇAS

A tabela 5.6 mostra nosso conjunto final de resultados, usando estimativa diferenças-em-diferenças, antes e depois da transição democrática de 1985 (painel A) e o choque exógeno da crise de 1981-3 (painel B). Os painéis A e B apresentam, para cada evento e variável de resultado, os resultados estimados de estatais e de empresas privadas nos períodos pré e pós-choque. O previsor de diferenças-em-diferenças é um indicador de mudança nos resultados das estatais menos a mudança nos resultados do nosso grupo de controle de empresas privadas. Como explicamos, essas diferenças são ajustadas para pareamento, ou seja, as estimativas se baseiam em grupos comparáveis de estatais e de empresas privadas.

O painel A confirma mais uma vez que a mudança política acarreta transformações mais intensas nas estatais que nas empresas privadas.

Tabela 5.6. Estimativa de diferenças-em-diferenças com pareamento por escore de propensão (*propensity score matching*)
Painel A: Pré vs pós-transição democrática (1985). Pré-resultados medidos como média 1977-84; pós-resultados medidos como média 1986-93.

Variável de resultado	N	Pré-resultados		Pós-resultados		Dif.-em-dif.	
		EP‡ (P1)	Estatais (S1)	EP (P2)	Estatais (S2)	(S2–S1)– (P2–P1)	t
Ln(empregados)	489	8,390 (0,066)	7,614 (0,150)	8,440 (0,065)	7,783 (0,142)	0,118 (0,081)	1,45
Turnover do CEO	385	0,142 (0,016)	0,271 (0,022)	0,040 (0,015)	0,306 (0,022)	0,138 (0,040)	3,44***

Painel B: Pré e pós-crise econômica (1981-3). Pré-resultados medidos como média 1979-81; pós-resultados medidos como média 1982-4

Variável de resultado	N	Pré-resultados		Pós-resultados		Dif.-em-dif.	
		EP‡ (P1)	Estatais (S1)	EP (P2)	Estatais (S2)	(S2–S1)– (P2–P1)	t
Ln(empregados)	507	8,419 (0,072)	7,545 (0,142)	8,393 (0,073)	7,617 (0,137)	0,098 (0,047)	2,09*
Turnover do CEO	470	0,160 (0,002)	0,230 (0,030)	0,134 (0,030)	0,274 (0,024)	0,070 (0,051)	1,38

NOTAS: *, ** e *** denotam significância estatística nos níveis de 10%, 5%, 1% e 0,1%, respectivamente. Erros-padrões entre parênteses, reunidos por empresa. Escores de propensão estimados por combinação ou pareamento Kernel, usando *Ln(empregados)*, *Ln(ativos)*, *Alavancagem*, *ROA* e *Prejuízo* como covariantes em regressão Logit para o período pré-choque. Diferenças-em-diferenças estimadas na região de apoio comum.
(‡) Empresas privadas.

Depois da transição democrática, a variação no turnover dos CEOs nas estatais foi 13,8 pontos percentuais mais alta que em nossa subamostra de empresas privadas. Não se encontrou nenhum efeito significativo, porém, em termos de nível de emprego.

No painel B vemos que a crise econômica teve efeito significativo sobre o nível de emprego, mas não sobre o turnover do CEO. As empresas estatais efetivamente aumentaram o número de empregados depois da crise, ao passo que ocorreu ligeira redução no nível de emprego em nossa amostra de empresas privadas. No total, as estatais aumentaram a força de trabalho em 9,8 pontos percentuais acima da variação observada na amostra de empresas privadas. Com efeito, alguns dos dados coletados por empresa mostram que as estatais contrataram novos empregados. Embora não seja possível apurar as causas exatas do aumento observado, essa conclusão é compatível com a hipótese de que o remanejamento do trabalho nas empresas estatais seja menos sensível aos choques econômicos e de que os governos até usem as empresas como veículos para a redução do impacto das crises econômicas no mercado de trabalho.

Consequências de nossas conclusões

Nossas conclusões confirmam diretamente alguns dos postulados da visão política e da visão social descritas no capítulo 2. Em primeiro lugar, parece que os CEOs, durante os anos de democracia, são nomeados ou substituídos quando assume um novo presidente do país. Isso talvez seja bom se a sucessão presidencial representa uma oportunidade para que os novos governos erradiquem o mau desempenho. Nossas evidências empíricas e qualitativas, contudo, apontam em outra direção. Por exemplo, de acordo com Delfim Netto — ex-ministro da Fazenda (1969-74), da Agricultura (1979) e do Planejamento (1979-85) —, durante todo o regime militar, os ministros se reuniam com o presidente para discutir nomeações e "escolher os CEOs de empresas estatais, depois de examinar uns oito currículos [...], mesmo que alguém dissesse 'tenho um amigo que poderia dirigir essa empresa', geralmente tínhamos alguém melhor".[18] Esse processo mudou na democracia, e a nomeação do CEO, em geral, passou a vincular-se à participação na coalizão do governo.

Nossas conclusões referentes ao índice de turnover dos CEOs têm implicações para o debate sobre os méritos relativos das democracias e das ditaduras.[19] Desse debate resultam duas hipóteses importantes relacionadas com o turnover nas empresas estatais (mesmo que a literatura não tenha estabelecido ligação direta com elas). A primeira é que, economicamente, as autocracias podem ser mais eficientes e estáveis que as democracias se isolarem o governo das pressões dos grupos de interesses, com objetivos de curto prazo. De acordo com Haggard, "arranjos políticos autoritários conferem às elites políticas autonomia em relação às pressões distributivas".[20] Nesse sentido, este capítulo mostra que o turnover do CEO e as políticas de emprego nas empresas estatais brasileiras foram de fato mais independentes durante a ditadura que sob a democracia. Embora não estejamos alegando que não havia patronagem durante a ditadura, parece que, sob a democracia, o turnover do CEO depende mais do ciclo político. Nossos resultados também são consistentes com as conclusões de Lyer e Mani, para a Índia, onde uma "mudança na identidade do ministro-chefe de um Estado (de fato o executivo-chefe do governo do Estado) acarreta aumento significativo na probabilidade de remanejamento burocrático nesse Estado".[21]

A segunda hipótese é que sistemas com intervenção estatal mais pesada na gestão e na propriedade das empresas resistem melhor aos choques econômicos porque os governos podem usar as empresas estatais para atenuar o ciclo econômico e usar bancos estatais para aumentar o crédito. Nossa segunda conclusão confirma em parte essa visão. Mostramos que as demissões em estatais são menos sensíveis a choques econômicos que as demissões em empresas privadas. Em especial, ao se defrontarem com choque econômico radical, as estatais são menos propensas a demitir empregados que as empresas privadas. Essa conclusão é compatível com a visão social do capitalismo de Estado. As empresas estatais podem ser usadas para atenuar os efeitos das crises e, portanto, podem desviar-se do objetivo de maximizar os retornos. (Embora, em alguns casos, esse nunca tenha sido o principal objetivo.)

Achamos que essas conclusões são importantes para nossos próprios argumentos neste livro ao mostrarem a natureza contingente de algumas tentações do Leviatã. Ao enfrentar choques, acima de tudo crises econômicas graves, é grande a tentação para usar estatais como veículos de emprego. De um lado, isso pode tornar o capitalismo de Estado mais resiliente às crises, em especial às crises internas. De outro, ao se deparar com crises globais, em que a recuperação é lenta, as empresas podem tornar-se ônus para o governo. No Brasil (e em outros países da América Latina), o aperto da liquidez nos mercados financeiros globais, nos anos 1980, impossibilitou que o governo continuasse a financiar os prejuízos das empresas estatais, razão por que a privatização se tornou necessária. As primeiras privatizações no Brasil ocorreram em 1981, como precursoras do programa de privatização, no início da década de 1990. Portanto, as ineficiências geradas pela falta de ajuste durante as crises impuseram seu preço mais tarde.

Em síntese, este capítulo mostra a tentação do Estado de intervir politicamente nas estatais e como essa situação difere da que observamos nas empresas privadas. Este capítulo se baseia em dados da década de 1980, pois foi nesse período que os choques econômicos e as pressões da democratização nos mercados emergentes e na Europa afetaram o desempenho das estatais, complicando o pagamento das dívidas dessas empresas em moeda estrangeira e, em última instância, ampliando os déficits orçamentários dos governos centrais. Esses fatores, assim pensamos, levaram organizações multilaterais, como o FMI, e governos a reconhecer as ineficiências do modelo do Leviatã como empreendedor, culminando com a reconsideração do papel a ser desempenhado pelas estatais nas economias e, em consequência, com a privatização dessas empresas em muitos países.

Apêndice

Tabela 5.A. Descrição das variáveis usadas para estudar as demissões coletivas e o turnover dos CEOs

Variável	Descrição	N	Média (desvio padrão)	Mín.	Máx.
Turnover do CEO	Dummy igual a 1 em caso de mudança do CEO da empresa no ano t	3357	0,20 (0,40)	0	1
Ln(demissões)	Ln(empregados$_{t-1}$) − Ln(empregados$_t$)	4375	−0,01 (0,28)	−1,18	1,30
Δdemissões	Dummy igual a 1 se Ln(demissões) > 0	4375	0,42 (0,49)	0	1
Δdemissões20%	Dummy igual a 1 se Ln(demissões) ≥ 0,20	4375	0,09 (0,28)	0	1
Mudança de presidente	Dummy igual a 1 em caso de mudança de presidente do país	5293	0,23 (0,41)	0	1
Estatal	Dummy igual a 1 se a empresa for estatal	5293	0,28 (0,44)	0	1
Crise	Dummy igual a 1 se o ano de observação for 1981, 1982, 1983	5293	0,16 (0,37)	0	1
ROA	Retorno sobre o ativo: lucro líquido sobre ativo total	5127	0,04 (0,09)	−0,32	0,34
Prejuízo	Dummy igual a 1 se a empresa apresentar lucro líquido negativo	5134	0,21 (0,41)	0	1
Ln(ativos)	Valor logarítmico do total do ativo (medido em dólar)	5277	19,39 (1,69)	7,32	24,84
Ln(empregados)	Valor logarítmico do total de empregados	4909	7,88 (1,27)	4,61	11,64
Alavancagem	Dívida total sobre ativo total	5277	0,49 (0,24)	0,04	1,3

6
Domando o Leviatã?
Governança em empresas petrolíferas estatais

COMO VIMOS NOS CAPÍTULOS 1 E 3, depois da onda inicial de privatizações da década de 1990, muitas estatais foram plenamente privatizadas ou fechadas. Outras, porém — sobretudo as maiores empresas de setores "estratégicos", como recursos naturais —, passaram por duas transformações. A primeira foi a transição do Leviatã como empreendedor para o Leviatã como investidor minoritário, tema que exploramos nos últimos capítulos deste livro. A segunda foi ou a "corporatização" (conversão em sociedade anônima) ou a privatização parcial de muitas empresas estatais, inclusive com abertura de capital para a negociação de suas ações em Bolsa de Valores. Em outras palavras, observamos a transformação do Leviatã como proprietário e gestor em Leviatã como investidor majoritário.

No capítulo 3, descrevemos esse processo de transformação no Brasil. A negociação das ações da Petrobras em Bolsa de Valores e a reforma da governança, tão necessária, tornaram essa empresa o mais importante exemplo brasileiro do Leviatã como investidor majoritário. Ao listar em Bolsa de Valores grande parcela das ações com direito a voto (as ações sem direito a voto já estavam listadas havia décadas), o governo alavancou a governança da empresa, adotando melhores práticas, como transparência das demonstrações financeiras e monitoramento dos gestores por órgãos colegiados. Não está claro, contudo, se a interferência política foi restringida. Kenyon, referindo-se à listagem das ações ordinárias da Petrobras, argumenta que, ao emitir ações para investidores privados e ao comprometer-se com a transparência, os políticos podem aumentar os custos políticos da interferência e evitar políticas prejudiciais aos interesses [das estatais].[1, 2] No caso específico da Petrobras, o governo também permitiu aos trabalhadores usar a conta de poupança forçada (FGTS) para comprar ações da empresa, comprometendo, assim, eleitores e governo com o novo esquema de propriedade da petrolífera. Seria, porém, a negociação de ações em Bolsa de Valores medida suficiente para limitar a intervenção política? Que tipos de contratos de governança adotariam os governos para minimizar a intervenção nas empresas sob controle estatal?

Neste capítulo, analisamos a governança da Petrobras em comparação com os arranjos de governança de trinta empresas petrolíferas estatais (EPES) de vários países. Com esta análise, esperamos alcançar dois resultados. Primeiro, mostrar a ampla diversidade da governança no modelo do Leviatã como investidor majoritário. Segundo, estabelecer os limites do modelo do Leviatã como investidor majoritário com base na análise da governança de EPES e no exame de casos específicos de intervenção do Estado.

Nossos resultados são produto de dois conjuntos de análises. Primeiro, estudamos a governança numa amostra de trinta EPES. Segundo, escrutinamos com um pouco mais de detalhes a governança e os incentivos das empresas Pemex, Petrobras e Statoil, EPES do México, do Brasil e da Noruega, respectivamente. Usamos esses estudos de casos porque eles mostram variações tanto no grau de sofisticação da governança (por exemplo, para minimizar problemas de agência) quanto na intensidade da intervenção política. Por fim, mostramos como as EPES cujas ações são negociadas em Bolsas de Valores resolveram muitos dos problemas de agência descritos no capítulo 2, mas também fornecemos exemplos, mostrando que a listagem em Bolsa não é suficiente para evitar intervenções políticas nas empresas estatais. Sustentamos que a abertura de capital deve ser acompanhada de amplas reformas institucionais que reconciliem as demandas conflitantes dos governos e dos acionistas privados minoritários.

Por que estudar empresas petrolíferas estatais?

Conforme explicamos sucintamente no capítulo 1, as EPEs são produtos de uma onda de estatizações no período pós-Segunda Guerra Mundial. Antes de 1950, só poucos governos controlavam EPEs, mas a onda de estatizações que retratamos no capítulo 1 envolveu muitas empresas petrolíferas, que proporcionavam rendas aos governos e se tornaram, em grande parte dos países, as maiores estatais.

Neste capítulo, estudamos reformas de governança na Petrobras e numa amostra de EPEs por três razões fundamentais. Primeiro, as EPEs são talvez as mais importantes empresas estatais do mundo. Elas controlam cerca de 90% das reservas petrolíferas mundiais e 75% da produção de petróleo e gás. Estima-se que 60% das reservas não descobertas do mundo estejam em países em que as EPEs são atores dominantes.[3]

Segundo, vemos com nitidez, nas EPEs, a mutação do Leviatã, que deixa de ser empreendedor (proprietário e gestor) e assume novas configurações organizacionais, a fim de resolver alguns problemas do modelo "original" de capitalismo de Estado. A transformação de muitas EPEs em empresas de capital aberto, com ações negociadas em Bolsas de Valores, associa-se, em geral, tanto à redução dos problemas de agência quanto ao afastamento do governo da gestão de EPEs. O processo de corporatização ou de abertura de capital das EPEs geralmente melhora a transparência, a profissionalização da gestão, a implementação de incentivos ao desempenho para a alta administração e para outros gestores e, em tese, aumenta a competitividade. Corporatização é o processo pelo qual a empresa, em nosso caso uma estatal, "é reestruturada para adotar os padrões da moderna 'corporação', ou seja, de grande empresa, geralmente organizada sob a forma de sociedade anônima [...] [com] um executivo-chefe (CEO) e com um presidente do conselho de administração",[4] embora o Estado continue como único proprietário da empresa. A abertura de capital, ou listagem das ações da empresa em

Bolsa de Valores, para negociação em pregão público envolve muitas das mesmas mudanças, mas acrescenta a vantagem de outros proprietários monitorarem os gestores e de os preços das ações no mercado refletirem o desempenho da empresa. Em suma, a corporatização e, principalmente, a negociação das ações em Bolsa têm sido consideradas maneiras de aliviar alguns dos problemas sociais, políticos e de agência das empresas estatais.

A história, todavia, não é tão simples. O modelo do Leviatã como acionista majoritário, que exploraremos neste capítulo, está sujeito a limites. As epes atuam como intermediárias no fluxo de renda que os governos recebem com a exploração de petróleo e de gás. Portanto, é nessas empresas que a tentação do governo de intervir na administração se manifesta com mais intensidade. Também é por causa dessas rendas que os governos se sentem tão tentados a usar as epes para realizar objetivos sociais. Além disso, são também as epes que os governos, em geral, querem que sejam menos transparentes sobre como gerenciam as receitas.[5] Por fim, as epes se destacam, no mais das vezes, como protagonistas ou monopolistas na comercialização de gasolina e gás, setores de alta sensibilidade política que afetam diretamente a renda das famílias e a lucratividade dos negócios, acirrando, em consequência, a tentação do governo para controlar seus preços. O estudo das epes, em decorrência, possibilita a análise de quando se rompe a suposta autonomia política associada ao modelo do Leviatã como investidor majoritário.

Além disso, o próprio processo de abertura de capital das epes complica as questões nesse contexto de duplo resultado ou objetivo, uma vez que os investidores privados minoritários, para os quais seria preferível que a empresa perseguisse a estratégia de maximização do valor para os acionistas, podem entrar em choque com os governos, que priorizam objetivos sociais e políticos. Nesse ambiente, os governos terão dificuldade em assumir compromisso confiável com a proteção dos direitos dos acionistas minoritários.[6] Conforme explicamos mais no fim do capítulo, entretanto, o contrato implícito de dividir rendas nas epes também inclui o compartilhamento dos prejuízos resultantes dessas intervenções políticas, como controles de preços e decisões inadequadas sobre onde abrir refinarias e a quem se associar em novos projetos. Mesmo que a partilha dos prejuízos esteja implícita nos arranjos entre EPEs e investidores, quanto melhores forem a regulação e a proteção dos investidores em um país, menores serão os prejuízos a serem repartidos, em consequência das veleidades dos políticos.

Do Leviatã como empreendedor ao Leviatã como investidor majoritário

Governos de todo o mundo encararam a negociação de ações de estatais em Bolsas de Valores como solução para a maioria dos problemas relacionados com o modelo do Leviatã como empreendedor, analisado no capítulo 2. Também na indústria petrolífera manifestou-se a tendência para a corporatização e para a abertura de capital das grandes empresas petrolíferas estatais. Na teoria, as diferenças entre corporatizar, de um lado, e abrir o capital, de outro, de estatais ou de EPEs não são grandes. Na tabela 6.1, mostramos como a corporatização e a abertura de capital, em tese, são tentativas de manejo dos mesmos problemas das empresas estatais no modelo do Leviatã como empreendedor.

Em nossa opinião, a corporatização e a abertura de capital diferem apenas ligeiramente em termos de configuração organizacional. Ambas incluem gestão profissional, conselho de administração que se reúne com regularidade e acompanha o desempenho dos gestores, e certo nível de transparência nas finanças da empresa. Todavia, embora a revisão das demonstrações financeiras por auditoria independente seja sempre condição necessária para a abertura de capital, o mesmo requisito em geral também é necessário — embora nem sempre — para a corporatização das empresas. Finalmente, a grande diferença entre as duas iniciativas é que o monitoramento dos gestores é mais intenso nas empresas de capital aberto, seja pelo mercado em si (por exemplo, preço das ações), seja, simplesmente, pelos acionistas minoritários, que têm incentivos para fiscalizar o desempenho da empresa.

Na tabela 6.1 apresentamos as três diferenças básicas — de acordo com as visões social, de política partidária e de agência — entre simples

Tabela 6.1. Domando o Leviatã: corporatização versus abertura de capital nas EPES

Teoria da ineficiência das estatais	Atributos do modelo do Leviatã como empreendedor	Como a abertura de capital muda esse atributo?	Diferenças entre corporatização e abertura de capital
Visão social	Duplo resultado.	Maximização do valor para os acionistas suscetível a interferências políticas, se a empresa não estiver blindada. Conflito provável se os acionistas minoritários, em busca da lucratividade, se chocarem com o governo, em busca de objetivos sociais ou políticos.	Com a corporatização, o governo pode perseguir o duplo resultado, sem afetar negativamente os acionistas minoritários, em busca de lucratividade.
	Horizonte de longo prazo, governo como investidor paciente que tolera perdas.	Horizontes temporais provavelmente mais curtos, os mercados em geral ficam impacientes.	Sem a abertura de capital, não há pressões de curto prazo pelos investidores do mercado. No entanto, o governo pode sentir-se tentado a usar a estatal para atenuar os ciclos econômicos.
Visão de política partidária	Nomeação dos CEOs com base em outros critérios que não o mérito (por exemplo, conexões políticas).	Gestores profissionais selecionados pelo conselho de administração.	Com a corporatização, mas blindado contra a política, o conselho de administração pode escolher gestores, porém as nomeações políticas são mais prováveis que nas empresas de capital aberto.
	Uso das estatais pelo governo para atenuar os ciclos de negócios (por exemplo, admitindo mais empregados ou demitindo menos empregados que o necessário).	O efeito é reduzido se a empresa estiver blindada contra a intervenção política.	Com a corporatização, a intervenção do governo é maior que nas empresas de capital aberto; nestas últimas, os membros independentes do conselho de administração podem reduzir, mas não eliminar, as intervenções ostensivas.
	Restrições orçamentárias fracas (socorros prováveis).	Restrições orçamentárias fracas persistem (governos ainda tendem a socorrer).	Inexiste risco claro de falência (governos provavelmente socorrerão).

(continua)

Tabela 6.1. (continuação)

Teoria da ineficiência das estatais	Atributos do modelo do Leviatã como empreendedor	Como a abertura de capital muda esse atributo?	Diferenças entre corporatização e abertura de capital
Visão de agência	A administração tem poucos incentivos.	Maior probabilidade de contratos de pagamento por desempenho, bônus e opções sobre ações.	Com a corporatização, é provável que haja contratos de incentivos, exceto quanto a opções sobre ações. O duplo resultado, porém, pode enfraquecer os incentivos.
	Dificuldade de avaliar o desempenho por causa do duplo resultado.	Preços das ações como indicador de desempenho.	Só com a corporatização não há pressões de mercado. Os governos precisam definir metas mensuráveis.
	Ausência de punição expressa para os gestores com mau desempenho.	Conselho de administração pode demitir gestores com mau desempenho.	Só com a corporatização os gestores podem perder o emprego se apresentarem mau desempenho; no entanto, as pressões tendem a ser menos intensas que nas empresas de capital aberto, sujeitas ao monitoramento externo.
	Incentivos fracos para o monitoramento por ministros e órgãos públicos.	Investidores institucionais, credores, agências de risco e analistas monitoram o desempenho.	Se as EPES emitirem títulos de dívida, os credores podem monitorá-las. Se o conselho de administração tiver membros independentes, preocupados com a própria reputação, eles também as monitorarão.
	Falta de transparência, informações financeiras incompletas.	Melhoria da transparência; normas contábeis seguindo GAAP ou IRPS.	O mesmo que nas empresas de capital aberto.
	Monitoramento deficiente: conselho de administração inexistente (ministro supervisiona) ou composto de membros indicados por interesses políticos (baixo nível de freios e contrapesos).	Conselho de administração com alguns membros independentes e alguns nomeados políticos; dependendo dos números, pode atuar como contrapeso do governo e do CEO. O governo, contudo, pode cooptar membros do conselho.	Só com a corporatização é possível ter conselho de administração independente, se estiver blindado contra o governo e repleto de profissionais, mas as nomeações políticas são mais prováveis que nas empresas de capital aberto.

FONTE: Versão ampliada de tabela semelhante apresentada em análise de Pargendler, Musacchio e Lazzarini.[7]

corporatização, de um lado, e abertura de capital, de outro. Primeiro, na teoria, a corporatização não obriga as EPEs a maximizar o valor para os acionistas da mesma forma que a abertura de capital, porque o único grande acionista é o governo, que talvez imponha a geração de duplo resultado à EPE. Por outro lado, as EPEs corporatizadas têm a vantagem de não precisar preocupar-se com os resultados de curto prazo, ao contrário das companhias de capital aberto, o que lhes permite concentrar-se em investimentos de longo prazo e no prolongamento da vida útil dos recursos, exaurindo-os em ritmo menos acelerado.

Segundo, quando se abre o capital das EPEs, supõe-se que elas passem a atender aos interesses de vários acionistas, razão por que os conselhos de administração devem ser mais diversificados e menos influenciados pelo governo. Isso não acontece necessariamente com a corporatização, pois, nesse caso, o governo é o único acionista que escolhe os membros do conselho de administração (com raras exceções, como a Saudi Aranco, que é EPE corporatizada, com arranjos de governança semelhantes aos de empresas privadas e com muitos membros independentes e externos no conselho de administração). Mesmo nas companhias de capital aberto, contudo, os governos podem cooptar membros do conselho de administração e nomear autoridades públicas (por exemplo, ministros), capazes de influenciar os conselhos de administração.

Finalmente, o monitoramento dos gestores nas empresas de capital aberto pode ser mais complexo porque, além de ter o conselho de administração como freios e contrapesos do poder do CEO, também podem sofrer pressões dos mercados. Uma empresa que, por exemplo, tente realizar objetivos sociais que afetem os interesses dos acionistas minoritários tende a ser penalizada pelo mercado com preço de ação mais baixo. A corporatização, porém, pode acarretar nível semelhante de monitoramento e sujeitar o CEO aos mesmos incentivos de mercado se a empresa emitir títulos de dívida. Tanto a emissão de obrigações quanto a venda de ações oferecem "a vantagem adicional de criar um grupo de investidores privados com participação na lucratividade da empresa. A esperança é que esse grupo torne mais difícil para o governo perseguir objetivos sociais".[8] Nesse caso, tanto as agências de classificação de risco de crédito quanto os detentores de títulos de dívida operarão como monitores, punindo iniciativas que possam ameaçar a remuneração e a amortização dos títulos de dívida.

Apesar das diferenças entre as estatais corporatizadas e as de capital aberto, essas formas societárias têm sido amplamente adotadas pelos governos para reformar as empresas estatais e as empresas petrolíferas estatais. Em relatório mais recente da OCDE, Christiansen estima que 80% das empresas estatais nos países-membros operam como sociedades por ações (isto é, foram corporatizadas).[9] Essas empresas respondem por 50% do emprego total em empresas estatais na OCDE. O relatório também mostra que as maiores estatais, em geral, são companhias abertas, em vez de apenas empresas corporatizadas. (Uma grande exceção é a Pemex, empresa petrolífera estatal mexicana, que não é companhia aberta.)

A literatura acadêmica encontrou fortes evidências em apoio à abertura de capital, complementando a corporatização como melhor forma de dirigir as empresas estatais. Por exemplo, uma série de estudos resumidos em Megginson encontrou forte evidência de melhoria do desempenho das estatais na condição de companhias abertas.[10] Gupta conclui que, na Índia, as empresas estatais de capital aberto, que venderam participações acionárias minoritárias, apresentam melhor desempenho que as estatais de propriedade integral do Estado.[11] Em contraste, Aivazian também sustenta que a corporatização melhorou o desempenho das estatais chinesas, sobretudo em consequência das reformas da governança, que em geral acompanham o processo de corporatização.[12]

O argumento contra a corporatização é que, sem grandes mudanças, as reformas na governança não parecem ser tão eficientes. Zhu, por exemplo, questiona a corporatização na China, porque, sem uma cultura de autonomia e um sistema de governança que monitore os gestores e contenha a atuação do governo, reformas desse tipo não acarretarão grandes melhorias no desempenho das empresas.[13] Estudos sobre mudanças específicas, como contratos de incentivos para gestores, também não apontam melhorias no desempenho das estatais.[14] Finalmente, Wang et al. mostram que as empresas estatais chinesas que privatizaram parte do capital e negociam ações em Bolsas de Valores dependem menos de capital de terceiros (empréstimos e financiamentos) e aumentam os investimentos, mas não parecem apresentar melhor desempenho que antes da abertura de capital.[15]

Governança em empresas petrolíferas estatais

Para avaliar até que ponto os governos corporatizaram e abriram o capital das empresas petrolíferas estatais, a tabela 6.2 apresenta uma lista de características básicas da governança nas maiores EPES do mundo. Definimos empresas petrolíferas estatais (EPES) como empresas de petróleo e gás em que o governo é acionista majoritário ou investidor controlador.

PROPRIEDADE

Das trinta EPES que incluímos na tabela 6.2, quinze têm ações negociadas em Bolsa de Valores do país de origem, de Nova York, ou de ambos. Essas quinze empresas adotam regimes de governança que, no papel, parecem os de empresas privadas. Por exemplo, as EPES de capital aberto têm conselhos de administração com boa proporção de membros independentes (pessoas que não trabalham no dia a dia da empresa, mas que têm expertise no setor) e desfrutam de mais autonomia financeira em relação ao governo que as empresas de capital fechado.

Constata-se variação significativa em termos de porcentagem do patrimônio líquido que continua em mãos do governo, depois da abertura de capital. Em algumas empresas, como a ENI (Itália) e GDF Suez (França), o governo manteve participações acionárias minoritárias, enquanto nas demais empresas de capital aberto o governo continuou como detentor majoritário das ações com direito a voto.

Os governos de alguns países preferiram apenas corporatizar suas EPES, sem abrir o capital. Portanto, em EPES como Aramco (Arábia

Saudita), PDO (Oman), KPC (Kuwait), Pemex (México) e Pertamina (Indonésia), a governança é algo semelhante à das empresas de capital aberto. Por exemplo, os conselhos de administração têm membros independentes, com expertise técnica (e talvez experiência no setor). Essas empresas também submetem suas demonstrações financeiras à auditoria independente (com exceção da Aramco, que é extremamente reservada no que se refere à situação financeira).

CONSELHO DE ADMINISTRAÇÃO

De acordo com nossa análise do conselho de administração das EPES apresentada na tabela 6.2, é enorme a variação entre empresas, em termos de tamanho e composição do conselho de administração. De especial interesse para nós é a diversidade na composição. Das trinta empresas, somente a Statoil, a Ecopetrol e a Saudi Aramco contam com maioria de conselheiros independentes. O restante das petrolíferas estatais de capital aberto contam com conselheiros externos, ou "independentes", na medida em que não são empregados, mas são, quase sempre, funcionários do governo. O presidente do conselho de administração da Gazprom (Rússia), GDF Suez (França), OGDCL (Paquistão), ONGC (Índia), PTT (Tailândia), Petrobras e Petronas (Malásia), por exemplo, são todos, por definição, diretamente relacionados com seus governos. Em outras EPES menos transparentes, os conselhos de administração não incluem membros externos ou independentes. É o caso da NNPC (Nigéria), PDVSA (Venezuela) e NIOC (Irã).

Com efeito, na maioria das EPES de capital aberto, o presidente do conselho de administração é o ministro das áreas de petróleo e de minas, de gás e de minas ou das finanças. Nas EPES Sinopec, CNOOC e Petro China, o presidente do conselho de administração é, em geral, alguém com longa carreira no setor, mas que circulou entre empresas, como parte do rodízio de cargos do Partido Comunista chinês.

Tabela 6.2. Governança em empresas petrolíferas estatais (EPEs)

EPE	País	Capital aberto	% do governo no capital votante	Tamanho do CA(1)	Conselheiros independentes	Conselheiros nomeados pelo governo	Mandato dos conselheiros (anos)	Membros do governo no CA	CEO e chairman (2) não são a mesma pessoa	Chairman é conselheiro externo e não é membro do governo	Autonomia orçamentária	Auditores externos	Índice de governança*
Statoil	Noruega	S	70,8	10	7	0	2	N	S	S	S	S	7
Eni	Itália	S	30,3	9	3	0	3	N	S	S	S	S	6
Ecopetrol	Colômbia	S	89,9	9	6	3	1	S	S	S	S	S	6
GDF Suez	França	S	36,4	21	9	6	4	S	N	N	S	S	5
Sinopec	China	S	75,8	11	3	0	3	N	S	N(**)	S	S	5
Rosneft	Rússia	S	83,0	9	3	0	7	S	S	S	S	S	5
OGDCL	Paquistão	S	85,2	11	8	n.a.	3	S	S	N	S	S	5
Saudi Aramco	Arábia Saudita	N	100	7	5	2	?	S	S	S	S	S	5
Gazprom	Rússia	S	50,0	10	2	5	1	S	S	N	N	S	4
CNOOC Ltd.	China	S	66,0	11	5	0	3	N	S	N(**)	S	S	4
PTT	Tailândia	S	67,1	15	6+	0	3	S	S	N	S	N	4
ONGC	Índia	S	84,2	17	8	17	2	S	S	N	S	S	4
Petro China	China	S	86,7	14	5	0	3	N	S	N(**)	N	S	4
Petrobras	Brasil	S	55,7	9	2	6	1	S	S	N	N	S	3
KazMunayGas	Cazaquistão	S	62,0	8	3	5	3	S	S	N(*)	N	S	3
Petronas	Malásia	S	100	16	7	9		S	N	N	S	S	3
PDO	Oman	N	60,0	12	5	7	?	S	N	N	N	S	2
KPC	Kuwait	N	100	15				S	S	N	S(***)	N(?)	2
PEMEX	México	N	100	15				S	S	N	N		2
Pertamina	Indonésia	N	100	7	11	3	?	S	S	N		S	2
QP	Qatar	N	100	7	4	6	6	N	S	N	N	S	2

(continua)

Tabela 6.2. (continuação)

EPE	País	Capital aberto	% do governo no capital votante	Tamanho do CA(1)	Conselheiros independentes	Conselheiros nomeados pelo governo	Mandato dos conselheiros (anos)	Membros do governo no CA	CEO e chairman (2) não são a mesma pessoa	Chairman é conselheiro externo e não é membro do governo	Autonomia orçamentária	Auditores externos	Índice de governança*
Petro S.A.	África do Sul	N	100	n.a.	2	5		S	N	S	N	N	1
Sonatrach	Argélia	N	100	13	0		n.a.	S	N	N	S	N	1
Adnoc	UAE	N	100	10		10	?	S	N	N	N	N	0
EGPC	Egito	N	100	n.a.	0		?		N	N		N	0
INOC	Iraque	N	100	n.a.	0				N	N		N	0
Libya NOC	Líbia	N	100	5		5	?	S	S	N	N	N	0
NIOC	Irã	N	100	8	0	8	?	S	S	N	N	N	0
NNPC	Nigéria	N	100	9	0	9	?	S	N	N	N	N	0
PDVSA	Venezuela	N	100	10	0	10	2	S	N	N	N	N	0

(1) CA = conselho de administração
(2) Chairman = presidente do conselho de administração

FONTES: Tordo et al.,[16] tabelas 4.6 e 4.7; Capital IQ; capítulos relevantes em Hults, Thurber e Victor[17] e sites das empresas.

NOTAS: Os pontos de interrogação denotam incerteza sobre a informação, não por inexistir, mas por não ser divulgada. Por exemplo, quando os membros do conselho de administração são nomeados pelo governo, o mandato deles está atrelado aos ciclos eleitorais ou políticos. Em outros conselhos de administração, os mandatos dos conselheiros não são definidos expressamente.

(*) De acordo com a Capital IQ, Timur A. Kulibayev, presidente do conselho de administração da KazMunayGas, tem ligações estreitas com o presidente do Cazaquistão. Portanto, questiona-se até que ponto é chairman independente.

(**) Os presidentes do conselho de administração de empresas chinesas geralmente são apresentados como externos e independentes, mas, como são membros importantes do Partido Comunista, essa independência é questionável.

(***) Stevens explica que o governo do Kuwait aprovou uma série de reformas em 2004 que tornaram a KPC relativamente autônoma em relação ao governo e à holding.[18]

(#) Índice de governança: Calculamos esse índice adicionando oito escores. Primeiro, 1 ou 0 para a hipótese positiva ou negativa de a empresa ter privatizado parte das ações. Segundo, 1 ou 0 para o governo como acionista minoritário ou não. Terceiro, 1 ou 0 se o número de conselheiros externos independentes for ou não superior a zero. Quarto, 1 ou 0 se os conselheiros externos independentes forem ou não maioria. Quinto, 1 ou 0 se inexistir ou existir funcionários do governo no conselho de administração. Sexto, 1 ou 0 se o presidente do conselho de administração for externo ou interno. Sétimo, 1 ou 0 se a empresa tiver ou não autonomia orçamentária. Oitavo, 1 ou 0 se as demonstrações financeiras da empresa forem ou não auditadas por auditoria privada. Essa soma resulta em índice que varia de 0 a 8.

AUTONOMIA FINANCEIRA

A tabela 6.2 mostra que as EPES de capital aberto, em geral, têm autonomia orçamentária, ou seja, importantes decisões sobre investimentos e sobre a distribuição dos recursos gerados pela empresa não precisam da aprovação prévia do governo. Usualmente, isso significa que as empresas podem empreender projetos lucrativos com mais frequência e podem gastar mais com exploração, P&D e assim por diante. (As exceções são Petrobras e as três empresas chinesas — Sinopec, CNOOC e Petro China. Nessas empresas, alguns investimentos necessitam de aprovação prévia do governo.)

TRANSPARÊNCIA FINANCEIRA E MONITORAMENTO EXTERNO DAS EPES

Outro elemento importante do estudo é o nível de transparência e de auditoria externa das EPES. De acordo com a visão de agência, a dificuldade de monitoramento — ou sua falta total — é um dos maiores problemas das empresas estatais. Na tabela 6.2, vê-se que entre as EPES corporatizadas de capital fechado há bastante sigilo nos relatórios financeiros. Muitas dessas empresas não sofrem auditorias externas independentes. Em contraste, as demonstrações financeiras das EPES de capital aberto são auditadas por empresas de contabilidade privadas, quase sempre com boa reputação internacional. Aqui a exceção é a PTT, da Tailândia, que é auditada pelo auditor geral do país.

ÍNDICE DE GOVERNANÇA PARA EMPRESAS PETROLÍFERAS ESTATAIS

Para não sugerir que as EPES desfrutam de mais autonomia em relação ao Estado que na realidade, incluímos na última coluna da tabela 6.2 um índice de governança que reflete o grau de independência das EPES na prática, em vez de na teoria. Calculamos esse índice adicionando oito escores que atribuímos a disposições específicas de governança. Primeiro, adotamos o escore de 1 ou 0 para as hipóteses positiva ou negativa de a empresa ter privatizado parte de seu patrimônio líquido. Segundo, consideramos o escore de 1 ou 0 para o governo como acionista minoritário ou não. Terceiro, também adicionamos 1 se o número de conselheiros externos independentes é superior a 0. Quarto, também somamos 1 se os conselheiros externos independentes forem maioria. Esse escore é extremamente importante por indicar a existência de freios e contrapesos contra o poder do CEO. Quinto, acrescentamos 1 se não houver funcionários do governo no conselho de administração. Sexto, acrescentamos 1 se o presidente do conselho de administração for externo (ou seja, não for nem servidor público nem político ligado ao partido ou à coalizão do governo, nem alguém relacionado com a empresa). Sétimo, somamos 1 se a empresa tiver autonomia orçamentária. Finalmente, acrescentamos 1 se as demonstrações financeiras da empresa forem auditadas por auditoria privada. Essa soma resulta em índice que varia de 0 a 8. Classificamos as EPEs da tabela 6.2 de acordo com o respectivo índice de governança, desde as com governança mais forte até aquelas sujeitas a intervenções do governo.

Nosso índice de governança oferece três insights. Primeiro, muitas EPEs de capital aberto têm arranjos de governança bastante semelhantes aos de empresas privadas. Isso não significa dizer que a governança privada é panaceia, uma vez que grandes empresas privadas ainda enfrentam escândalos e abusos por parte dos acionistas controladores e dos CEOs. Esses novos arranjos, contudo, mitigam grande parte dos problemas de agência que a literatura econômica associa às EPEs. Além disso, alguns dos arranjos de governança reduzem a intervenção política ao introduzir freios e contrapesos ao poder do acionista controlador e dos gestores, atenuando algumas das preocupações da visão política.

Segundo, é ampla a variação da governança e muitas são as EPEs de capital aberto que desfrutam de pouca independência em relação ao governo, seja porque não têm autonomia orçamentária, seja porque o conselho de administração está cheio de funcionários públicos ou de membros indicados pelo governo.

Finalmente, as empresas corporatizadas de capital fechado, na prática, parecem ser menos imunes à influência do governo que as de capital aberto. Mesmo que algumas delas tenham membros independentes no conselho de administração, poucas desfrutam de autonomia orçamentária. O governo ainda precisa aprovar importantes decisões sobre investimentos ou até referendar expressamente o orçamento anual.

Nossa amostra de EPEs também inclui empresas mais opacas — nem corporatizadas nem de capital aberto — com índices de governança extremamente baixos. Ao reunir dados para essa tabela, constatamos como algumas EPEs dificultam o acesso a informações básicas sobre a própria situação e desempenho, abrangendo dados financeiros e descrições formais sobre como atua o conselho de administração e sobre quem nomeia os respectivos membros. Muitas EPEs não divulgam relatórios anuais. Ross associa a falta de transparência de algumas EPEs, na base de nossa escala de governança, ao desejo de regimes ditatoriais ou autocráticos de extrair fundos dessas empresas para enriquecer membros da coalizão do governo, para comprar votos ou para beneficiar o partido no poder.[19] Na verdade, o FMI incluiu normas sobre transparência para EPEs em alguns de seus pacotes de ajuda financeira a países em desenvolvimento. Assim foi em Angola, onde o FMI vem tentando convencer a Sonangol, empresa petrolífera estatal, a melhorar a transparência e a submeter as demonstrações financeiras a auditoria independente.[20]

Portanto, em geral, os governos de muitas economias grandes corporatizaram ou abriram o capital das EPEs para melhorar a eficiência da empresa. Por que teriam esses governos tentado tornar suas EPEs mais eficientes? A resposta talvez tenha a ver com o desfecho das crises das décadas de 1970 e 1980 e com as dificuldades que assolaram alguns países, na década de 1990 (por exemplo, a Europa Oriental depois do comunismo e a Ásia no rescaldo da crise financeira asiática). Apesar do problema do duplo objetivo ou resultado, os governos perceberam que o mau desempenho das empresas estatais enfraquece o Estado e talvez acarrete dificuldades fiscais. Ao contrário, empresas lucrativas podem fortalecer o Estado. Portanto, configurar as estatais para a lucratividade e a eficiência no longo prazo pode contribuir para a realização dos próprios objetivos financeiros do governo. Por exemplo, EPEs lucrativas geram dividendos para o governo, ao mesmo tempo que garantem recursos para o país. A questão é se essas boas intenções se mantêm firmes quando os governos enfrentam emergências ou pressões extremas dos eleitores (por exemplo, se ocorrer grande aumento nos preços da gasolina e do gás, em período pré-eleitoral).

Normalmente, as empresas de capital aberto têm mais autonomia para decidir sobre investimentos e exercem mais controle sobre os próprios lucros que suas congêneres apenas corporatizadas. Algumas EPEs de capital aberto — embora nem todas — também costumam ser mais blindadas contra a intervenção política, não só em relação aos lucros, mas também quanto à estratégia e aos objetivos nacionais. Isso se explica, em parte, pela composição do conselho de administração, mas, principalmente, pelo ativismo de acionistas importantes cujo dinheiro está em jogo se o governo decidir desviar o curso da empresa para objetivos que destroem valor. A expectativa dos reformadores das empresas estatais era que o governo interviesse menos em EPEs de capital aberto, para não comprometer a própria reputação perante os acionistas minoritários e para não perder o voto de muitos deles, que compõem parcela significativa do eleitorado (por exemplo, por meio de fundos de pensão).[21] A ideia é que, se o governo intervier em EPE de capital aberto, a reação dos acionistas, inclusive os institucionais, grandes bancos e fundos de pensão privados, poderá ser bastante forte para domar o investidor majoritário (o governo), evitando que venha a extrair benefícios do controle da empresa. Em suma, o mecanismo de compromisso que restringe o Leviatã depende de quanto o governo se importa com os acionistas minoritários, o que *não* significa dizer que esse compromisso *sempre* ocorrerá em empresas estatais com ações negociadas em Bolsa de Valores. Conforme veremos em seguida, há importantes variações na intervenção política em empresas de capital aberto.

A governança é importante para o desempenho?

Questão óbvia ao analisar a governança é se ela realmente importa para o desempenho. No caso de estatais, em geral, e de EPES, em especial, queremos saber duas coisas. Primeiro, se a governança alinha os interesses de proprietários (o governo) e gestores; segundo, se os arranjos de governança, ao blindar a administração contra os objetivos sociais e políticos, se associa a desempenho superior pelas EPES. Essas questões são difíceis de responder e exigem dados sofisticados que, infelizmente, só estão disponíveis sobre poucas empresas petrolíferas (ou seja, não há observações suficientes para um trabalho econométrico sério).

Portanto, nesta seção, fornecemos evidências básicas apenas no intuito de argumentar que, para EPES, melhor governança, medida pelo nosso índice de governança, na tabela 6.2, parece correlacionar-se com melhor desempenho.

Na figura 6.1, vê-se que é alta a correlação entre autonomia em relação ao governo e retorno sobre o ativo. Correlação semelhante observa-se na figura 6.2, que mostra um gráfico de dispersão do índice de governança versus o logaritmo da produtividade do trabalho (lucro líquido por trabalhador). Pelo menos duas são as hipóteses que poderiam explicar essa relação. Primeiro, as empresas com índice de governança mais alto criam condições para que os gestores adotem a lucratividade como principal objetivo em vez de precisar maximizar variáveis sociais e políticas. Segundo, na maioria das empresas com baixo índice de governança, como a Pemex, do México, o governo tributa os resultados com altas alíquotas ou controla diretamente o orçamento. Portanto, nessas empresas, os CEOS dispõem de menos recursos gerados internamente para investir em oportunidades lucrativas. Alternativamente, esses gráficos talvez estejam dizendo que as empresas com melhor governança podem atrair mais capital externo e explorar melhor as oportunidades lucrativas de maneira mais eficiente (com produtividade do trabalho mais alta).

Se os freios e contrapesos embutidos nos novos regimes societários das EPES de capital aberto reduzirem a intervenção política, é de esperar que a produtividade do trabalho se correlacione com o índice

Figura 6.1. Governança e retorno sobre o ativo em EPEs, 2011

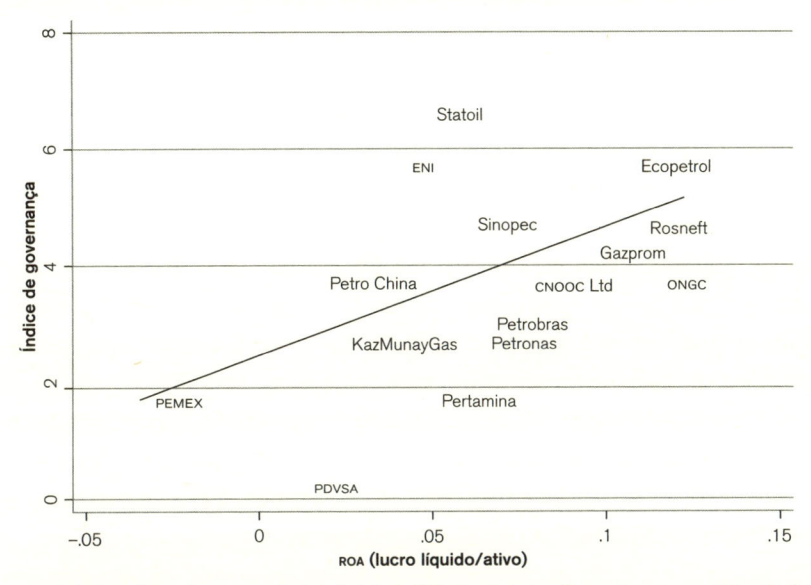

[Gráfico: Índice de governança vs ROA (lucro líquido/ativo)
- Statoil
- ENI
- Ecopetrol
- Sinopec
- Rosneft
- Gazprom
- Petro China
- CNOOC Ltd
- ONGC
- Petrobras
- Petronas
- KazMunayGas
- PEMEX
- Pertamina
- PDVSA]

FONTE: Criado pelos autores com dados da tabela 6.2 e com dados financeiros e operacionais da Capital IQ e PIW (2011).

Figura 6.2. Governança e produtividade do trabalho em EPEs, 2011

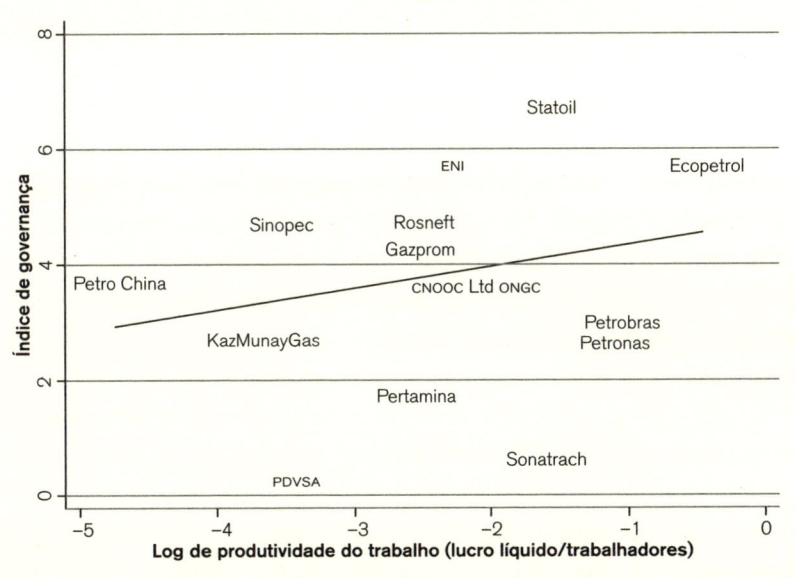

[Gráfico: Índice de governança vs Log de produtividade do trabalho (lucro líquido/trabalhadores)
- Statoil
- ENI
- Ecopetrol
- Sinopec
- Rosneft
- Gazprom
- Petro China
- CNOOC Ltd
- ONGC
- Petrobras
- Petronas
- KazMunayGas
- Pertamina
- Sonatrach
- PDVSA]

FONTE: Criado pelos autores com dados da tabela 6.2 e com dados financeiros e operacionais da Capital IQ e PIW.[22]

de governança. A figura 6.2 mostra exatamente isso. As empresas com altos índices de governança tendem a usar o trabalho de maneira mais produtiva. Ou seja, os novos arranjos de governança dessas EPES podem atenuar os tipos de pressões políticas e sociais para aumentar o emprego, que analisamos no capítulo 2.

Governança na Pemex, na Petrobras e na Statoil

Depois de examinar a governança de EPES na seção anterior, passaremos agora a analisá-la com mais profundidade para compreender de que maneira o Leviatã como investidor majoritário atua na prática. Para esse propósito, com base em Pargendler, Musacchio e Lazzarini,[23] comparamos a Petrobras com a Statoil e a Pemex. Essas comparações nos permitem estudar as principais diferenças entre corporatização e abertura de capital, assim como a variação no nível de intervenção política entre empresas de capital aberto.

PROPRIEDADE

Na tabela 6.3, mostramos a variação na propriedade do governo (participação no capital com direito a voto) e nos níveis de autonomia em relação ao governo (controle da empresa sobre os próprios recursos) nas três empresas. A Pemex é empresa de capital fechado que apresenta a maioria dos atributos das empresas corporatizadas que analisamos na seção anterior, enquanto a Petrobras e a Statoil são empresas de capital aberto, sob controle do governo.

CONSELHO DE ADMINISTRAÇÃO

À primeira vista, as configurações dos três conselhos de administração parecem muito semelhantes: são relativamente grandes, com conselheiros independentes. O exame da composição do órgão colegiado

Tabela 6.3. Governança na Petrobras, na Statoil e na Pemex (jul. 2012)

	Petrobras	Statoil	Pemex
Governança			
Pelo estatuto; é empresa independente?	Sim (sociedade anônima)	Sim (sociedade limitada)	Parte do governo
Ações negociadas em grande Bolsa de Valores	Sim	Sim	Não
Conselho de administração (CA)			
Número de conselheiros	9	10	15
Número de conselheiros externos	2	7	4
Os conselheiros externos são maioria?	Não	Sim	Não
O governo tem representantes no CA?	Sim	Não	Sim
Direitos dos acionistas e poder do governo			
Duas classes de ações (com e sem direito a voto)	Sim	Uma classe (uma ação, um voto)	Não tem ações
Ações com direito a voto de propriedade do governo	50,2% (gov.) + 8,2% (BNDESPAR)	67%	100%
Direitos do governo sobre a geração de caixa (% do capital total)	28,70%	67%	100%
Golden share ou poder de veto das principais decisões	Direito de veto porque tem a maioria dos votos	Direito de veto porque tem a maioria dos votos	Direito de veto em relação a todos os assuntos
Os acionistas minoritários têm direito de eleger membro do conselho?	Sim, até dois	Não	Não aplicável
Relações com o governo			
Impostos como % da receita (2011)	25,2% líquido (34% menos deduções)	28% da receita menos deduções para exploração e depreciação	56,2% da receita
Pagamentos adicionais ao governo	Dividendos	Dividendos de acordo com participação acionária e imposto de 3% sobre a totalidade dos dividendos	Todos os lucros adicionais, menos deduções para exploração e depreciação

FONTE: Pargendler et al.[24] Compilado do site das empresas e de questionários enviados à Pemex.

revela que os conselhos da Petrobras e da Pemex estão repletos de membros do governo e que os conselheiros externos são minoria. Em outras palavras, embora a Petrobras seja empresa de capital aberto, é alto o nível de intervenção política na empresa, por meio do conselho de administração, assim como mediante o simples exercício do poder (por exemplo, como analisamos mais adiante, o presidente do Brasil, direta ou indiretamente, por intermédio dos conselheiros relacionados com o governo pode pedir ao CEO da Petrobras que faça certos investimentos ou pratique determinadas ações).

Em contraste, a lei norueguesa proíbe membros do governo de participar do conselho de administração da Statoil. Em 1962, ocorreu um acidente numa empresa de mineração estatal de cujo conselho de administração o ministro da Indústria era membro. Seguiu-se um escândalo político, atribuindo o acidente à negligência do governo. Em consequência, o governo trabalhista foi derrotado em moção de confiança. "Desde então, nenhum servidor público da Noruega pode ser membro do conselho de administração de qualquer empresa estatal, protegendo os políticos e membros do governo, quando esses empreendimentos vão mal."[25]

AUTONOMIA FINANCEIRA E A PARTE DO GOVERNO

Na parte inferior da tabela 6.3, incluímos uma seção que mostra a extensão em que os governos do Brasil, da Noruega e do México tributam as EPEs e quanto arrecadam na forma de dividendos. Os regimes fiscais da Petrobras e da Statoil parecem extremamente semelhantes. O governo fica com algo entre 25% e 28%, na forma de tributação do lucro, e recebe dividendos com base nos direitos das ações sobre a geração de caixa (28,5% na Petrobras e 67% na Statoil). No México, o governo fica com todo o lucro da Pemex — cerca de 56% em impostos sobre o lucro e o restante em dividendos —, depois devolve à Pemex algumas deduções para depreciação e para projetos de exploração. Com efeito, após a parte do governo, dos pagamentos de pensões e da remuneração de obrigacionistas, a empresa geralmente tem resultado negativo.

A tabela 6.3 mostra um padrão interessante e enigmático. Comparando os impostos e dividendos que os governos brasileiro e norueguês arrecadam da Petrobras e da Statoil, respectivamente, parece que o governo brasileiro dá mais autonomia à Petrobras do que o governo norueguês à Statoil. Sim, o governo brasileiro precisa aprovar alguns dos grandes investimentos da Petrobras, ao passo que a Statoil teria mais autonomia financeira apenas no papel.

Na tabela 6.4, também comparamos indicadores básicos de transparência financeira e autonomia orçamentária. Como já mencionamos, apenas o governo norueguês parece dar à sua empresa petrolífera estatal completa autonomia orçamentária. A Petrobras precisa da aprovação do governo para certos projetos de investimento, enquanto a Pemex a exige para todos os projetos de investimento e para a totalidade do orçamento. Com efeito, esta última tem um escritório de controle interno e, além disso, só pode promover grandes mudanças no orçamento por meio do ministro das Finanças. Das três, portanto, a Pemex é a que tem menos flexibilidade, quando se trata do uso de recursos gerados internamente.

SELEÇÃO DE GESTORES E INCENTIVOS

Na tabela 6.4, apresentamos ainda uma comparação de como essas três empresas escolhem o CEO. Na Petrobras e na Statoil, os CEOS são selecionados e nomeados pelo conselho de administração. Na Petrobras, porém, o conselho de administração está repleto de servidores públicos e de membros indicados pelo governo. Portanto, a seleção e a nomeação do CEO representam um processo político no qual a palavra final é do presidente da República. Como maneira de avaliar a intervenção política na nomeação de altos executivos, em conformidade com nossa análise no capítulo 5, avaliamos comparativamente o turnover do CEO nas três EPES. Vemos que, na Petrobras, o CEO mudou depois de três das sete últimas eleições presidenciais. Na Pemex, as mudanças de CEO também apresentam forte correlação com as eleições presidenciais. Na Statoil, contudo, a nomeação do CEO é relativamente independente dos ciclos eleitorais. Por isso é que, talvez, os CEOS da Pemex e da Petrobras

Tabela 6.4. CEOs, incentivos e subordinação, na Petrobras, Statoil e Pemex (julho de 2012)

	Petrobras	Statoil	Pemex
CEOs/incentivos			
CEO selecionado por:	CA	CA	Presidente do México
Atual CEO:	Maria das Graças Foster (CEO técnico, embora mantenha relações estreitas com a presidente Dilma Rousseff)	Helge Lund (técnico-político)	Juan José Suárez Coppel (técnico)
Perfil de CEOs anteriores	9 técnicos, 1 técnico-político	2 técnicos-políticos, 2 técnicos, 2 políticos	4 técnicos, 2 técnicos-políticos, 3 políticos
Mandato médio do CEO em anos	2,7	6,7	3,2
Em geral, muda-se o CEO depois da eleição presidencial?	Em 3 de 7 eleições	Não	Sim
A remuneração do CEO inclui componente de pagamento por desempenho?	Sim	Sim	Não
O CEO recebe opções sobre ações?	Não	Sim	Não
O CEO tem ações?	Sim	Sim	Não
Finanças e transparência			
Orçamento autônomo	Não, alguns investimentos necessitam de aprovação do governo	Sim	Não, alguns investimentos necessitam de aprovação do governo
Auditoria das demonstrações financeiras (por empresa privada)	Sim	Sim	Sim
Normas contábeis	IFRS	IFRS	IFRS (desde 2012)
Frequência de divulgação das demonstrações financeiras	Trimestral	Trimestral	Trimestral
Principais investidores institucionais	Fundos de pensão locais, Black Rock	Fundo de seguro estatal da Noruega	Obrigacionistas e ex-Im Bank
Rating pela S&P de títulos de dívida em moeda nacional	BBB	AA-	A-
Regulação	Agência Nacional de Petróleo (ANP), ligada ao Ministério das Minas e Energia	Diretoria de Petróleo da Noruega (DPN), subordinada ao Ministério de Petróleo e Energia	Comissão Nacional de Carboidratos (CNH, em espanhol), agência descentralizada, ligada ao Ministério de Energia (Sener)

FONTE: Pargendler et al.[26] Compilado dos sites das empresas e de questionário enviado à Pemex.

NOTA: IFRS significa International Financial Reporting Standards (Normas Internacionais de Relatórios Financeiros), estabelecidas pelo International Accounting Standards Board. O IFRS normalmente exige que as empresas divulguem informações mais detalhadas que os princípios de contabilidade em geral aceitos (GAAP), que são as normas contábeis exigidas para registrar ações ou negociar obrigações (títulos de dívida) na Bolsa de Valores de Nova York.

mudem aproximadamente a cada três anos, enquanto os da Statoil ficam no cargo, em média, sete anos.

Nossa análise também sugere que os antecedentes dos CEOS são menos políticos nas empresas de capital aberto. Trata-se, porém, de algo difícil de afirmar porque mais da metade dos CEOS da Pemex, embora com ligações políticas, tem intensa formação técnica no setor e também porque os CEOS da Statoil, embora normalmente técnicos, em geral também são políticos.

Finalmente, também consideramos a variação dos incentivos e da remuneração dos CEOS nessas três EPES. Embora tanto a Petrobras quanto a Statoil adotem contratos de remuneração por desempenho, esta última é a única que oferece opções sobre ações aos CEOS. Tanto na Petrobras quanto na Statoil, o CEO efetivamente tem ações da empresa. Além disso, a Petrobras e a Statoil pagam aos CEOS salários compatíveis com os de executivos-chefes de empresas privadas do setor de petróleo (por exemplo, 2 milhões de dólares por ano na Statoil), enquanto a Pemex paga muito menos, em conformidade com a remuneração de funcionários de alto nível da burocracia estatal (aproximadamente 200 mil dólares por ano).

TRANSPARÊNCIA FINANCEIRA E MONITORAMENTO EXTERNO DAS EPES

Em termos de relatórios financeiros e de transparência, a Petrobras, a Statoil e a Pemex cumprem as normas do International Financial Reporting Standards (IFRS). As três empresas divulgam demonstrações financeiras trimestrais e usam as agências de risco para classificar os títulos de dívida que emitem. Em parte, os altos níveis de transparência da Pemex têm a ver com o fato de emitir títulos de dívida em vários mercados de ações, o que lhe impõe o cumprimento de normas financeiras internacionais e o recebimento de classificação de risco de crédito satisfatória.

Quem monitora o CEO dessas EPES? Além do conselho de administração, das agências de classificação de risco de crédito e dos credores, os investidores institucionais também participam do monitoramento dos executivos da Statoil e da Petrobras. Fundos de pensão locais e fundos americanos, como Black Rock, são os maiores acionistas minoritários da Petrobras. Embora a Pemex, por não ter ações negociadas em Bolsas de Valores, não seja monitorada por investidores institucionais, a atuação de seus gestores é acompanhada pelos credores e pelas agências de classificação de risco de crédito. Decisões da empresa que destroem valor para os acionistas são punidas com classificação de risco de crédito mais baixa ou com taxas de juros mais altas.

REGULAÇÃO DE PETROLÍFERAS ESTATAIS NO BRASIL, NA NORUEGA E NO MÉXICO

Outro fator importante para a compreensão das EPES e das empresas estatais em geral é a regulação.[27] Em todos os três casos, há agências reguladoras que prestam contas a órgãos públicos (como o Ministério da Energia) e que, pelo menos no papel, são dirigidas por profissionais técnicos. Análise mais profunda da atuação dessas agências, contudo, revela diferenças profundas. No Brasil, a Agência Nacional do Petróleo (ANP) é relativamente fraca e muito influenciada pelo governo. Além disso, ficou com a reputação manchada desde quando alguns de seus executivos foram pilhados extorquindo empresas privadas.[28] Em consequência, o presidente do Brasil e o ministro das Minas e Energia são os "reguladores" de fato da Petrobras.

No México, o governo aprovou uma lei, em 2008, que criou a Comissão Nacional de Carboidratos (conhecida como CNH). A intenção era que fosse uma agência autônoma, dirigida por comissários com conhecimento técnico do setor. Na prática, porém, nem todos os comissários são especialistas. O regulador de fato da Pemex é o Ministério das Finanças, que controla o orçamento da empresa, linha a linha, cujo titular é presidente do conselho de administração da Pemex.

Em contraste com os casos mexicano e brasileiro, a diretoria de petróleo da Noruega (NPD), embora também subordinada ao ministério, é funcionalmente autônoma e forte. Eis o que afirmam a esse respeito Thurber e Istad:

Uma vez que a diretoria de petróleo da Noruega prestava contas diretamente ao ministério, de início considerou-se necessário ter um conselho independente para supervisioná-la, a fim de garantir sua independência. Com o passar do tempo, porém, o conselho foi considerado supérfluo e, em 1991, acabou sendo extinto [...]. O que, em última instância, protegeu a NPD de interferência indevida foi a dependência crescente do ministério em relação a seus serviços e orientações fundamentais, de natureza técnica. (Alto funcionário do ministério afirmou que a NPD tendia a ser vista como seu [do ministério] departamento técnico.) Qualquer iniciativa que provocasse rupturas traumáticas nessa função seria prejudicial para ambas as organizações.[29]

A existência de agência regulatória autônoma, portanto, ajudou a desenvolver freios e contrapesos institucionais que reduziram a capacidade do governo de intervir diretamente. E, no caso da NPD, essa autonomia foi consequência, aparentemente, da presença de reguladores técnicos com conhecimento específico do setor.

O risco de intervenção política no modelo do Leviatã como investidor majoritário: o caso da Petrobras

Em nossa análise das empresas petrolíferas estatais (EPES) acima, mostramos que a abertura de capital das estatais (inclusive EPES) atenua ou elimina muitos dos frequentes problemas de agência. O modelo do Leviatã como investidor majoritário, porém, tem seus limites: mesmo empresas de capital aberto não estão imunes à intervenção política.

Por exemplo, até na Statoil, que tem muitos freios e contrapesos contra a intervenção governamental, ocorreram situações de interferência política. Ainda que a "intervenção direta do ministro do Petróleo e Energia na estratégia da Statoil tenha desaparecido em grande parte, os políticos continuam a interferir como se estivessem fazendo política para a empresa".[30] Embora se considere a Statoil blindada contra o governo, Thurber e Istad mencionam que, em outubro de 2007, o governo interrompeu o desenvolvimento de gás natural no campo Troll, na Noruega, "com a justificativa de que, provavelmente, essa atividade acabaria prejudicando a recuperação de petróleo no campo [...] em face dos aspectos comerciais, a Statoil ficou muito insatisfeita".[31]

Trata-se, porém, de acontecimentos isolados, em comparação com outros exemplos que mencionamos abaixo. Nesta seção, examinamos como a Petrobras não conseguiu blindar-se contra a intervenção política, embora suas ações sejam negociadas na Bolsa de Valores de Nova York (por intermédio de American Depository Receipts, ADRS) e na Bovespa, em São Paulo.

OFERTA PÚBLICA DE AÇÕES DA PETROBRAS EM 2010

Em 22 de junho de 2010, o conselho de administração da Petrobras aprovou ambicioso plano de investimento, de 224 bilhões de dólares, para o período de 2011 a 2014, inclusive para a exploração e desenvolvimento de campos de pré-sal, na costa de São Paulo. Prevendo despesas anuais da ordem de 45 bilhões de dólares, durante pelo menos cinco anos — mais do que a capacidade de geração de caixa da Petrobras —, a empresa resolveu emitir um pacote de ações e de títulos de dívida. Com efeito, a empresa planejava o que seria a maior emissão pública do mundo, com a venda de ações totalizando 50 bilhões de dólares.[32] A emissão de ações foi uma grande realização, que orgulharia qualquer empresa, envolvendo seis bancos de investimentos, que atuavam como coordenadores globais, e nove gestores conjuntos.[33]

O governo, todavia, não queria que a Petrobras vendesse ao público ações com direito de voto para não diluir seu próprio poder de voto. Na verdade, a lei brasileira obriga as empresas que emitem novas ações a dar direito de preferência aos acionistas na subscrição do aumento de capital. Ao mesmo tempo, o governo brasileiro vendeu à Petrobras o direito de extrair 5 bilhões de barris de petróleo ou equivalente ao preço de 8,51 dólares por barril. Tecnicamente, a Petrobras pagaria 42,5 bilhões de dólares ao governo. O governo, contudo, decidiu usar esse dinheiro para comprar novas ações, aumentando, assim, seu poder de voto na empresa.

Os acionistas minoritários da Petrobras ficaram preocupados (a) com essa transação, sobretudo com a diluição de seu poder de voto, (b) com os direitos de exploração terem sido negociados sem consulta a eles e (c) com o pagamento antecipado desses direitos, antes de seu exercício efetivo. Outros acionistas minoritários se queixaram de que o preço foi alto demais.[34]

CONTROLES IMPLÍCITOS DO PREÇO DA GASOLINA

O preço da gasolina era controlado havia anos, mas a intervenção direta na administração da empresa só ocorreu em 2012. A nomeação de Maria das Graças Foster, chamada de Graça Foster, como CEO da Petrobras, em fevereiro de 2012, foi bem recebida pelos participantes do mercado, por ter formação técnica. Ela fizera longa carreira na empresa e era considerada conhecedora profunda do setor. Graça Foster reconheceu que manter os preços da gasolina baixos comprometeria a lucratividade e deterioraria a geração de caixa necessária para a realização de futuros investimentos. Ao ser nomeada, deu uma entrevista em que declarou:

> Se você me pergunta: é para corrigir preço? É lógico que é para corrigir preço, a perdurar os patamares vigentes nos últimos seis meses [...]. Não é sensato imaginar que quem vende – qualquer coisa que seja, uma xícara, um caderno, gasolina, diesel – não repasse ao mercado as suas vantagens e as suas desvantagens.[35]

No entanto, a presidente Dilma Rousseff e o ministro de Minas e Energia desautorizaram em público a afirmação de Graça Foster e disseram que o preço da gasolina não seria aumentado. Ambos receavam que o aumento do preço da gasolina aceleraria a inflação num momento em que o governo tentava forçar reduções nas taxas de juros. Em junho de 2012, o governo permitiu um pequeno ajuste — insuficiente para compensar os grandes aumentos no preço do petróleo (na época, sendo negociado a cem dólares por barril). Esses controles de preços afetam diretamente a lucratividade da divisão de refino da Petrobras. Em consequência disso, os investimentos em refino tornam-se menos lucrativos para os acionistas minoritários que os investimentos nas linhas de negócios lucrativas.

Em maio de 2012, um grupo de investidores estrangeiros enviou carta a Graça Foster criticando o plano de investimentos da empresa — aprovado pelo Conselho de Administração — que destinava grandes quantias ao refino, não obstante a inexistência de intenção clara de levantar o controle de preços da gasolina. Justificando as preocupações dos investidores, a Petrobras divulgou prejuízo recorde de 1,34 bilhão de reais (cerca de 662 milhões de dólares) no segundo trimestre de 2012, o primeiro prejuízo em treze anos. Embora o prejuízo fosse decorrente da baixa contábil de despesas com um projeto de exploração infrutífero, a limitação do preço da gasolina pelo governo decerto não contribuiu para a lucratividade da Petrobras.

Os investidores também se queixavam de que dois assentos no conselho de administração, reservados pelo estatuto da empresa a acionistas minoritários, realmente não representavam os interesses dos acionistas minoritários.[36] Essas queixas refletiam as preocupações dos investidores institucionais Polo Capital e Black Rock, cujos candidatos para o conselho de administração tinham sido derrotados. Os vencedores, Jorge Gerdau Johannpeter e Josué Gomes da Silva, eram considerados pelos investidores institucionais próximos demais do governo: o primeiro era industrial da siderurgia, consultado com regularidade pelos presidentes Lula e Rousseff, e o segundo, também empresário, era o filho do vice-presidente de Lula. Eles foram eleitos pelos fundos de pensão de duas estatais — Banco do Brasil e Caixa Econômica Federal — e pelo BNDESPAR, braço de investimentos do BNDES. A Comissão de Valores Mobiliários teria investigado o incidente, mas sem maiores consequências.

Sem dúvida, a intervenção política em empresas petrolíferas é lugar-comum em todo o mundo. Não se sabe ao certo, contudo, do ponto de vista do modelo do Leviatã como investidor majoritário, por que os governos, às vezes, tentam retratar suas EPES como empresas de capital aberto bem-comportadas, que maximizam o lucro para os acionistas, se, no final das contas, o investidor majoritário se mostra disposto a expropriar os acionistas minoritários, desviando ou drenando lucros para "partes relacionadas". As evidências apresentadas acima e as que vêm a seguir nos levam a concluir que o modelo do Leviatã como investidor majoritário deu ao governo do Brasil licença para expropriar acionistas minoritários e usar a Petrobras para propósitos sociais e políticos. Além disso, a falta de freios e contrapesos regulatórios, como na Noruega, e a posição dominante da Petrobras no setor petrolífero brasileiro permitiram que o governo interviesse, ou seja, que "regulasse" os preços à vontade, mesmo ao custo de reduzir a lucratividade.

OUTRAS INTERVENÇÕES NA PETROBRAS

A Petrobras adota política de compras que força os fornecedores a garantir alto conteúdo nacional em seus produtos. Essas políticas são de interesse do governo, o acionista controlador; elas contribuem para o desenvolvimento de indústrias nacionais e ajudam os trabalhadores (e as empresas) brasileiras a adquirir conhecimento no exterior. Mas também são equivalentes à expropriação dos acionistas minoritários, pois os fornecedores nacionais que estão adquirindo capacidade podem ser mais lentos ou mais dispendiosos que fornecedores internacionais comparáveis no fornecimento de componentes, equipamentos e serviços.

A interferência do governo também pode ocorrer quando a EPE apoia diretamente manobras geopolíticas pelo governo. Em 2005, por exemplo, a Petrobras assinou contrato de joint venture com a PDVSA, empresa petrolífera venezuelana, para construir uma refinaria no estado de Pernambuco, Brasil. Era um projeto especialmente caro ao presidente Lula e ao presidente Hugo Chávez, da Venezuela. A Petrobras, de início, projetou custos de 2,3 bilhões de dólares, mas em 2012 eles já eram estimados em 20 bilhões de dólares.[37]

OUTROS CASOS DE INTERVENÇÃO DO ESTADO EM EMPRESAS
ESTATAIS BRASILEIRAS DE CAPITAL ABERTO

A intervenção do governo brasileiro não se limita à Petrobras. Em 2012, por exemplo, a presidente Rousseff concluiu que o governo precisava enfrentar a recessão que havia atingido o Brasil naquele ano. E começou a pedir aos bancos estatais — em especial ao Banco do Brasil, o maior banco comercial estatal das Américas — que reduzissem as taxas de juros de maneira um tanto artificial, a fim de pressionar outros bancos brasileiros a seguir a iniciativa.[38]

Em setembro de 2012, Rousseff anunciou a prorrogação de concessões privadas para produzir eletricidade, que, do contrário, seriam transferidas para a Eletrobras, estatal com ações negociadas na Bolsa de Valores de São Paulo. O governo é o acionista majoritário da Eletrobras, mas os acionistas minoritários detêm 35% do patrimônio líquido. Cálculos preliminares da Eletrobras estimaram que a prorrogação das concessões do governo a empresas privadas acarretariam prejuízos em torno de 2,5 bilhões de dólares (5 bilhões de reais), o que poderia levar a empresa a apresentar prejuízo nas demonstrações financeiras de 2013.[39]

Conclusão

No modelo do Leviatã como investidor majoritário, alguns governos conseguiram segregar propriedade e gestão, adotando melhores práticas de governança corporativa. Essas estatais têm CEOS mais profissionais (selecionados com base no mérito ou talento), contratos de incentivos poderosos e sistemas de relatórios mais transparentes. A transparência nos relatórios financeiros das empresas corporatizadas e de capital aberto facilita para o governo e para os investidores privados o monitoramento do desempenho. Na verdade, os governos podem terceirizar o monitoramento dessas empresas para investidores privados, na condição de acionistas minoritários, especialmente quando se trata de grandes investidores institucionais. Quando comparadas com empresas estatais sob o modelo mais tradicional do Leviatã como empreendedor, essas estatais de capital aberto geralmente representam melhoria.

Os governos, todavia, também têm usado as EPES para propósitos sociais e políticos. O governo brasileiro descobriu maneiras de drenar recursos das empresas estatais em apoio a objetivos outros que não investimentos lucrativos. Vimos nos capítulos 3 e 5 que, em 1980, os choques econômicos levaram os governos a controlar preços. Esses controles de preços acarretaram perdas que oneraram diretamente as finanças públicas e que afetaram a capacidade do governo de pagar dívidas e de contrair empréstimos nos mercados internacionais. Na segunda década do século XXI, entretanto, o modelo do Leviatã como investidor majoritário parecia estar manejando os prejuízos de maneira diferente. Mais uma vez, o objetivo do governo brasileiro era usar as estatais para controlar preços e inflação, mas os efeitos sobre as finanças públicas eram diferentes dos observados na década de 1980. Primeiro, os controles de preços (por exemplo, da gasolina) geravam prejuízo para as empresas, tanto nos anos 1980 quanto nos anos 2000. Neste último período, contudo, o governo, em vez de enfrentar as perdas sozinho, dividia-as com os acionistas minoritários.

Segundo, na década de 1980, tanto o controle de preços quanto a intervenção política para evitar demissões coletivas redundaram em muitos anos de prejuízos significativos para as empresas estatais. Nos anos que se seguiram à privatização das maiores empresas do Brasil, as coisas mudaram. Embora os controles de preços ainda pudessem acarretar prejuízos, muitas estatais eram dirigidas por gestores profissionais e eram operadas, sob muitos aspectos, como empresas privadas. Em consequência, essas empresas podiam ajustar-se aos controles de preços do governo da mesma maneira como qualquer outra empresa privada se adaptaria a preço de mercado mais baixo: alterando planos de investimento, vendendo ativos não essenciais, demitindo trabalhadores ou aumentando o endividamento. Portanto, hoje, as empresas com propriedade estatal majoritária têm um pouco mais de flexibilidade que no passado para ajustar-se a choques.

III
O Leviatã como investidor minoritário

7
O Leviatã como acionista minoritário

NESTE CAPÍTULO, começa nossa análise do Leviatã como acionista minoritário, estudando os efeitos dos investimentos do governo em participações acionárias minoritárias nas empresas privadas. Embora os governos às vezes comprem essas participações minoritárias como parte de operações de socorro de empresas em dificuldade, como foi o caso quando o governo dos Estados Unidos adquiriu participação minoritária na General Motors, em 2008, em muitos países os governos investem ativamente em ações por meio de analistas profissionais e de gestores de portfólio. Os governos também se tornam acionistas minoritários indiretos ao adquirir participações minoritárias diretas em empresas que detêm ações de outras empresas. Por exemplo, o governo dos Estados Unidos tornou-se acionista minoritário indireto da PSA Peugeot quando a General Motors — da qual o governo dos Estados Unidos era acionista minoritário na época — comprou participação de 7% naquela empresa, em março de 2012.[1]

Neste capítulo, fazemos uma pergunta simples: Quais são as implicações para o desempenho da empresa quando o Leviatã se torna acionista minoritário? Usamos banco de dados de investimentos do BNDES em ações, de 1995 a 2009, para estudar essa questão. Avaliamos como as compras de ações pelo BNDES afetam o desempenho e os investimentos das empresas-alvo.²

Hipóteses

De acordo com a visão de política industrial, discutida no capítulo 2, as compras de ações pelo governo podem ajudar as empresas a atenuar as restrições de capital. Se uma empresa tem dificuldade em acessar financiamento de longo prazo, as injeções de capital as ajudará a investir em fábricas e equipamentos para alcançar economias de escala, aprimorar as operações, adquirir novas tecnologias e assim por diante — e tudo isso deve melhorar o desempenho da empresa. A afirmação ainda é mais relevante no caso de empresas que têm capacidade "latente" para investir em projetos lucrativos, mas que, ao mesmo tempo, sofrem restrições financeiras por não terem acesso a capital "paciente".

Como as *participações acionárias* do Estado ajudam nesse contexto? Aqui recorremos à análise de Williamson sobre os méritos relativos do capital próprio (patrimônio líquido) e do capital de terceiros (passivo exigível ou dívida), em função do perfil de ativos da empresa. Williamson argumenta que os ativos irrecuperáveis (*non-redeployable*) (como unidades industriais e equipamentos exclusivos) são mais bem atendidos por capital próprio, em consequência da maior flexibilidade desse modo de financiamento.³ Enquanto o capital de terceiros exige retorno fixo ao longo da duração do contrato, o capital próprio é capaz de adaptar-se melhor às mudanças de circunstâncias que possam afetar negativamente o valor desses ativos. Além disso, os acionistas têm mais discricionariedade para reunir-se e debater estratégias destinadas a reorganizar a empresa e para adotar horizonte temporal mais longo a fim de promover as mudanças necessárias.

Aplicando a lógica de Williamsom ao nosso contexto, supõe-se que a propriedade estatal de participações acionárias minoritárias ajudará a melhorar o desempenho da empresa, ampliando as oportunidades de investimento, principalmente quando há chances de investir em ativos fixos de longo prazo. Embora nem todos os ativos fixos sejam irrecuperáveis (por exemplo, terras sem características restritivas), a extensão em que a empresa investe em capital fixo sinaliza o grau em que ela tem projetos de amadurecimento mais lentos, que são, portanto, mais arriscados. Esse é exatamente o tipo de projeto que pode beneficiar-se da flexibilidade do capital próprio como modalidade de financiamento de longo prazo. Além disso, o capital *estatal* será decisivamente útil quando os empreendedores não tiverem acesso ao capital privado de investidores com horizontes temporais mais longos. Em outras palavras, o Estado em si atuará como investidor privado de capital próprio. Assim seria, por exemplo, em países nos estágios iniciais do desenvolvimento industrial.[4]

A propriedade estatal minoritária atenua a intervenção política e, portanto, ajuda os governos a resolver alguns dos problemas de agência que a propriedade estatal majoritária geralmente acarreta. Por exemplo, quando o governo é acionista minoritário, os proprietários majoritários e os investidores institucionais (se quiserem maximizar o lucro) tenderão a monitorar de perto os executivos ou a implementar esquemas de remuneração por desempenho, para reduzir os problemas de agência. Os riscos de falência ou de tomada de controle hostil também devem representar para os gestores poderosos incentivos para tentar obter resultados pelo menos tão bons quanto os dos pares, ou melhores.[5]

Há, contudo, duas visões alternativas de por que os governos acabam com participações acionárias minoritárias. A primeira, em parte ligada à da dependência da trajetória, argumenta que essas posições são consequências de processos políticos complexos pelos quais os governos tentam preservar sua influência sobre a economia por meio de redes embutidas, entrelaçadas com os capitalistas locais.[6] A visão de política partidária, por outro lado, sustenta que os governos podem optar por alocar capital a determinadas empresas na forma de investimentos em ações, por motivos políticos, talvez porque os proprietários privados tenham ligações de compadrio e queiram acesso a capital barato.[7]

Portanto, de acordo com essas visões, quando o governo compra participação acionária minoritária numa empresa, não devemos associá-la, necessariamente, à melhoria no desempenho ou no investimento. Além disso, a visão de política partidária sugere que o governo tem condições de usar a participação acionária como mecanismo de socorro. Por exemplo, debêntures conversíveis compradas pelo Estado podem eventualmente converter-se em ações se a empresa enfrentar dificuldades financeiras, com o governo, por seu turno, tornando-se acionista minoritário. Foi o que aconteceu exatamente com a JBS, empresa processadora de carne, escolhida como campeã nacional brasileira (ver a introdução). Nesse caso, o governo tornou-se grande acionista minoritário porque a empresa não podia pagar as debêntures conversíveis. Se o fenômeno se repetir de maneira sistemática, é de esperar que os investimentos do Estado em ações se concentrem basicamente em empresas com mau desempenho financeiro. Em outras palavras, em vez de a compra de ações pelo Estado afetar o desempenho, o desempenho (negativo) da empresa no passado influencia a escolha da empresa como beneficiária de participação acionária minoritária do Estado.[8]

Efeito contingente da propriedade pelo Estado de participação acionária minoritária

Sugerimos que os efeitos das compras de participação acionária minoritária pelo governo dependerão de dois importantes fatores: a governança da empresa-alvo e a profundidade dos mercados financeiros existentes (até que ponto são graves as falhas dos mercados de capitais).

Analisamos separadamente esses dois efeitos contingentes.

GOVERNANÇA CORPORATIVA DA EMPRESA-ALVO

Espera-se que os efeitos dos investimentos do governo em ações de determinada empresa sejam atenuados quando esta pertencer a *grupo de negócios* — conjunto de empresas controladas por uma holding — por duas razões. Os grupos de negócios fornecem às coligadas e controladas com restrições de crédito oportunidades de financiamento que, em geral, fluem através do mercado de capitais.[9] Ou seja, os grupos podem substituir os mercados financeiros quando o financiamento externo for escasso ou caro.[10] Em outras palavras, as coligadas e controladas de grupos não precisam de investimentos em ações pelo governo porque podem usar o mercado de capitais interno do grupo para executar os próprios projetos.

Segundo, os acionistas minoritários de empresas pertencentes a grupos de negócios dependem dos acionistas controladores (a holding do grupo) e podem ser expropriados.[11] A maioria dos grupos de negócios se organiza na forma de pirâmides complexas, envolvendo empresas com participações em outras empresas.[12] Portanto, nos países em que é fraca a proteção aos acionistas minoritários, os investimentos em ações pelo Estado, em empresas pertencentes a grupos de negócios, podem ser "desviados", por meio de pirâmides complexas, para apoiar os projetos privados dos proprietários controladores ou para resgatar empresas em dificuldade em outras partes do grupo.[13] Assim, o governo pode agregar valor para os proprietários majoritários de um grupo de negócios sem necessariamente melhorar o desempenho das empresas-alvo dos investimentos. Em conformidade com essa previsão, Giannetti e Laeven concluem que os investimentos de fundos de pensão abertos em participações acionárias minoritárias na Suécia aumentam o valor da empresa, embora o efeito seja reduzido quando as empresas são parte de grupos de negócios.[14]

DESENVOLVIMENTO DO MERCADO DE CAPITAIS

Para os estudiosos de instituições, os mercados de dívidas e de ações em países emergentes e subdesenvolvidos não raro são inibidos pelo baixo nível das proteções legais e pelo alto custo das transações.[15] Além disso, nos mercados em desenvolvimento, sujeitos a choques inflacionários ocasionais ou contínuos (por exemplo, choques de balanço de pagamentos), os mercados financeiros tendem a ser subdesenvolvidos, os mercados de crédito tendem a ser menos aprofundados e os instrumentos de dívida tendem a ser de curto prazo.[16]

Parte de nosso argumento neste capítulo é que as compras de participações acionárias minoritárias pelo Estado podem minorar algumas das restrições com que se defrontam as empresas nos mercados de capitais das economias menos desenvolvidas, ou seja, os governos, às vezes, podem substituir, em parte, os mercados. Depois que o mercado de capitais se desenvolve, porém, as empresas têm condições de levantar capital próprio, vendendo ações, emitindo títulos ou contraindo empréstimos (até empréstimos de longo prazo), em bancos ou em outras instituições financeiras que prestam serviços de financiamento de projetos. Por exemplo, empresas de capital aberto, que participam do mercado de ações, podem promover emissões secundárias de ações no intuito de levantar mais capital, enquanto as empresas de capital fechado podem abrir o capital mediante oferta pública inicial (IPO). Além disso, se o mercado de ações for próspero e tiver liquidez, será fácil para os investidores vender ações e mudar a carteira de investimento depois de certo tempo.[17] Menor será a necessidade, portanto, de investimentos do governo, diminuindo os efeitos positivos das participações acionárias minoritárias do Estado.

A precariedade do mercado de capitais impõe outros problemas além do racionamento de capital. As proteções necessárias para levar os investidores a comprar ações ou obrigações são inexistentes ou mal aplicadas, assim como, às vezes, não se dispõe das informações indispensáveis para monitorar os gestores.[18] Dyck, Zingales e Nenova afirmam que os mercados de capitais subdesenvolvidos tornam menos prováveis as tomadas de controle e ampliam os conflitos de governança.[19] Com efeito, ambos os estudos concluem que o Brasil era o pior lugar para ser investidor minoritário na década de 1990, uma vez que os acionistas controladores tinham condições de desviar com facilidade recursos da empresa para si próprios,[20] seja na forma de salários indiretos, seja em apoio a outras empresas nas quais tivessem interesses.[21]

Nessas circunstâncias, achamos que os governos talvez possam substituir os mercados como fornecedores de capital e, mais especificamente, como acionistas minoritários, oferecendo capital próprio. A comparação de Sarkar et al. de bancos estatais e privados indica que, na falta de mercados de capitais eficazes, as empresas privadas não são inequivocamente superiores às estatais.[22] Todavia, à medida que os mercados de capitais se desenvolvem e oferecem mecanismos

Figura 7.1. Evolução do mercado de capitais no Brasil, em comparação com o dos Estados Unidos e do Chile (1995-2009)

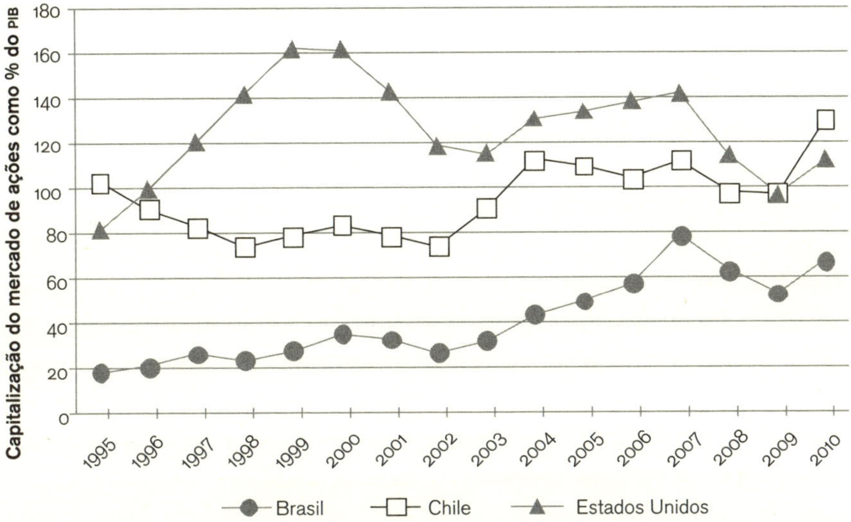

FONTE: Criado pelos autores usando o Global Financial Development Database [Banco de Dados do Desenvolvimento Financeiro Global] do Banco Mundial. Disponível em: <http://data.worldbank.org/data-catalog/global-financial-development>. Acesso em: 10 mar. 2013.

mais sofisticados de capitalização e monitoramento, novos investidores privados aos poucos substituirão os governos como fontes de capital próprio.[23]

Achamos que faz sentido considerar o desenvolvimento financeiro em nosso estudo, uma vez que o Brasil experimentou processo de aprimoramento financeiro, durante o período estudado, com os atores privados e o governo promovendo mudanças significativas na governança. Entre 1995 e 2009, a média da capitalização do mercado de ações no Brasil, como proporção do PIB, foi de 43,1%, em comparação com 98,7%, no Chile, e 129,7%, nos Estados Unidos. Portanto, em relação a outros países, as empresas brasileiras estavam sujeitas a mais restrições em termos de financiamento com capital próprio. Durante o mesmo período, porém, a capitalização do mercado de ações, como proporção do PIB, no Brasil, aumentou de 19%, em 1995, para 73%, em 2009 (figura 7.1). Além disso, o Brasil passou por transformação radical nas práticas de governança, pelo menos para um subconjunto de empresas. As mudanças se acentuaram a partir de 2001, quando o Congresso aprovou a Lei nº 10303, que alterou profundamente a Lei nº 6404, de 1976 (Lei das Sociedades por Ações), incluindo mais proteções para os acionistas minoritários, e quando a Bovespa lançou o Novo Mercado. Conforme explicamos no capítulo 3, a Bovespa classificou as empresas participantes em segmentos de listagem, de acordo com padrões de governança.[24]

Medição dos efeitos das compras de participação acionária minoritária pelo Estado

Em um contexto ideal de pesquisa, para testar os efeitos estatísticos das compras de participação minoritária pelo Estado, o BNDES precisaria comprar ações das empresas brasileiras aleatoriamente. Este, porém, compra participações acionárias de maneira seletiva nas empresas que escolhe ou que o escolhem. Em consequência, adotamos outra solução, como a segunda melhor, que consiste em estudar o que acontece com o desempenho das empresas quando o BNDES compra suas ações, com base nos efeitos fixos da empresa e nos efeitos variáveis com o tempo, no nível setorial (ou seja, dummies de setor interagiram com dummies de ano) para controlar fatores inobserváveis que poderiam afetar a escolha e o desempenho da propriedade.[25] Portanto, medimos, basicamente, se o desempenho e o investimento crescem nas empresas em que ocorrem aumentos na propriedade pelo governo de participações acionárias minoritárias, o que é possível com nosso banco de dados, uma vez que nosso período de análise se associa a intensa reestruturação societária e a mudanças no controle das empresas (por exemplo, privatizações).

Para examinar os efeitos de ter o governo como acionista minoritário, criamos um banco de dados de variáveis acionárias e financeiras, abrangendo 358 companhias abertas no Brasil, entre 1995 e 2009. Nosso banco de dados não é painel balanceado de empresas; algumas entraram no banco de dados ao ingressar no mercado de ações, enquanto outras saíram ao fechar o capital, ao ser adquiridas ou ao se tornar insolventes.²⁶ Ver apêndice 7.1 para definição das variáveis e para resumo das estatísticas.

Aspecto crucial na construção de nosso banco de dados foi rastrear as participações acionárias minoritárias do BNDES em empresas brasileiras. Começamos compilando a extensão da propriedade *direta* do BNDES, isto é, casos em que o BNDES ou o BNDESPAR, o braço de investimentos da instituição financeira, aparece como proprietário direto da empresa-alvo. Denominamos essa variável *BNDESDir*. Mas também queríamos medir os casos em que o BNDES é acionista *indireto*, ou seja, quando o BNDES possui ações de determinada empresa, que, por seu turno, tem ações da empresa-alvo. Se o BNDES compra ações da empresa-alvo diretamente ou por meio desse padrão de desdobramento de propriedade indireta, codificamos uma variável dummy, denominada *BNDES*, como 1. Infelizmente, a extensão da participação acionária em pirâmides não está prontamente disponível. Portanto, os casos em que a dummy *BNDES* é igual a 1 indica que o BNDES é proprietário direto ou indireto da empresa-alvo.

Também queríamos saber se a empresa-alvo era parte de um grupo de negócios, isto é, um conjunto de empresas com os mesmos acionistas controladores. Em caso positivo, codificamos o conjunto de coligadas e controladas de nosso banco de dados como membros de um grupo de negócios. Isso nos permitiu estudar se os investimentos do governo em ações exercem impacto diferente sobre coligadas ou controladas de grupos de negócios. Para definir afiliação a grupo de negócios, realizamos análise detalhada de acordos de acionistas disponíveis no site da Comissão de Valores Mobiliários. Identificamos proprietários que detinham direitos de controle diferenciados sobre uma empresa (isto é, que tinham maior número de assentos no conselho de administração). Multinacionais com uma única subsidiária no Brasil não foram tratadas como grupos, embora, em geral, controlem várias unidades mundo afora, principalmente porque nosso objetivo era encontrar situações em que os acionistas controladores locais podiam usar novas alocações para transferir fundos a outras unidades locais. Em nosso banco de dados, 46,7% das observações foram de empresas pertencentes a algum grupo. Para testar nossa hipótese de que o efeito da participação acionária do

BNDES depende da afiliação da empresa a grupo de negócios, multiplicamos as variáveis *BNDESDir* e *BNDES* pela variável dummy codificada para afiliação a grupo.

EFEITO DA PARTICIPAÇÃO ACIONÁRIA DO BNDES SOBRE O DESEMPENHO E O INVESTIMENTO

A tabela 7.1 apresenta regressões, examinando como as participações acionárias diretas e indiretas do BNDES afetam o desempenho (medido como *ROA*, retorno sobre o ativo) e o investimento (medido como variações no índice ativo fixo sobre ativo total, $\Delta Fixo$, e no índice despesas de capital anuais sobre ativo total, *CapEx*). Para simplificar, apresentamos apenas os resultados mais importantes. Análises mais detalhadas e especificações alternativas — inclusive o uso de pareamento por escore de propensão para garantir avaliação mais comparável das empresas, com e sem BNDES — são apresentadas no trabalho de Inoue et al.[27]

Vemos na especificação 1 que as empresas nas quais o BNDES entrou como acionista minoritário (direta ou indiretamente) apresentam retorno sobre o ativo 7 pontos percentuais mais alto que o de outras empresas. Na especificação 2, constatamos que o efeito de aumento na porcentagem de participação acionária do BNDES exerce efeito significativo e grande no retorno sobre o ativo. O coeficiente de nossa variável *BNDESDir*, variável contínua que capta a proporção do patrimônio líquido da empresa de propriedade do BNDES, implica que aumento de 10 pontos percentuais na participação acionária direta do BNDES (a participação acionária média do BNDES é superior a 10%) se associa a aumento de 7,25 pontos percentuais no retorno sobre o ativo da empresa.

Nas especificações 1 e 2, também testamos se o impacto de ter o governo como acionista minoritário muda quando a empresa-alvo pertence a um grupo de negócios. As interações de *BNDES* × *pertence a um grupo* e *BNDESDir* × *pertence a um grupo* são negativas e significativas, indicando que, quando o BNDES compra ações de uma empresa que pertence a um grupo de negócios, o efeito positivo sobre o desempenho é praticamente neutralizado. Essa conclusão não implica

Tabela 7.1. Regressões examinando o efeito de propriedade estatal minoritária via BNDES, Brasil, 1995-2009

Variáveis	ROA (1)	ROA (2)	ΔFixo (3)	ΔFixo (4)	CapEx (5)	CapEx (6)
Propriedade do BNDES						
BNDES (participações diretas e indiretas — dummy)	0,070** (0,035)		0,043 (0,033)		0,020* (0,011)	
BNDESDir (só participações diretas — %)		0,725** (0,280)		0,582*** (0,212)		0,236** (0,105)
Propriedade de grupo						
Pertence a um grupo	0,108** (0,045)	0,104** (0,045)	0,033 (0,028)	0,026 (0,027)	0,024 (0,017)	0,023 (0,017)
Interações com propriedade de grupo						
BNDES × Pertence a um grupo	−0,082** (0,039)		−0,076* (0,039)		−0,021 (0,015)	
BNDESDir × Pertence a um grupo		−0,963*** (0,319)		−0,846* (0,476)		−0,258* (0,150)
Controles						
ROA	N	N	S	S	S	S
Fixo	S	S	N	N	S	S
Observações	2920	2919	2149	2148	2021	2020
Número de empresas	367	367	324	324	317	317
R-quadrado ajustado	0,163	0,167	0,319	0,324	0,188	0,19

FONTE: Resultados simplificados com base no método empregado por Inoue et al. (2013), que apresenta análise mais detalhada e especificações alternativas.
NOTAS: Todas as regressões incluem controles de alavancagem, o log de receita bruta e se a empresa é estrangeira, estatal ou privada. Também incluímos uma constante e efeitos fixos de ano, empresa e indústria-ano. ***, ** e * denotam significância nos níveis de 1%, 5% e 10%, respectivamente. Erros-padrão significativos entre parênteses.

que pertencer a um grupo de negócios seja prejudicial ao desempenho da empresa ou ao acesso a recursos. Na verdade, o efeito principal de nossa variável associação a grupo indica que essa condição influencia positivamente o ROA. Essa conclusão é consistente com as da literatura, segundo as quais os grupos de negócios sempre têm condições de preencher vazios institucionais e de mercado de capitais nas economias emergentes.[28] Todavia, como as coligadas e controladas de grupos tendem a sofrer menos restrições financeiras, os benefícios da participação acionária estatal devem ser mais baixos que no caso de empresas não pertencentes a grupos de negócios.

Nas especificações 3 e 4, examinamos se os aumentos nas participações acionárias minoritárias do BNDES levam as empresas a ampliar seu ativo fixo. Medimos, assim, se ter o BNDES como parceiro aumenta a intensidade de capital das empresas, talvez por empreenderem muitos projetos intensivos em capital que não poderiam ter realizado sem participação acionária estatal. Os resultados indicam que os efeitos só são positivos quando o BNDES é acionista direto, ou seja, quando o BNDES injeta capital diretamente na empresa. O efeito não é positivo quando a empresa pertence a grupos de negócios; quando o BNDES compra participação acionária numa empresa que é parte de grupo de negócios, o capital aparentemente não é usado para aumentar investimentos na empresa. Essa conclusão poderia sugerir duas coisas. A primeira é que quando empresas pertencentes a grupo de negócios conseguem investimentos em ações, elas não aplicam os recursos assim obtidos em despesas de capital. Se a hipótese for correta, nossa conclusão apoia a ideia de que as coligadas e controladas de grupos não estão sujeitas a tantas restrições de capital quanto as empresas autônomas. A segunda é que essa constatação poderia sugerir desvio de recursos: quando o BNDES entra como acionista, o capital daí oriundo é usado para beneficiar outras empresas do grupo.[29]

As especificações 5 e 6 confirmam esses resultados. Usamos despesas de capital como variável dependente e mais uma vez encontramos efeitos positivos decorrentes da propriedade pelo BNDES — tanto direta quanto indireta — de participações acionárias minoritárias. Na especificação 6, novamente constatamos que as empresas pertencentes a grupos de negócios experimentam efeitos positivos mais fracos de terem o BNDES como acionista minoritário.

OS RESULTADOS SÃO IMPULSIONADOS PELO MELHOR ACESSO A DÍVIDAS?

Uma preocupação que temos com nossas análises é que o BNDES aumente a *alavancagem* (endividamento) de uma empresa em que comprou participação acionária, concedendo linhas de crédito de seu próprio braço bancário ou de outros bancos. Temos como testar, contudo, se a propriedade do BNDES produz efeitos sobre a alavancagem em geral. Usando *Alavancagem* como variável dependente (definida como dívida total sobre ativo total) e adotando especificações semelhantes às da tabela 7.1, constatamos que as alocações de capital próprio do BNDES não mudam a alavancagem de maneira significativa. Ou seja, aparentemente, as empresas que recebem capital próprio do BNDES não o usam como trunfo para abrir linha de crédito no BNDES nem em nenhum outro banco.

Ainda como teste adicional, usando dados coletados de análises apresentadas no capítulo 10 e desenvolvidas com mais profundidade em Lazzarini, Musacchio et al.,[30] testamos se, entre 2002 e 2009, as empresas que receberam capital próprio do BNDES também receberam empréstimos do BNDES — que são altamente subsidiados e, ao contrário das injeções de capital próprio, afetam direto a lucratividade. Constatamos que a correlação é muito pequena (−0,034) e não significativa estatisticamente em níveis convencionais. Essa pequena correlação é compatível com alegações de que o BNDESPAR, subsidiária integral do BNDES incumbida da capitalização de empreendimentos, geralmente opera com independência em relação não só à unidade bancária que concede empréstimos e financiamentos, mas também a outros bancos. Não obstante esse fato, mostramos no capítulo 10 que os investimentos em capital próprio do BNDES reduzem as despesas financeiras, provavelmente por causa da garantia implícita de pagamento das dívidas, considerando a participação do Estado como acionista, e não por causa de mudança na alavancagem.

EFEITO DO DESENVOLVIMENTO DO MERCADO DE CAPITAIS

Parte de nosso argumento se baseia na premissa de que os investimentos do Leviatã como acionista minoritário terão mais impacto quando o mercado de capitais for mais limitado e quando as empresas estiverem sujeitas a mais restrições de capital.[31] Testamos, assim, se os efeitos dos investimentos em capital próprio do BNDES sobre o ROA (retorno sobre o ativo) mudam com o desenvolvimento dos mercados financeiros. Interagimos ambas as variáveis de interesse — *BNDES e BNDESDir* — com variáveis que medem o desenvolvimento financeiro do Brasil como um todo. Para tanto, adotamos as seguintes medidas de desenvolvimento financeiro: crédito privado sobre PIB, capitalização do mercado de ações sobre PIB, número de IPOS (ofertas públicas iniciais de ações) e taxa de turnover do mercado de ações (valor negociado sobre capitalização do mercado de ações). Apenas quando observamos a mudança na capitalização do mercado de ações (ano a ano) com *BNDESDir* realmente encontramos coeficiente negativo forte e significativo. Ou seja, encontramos algum apoio para a ideia de que, com o desenvolvimento dos mercados financeiros, os investimentos do governo em participação acionária minoritária passam a produzir efeitos mais fracos.

Em Inoue et al.,[32] ampliamos a pesquisa sobre os efeitos da propriedade minoritária do governo examinando especificamente como o BNDES ajuda a promover as despesas de capital de empresas com *restrições de oportunidades*. Medimos a restrição de oportunidades com a criação de uma variável composta, formada por dois elementos-chave. Primeiro, seguindo o trabalho de David et al.,[33] medimos as oportunidades de investimento como casos em que o q de Tobin era superior a 1.[34] Segundo, avaliamos as restrições financeiras, calculando o índice lucro líquido sobre o estoque inicial de capital fixo.[35] Quanto maior for o índice, mais alta será a capacidade da empresa de investir, usando o lucro das próprias operações. Consideramos, então, que a empresa tinha restrição de oportunidade se o q de Tobin fosse maior que 1 e se, *ao mesmo tempo*, apresentasse razão de lucro líquido sobre estoque de capital fixo *inferior* à mediana da amostra.

Encontramos efeitos positivos das compras pelo BNDES de participações acionárias minoritárias sobre as despesas de capital e sobre o ROA. Constatamos, porém, que esse efeito diminuiu acentuadamente depois de 2002. De fato, o efeito das compras de ações pelo BNDES se tornou insignificante na subamostra de observações depois de 2002 (ver capítulo 10). Relacionamos, então, as variáveis do BNDES com a capitalização do mercado de ações (assim como com outras variáveis institucionais). Nossos resultados mais uma vez confirmam que a redução do efeito positivo da participação acionária estatal ao longo do tempo foi induzida, provavelmente, pela evolução dos mercados de capital local. Com o passar do tempo, o efeito da participação acionária do BNDES diminuía, mesmo no caso de empresas com redução de oportunidade (como já definido).

Um problema dessas análises anteriores é o de termos desconsiderado a heterogeneidade de desenvolvimento institucional entre os países. No âmbito de país, se nossa hipótese estiver certa, seria de esperar que os governos participassem mais como acionistas minoritários onde os mercados financeiros fossem menos desenvolvidos. Maneira simples de verificar essa correlação é plotar o número de empresas em que o governo é acionista minoritário (normalizado pela população), usando o mesmo banco de dados sobre a propriedade do governo que adotamos nos capítulos 1 e 2 contra indicadores de desenvolvimento financeiro. As figuras 7.2 e 7.3 mostram a existência de correlação negativa entre o número de empresas em que o governo tem participação acionária minoritária e duas medidas comuns de desenvolvimento financeiro — crédito privado sobre PIB e capitalização do mercado de ações sobre PIB.

Obviamente, não queremos alegar causalidade: embora talvez seja fato que os investimentos do governo em ações de empresas privadas atuem como sucedâneo do mercado financeiro, também pode ser o caso de o Leviatã sufocar o desenvolvimento dos mercados financeiros privados — ou que os tenha tolhido no passado —, o que explicaria a correlação negativa acima descrita.

SERIAM NOSSOS RESULTADOS INDUZIDOS PELA SELEÇÃO?

Uma vez que o BNDES, obviamente, não investe de forma aleatória, devemos investigar com mais profundidade se nossos resultados são induzidos pelo processo de seleção. Por exemplo, suponha que o governo esteja selecionando as melhores empresas em que investir, aumentando, assim, a probabilidade de encontrar correlação positiva entre investimentos do governo e desempenho da empresa. Se, conforme argumen-

Figura 7.2. Número de empresas com participação acionária minoritária do governo e índice de crédito privado sobre o PIB em 28 países

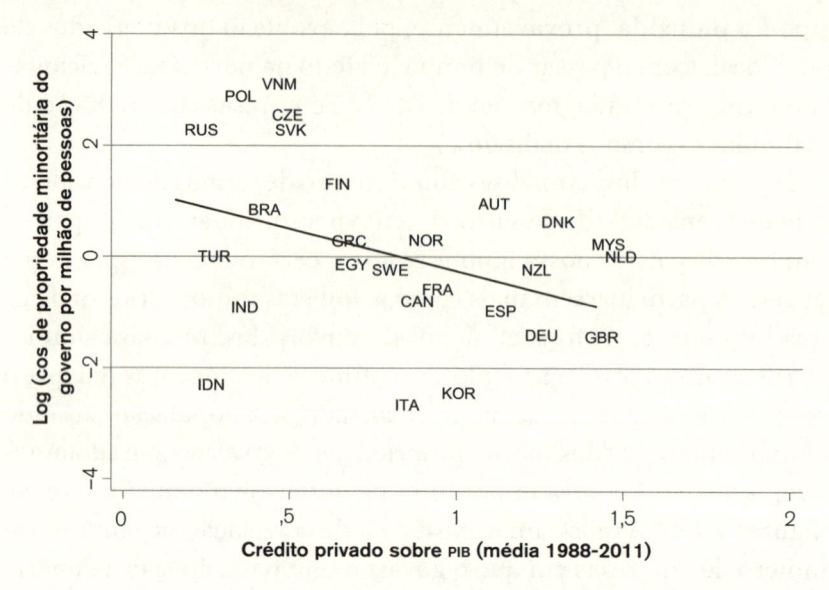

[Gráfico de dispersão: eixo Y "Log (cos de propriedade minoritária do governo por milhão de pessoas)" variando de -4 a 4; eixo X "Crédito privado sobre PIB (média 1988-2011)" variando de 0 a 2. Países plotados: VNM, POL, CZE, RUS, SVK, FIN, BRA, AUT, DNK, GRC, NOR, MYS, NLD, TUR, EGY, SWE, FRA, NZL, IND, CAN, ESP, DEU, GBR, IDN, ITA, KOR.]

FONTE: Apêndice 2.1 e Banco Mundial, *World Development Indicators*.

tam os críticos da política industrial, os governos, frequentemente, "escolhem vencedores" que já se saíam bem,[36] o aparente efeito positivo da participação do governo pode ser espúrio, ou seja, o desempenho passado pode estar afetando a propriedade estatal, em vez do contrário.

No entanto, o processo de seleção negativa também é plausível. Como já mencionamos, hipótese resultante da visão de política partidária é a de que o Estado pode almejar empresas com mau desempenho que queiram ser socorridas.[37] Se esse for o caso, devemos esperar associação negativa entre desempenho passado e probabilidade de o BNDES tornar-se acionista minoritário.

Outra fonte de preocupação com nossos resultados é o fato de o período de nossa análise abranger os mandatos de dois presidentes — Fernando Henrique Cardoso (1995-2002) e Luiz Inácio Lula da Silva (2003-10) — com orientações de políticas públicas muito diferentes. Enquanto a maioria das privatizações do período estudado tinha ocorrido durante o mandato de Cardoso, o governo de Lula pôs grande ênfase em

Figura 7.3. Número de empresas com participação acionária minoritária do governo e índice de capitalização do mercado de capitais sobre PIB em 28 países

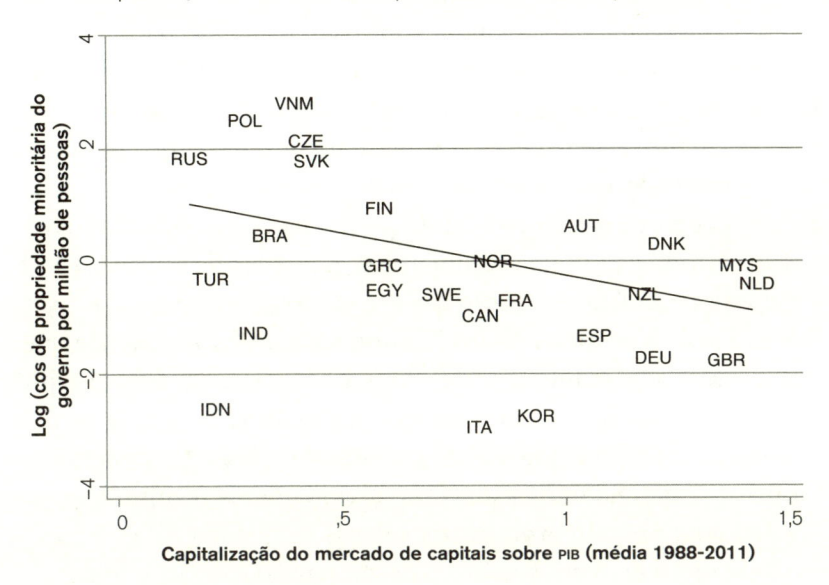

[Gráfico de dispersão com eixo Y "Log (cos de propriedade minoritária do governo por milhão de pessoas)" variando de -4 a 4, e eixo X "Capitalização do mercado de capitais sobre PIB (média 1988-2011)" variando de 0 a 1,5. Países plotados: VNM, POL, CZE, RUS, SVK, FIN, BRA, AUT, DNK, GRC, NOR, MYS, NLD, TUR, EGY, SWE, FRA, NZL, CAN, IND, ESP, DEU, GBR, IDN, ITA, KOR.]

FONTE: Apêndice 2.1 e Banco Mundial, *World Development Indicators*.

usar o capital do BNDES para promover política industrial ativa com o objetivo de criar grandes campeões nacionais.[38] Quando lhe perguntaram se o BNDES deveria promover campeões nacionais, Luciano Coutinho, presidente do Banco desde 2007, defendeu vigorosamente essa política:

> Estou bem convicto da relevância e da necessidade desse tipo de investimento. Ao financiarmos a criação de um gigante [...] estaríamos proporcionando o surgimento de um gênero de empresa com capacidade para competir globalmente e até se tornar líder em seu setor no cenário internacional. Todas as economias em desenvolvimento têm suas grandes multinacionais.[39]

Portanto, nossa constatação de que o efeito BNDES mudou ao longo dos anos também pode ser resultado de mudanças no próprio governo. Como não se pode estabelecer *ex ante* efeito direcional preciso, deixamos esse processo de seleção como questão empírica a ser examinada de maneira *post-hoc*.

Portanto, como teste de robustez adicional, complementando nossa abordagem de efeito fixo, tentamos esclarecer o processo de seleção, executando regressões adicionais em que usamos *BNDES* como variável dependente. Os resultados de nossa análise — que, a bem da simplicidade, não apresentamos aqui[40] — mostram que o BNDES não selecionou sistematicamente as empresas com base no desempenho passado ou em outros indicadores financeiros, ou seja, não encontramos correlação entre conseguir empréstimos e desempenho passado. Esses resultados se aplicam a todo o período e também aos mandatos de Cardoso e Lula, separadamente. A única exceção é que encontramos evidências fracas de que afiliação a grupo afeta positivamente a probabilidade de que a empresa receba investimentos diretos ou indiretos do BNDES em capital próprio, mas isso não é grande preocupação, uma vez que controlamos afiliação a grupo em nossas regressões da tabela 7.1. Concluímos, portanto, que não há indicação clara de que nossos resultados sejam induzidos pelo próprio processo de seleção do BNDES e de que nosso efeito detectado do BNDES sobre o desempenho e o investimento da empresa seja devido a efeitos de seleção.[41]

Alguns casos de investimentos em participações acionárias minoritárias pelo BNDESPAR

Apresentamos abaixo alguns casos breves para ilustrar os resultados quantitativos analisados acima. Esses casos não pretendem testar nossas hipóteses, mas, sim, iluminar a dinâmica subjacente às nossas constatações, sobretudo as referentes a como as alocações do BNDES interagem com os perfis de propriedade das empresas-alvo.

NET (GRUPO GLOBO)

A Globo é um poderoso grupo de mídia brasileiro. Fundada pelo jornalista Irineu Marinho, em 1925, com o jornal *O Globo* e, depois, controlada pela família Marinho, a empresa era, em fins da década de 1990, um empreendimento ativo em televisão e rádio (TV Globo e Rádio Globo, respectivamente), assim como em outros jornais e em numerosas atividades, reunidas na holding Globopar. Indiretamente, por meio da Globopar, a família Marinho tinha participação acionária em editoras e gráficas, serviços de satélite e cabo, e outros negócios.

Em 1999, a família Marinho, por meio da pirâmide da Globopar, adquiriu o controle da Globo Cabo — também conhecida como NET — uma das empresas da Globopar. Entre os acionistas minoritários destacavam-se Bradesco (grande conglomerado financeiro no Brasil), RBS (outro grupo de mídia brasileiro) e Microsoft, que havia feito aliança com a Globo para explorar serviços de banda larga e de internet. Em apoio a seus planos ambiciosos de expandir a infraestrutura de banda larga no Brasil, a NET tomou empréstimos em mercados externos, denominados em dólares americanos. Em 1999, o BNDESPAR concordou em capitalizar a NET, com a compra de ações, no valor de 160 milhões de reais (em torno de 89 milhões de dólares). O banco já tinha concedido empréstimos para apoiar a expansão do grupo (a Globo investira agressivamente não só em serviços de cabos, pela NET, mas também em jornais e em broadcasting por satélite, através da Globosat e da Sky, esta última joint venture local, com o grupo de Rupert Murdoch).

A crise asiática afetou gravemente o Brasil, e, em 1999, o governo foi forçado a abandonar o atrelamento cambial que adotara em 1995. Após a forte desvalorização do real, em 1999, a dívida do Grupo Globo sofreu grande aumento, exercendo pressão financeira sobre a Globopar (holding) e muitas de suas empresas, inclusive a NET. Quando a expansão do mercado e o aumento da demanda (número de assinantes) ficaram aquém das expectativas, a empresa registrou sucessivos prejuízos. Em março de 2002, a situação tornou-se crítica, e a Globo anunciou plano de capitalização de 1 bilhão de reais (em torno de 430 milhões de dólares), envolvendo emissão de debêntures e oferta pública de ações. O BNDES concordou em injetar 284 milhões de reais, por meio do BNDESPAR, com parte dos fundos destinando-se à compra de ações e o resto à aquisição de debêntures emitidas pela Globo para esse propósito.[42]

O envolvimento do BNDES foi muito criticado. Alguns observadores sugeriram que a instituição financeira estava cedendo às pressões de poderoso grupo econômico nacional e socorrendo uma empresa falida. Até Eleazar de Carvalho, nomeado presidente do BNDES em novembro de 2001, manifestou preocupação:

> De onde vem o endividamento? Vem de uma estratégia financeira que foi afetada por desvalorizações cambiais... mas também por estratégias de mercado inadequadas. As reestruturações por que passou a companhia no passado se mostraram ineficazes. Então, o que faria com que, dessa vez, fosse diferente?[43]

O BNDES condicionou a injeção de capital a mudanças nas práticas de governança da NET, que, de acordo com Carvalho, eram a causa "básica e primordial" do problema. A empresa deveria adotar os novos padrões da Bolsa de Valores de São Paulo, que melhoravam a participação e a proteção dos acionistas minoritários. O estresse financeiro persistiu, porém, não obstante a nova capitalização, e o grupo tornou-se inadimplente no final de 2002. Esse caso reflete nossas observações anteriores de que as participações acionárias minoritárias do BNDES, embora proveitosas no apoio a novos investimentos, pode acarretar conflitos entre acionistas, quando as decisões do grupo controlador não criam valor.

ELETROBRAS

Em alguns casos, o BNDES também investe em empresas controladas pelo Estado. Constituída em 1961 para impulsionar investimentos no setor de energia, a estatal Eletrobras foi consolidada, durante a ditadura militar no Brasil, em grupo piramidal, com subsidiárias em geração de eletricidade (Eletronorte, Chesf, Furnas e Eletrosul), transmissão de eletricidade (EPTE, Furnas e Eletrosul), distribuição de eletricidade (Light e Excelsa) e geração de energia nuclear (por meio de Furnas e, depois, da Eletrobras Eletronuclear). A Eletrobras também mantinha participações por meio da Lightpar, empresa holding, e investia em empresas como Eletropaulo, distribuidora de energia no estado de São Paulo.

Embora a Eletrobras, com suas subsidiárias, seja providencial no desenvolvimento da infraestrutura elétrica no Brasil, ela não tem sido muito eficiente como empresa, registrando prejuízo de 139,7 milhões de reais (cerca de 145 milhões de dólares), em 1995, e incorrendo em dívidas junto ao governo federal da ordem de 9 bilhões de reais, em 1996. Em 1999, problemas operacionais nas usinas de energia nuclear de Furnas reduziram substancialmente a capacidade de geração, exigindo a compra — a alto preço — de energia de outras empresas, para cumprir obrigações contratuais. A Eletrobras também teve de socorrer Furnas, que devia aproximadamente 578 milhões de reais referentes a compras de eletricidade. De fato, em 1997, um executivo da Eletrobras manifestou preocupação com a provável subestimativa dos custos das operações de energia nuclear de Furnas.[44]

Apesar desses problemas, o BNDESPAR comprara ações da Eletrobras e de algumas de suas subsidiárias, aumentando a participação na Eletrobras de 8%, em 1995, para 19%, em 1996. Em 1999, conseguiu resolver o problema de dívida de outra subsidiária, Light, transferindo ações no valor de 203,8 bilhões de reais para o BNDESPAR.[45] Esse caso ilustra nosso resultado quantitativo de que as participações do BNDES, quando emaranhadas em grupos de negócios (mesmo quando os grupos são controlados pelo próprio governo), podem ser usadas para apoiar alocações de capital ineficientes e talvez não resultem em melhorias no desempenho da empresa.

ARACRUZ

A Aracruz foi importante produtor mundial de polpa de celulose durante três décadas, extraindo vantagem competitiva das terras abundantes e dos baixos custos de produção. Como a operação de polpa de celulose envolve, tipicamente, integração vertical, a Aracruz tinha investimentos em fazendas de eucalipto (árvore da qual se retira a polpa), em reflorestamento e em unidades de processamento. A receita anual por volta de 2003 era de aproximadamente 1 bilhão de dólares, com ativos de 3,5 bilhões de dólares (cerca de 65,7% fixos).[46] Exportando 98%

da produção, a Aracruz era considerada altamente competitiva, com tecnologia própria, principalmente nas fazendas.

O BNDES foi providencial na promoção do desenvolvimento inicial da Aracruz. Com 38% das ações com direito a voto, em 1975, o BNDES ajudou a financiar aproximadamente 55% dos investimentos industriais que possibilitaram o início da produção de polpa pela empresa em 1978.[47] Mais tarde, o BNDES vendeu algumas de suas ações a grupos de negócios nacionais, como Safra e Lorentzen. A Aracruz, contudo, era, na prática, gerenciada como empresa autônoma. Em 1992, os gestores da Aracruz promoveram oferta pública de ações para apoiar a expansão planejada da empresa, iniciativa em que foi pioneira no uso de American Depositary Shares (ADS) da Bolsa de Valores de Nova York no Brasil. O registro em Bolsa de Valores estrangeira exigiu que a Aracruz melhorasse a transparência e os controles para atender a padrões de governança superiores. Os membros do conselho de administração passaram a participar mais ativamente de decisões-chave relacionadas com expansão da capacidade, aquisições e distribuição de dividendos. O BNDESPAR, com aproximadamente 11% do patrimônio líquido total da Aracruz, era diligente na governança da empresa, tendo um representante no conselho de administração.[48]

Na década de 1990, a eficiência da produção melhorou substancialmente, como resultado de despesas de capital, com o apoio de novo programa de capitalização. A capacidade de produção aumentou de 400 mil toneladas de celulose por ano, em 1978, para 1,07 milhão em 1994 e 1,24 milhão em 1998. O ambicioso plano de expansão pelo conselho de administração, em 2000, acarretou cerca de 800 milhões de dólares em novas despesas de capital entre 2001 e 2003, 75% das quais se destinaram a unidades de processamento industrial e 20% a terras e a tecnologias florestais. O caso da Aracruz, portanto, mostra como o capital do BNDES e de outros investidores foi usado para impulsionar investimentos fixos produtivos, em contexto no qual práticas de governança aprimoradas ajudaram a mitigar a expropriação de acionistas minoritários.

Conclusão

Neste capítulo, mostramos que ter o governo como acionista minoritário pode exercer efeitos positivos. Esses efeitos, contudo, às vezes são enfraquecidos quando a empresa enfrenta fortes restrições de capital ou é parte de um grupo de negócios que dispõe de mercado de capitais interno próprio. Encontramos evidências de que ter o governo como acionista minoritário melhora o desempenho e aumenta as despesas de capital, sobretudo no caso de empresas que não são parte de grupos de negócios. Em outras palavras, há evidências de que os governos podem usar investimentos em participações acionárias minoritárias para resolver algumas falhas de mercado. Essa constatação oferece algum apoio para a visão de política industrial descrita no capítulo 2. Além disso, não parece que ter o governo como acionista minoritário piore o desempenho, em consequência da intervenção política e dos problemas de agência típicos das empresas controladas pelo Estado. Ao contrário, encontramos evidências de melhorias no desempenho que reforçam a ideia de que ter apenas participações acionárias minoritárias permite aos governos resolver algumas falhas de mercado sem piorar a gestão, como tende a acontecer nas estatais tradicionais com má governança.

Portanto, este capítulo endossa nossa compreensão do fenômeno relativamente negligenciado de participações acionárias minoritárias de governos em mercados emergentes e, em âmbito mais amplo, contribui para as discussões recentes sobre vantagens e desvantagens do capitalismo de Estado.[49] Nossas conclusões sugerem nova agenda programática em que os pesquisadores examinam não só como as empresas reagem a instituições restritivas,[50] mas também como as políticas locais podem interagir positivamente com estratégias privadas para promover desempenho superior. Nosso estudo reforça a literatura sobre vazios institucionais, propondo maneiras pelas quais as políticas locais podem preencher lacunas em vez de criá-las.

Nossas conclusões têm também claras implicações políticas. Alguns observadores argumentam que a interferência do governo na economia gera ineficiências e sufoca o empreendedorismo privado. Nossas evidências, entretanto, sugerem que as compras de participações acionárias pelo governo em empresas de capital aberto nem sempre são problemáticas, dependendo de um conjunto de contingências importantes. Em especial, nossos resultados indicam que os formuladores de políticas, ao considerarem participações acionárias minoritárias do Estado em empresas privadas, como ferramenta de política industrial, devem (a) evitar grupos piramidais com má governança e mirar, ao contrário, empresas independentes; (b) concentrar os investimentos onde houver nítida necessidade de realizar despesas de capital produtivas por empresas bem dirigidas; (c) destinar os aportes de capital diretamente às empresas-alvo, em vez de indiretamente, através de camadas de propriedade; (d) e, progressivamente, sair das empresas-alvo à medida que se desenvolve o contexto institucional local.

Reconhecemos que alguns de nossos resultados podem ser típicos do Brasil e de seus mecanismos peculiares de participação minoritária do governo em empresas privadas. E, embora tenhamos concentrado o foco nas atividades de bancos de desenvolvimento no Brasil, os governos também recorrem a fundos de pensão abertos, empresas de seguro de vida, fundos soberanos e holdings estatais para tornar-se investidores minoritários.[51] Portanto, precisa-se de trabalhos complementares para verificar a possibilidade de generalização de nossos resultados em outras economias em desenvolvimento e emergentes usando outros canais de participação minoritária do Estado em empresas privadas. Por exemplo, Vaidyanathan e Musacchio concluem que o governo da Índia, usando a Life Insurance Corporation como holding, tem posições acionárias minoritárias que respondem por mais de 5% da capitalização de mercado total.[52] No entanto, eles não consideram as implicações daí decorrentes para a lucratividade das empresas.

Finalmente, neste capítulo, examinamos os aspectos positivos dos investimentos do BNDES em ações. No próximo capítulo, avaliamos os riscos potenciais dessas participações minoritárias. Em especial, estudamos em detalhes o caso da Vale, a gigante de mineração brasileira, como maneira de examinar algumas implicações dos investimentos minoritários do governo em setores politicamente sensíveis e da possível influência de vários acionistas estatais minoritários sobre as estratégias das empresas.

Apêndice

Tabela 7.A. Variáveis usadas em nossa análise do Leviatã como acionista minoritário

Variáveis	Descrição	Média	Desvio padrão
ROA	Lucro líquido sobre ativo total	−0,045	0,308
Receita bruta	Receita bruta da empresa (em bilhões de dólares)	0,859	4,104
Alavancagem	Dívida total sobre ativo total	0,516	5,792
Fixo	Ativo fixo sobre ativo total	0,299	0,250
ΔFixo	$Fixo_t - Fixo_{t-1}$	0,000	0,145
CapEx	Despesas de capital sobre ativo total	0,070	0,096
BNDES	Variável dummy igual a 1 se o BNDES for proprietário direto ou indireto	0,126	0,332
BNDESdir	Fração do patrimônio líquido da empresa de propriedade direta do BNDES (0 a 1)	0,011	0,048
Estrangeira	Variável dummy igual a 1 se o acionista majoritário for estrangeiro	0,184	0,388
Estatal	Variável dummy igual a 1 se o acionista majoritário for o Estado brasileiro	0,070	0,256
Pertence a grupo	Variável dummy igual a 1 se a empresa pertencer a grupo de negócio	0,450	0,498

8
A tentação do Leviatã: O caso Vale

NO CAPÍTULO ANTERIOR, argumentamos que o Leviatã como acionista minoritário pode atenuar algumas das restrições de capital enfrentadas pelas empresas, ao mesmo tempo que mantém a administração das empresas beneficiárias blindadas contra as pressões políticas. Neste capítulo, apresentamos um caso no qual mostramos que a tentação de manter-se à distância era alta demais. Descrevemos em detalhes um dos casos mais controversos de intervenção do Estado na gestão de empresa privatizada: Vale, a maior mineradora brasileira e uma das maiores do mundo.

Sustentamos que o Leviatã como acionista minoritário pode ser incapaz de resistir à tentação de pressionar a empresa para maximizar objetivos sociais ou políticos. Nos capítulos 1 e 3, descrevemos essa forma de *interferência residual* como característica dos programas de privatização em que, talvez paradoxalmente, o Estado seja capaz de reforçar sua presença por meio de participações acionárias dispersas em várias empresas privatizadas, usando numerosos veículos de propriedade estatal.

A interferência residual tende a ocorrer quando se conjugam duas condições. Primeiro, há conluio entre *vários* atores relacionados com o

Estado, como fundos de pensão estatais, fundos de pensão de estatais, bancos de desenvolvimento, fundos soberanos, além de alavancas de controle residuais manejadas pelo Estado (como *golden shares*, classe especial de ações com direitos políticos desproporcionais, como o direito a veto, conservadas pelo Estado no processo de privatização). Segundo, o capital estatal foi aplicado em indústrias que geram "quase rendas" — rendas obtidas pelos proprietários, excluídos os investimentos passados em ativos fixos irrecuperáveis ou custos afundados.[1]

Essa segunda condição se relaciona com o que Raymond Vernon denomina "barganha obsolescente": depois que as empresas estrangeiras dos setores de recursos naturais fizeram o investimento e transferiram tecnologia e capacidade gerencial para os locais, há o risco de que o governo anfitrião exproprie os ativos comprometidos com a operação.[2] A Vale não é empresa estrangeira, mas até os investidores nacionais em mineração podem deparar com o risco de expropriação depois de terem incorrido em custos fixos básicos não remanejáveis com as instalações da operação. Além disso, "depois que as empresas fazem esses investimentos, torna-se proibitivamente dispendioso para elas retirar-se do negócio, porquanto teriam de abandonar os investimentos".[3,4] Em situação extrema, os governos não partem para a expropriação ostensiva. Em geral, são tentados a captar parte das quase rendas obtidas pelos proprietários privados.

Muitas concessões privadas para explorar recursos naturais ou prestar serviços públicos geram lucros substanciais, em consequência da escassez dos recursos necessários (por exemplo, concessões de serviços públicos que permitem aos operadores privados cobrar preços relativamente altos). Portanto, as empresas depararão com o risco de os governos tentarem renegociar os termos contratuais ex post ou usar parte da geração de caixa para apoiar projetos especialmente caros ao governo.[5]

A intervenção do governo brasileiro na Vale foi consequência da alta geração de caixa da empresa e dos grandes investimentos acumulados no passado no setor de recursos naturais. Como a riqueza nacional pode gerar grandes rendas e uma vez que na maioria dos países (exceto Estados Unidos) o subsolo pertence ao Estado, as empresas privatizadas em setores de recursos naturais são alvos fáceis, uma vez que políticos e eleitores encaram os direitos de exploração de recursos naturais como inequivocamente pertencentes à sociedade.⁶

Nas próximas páginas, explicamos em detalhes a evolução deste caso. Começamos com uma breve descrição da história da Vale, tanto como estatal (1942-97) quanto como empresa privada (desde 1997). Em seguida, analisamos a estrutura de propriedade pós-privatização, que permitiu a interferência residual do Leviatã, mesmo que a empresa fosse, pelo menos no papel, não diretamente controlada pelo governo. Fornecemos, então, detalhes do contexto que levou o governo brasileiro a intervir na Vale e a demitir o CEO.

Vale do Rio Doce: de empresa pública a empresa privada

O Brasil é, historicamente, país mineiro, e sempre houve luta contínua entre o Estado e o setor privado pelo controle dos recursos minerais. Primeiro, os portugueses exportaram madeira, mas, no século XVII, os exploradores descobriram ouro no Vale do Rio Doce, na província de Minas Gerais, geologicamente rica. Desde então, os direitos ao subsolo no Brasil — como na maioria dos países — pertencem ao Estado, exceto durante um experimento de cinquenta anos, quando esses direitos foram privatizados, entre 1890 e 1942.⁷

Em 1919, um empreendedor ferroviário americano, Percival Farquhar, associou-se ao fundador de uma pequena fundição em Minas Gerais, Itabira Iron Ore Company, e conseguiu autorização do governo para estender a ferrovia que partia da região ferrífera de Itabira até o porto de Vitória, no estado do Espírito Santo,⁸ o que, porém, demorou dez anos. A essa altura, a Grande Depressão já tornara impossível financiar o projeto nos Estados Unidos ou na Europa. Depois de alguns atrasos, o presidente Getúlio Vargas suspendeu as concessões para exportar minério de ferro e a concessão da Itabira Iron Ore Company.⁹ Apesar dos esforços de Farquhar para obter nos Estados Unidos os financiamentos necessários à integração da fundição, de uma futura usina siderúrgica, e da ferrovia, a Itabira Iron Ore entrou em recuperação judicial (*receivership*) e terminou nas mãos do governo inglês, que, então, a cedeu ao Brasil, em 1940, quando este último declarou guerra à Alemanha.

Em 1942, em acordo com o governo dos Estados Unidos, o presidente Vargas criou a Companhia Vale do Rio Doce (cvrd, que mudou seu nome para Vale, em 2007), usando as instalações da Itabira Iron Ore Company, a rede ferroviária da empresa e empréstimos do American Eximbank.[10] Ao mesmo tempo, Vargas criou a Companhia Siderúrgica Nacional (csn), a maior usina siderúrgica integrada da América Latina. A oferta pública inicial de ações da Vale foi de aproximadamente 12 milhões de dólares, em que o governo comprou todas as ações com direito a voto, correspondendo a 55% do valor da empresa. Fundos de pensão e outros órgãos públicos adquiriram 16,4%; o setor privado, 28,6% em ações preferenciais, sem direito a voto.[11]

Desde o começo, a ascensão da Vale foi rápida. No final da década de 1940, já era responsável por 80% das exportações de minério brasileiro. Entre 1950 e 1970, a Vale tornou-se a mais importante empresa do Brasil e líder no mercado mundial de minério de ferro. De acordo com Trebat, o desempenho financeiro e a expansão acelerada de empresas estatais como a Vale decorreram em grande parte da autonomia em relação ao governo federal.[12] Os altos executivos da Vale tinham longas carreiras na empresa em vez de serem nomeados por sucessivos governos. Seus esquemas de remuneração envolviam pagamento por desempenho e seus salários eram altos em comparação com os de executivos de outras estatais brasileiras.

A autonomia da Vale também resultou de sua lucratividade, uma vez que não dependia de subsídios do Tesouro brasileiro nem de empréstimos do bndes. Trebat estimou que a Vale financiou entre 60% e 100% de seus investimentos de capital, na década de 1970, mediante retenção de lucros. O restante foi financiado com a emissão de dívida de longo prazo. Com efeito, alguns dos maiores projetos de investimento do Brasil nas décadas de 1960 e 1970 foram financiados com empréstimos de empresas e de agências japonesas e alemãs, assim como com o lucro da exportação de minério de ferro.

Embora fosse estatal, a Vale sempre se destacou como uma das empresas mais lucrativas do Brasil, e exportadores rivais a forçaram a tornar-se, desde o início, empresa de mineração de vanguarda. O projeto de investimento mais importante da Vale foi o desenvolvimento das jazidas de ferro de Carajás, no estado do Amazonas — que se estima conter as maiores reservas de minério de ferro do mundo, com pelo menos 18 bilhões de toneladas do mineral. Em 1986, a Vale exportava toda a produção das minas de Carajás.

Essa lucratividade também ajudou a Vale a expandir-se para outros setores. Sob a liderança de Eliezer Batista e outros,[13] a empresa usou a retenção de lucros (reserva de lucros) para comprar companhias em outros setores no intuito de diversificar o portfólio de investimentos e constituir joint ventures. No começo da década de 1970, a Vale

> buscou ampla diversificação no setor de recursos naturais e avançou agressivamente por meio de subsidiárias e de participação acionária minoritária em coligadas para as áreas de bauxita, alumina e alumínio, manganês, fosfatos, fertilizantes, polpa, papel [...] e titânio.[14]

Além disso, na mesma época, a rede de distribuição da Vale incluía ferrovias, navios e um porto. Portanto, no auge do que Trebat denominou período de "construção do império" da Vale, a empresa possuía doze grandes subsidiárias e era participante ativa de doze joint ventures, impulsionadas basicamente por capital estrangeiro.

A expansão da Vale sofreu parada abrupta na década de 1980, quando as políticas de estabilização do governo obrigaram a empresa a reduzir despesas — em especial, despesas de capital. Conforme explicamos nos capítulos anteriores, o governo efetivamente restringiu importações, investimentos, remunerações e, em geral, o tamanho e a autonomia das empresas públicas.[15] Mesmo assim, e não obstante a recessão, no país e no exterior, na década de 1980, a Vale continuou sendo a estatal mais lucrativa do Brasil, pagando os mais altos dividendos ao governo.

Privatização (parcial) da Vale

No final da década de 1980, o governo brasileiro enfrentou grave crise fiscal. Manter participação acionária em empresas estatais passou a fazer menos sentido como meio de financiar o governo. As taxas de juros dos títulos de dívida do governo brasileiro dispararam quando a inflação acelerou, na década de 1990, e os dividendos que a Vale pagava ao governo já não compensavam os custos de oportunidade do investimento estatal. Por exemplo, entre 1988 e 1992, o governo pagava juros sobre a dívida da ordem de 20% ao ano, enquanto o retorno sobre o capital que mantinha na Vale situava-se entre 0,5% e 5,2%.[16]

Em 1995, o governo acelerou o processo de privatização e incluiu a Vale na lista de estatais a serem vendidas. O processo de privatização era parte de uma estratégia mais ampla de reforma estrutural da economia brasileira. O governo queria não só usar o dinheiro oriundo das privatizações para amortizar a dívida e reduzir as despesas financeiras (de fato, aceitou títulos públicos como pagamento na privatização), mas também tornar a economia mais eficiente e competitiva. A privatização era maneira de melhorar a gestão das empresas brasileiras e de eliminar os controles de preços, além dos subsídios (e socorros) a empresas ineficientes.

Embora o presidente Fernando Henrique Cardoso tenha pesquisas de opinião pública mostrando que os brasileiros aprovavam menos intervenção governamental na economia, o anúncio da privatização da Vale imediatamente provocou protestos públicos e reações políticas. Vale e Petrobras eram consideradas símbolos nacionais. Na época da privatização, a Vale já era a maior produtora mundial de minério de ferro e de *pellets*, com força de trabalho superior a 50 mil empregados. Um senador manifestou preocupação: "Mais que empresa de mineração, a Vale é agência de desenvolvimento social e não opera em setor monopolista".[17]

Outro senador advertiu que "o subsolo da Vale [reservas minerais] não tem sido explorado suficientemente. Se a empresa for vendida, não saberemos o que estamos negociando. Luiz Inácio Lula da Silva, então candidato presidencial pelo Partido dos Trabalhadores, também ameaçou que, se vencesse as eleições de 1998, "vamos auditar as empresas [privatizadas] para ver se houve algum malfeito; então decidiremos o que fazer". Cardoso também foi criticado, em cartas abertas, pela Ordem dos Advogados do Brasil, pelo procurador geral da República, pela maior confederação nacional de trabalhadores (a Central Única dos Trabalhadores — CUT) e pela maior confederação nacional de padres católicos (Conferência Nacional dos Bispos do Brasil).[18]

O presidente Fernando Henrique Cardoso, todavia, ignorou essas manifestações e privatizou a Vale. Nas palavras dele: "Estrategicamente, o que faz a Vale? Ela retira pedras de, digamos, Carajás, coloca-as no trem, leva-as para o porto e as envia para o exterior [...]. É nisso que se resume a produção de minério. Não envolve tecnologia importante".[19] Em 6 de maio de 1997, o governo vendeu o controle da Vale para a Valepar, entidade holding, representando um consórcio, ou "bloco de controle" dos principais proprietários, liderado pelo empreendedor privado Benjamin Steinbruck, que já havia adquirido o controle de outras empresas privatizadas, como a siderúrgica CSN e a distribuidora de energia elétrica Light. A participação de Steinbruck na Valepar era indireta, por meio da CSN. A Valepar venceu o leilão, oferecendo 3,15 bilhões de reais (3,15 bilhões de dólares) por 41,73% das ações com direito a voto da Vale.

Junto com Steinbruck havia outros proprietários privados, como os bancos brasileiros Opportunity e Bradesco, estrangeiros como Nations Bank e um grupo de fundos de pensão de estatais, como Previ (do Banco do Brasil), Funcef (da Caixa Econômica Federal, outro banco) e Petros (da Petrobras). Depois da privatização, o governo também ficou com *golden shares*, ações que lhe conferiam direitos de veto sobre certas decisões, como mudar o nome da empresa, a localização da sede, os direitos de voto das ações, o controle das minas, assim como a missão e os objetivos da empresa.

Em 2000, a empresa listou suas ações na Bolsa de Valores de Nova York, como American Depository Receits (ADRs). Um ano mais tarde, a CSN de Steinbruck saiu da Vale, depois de negociações complexas, que deixaram o Bradesco e o grupo de fundos de pensão com participação controladora na empresa. Em 2002, deu-se o último passo para consumar a complexa e longa privatização da Vale, quando o Tesouro

Nacional e o BNDES (por intermédio do BNDESPAR) venderam a participação de 31,5%. O BNDESPAR, contudo, ainda manteve participação acionária na empresa e até a aumentou em 2003, quando Carlos Lessa, então presidente do BNDES, orquestrou uma recompra controversa de ações da Vale no valor de 1,3 bilhão de reais para aumentar a presença "nacional" na companhia.

Assim, mesmo depois da privatização, o relacionamento financeiro da Vale com o governo continuou estreito e se manifestava pelo menos de duas maneiras. Primeiro, o governo recebia dividendos da Vale por meio das ações da BNDESPAR. Segundo, desde 1979, o governo brasileiro cobrava royalties pela extração mineral, da ordem de 1% a 3% da receita bruta, dependendo da jazida mineral explorada. Em 2009, a Vale estimou que, entre 2001 e 2008, sua contribuição média total para o Brasil (sob a forma de impostos, dividendos para o governo e folha de pagamento) fora da ordem de 2,7 bilhões de dólares por ano, enquanto a contribuição total entre 1943 e 2000, quando o governo era acionista majoritário, fora de apenas 283 milhões de dólares por ano. Da contribuição total de 2,7 bilhões de dólares anuais, 1,3 bilhão envolvia impostos.[20]

Estratégia da Vale sob propriedade privada

Em 2001, o conselho de administração da Vale aprovou a nomeação de Roger Agnelli para liderar a empresa como CEO. Agnelli, economista com vinte anos de experiência no Bradesco, era o CEO do BNDESPAR, empresa de gestão de ativos do BNDES, um dos acionistas controladores da Vale.

Entre a chegada de Agnelli e 2009, a Vale passou por transformações radicais. Deixou de ser apenas empresa de mineração de ferro, que abastecia principalmente o mercado interno, para tornar-se a segunda maior empresa de metalurgia e de mineração do mundo, com base na capitalização de mercado. Também passou a ser a maior produtora de minério de ferro e de *pellets* de minério de ferro do mundo, a segunda maior produtora de níquel do mundo e uma das maiores produtoras de minério de manganês, ferroligas e caulim. Também investira no desenvolvimento e na expansão da capacidade de produção de bauxita, alumina, alumínio, cobre e carvão. Além disso, a Vale era a única produtora de potássio do Brasil, com operações no Canadá e na Argentina. O potássio tornou-se importante insumo para o negócio de fertilizantes da Vale.

Agnelli tinha um plano de produção muito claro para a Vale, que incluía agressiva diversificação geográfica e de produtos por meio de fusões e aquisições, e através de investimentos na construção de novas unidades de produção e na expansão das instalações existentes. A primeira iniciativa dele foi comprar a mineradora de níquel canadense INCO, em 2006, por 17,4 bilhões de dólares. No ano seguinte, apresentou oferta para adquirir a australiana AMCI Holdings, mineradora de carvão. Ao mesmo tempo, levou a Vale a diversificar as vendas para a Europa e para a China, dispersando-se dos clientes tradicionais, no Japão e nos Estados Unidos. A visão dele era compatível com as tendências da economia global, que apontavam para os mercados emergentes como fontes da nova demanda agregada global. Roberto Castello Branco, diretor de relações com investidores e economista-chefe da Vale, descreveu a estratégia da empresa nos seguintes termos:

> Temos uma visão de longo prazo do processo. Acreditamos que os níveis de renda nos mercados emergentes estão convergindo para os padrões dos países desenvolvidos. Além disso, países como China e Índia estão investindo mais em industrialização, urbanização e habitação que os países desenvolvidos. Por exemplo, o consumo chinês de cobre em relação ao PIB está perto do índice que os Estados Unidos tinham na virada do século, quando se industrializavam rapidamente.[21]

Enquanto muitas empresas brasileiras consideravam a carência de infraestrutura no país enorme obstáculo ao crescimento, a Vale desenvolveu a própria infraestrutura no intuito de superar esse obstáculo. Para apoiar as operações de mineração, a empresa tornou-se o principal provedor de serviços de logística no país e importante ator mundial em logística de produtos de mineração. No Brasil, a infraestrutura de logística integrada abrangia aproximadamente 10 mil quilômetros de ferrovias e cinco terminais portuários em quatro estados brasileiros. Com efeito, a Vale era responsável por 16% de todo o transporte de cargas e por 30% do manuseio de cargas em portos brasileiros. "Até 2001, supúnhamos que a logística poderia tornar-se *core business* responsável por quase 30% de nossa receita total", disse Eduardo Bartolomeo, engenheiro que fora diretor de logística, de gestão de projetos e de sustentabilidade da Vale, desde 2006. "Hoje, representa somente 4% de nossos resultados, mas é absolutamente essencial para nós. É nossa esteira rolante."

Considerando que a demanda pelos produtos da Vale estava a milhares de quilômetros do Brasil, Agnelli empenhou-se na construção de uma rede de logística confiável para entregar minério de ferro do Brasil na China. Era importante para Agnelli concentrar a estratégia da empresa na conquista de terreno no mercado chinês por várias razões. Primeiro, embora o minério de ferro brasileiro fosse de grau mais elevado (isto é, tivesse maior conteúdo de ferro) que o australiano, este último era ligeiramente mais barato na China por causa dos custos de transporte mais baixos. Qualquer redução nos custos de transporte, portanto, daria à Vale grande vantagem na ampliação da fatia de mercado na China.

Segundo, a ascensão da China como o mais importante consumidor de minério de ferro do mundo mudou não só a logística do negócio, mas também o sistema de precificação. Em 2008, a China consumiu 52% da produção de minério de ferro do mundo, 35% da produção de aço do mundo, e 26% da produção de níquel do mundo. Embora os metais, na maioria, sejam commodities vendidos nos mercados mundiais a preços determinados — pelos vários compradores — em bolsas de mercadorias (os chamados *spot markets*) ou em mercados futuros, tradicionalmente a situação do minério de ferro era diferente. Desde a década de 1970, uma das Três Grandes — Vale, do Brasil; Rio Tinto, da Austrália; e BHP Billiton — negociava privativamente o preço com um grande cliente. Entre estes, a Nippon Steel, do Japão, liderou as negociações de preços até 2005, quando a China se tornou a maior importadora mundial de minério. Então, a empresa chinesa Baosteel e, por fim, a China Iron & Steel Association (Cisa) passaram a ser as principais negociadoras desse preço de referência. Aos poucos, porém, outros consumidores chineses de minério de ferro de menor porte começaram a mudar para os mercados spot, em vez de depender do velho sistema de preço de referência. Em 2009, a maioria das compras de minério de ferro pela China referentes àquele ano contratual foi feita nos mercados spot.

A Vale precisava não só aproximar-se da China, mas também adaptar-se às novas condições do mercado de minério de ferro. Por exemplo, pequenas fundições e siderúrgicas chinesas queriam que o vendedor cuidasse do transporte e do seguro, tradicionalmente de responsabilidade do comprador. A Vale tinha de atender a esses pequenos consumidores chineses, incluindo transporte e seguro em seus preços, e, ao mesmo tempo, vender mais barato que os fornecedores australianos. Investir bilhões de dólares em grandes navios era uma solução. Com efeito, segundo as estimativas, a redução nos custos do transporte mais do que compensava o investimento e tornaria o minério de ferro brasileiro mais barato que o dos concorrentes.

Como, porém, a estratégia de Agnelli para a Vale envolvia basicamente ênfase nas exportações de commodities para mercados asiáticos em rápido crescimento, com o apoio de uma infraestrutura de transporte integrada, ele se tornou, cada vez mais, alvo de críticas do governo brasileiro, sob a alegação de que a Vale, ao contrário, deveria promover novos investimentos no mercado interno, sobretudo em siderúrgicas. As quase rendas geradas por um mercado global florescente para recursos naturais eram tentadoras do ponto de vista do governo brasileiro, que podia usar parte da geração de caixa da Vale para apoiar projetos promovidos pelo governo no país. E, como descrevemos a seguir, o principal veículo dessa interferência foi a complexa estrutura de participações minoritárias de atores do governo, que remanesceram depois da privatização da Vale.

O Leviatã como acionista minoritário na Vale

A figura 8.1 mostra a estrutura de propriedade piramidal da Vale, em outubro de 2009. As porcentagens se referem a ações com direito a voto. A Valepar, holding que venceu o leilão de privatização da Vale,

A TENTAÇÃO DO LEVIATÃ: O CASO VALE

Figura 8.1. Estrutura acionária da Vale, em outubro de 2009 (as porcentagens se referem a ações com direito a voto)

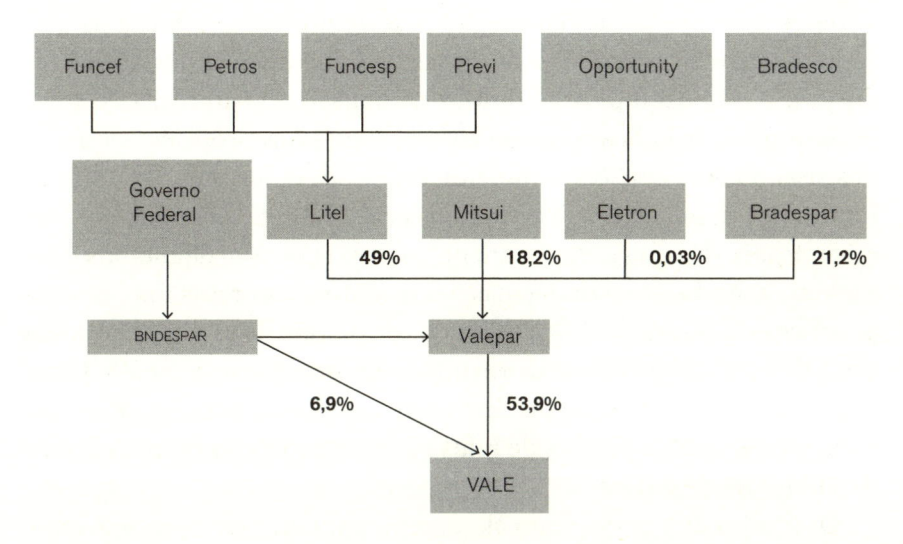

FONTES: Site da Vale: <http://www.vale.com/vale_us/media/ca1009i.pdf>. Acesso em: 12 fev. 2012; e Lazzarini.[22]

detinha mais de 50% de ações ordinárias (com direito a voto) da empresa e, portanto, era a entidade controladora. Na estrutura de propriedade da Valepar, nenhum proprietário isolado tinha mais de 50% das ações. Litel, pertencente a vários fundos de pensão de diversas empresas estatais, tinha a maior participação — 49%. Os proprietários privados Bradespar (braço de investimentos do Bradesco); Mitsui, do Japão; e Eletron (de propriedade do banco Opportunity), juntos, detinham 39,4%. O BNDESPAR tinha participação de 11,5% na Valepar, além de 6,9% de participação minoritária direta na Vale. Embora não houvesse acionista majoritário claro, o BNDESPAR e os fundos de pensão (por meio da Litel) detinham, no todo, 60,5% da Valepar. Portanto, esses atores relacionados com o Estado podiam conluiar-se e predominar na governança da Vale.

Analisamos o comportamento do BNDES em capítulos anteriores. Também será esclarecedor, aqui, descrever sucintamente o papel dos fundos de pensão. No Brasil, há um sistema de previdência privada (aposentadoria e pensões) pública, gerenciado pelo Ministério de Previdência Social, complementado por fundos "fechados" cujos benefícios se restringem apenas aos empregados de determinadas empresas, privadas ou estatais. Previ, Petros, Funcef e Funcesp — todos acionistas da Vale — são exemplos de fundos de pensão de empresas estatais. Esses fundos fechados recebem contribuições dos próprios empregados, assim como aportes complementares das empresas. Em 1997, os fundos de pensão no Brasil já tinham cerca de 81 bilhões de dólares em ativos totais, dos quais 79% eram de fundos de pensão de estatais. Não raro esses fundos investiam em ações de outras empresas e até de suas próprias empresas. Em 1997, os fundos de pensão de estatais investiam cerca de 40% dos ativos totais em ativos de risco, inclusive ações. Entre 1997 e 2008, o valor total dos investimentos dos fundos em ativos de risco pulou de 27,3 bilhões de reais para 127,5 bilhões de reais (cerca de 71 bilhões de dólares).[23]

Os fundos de pensão eram claramente influenciados pelo governo. Embora os empregados participassem da seleção dos altos gestores do fundo, historicamente as empresas sempre tinham voz de destaque no processo e tendiam a nomear executivos sintonizados com o governo e com a coalizão política no poder.[24] Daí resultou um canal por meio do qual o governo podia intervir. Por exemplo, durante a privatização das empresas de telecomunicações, em 1998, o ministro das Comunicações foi flagrado, em telefonema grampeado, pedindo a certos fundos de pensão para associar-se ao consórcio de licitantes privados, liderado pelo Opportunity. Sergio Rosa, nomeado CEO da Previ no começo do primeiro mandato de Lula (2003), fez carreira na política e era próximo do novo presidente da República. Ele fora vereador em São Paulo, pelo PT (Partido dos Trabalhadores), e líder do Sindicato dos Bancários de São Paulo.

Não causa estranheza que, por intermédio da influência que a Previ exercia na Valepar e na Vale, Sergio Rosa tenha sido nomeado presidente do conselho de administração da Vale. Como os fundos de pensão de empresas estatais participavam conjuntamente de vários blocos de controle e agiam em consonância com o BNDESPAR — para não falar nas *golden shares* do próprio governo —, a Vale estava sujeita à interferência residual do Leviatã. Por meio desses vários mecanismos de propriedade e do ativismo orquestrado no conselho de administração, o Leviatã como acionista minoritário tornou-se, funcionalmente, acionista majoritário.

Governo versus Vale

Em 2009, o presidente Lula e alguns de seus ministros lançaram um ataque público contra a estratégia da Vale, mobilizado por meio da imprensa e do conselho de administração da Vale.[25] A ofensiva avançou em três frentes. Primeiro, para Lula, a Vale "não deveria limitar-se a abrir buracos no chão e a exportar minérios". Com efeito, Lula pediu expressamente que a empresa investisse em usinas siderúrgicas no país, embora os analistas advertissem que a indústria siderúrgica mundial tivesse capacidade ociosa e que a mineração era muito mais lucrativa, em média, que a produção de aço. Entre 1996 e 2009, o valor médio adicionado por trabalhador na produção de aço (receita menos custo dos insumos dividido pelo número total de empregados na indústria) foi de 395 mil reais em comparação com 507 mil reais na mineração de ferro.[26] Os defensores da política industrial ativa, contudo, invocavam a "doença holandesa", síndrome em que as exportações de commodities valorizariam a moeda brasileira e, em consequência, tornariam os produtos industrializados menos competitivos internacionalmente.[27]

Lula também estava preocupado com a declaração de Agnelli de que faria demissões, em resposta à crise financeira de 2008. Em dezembro de 2008, a empresa demitiu cerca de 1500 empregados em todo o mundo. Embora Agnelli justificasse essa decisão com base na necessidade de reduzir custos e manter-se competitivo, em face da queda na demanda, Lula criticou em público a declaração sobre demissões: "A Vale tem muito caixa, ganhou muito dinheiro. Bem, é exatamente nesses momentos de dificuldade que os executivos também precisam fazer a sua parte. Não é só o governo ou os trabalhadores, são todos".[28]

Terceiro, o governo pressionou a Vale a comprar navios feitos no Brasil, apesar de os similares nacionais serem duas vezes mais caros que os asiáticos e não obstante os estaleiros brasileiros não terem condições para construir os graneleiros de minério de alta capacidade que a Vale queria (os chamados navios Chinamax ou Valemax, capazes de transportar quatrocentas toneladas de minério de ferro por viagem).

Agnelli seguia estratégia de duas pontas para superar as empresas australianas na China. Primeiro, criar centros de distribuição — "minas virtuais" — perto da Ásia. Duas já estavam projetadas, uma em Oman e outra na Malásia. Segundo, adotar plano agressivo para a capacidade de transporte, inclusive a aquisição de pelo menos doze navios Valemax. Em 2007, a empresa anunciou que compraria esses navios de estaleiros chineses e coreanos. Essa decisão enfureceu o governo, que estava tentando reformar a indústria naval do país. Depois de seguir durante anos políticas amistosas com os empresários, Lula, aparentemente, se inclinava para medidas mais heterodoxas, como tratamento preferencial para fornecedores brasileiros e intervenção do governo em setores considerados "estratégicos".

Complicando ainda mais as coisas, havia a tentativa de tomada de controle orquestrada pelo empreendedor Eike Batista, listado pela *Forbes* como o brasileiro mais rico de 2009. Ele é filho de Eliezer Batista, um dos presidentes lendários da Vale, quando a empresa ainda era estatal. Eike fez uma oferta para comprar as ações da Vale que o Bradesco possuía na Valepar (ver figura 8.1). E ainda contribuiu para a ofensiva pública, afirmando que "a Vale não pode exportar matérias-primas para sempre" e insinuou que, como acionista controlador, "deveria ajudar o Brasil".[29] Depois que o Bradesco recusou a oferta dele, Eike sugeriu que Roger Agnelli fosse substituído por Sergio Rosa, chefe do Previ. Rosa apoiou Lula e Batista, afirmando que a Vale deveria investir em siderúrgicas.

Para atenuar as pressões, Agnelli anunciou, em outubro de 2009, plano de investimento de 20 bilhões de dólares, inclusive com a construção de duas siderúrgicas no Norte e no Nordeste do Brasil. A tentativa de tomada de controle por Eike fracassou, mas os investidores estavam cada vez mais preocupados com a escalada da interferência política na Vale. O famoso bilionário George Soros, assim como outros investidores, vendeu parte de suas ações. Não obstante a reação negativa do mercado, as pressões sobre a Vale e sobre Agnelli tornavam-se cada vez mais fortes. Agnelli declarou publicamente, em 2010, que o Partido dos Trabalhadores, de Lula, tinha interesse em controlar a Vale. A posição de Agnelli tornava-se cada vez mais precária, e ele acabou sendo demitido em maio de 2011, embora tivesse anunciado lucro 292% mais altos que no primeiro trimestre do ano anterior. Ao sair, Agnelli declarou: "A missão da companhia [privada] é gerar os resultados para ela poder gerar capacidade e investimentos. A missão do governo é diferente da de uma empresa. Completamente diferente".[30]

Agnelli foi substituído por Murilo Ferreira, ex-executivo da Vale, escolhido a dedo pelo governo. Ferreira tinha trinta anos de experiência na Vale e, em 2007, fora nomeado presidente da Vale Inco, no Canadá. Deixara a empresa em 2008 por problemas de saúde, embora houvesse rumores de que ele e Agnelli também tivessem discordado a respeito de algumas questões estratégicas. Apoiado pela recém-eleita presidente do Brasil, Dilma Rousseff (também do Partido dos Trabalhadores), a expectativa era que o alinhamento estratégico de Ferreira com o governo fosse melhor.

Discussão

Nos capítulos anteriores, argumentamos que a vantagem do modelo do Leviatã como acionista minoritário é reduzir o risco de interferência política ostensiva pelo governo na gestão de empresas privadas, enquanto ao mesmo tempo preserva um canal pelo qual o capital do Estado pode amortecer falhas de mercado. A redução da interferência política, porém, não é garantida. Sob certas condições, o Leviatã "minoritário" pode ser não só tentado a intervir, mas também municiado para fazê-lo. É o que denominamos *interferência residual*.

Uma situação é quando as empresas privadas com capital estatal minoritário recebem quase rendas substanciais da exploração de recursos nacionais, condição que é agravada quando a empresa já investiu em ativos fixos não remanejáveis, o que lhe impõe custos de saída que a deixam em posição de barganha desvantajosa em face do governo (por exemplo, a "barganha obsolescente"). Essa condição é provável quando as empresas privadas operam em setores de recursos naturais ou de serviços públicos e conseguem contratos de concessão favoráveis. Além disso, a interferência é mais provável quando o Leviatã, apesar de ser investidor minoritário, pode aliar-se a outros acionistas e atingir posição majoritária. No caso da Vale, esses outros acionistas incluíam BNDES e um grupo de fundos de pensão de estatais, influenciados pelo governo.

Será esclarecedor descrever um caso em que a interferência residual *não* ocorreu, porque alguns desses atores estavam ausentes (pelo menos até a conclusão deste livro). A Embraer, "campeã nacional" do Brasil na indústria aeronáutica, era de propriedade de BNDES, Previ, Bozano (grupo nacional) e European Aeronautic Defense and Space Company (EADS). Portanto, também aqui o Leviatã era acionista minoritário. Depois da crise financeira de 2008, a Embraer, da mesma forma, anunciou grandes demissões. Além disso, a empresa comprava a maioria de suas peças e suprimentos de fornecedores estrangeiros, não de empresas nacionais. O governo, porém, não estava tão ansioso para intervir na Embraer quanto estivera na Vale. A lucratividade da Embraer dependia de sua capacidade de desenhar novos produtos e de comprar partes e componentes *"state-of-art"* (por exemplo, motores). Assim, forçar a Embraer a desenvolver fornecedores nacionais poderia comprometer substancialmente a competitividade da empresa no curto prazo. Embora o BNDES e o Previ fossem acionistas minoritários, os dois, em conjunto, em 2009, detinham apenas 18,8% das ações com direito a voto da empresa. Ainda que se acumpliciassem, não teriam voz majoritária nas decisões relevantes.

Portanto, não achamos que o modelo do Leviatã como acionista minoritário sempre propicie a intervenção nem mesmo aumente a tentação de intervir por parte do governo. A intervenção residual, contudo, é possibilidade concreta nos setores intensivos em capital, nos quais a geração de caixa das empresas é substancial para ser explorada por atores estatais em conluio, na tentativa de implementar iniciativas apoiadas pelo governo.

9
O Leviatã como emprestador: Bancos de desenvolvimento e capitalismo de Estado

DEPOIS DE ANALISAR O LEVIATÃ como proprietário e gestor de empresas e como investidor minoritário, apresentaremos, agora, a teoria do governo como emprestador a empresas. Organizamos os testes de nossas hipóteses relacionadas com o Leviatã como emprestador em dois capítulos. Neste, descrevemos primeiro a teoria geral referente ao papel dos bancos de desenvolvimento. Em seguida, mostramos a evolução do modelo de negócios do BNDES e analisamos as intenções e os resultados de alguns de seus programas. Em especial, concentramos o foco nos modelos de receita e de financiamento do banco. No capítulo 10, usamos evidências sistemáticas dos empréstimos do BNDES a companhias abertas e testamos empiricamente se a instituição, de fato, está exercendo as funções típicas de banco de desenvolvimento.

O argumento implícito dos sessenta anos de história do BNDES é que, nos primeiros estágios do processo de desenvolvimento, o banco fez grande diferença na promoção da industrialização e na construção de setores-chave. À medida que o Brasil enriquecia, porém, o banco não diminuiu de escala e, portanto, perdeu a timidez. Como mostramos, a instituição não atua como os bancos comerciais estatais, que, tradicionalmente, dependem mais da veleidade dos políticos e tendem a perder dinheiro o tempo todo.[1] O BNDES, historicamente, é dirigido como banco governamental relativamente eficiente, tentando manter-se rentável mesmo em épocas de dificuldade. Em consequência de seu grande porte, porém, e de operar em economia mais desenvolvida, o BNDES, agora, tem dificuldade em fazer a escolha certa de projetos, e não está claro que seu atual portfólio de empréstimos e de investimentos supere o custo de oportunidade dos fundos que recebe dos pagadores de impostos.

Bancos de desenvolvimento no mundo

De acordo com Armendáriz de Aghion, "os bancos de desenvolvimento são instituições financeiras patrocinadas pelo governo, voltadas basicamente para o fornecimento de capital de longo prazo à indústria".[2] Essa definição salienta dois aspectos-chave dos bancos de desenvolvimento: a condição de entidade estatal e a ênfase na solução de falhas nos mercados de crédito, sobretudo no caso de projetos de maturação de longo prazo.

Relatos históricos mostram que os bancos de desenvolvimento existem pelo menos desde o século XIX, com a criação da Société Général pour Favoriser l'Industrie National, na Bélgica (1822), e, mais tarde, de um grupo de instituições na França, como Crédit Foncier, Comptoir d'Escompte e Crédit Mobilier, este último desempenhando papel importante na construção da infraestrutura europeia, como ferrovias, no século XIX.[3] A escalada das intervenções do Estado e o declínio dos mercados privados que se seguiram às duas guerras mundiais — tendência que Rajan e Zingales denominaram "a grande reversão"[4] — promoveram a expansão e reforçaram a importância dos bancos de desenvolvimento. Durante a reconstrução do pós-Segunda Guerra Mundial, o Plano Marshall exigiu que os países canalizassem fundos internacionais para a reconstrução por meio dos bancos de desenvolvimento, acarretando a criação do KfW alemão (Kredintaltanlt für Weidarufban), do JDB japonês (Banco de Desenvolvimento do Japão) e até do BNDES brasileiro.

Ao mesmo tempo, novas teorias desenvolvimentistas começaram a enfatizar problemas estruturais que inibem a industrialização de países subdesenvolvidos, dependentes da produção e exportação de commodities básicas.[5] Conforme essas teorias, poupanças e créditos induzidos pelo Estado seriam cruciais para estimular investimentos produtivos, agregadores de valor.[6] Seguindo as mesmas linhas, Amsden também destacou a importância dos bancos de desenvolvimento nas economias em industrialização tardia.[7] Instituições financeiras como o Banco de Desenvolvimento da Coreia, argumenta Amsden, foram providenciais não só como meios de infundir capital de longo prazo na indústria, mas também como mecanismo para selecionar projetos privados e definir metas de desempenho.

Da mesma maneira como as empresas estatais sobreviveram às ondas de privatização e às mudanças estruturais na OCDE e nos países em desenvolvimento, também os bancos de desenvolvimento demonstraram a mesma resiliência. Por isso é que ainda desempenham papel importante na configuração do capitalismo de Estado em todo o mundo. Na tabela 9.1 mostramos que, em 2011, havia centenas de bancos de desenvolvimento no mundo, e que quase 50% deles se declaravam empenhados no fornecimento de empréstimos para diversos projetos de infraestrutura e de industrialização. Em 2011, identificamos 288 bancos de desenvolvimento em todo o mundo, concentrados principalmente no sul e no leste da Ásia (29,5%), na África (24,3%) e na América Latina e Caribe (17,7%).

Os bancos de desenvolvimento ganharam novo impulso depois da crise financeira global de 2008. No ano seguinte, 2009, o governo da Argentina anunciou a intenção de criar um banco de desenvolvimento nacional. Mesmo nos Estados Unidos já surgiram propostas para reformar bancos de desenvolvimento. Em 2011, o orçamento federal dos Estados Unidos incluía pacote de 4 bilhões de dólares para a constituição de um banco de desenvolvimento destinado a apoiar projetos de infraestrutura, embora a proposta não tenha sido implementada.[8]

Poucos são, porém, os trabalhos acadêmicos que examinam se essas instituições financeiras de fato cumprem sua missão. Literatura considerável usa estudos de casos qualitativos para salientar a importância dos bancos de desenvolvimento no sentido de promover a "recuperação"

Tabela 9.1. Número de bancos de desenvolvimento no mundo (2011)

	Agências de desenvolvimento (A)	Bancos de desenvolvimento gerais (B)	Bancos de desenvolvimento de propósitos especiais (C)	Bancos comerciais com objetivos de desenvolvimento (D)	Total por região (E)
África	3	26	21	20	70
América do Norte			1		1
Sul e leste da Ásia	13	23	22	27	85
Ásia Central		8	2	9	19
Europa		7	3	2	12
América Latina/Caribe	4	29	17	1	51
Oriente Médio		1	3	3	7
Oceania	1	5	5	4	15
Regional/Global		20	5	3	28
Total por tipo	21	119	79	69	288

FONTE: Contamos e classificamos afiliados à World Federation of Development Financial Institutions e a European Finance Institutions, usando as informações sobre perfis e missões dos respectivos sites: <http://www.wfdfi.org.ph/members/list-of-members/> e <http://www.edfi.be/members.html>. Acesso em: 12 fev. 2012.

NOTA SOBRE O ESQUEMA DE CLASSIFICAÇÃO:

A. *Agências de desenvolvimento* incluem autoridades de desenvolvimento, centros de treinamento e organizações que prestam assistência técnica a setores específicos, mas que não se especializam em conceder empréstimos.

B. *Bancos de desenvolvimento gerais* são os que se concentram em conceder empréstimos ou a investir em projetos industriais ou de infraestrutura. Também inclui bancos que fornecem garantias para que projetos industriais ou de infraestrutura consigam financiamentos privados. Os bancos de desenvolvimento gerais podem ser regionais, como o Banco Interamericano de Desenvolvimento, ou nacionais, como o Banco de Desenvolvimento da Coreia.

C. *Bancos de desenvolvimento de propósitos especiais* são instituições financeiras especializadas em fornecer crédito para a agricultura, para empresas de pequeno e médio porte e para a indústria de construção, ou seja, consideramos bancos que querem promover a construção civil e empreendimentos habitacionais para famílias que não conseguem empréstimos hipotecários ou financiamento imobiliário de instituições financeiras privadas. Essa categoria inclui bancos agrícolas, como o Banco Principal para o Desenvolvimento e Crédito Agrícola (Egito) e o Banco de Terra de Filipinas, além de outros com objetivos mais específicos, como o Banco Nacional de Habitação da Índia.

D. Classificamos muitas outras instituições como *Bancos comerciais com objetivos de desenvolvimento*, por se tratar de entidades públicas ou privadas que operam como bancos comuns, mas tendem a destinar parte de seus portfólios a setores específicos, almejados pelo governo. Exemplos dessa categoria são Azerigazbank, no Azerbaijão; o Banco de Desenvolvimento Produtivo, na Bolívia; e o Banco Nacional do Butão Ltda., no Butão.

("*catch-up*") industrial.[9] Em estudo sobre a intervenção do Estado no sistema bancário, Gerschenkron argumenta que, sem a participação do Estado, a falta de confiança entre credores e devedores impediria o aprofundamento dos mercados de crédito.[10] Sob essa perspectiva, os bancos privados relutam em conceder crédito a projetos arriscados, de longo prazo, deixando sem financiamento muitos projetos geradores de valor.[11]

Talvez o modelo de Armendáriz de Aghion[12] seja o único esforço teórico formal que forneça um arcabouço para compreender o papel dos bancos de desenvolvimento. Ela sugere que os bancos privados tipicamente investem pouco na expertise necessária para avaliar e promover novas indústrias no longo prazo. Finanças subsidiadas, portanto, por meio de bancos de desenvolvimento promovem novos investimentos, preenchendo esse vácuo de expertise.

O que devem fazer os bancos de desenvolvimento

De acordo com a visão de *política industrial*, os bancos de desenvolvimento se especializam na oferta de financiamento a longo prazo para projetos que não disporiam de recursos se tivessem de captá-los em centros financeiros orientados pelo livre mercado (ver capítulo 2). Em outras palavras, os bancos de desenvolvimento oferecem financiamento subsidiado de longo prazo a projetos para os quais não haveria crédito privado, porque os empreendedores enfrentam restrições de capital ou não dispõem de informações suficientes sobre a rentabilidade do empreendimento.[13]

Sob a visão da política industrial, portanto, ao menos três são as esferas de ação inter-relacionadas dos bancos de desenvolvimento. Primeiro, eles podem aliviar a escassez de capital e promover ação empreendedora para impulsionar setores novos ou tradicionais, sobretudo aqueles que precisam financiar projetos de capital intensivo.[14] Segundo, os bancos de desenvolvimento podem financiar projetos de longa maturação ou com baixo retorno financeiro, mas com alto retorno social.[15] Finalmente, os bancos de desenvolvimento devem envolver-se em atividades promocionais, no caso de "possíveis oportunidades de investimento não serem reconhecidas e/ou não serem exploradas pelo setor privado".[16] Em outras palavras, os bancos de desenvolvimento devem coordenar as ações dos empreendedores ou fornecer informações sobre "custos de descoberta".[17]

Em contraste com essa visão benigna ou positiva dos bancos de investimento, a visão de política partidária salientaria dois aspectos negativos. Primeiro, capitalistas em busca de renda podem pedir crédito subsidiado ou capital próprio barato mesmo para projetos que poderiam ser financiados e lançados usando fontes de capital privadas. De acordo com essa visão, os políticos criam e mantêm bancos estatais e bancos de desenvolvimento menos com o intuito de canalizar fundos para usos sociais eficientes que para maximizar os objetivos pessoais ou engajar-se em negócios de compadrio com industriais ligados à política.[18] Segundo, os bancos de desenvolvimento podem salvar empresas que, do contrário, fracassariam.[19]

O debate referente à missão e aos efeitos da atividade dos bancos de desenvolvimento é ainda mais matizado quando se considera o desejo do governo de criar "campeões nacionais". Em outras palavras, políticos e autoridades miram empresas específicas como alvos de fundos — empréstimos ou investimentos — como maneira de impulsioná-las a consolidar o setor e a promover a própria expansão. Há quem argumente, contudo, que os critérios adotados pelo governo para selecionar essas empresas não são claros e, às vezes, envolvem objetivos políticos.[20] Estudos recentes descobriram evidências empíricas compatíveis com a hipótese de os financiamentos serem influenciados por fatores políticos, como ciclos eleitorais e doações para campanhas.[21]

Sob essa visão menos benigna, não seria de esperar que os bancos de desenvolvimento fossem necessariamente lucrativos, pois poderiam financiar projetos que não têm valor presente líquido positivo. Também poderiam conceder empréstimos para reduzir as despesas financeiras das empresas, mas sem mudar significativamente o desempenho financeiro no longo prazo. Sob a visão de política partidária, seria provável que as empresas beneficiárias usassem os fundos do BNDES para aumentar despesas de capital.

Em nossa opinião, a avaliação das ações dos bancos de desenvolvimento deve envolver dois passos: neste capítulo, examinamos o modelo de negócios geral do BNDES usando dados históricos de 1952 a 2009; e, no capítulo 10, realizamos teste econômico mais detalhado das hipóteses decorrentes da visão de política industrial e da visão de política partidária já analisadas.

Por que examinar o BNDES?

O Brasil é bom lugar para examinar o papel dos bancos de desenvolvimento e o efeito de seus empréstimos nas empresas, uma vez que o BNDES é um dos mais antigos e maiores bancos de desenvolvimento do mundo.[22] A tabela 9.2 compara o BNDES, o Banco Interamericano de Desenvolvimento (BID), o Banco Mundial, o Banco de Desenvolvimento da Coreia (BDC) e o Kredintaltanlt für Weidarufban (KfW) da Alemanha. Em 2010, o valor dos empréstimos desembolsados pelo BNDES equivalia a mais de três vezes a quantia fornecida pelo Banco Mundial. O BNDES também era um dos bancos mais lucrativos, em termos de retorno sobre o ativo, e um dos mais rentáveis, em termos de retorno sobre o patrimônio líquido, exceto o KfW. Finalmente, o BNDES é um dos bancos mais eficientes, com o mais alto lucro por empregado (de 2 milhões de dólares). Com efeito, esse lucro por empregado é quase dez vezes mais alto que o do Banco Mundial e quase duas vezes mais alto que o do KfW.

Em suma, o BNDES é banco de desenvolvimento de grande porte e aparentemente lucrativo (em comparação com os pares). Se suas políticas de empréstimo forem representativas, o estudo empírico de seu comportamento pode ajudar a compreender o que outros bancos de desenvolvimento fazem ou devem fazer. Considerando a frequência com que se encontram bancos de desenvolvimento em outros países (ver tabela 9.1), a compreensão dos efeitos dos empréstimos do BNDES pode fornecer lições para formuladores de políticas e para executivos de bancos de desenvolvimento em todo o mundo.

Tabela 9.2. BNDES versus outros bancos de desenvolvimento do mundo

	BNDES (Brasil)	Banco Interamericano de Desenvolvimento (BID)	Banco Mundial	Banco de Desenvolvimento da Coreia	KfW (Alemanha)	Banco de Desenvolvimento da China
Finanças e empregados (US$ bi, salvo exceções expressas)						
Ativo total	330	87	428	123	596	752
Patrimônio líquido	40	21	166	17	21	59
Lucro	6,0	0,3	1,7	1,3	3,5	5,5
Novos empréstimos	101	10	26	n,a,	113	84
Saldo de empréstimos	218	63	234	64	571	663
Pessoal	2982	~2000	~10000	2266	4531	4000
Índices de desempenho						
Retorno sobre o patrimônio líquido (%)	15,0	1,6	1,0	7,8	16,7	9
Retorno sobre o ativo (%)	1,8	0,4	0,4	1,1	0,6	1
Lucro/empregados (US$ mi)	2,0	0,2	0,2	0,6	0,8	1
Patrimônio líquido/ativo (%)	12,0	24,0	38,7	14,0	3,5	8
Ativo/empregados (US$ mi)	110,8	43,6	42,8	54,4	131,5	188

FONTE: Relatórios anuais e Torres Filho.[23] No Banco Mundial, o exercício social é de junho de 2009 a junho de 2010.
NOTA: De todos os novos empréstimos do BNDES, em 2010, 22 bilhões de dólares foram para a Petrobras.

MODELO DE NEGÓCIOS DO BNDES

O Banco Nacional de Desenvolvimento Econômico (BNDE), do Brasil, foi criado em 1952 com o objetivo de fornecer crédito de longo prazo para investimentos em energia e transportes. Depois, ampliou esse escopo para oferecer empréstimos a uma gama de "indústrias básicas" que o governo queria desenvolver, como metais, petróleo, produtos químicos e cimento. Em 1982, o BNDE mudou de nome para BNDES, quando se acrescentou "[desenvolvimento] social" à sua missão.[24]

Três são as explicações básicas para a criação do BNDE. A primeira tem a ver com o papel da Comissão Mista de Desenvolvimento Brasil-Estados Unidos [Joint Brazil-United States Development Commission], criada em dezembro de 1949 e composta de engenheiros e tecnocratas do Brasil, dos Estados Unidos e do Banco Mundial. A Comissão Mista decidiu expandir projetos de infraestrutura no Brasil. Para eliminar gargalos na infraestrutura de transportes e de eletricidade, a comissão recomendou a criação de mecanismos para fornecer crédito de longo prazo para investimentos em energia e transportes. O resultado foi o BNDE.[25]

De acordo com os estudos de Simonsen e, posteriormente, de Musacchio,[26] o governo do Brasil criou o BNDE para fornecer crédito de longo prazo depois da retração dos mercados de obrigações e de ações, que se estendeu pelas décadas de 1920 e de 1930, e do aumento da inflação, depois da Grande Depressão.[27] Esses autores argumentam que os mercados de crédito deveriam ter criado instrumentos indexados à inflação para fornecer crédito de longo prazo, mas várias leis brasileiras proibiam a indexação até a década de 1960. Assim, a carência de financiamento de longo prazo seguiu-se ao declínio do mercado de obrigações da década de 1930, sobretudo porque os bancos se concentravam na oferta de empréstimos de curto prazo. O crédito de curto prazo quase dobrou entre a década de 1920, quando começou a inflação, e 1950, quando o estoque de empréstimos de curto prazo chegou a aproximadamente 30% do PIB. Os empréstimos de longo prazo, porém, mantiveram-se abaixo de 2% durante as décadas de 1950 e 1960.

Uma terceira explicação para a criação do BNDES argumenta que o governo brasileiro — principalmente no segundo mandato de Getúlio

Vargas (1950-5) — criou o BNDE como entidade autônoma, com um staff técnico, como maneira de proteger do clientelismo político a burocracia e o projeto nacional. O presidente Vargas assim agiu ao mesmo tempo que construía um sistema político baseado em forte corporativismo, com novos sindicatos trabalhistas e associações empresariais, que desempenhavam importante função.[28, 29]

BNDE: DE EMPRÉSTIMOS PÚBLICOS A PRIVADOS

Durante os primeiros dez anos de operação, o BNDE se concentrou na oferta de financiamento de longo prazo para a renovação (*reaparelhamento*) do sistema ferroviário e para a construção de novas usinas hidroelétricas. A maioria dos grandes projetos financiados pelo BNDE foi executada por empresas estatais. Por exemplo, Furnas, Cemig e outras empresas construíram grande parte das maiores usinas hidroelétricas e linhas de transmissão do Brasil com financiamento do BNDE e do Banco Mundial.[30]

No final da década de 1950, o foco do banco começou a deslocar-se para o apoio ao desenvolvimento da ainda incipiente indústria siderúrgica. Conforme explicamos no capítulo 3, o BNDE, na década de 1960, atuava como holding de empresas siderúrgicas. Com efeito, nessa época, o BNDE financiou de 70% a 80% de todos os investimentos de capital na indústria siderúrgica.[31] Durante as décadas de 1950 e 1960, a maioria dos empréstimos era de longo prazo, e a taxa de juros era, em média, de 9,5% ao ano. Nos empréstimos para infraestrutura, as taxas situavam-se em torno de 8%, enquanto, em empréstimos para empresas industriais, chegavam a 11%. Essas taxas eram inferiores à inflação.[32]

Sob o governo militar (1964-85), o BNDES mudou o foco, de financiamento de projetos públicos para financiamento de empresas privadas. A figura 9.1 mostra esse afastamento dos programas de empréstimos do BNDE em relação às estatais. Antes de 1964, quase 100% dos empréstimos se destinavam ao financiamento de projetos públicos, fossem diretos, de órgãos governamentais, fossem indiretos,

Figura 9.1. Distribuição dos empréstimos do BNDE entre projetos públicos e privados, 1952-78

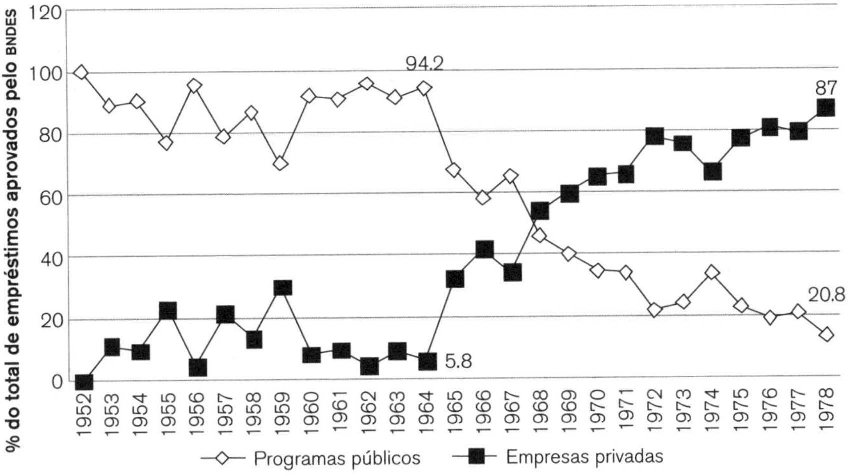

FONTE: Criado pelos autores, com dados de Najberg.[34]

de empresas estatais. Por volta de 1970, porém, o setor privado já recebia quase 70% dos empréstimos, e, no final da década, os projetos públicos ficavam com menos de 20% dos empréstimos. No entanto, muitas das empresas privadas que recebiam empréstimos nos anos 1970 (e, depois, na década de 1980) seguiam planos de desenvolvimento do governo ou eram "campeãs nacionais", empresas que desfrutavam de privilégios e ajudas especiais do governo para desenvolver novos setores e/ou novas tecnologias, ou para conquistar mercados no exterior. O BNDE, de fato, não só emprestava a algumas dessas empresas privadas, mas também mantinha participações acionárias minoritárias em algumas delas.[33]

Em 1965, como parte do esforço para promover a indústria nacional de bens de capital, o governo criou o Finame, primeira subsidiária do BNDE, com o objetivo exclusivo de fornecer financiamento de médio e longo prazos para a compra de equipamentos no Brasil.[35] A indústria de bens de capital foi uma das de mais rápido crescimento antes de 1959, expandindo-se a aproximadamente 27% ao ano, de acordo com Leff,[36] e o desenvolvimento da indústria nacional de máquinas e equipamentos

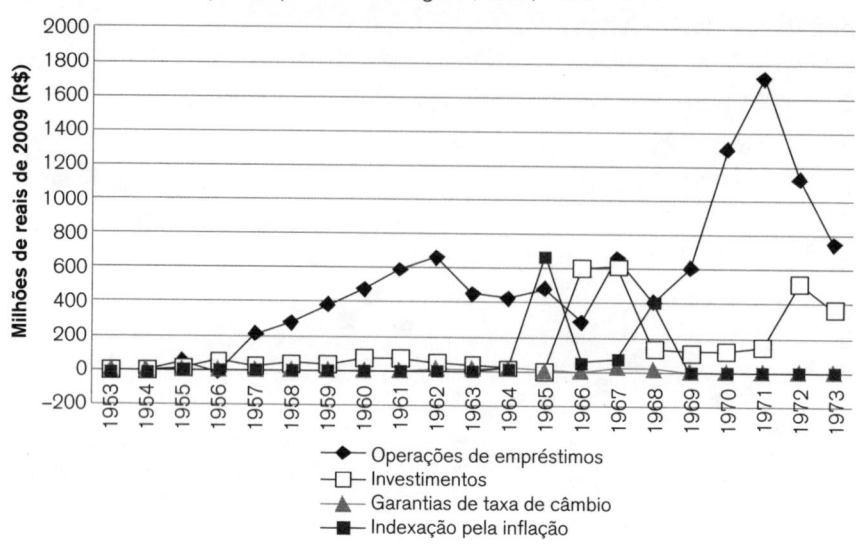

Figura 9.2. Lucros e perdas por linha de negócio, BNDE, 1953-74

— Operações de empréstimos
— Investimentos
— Garantias de taxa de câmbio
— Indexação pela inflação

FONTE: Calculado pelos autores, com base em BNDES (1953-2010).

era considerado condição sine qua non para o desenvolvimento industrial não dependente de exportações.

Com o passar do tempo, o modelo de receita do BNDE mudou de ênfase, evoluindo da forte dependência de empréstimos para a renda gerada por participações acionárias e outros investimentos. Entre 1953 e 1974, o BNDE extraía a maior parcela de seu lucro, em maior ou menor escala, do negócio de empréstimos. Vê-se na Figura 9.2 que as receitas de empréstimos começaram a gerar lucro apenas depois de três anos de operações e, em seguida, cresceram rápido (em termos reais). Curiosamente, as décadas de 1950 e 1960 são o período em que o banco se concentrava nos tipos de atividades que os preconizadores da política industrial almejariam para um banco de desenvolvimento. Em mercado com forte restrição de crédito e com altos custos de descoberta, o BNDE concedia financiamento de longo prazo e, às vezes, agia, ele próprio, como empreendedor para promover o desenvolvimento de novas indústrias, como aço, eletricidade e produtos químicos. O retorno dos investimentos em ações também começou a gerar lucro, em meados da década de 1960, quando o esforço de industrialização do BNDE estava no auge, embora não contribuísse com grande proporção das receitas.

Entre 1974 e 1982, as prioridades do BNDE foram determinadas pelo segundo Plano Nacional de Desenvolvimento, de 1974, do governo militar, de acordo com o qual o BNDE almejava mudar a matriz energética do Brasil (sobretudo depois do choque do petróleo, de 1979), a fim de (a) impulsionar o desenvolvimento da indústria nacional de insumos básicos (para depender menos de importações) e (b) ajudar a consolidar a indústria de máquinas e equipamentos.[37, 38]

Além disso, depois do choque do petróleo de 1979, o BNDE também direcionou seus financiamentos para ajudar a reduzir as importações. Uma dessas iniciativas destinava-se a reduzir as importações de bens de capital. O governo também incumbiu o banco de apoiar a então emergente indústria de computação. Embora, no começo, parecesse projeto promissor,[39] as contínuas injeções de caixa pelo BNDE em empresas como Cobra (Computadores e Sistemas Brasileiros) não resultaram, no longo prazo, em indústria competitiva de microprocessadores e de computadores. O fracasso é mais óbvio em comparação com programa contemporâneo da República da Coreia para promover o setor, no qual, além de oferecer apoio financeiro, o governo impôs objetivos e punições claras para as empresas locais.[40]

O foco do BNDE concentrava-se, acima de tudo, na substituição de importações dispendiosas. Consequentemente, o banco criou, em 1974, três novas subsidiárias: Insumos Básicos S.A. (Fibase), voltada para a oferta de financiamento às vendas de fabricantes de máquinas e equipamentos com alto conteúdo nacional; Mecânica Brasileira S.A. (Embramec), concentrada na oferta de capital a fabricantes de máquinas e equipamentos, que, então, recorriam ao Finame para financiar suas vendas; e Investimentos Brasileiros S.A. (Ibrasa), que oferecia capital de crescimento ao setor privado, especialmente à indústria de bens de consumo.[41] Esses três programas em grande parte usaram capital próprio para facilitar investimentos nos setores-alvo.

De acordo com Curralero, o BNDE mudou o foco depois de 1982, deixando de ser instituição financeira de promoção industrial para tornar-se instituição financeira de reestruturação de empresas estatais e de empresas privadas.[42] Essas reestruturações envolviam investimentos em ações cujos valores acabavam transferindo o controle para o BNDE.

O banco mudou o nome, em 1982, de BNDE para BNDE, ao adotar também o objetivo de desenvolvimento social (daí o "s" no fim da nova sigla) e começou a usar as subsidiárias para investir diretamente em participações *acionárias* minoritárias (e às vezes majoritárias) em empresas brasileiras. Nesse mesmo ano, o BNDES fundiu as subsidiárias Fibase, Embramec e Ibrasa num único braço de investimentos: BNDES Participações (BNDESPAR).

A década de 1980 marca um ponto de virada nas atividades do BNDES, uma vez que cerca de 45% das alocações de capital naquela década se destinavam à compra de ações, em comparação com 30% ou menos na década de 1970. A mudança de foco talvez tenha sido consequência do fato de empresas falidas acabarem sob o controle do BNDES ou de investimentos em ações se tornarem preferíveis a empréstimos como veículos de financiamento, em tempos de alta inflação, de modo que o BNDES vinha sofrendo grandes perdas reais nos empréstimos em decorrência da desvalorização monetária. Embora indexados à inflação, os empréstimos perdiam valor real ao longo do tempo, pois, entre 1964 e 1986, eram ajustados à inflação com base na denominada ORTN (Obrigações Reajustáveis do Tesouro Nacional), cujo valor era corrigido pela taxa de inflação oficial, que, em geral, subestimava a alta dos preços.

BNDES E INFLAÇÃO NA DÉCADA DE 1980

O negócio de empréstimos do BNDES enfrentou dificuldades no final da década de 1970 e durante os anos 1980 em consequência da inflação, que disparou vertiginosamente a partir dos últimos anos da década de 1970, chegando a níveis entre 40% e 80% ao ano para, em seguida, atingir 100% ao ano, no começo da década de 1980, e, por fim, depois de 1986, saltar celeremente para mais de 1000% ao ano, entre 1989 e 1994. A partir de 1974, o BNDE ajustou a remuneração dos empréstimos, adicionando-lhes correção monetária prefixada de 20% ao ano (inflação média entre 1968 e 1973). Se a inflação fosse superior, o banco refinanciava os ajustes complementares. A inflação, porém, superou os 20% ao ano depois de 1974, e a correção monetária prefixada não mais atendia a seus objetivos. Eugenio Staub, CEO da Gradiente, fabricante de produtos eletrônicos que recebera empréstimos do BNDES, admitiu em entrevista que

> taxa de juros prefixada de 20% era um erro, ainda por cima com taxas de inflação que avançavam, galopantes, de 20% para 30%, para 45%, para 80% e para 100%. Portanto, hoje [1982], quem paga 20% [do ajuste prefixado], mais quatro, seis ou nove por cento [de juros] é, na verdade, protegido [do governo], um [devedor] privilegiado.[43]

Além disso, depois de 1979, o governo brasileiro subsidiava empreendedores que tomavam empréstimos do BNDE de pelo menos três maneiras. Primeiro, o governo cobrava juros baixos sobre os empréstimos (ou seja, 4% a 9%). Segundo, o governo limitava a indexação dos empréstimos a até 70% da inflação, medida pela ORTN, em vez de compensar a inflação na íntegra. Em consequência, o BNDES sofria prejuízos reais nesses empréstimos, inclusive porque a ORTN, em geral, não refletia integralmente a inflação. O Tesouro, contudo, reembolsava o BNDE de parte da diferença entre a inflação real e a correção monetária pela ORTN. Najberg estima que, de cada dólar que o BNDES emprestava na década de 1980, as empresas mutuárias efetivamente pagavam 26% em termos reais.[44] Terceiro, o BNDES garantia parte dos empréstimos em moeda estrangeira contraídos pelos empresários brasileiros para importar máquinas e equipamentos. Em consequência, absorvia quaisquer prejuízos (ou lucros) gerados por desvalorizações (ou valorizações) cambiais.

Villela calcula que, apesar dos subsídios, a maioria dos empréstimos do BNDES, na década de 1980, não financiava nova formação de capital, mas, sim, refinanciava empréstimos anteriores ou subsidiava perdas cambiais de empresários que se endividavam no exterior.[45] Ele calcula que os empréstimos concedidos pelo BNDES para financiar nova formação de capital respondiam por apenas algo entre 4% e 6% do total da formação bruta de capital fixo no Brasil.

Figura 9.3. Lucros e perdas por linha de negócios, BNDES, 1974-93

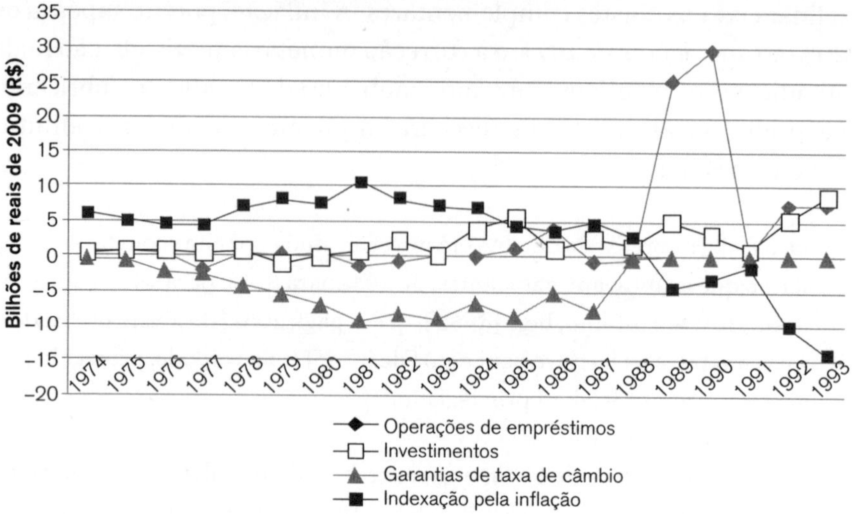

◆ Operações de empréstimos
□ Investimentos
▲ Garantias de taxa de câmbio
■ Indexação pela inflação

FONTE: Calculado pelos autores, com base em BNDES (1953-2010).

Identificamos o período de 1974 a 1993 como fase especial em termos de modelo de receita do BNDES (figura 9.3). De um lado, os investimentos, em lugar dos empréstimos, tornaram-se a linha de negócios mais lucrativa por volta do fim do período. Essa mudança do modelo de negócios acompanhou o processo de reinvenção da propriedade estatal de empresas que ocorreu na década de 1990. Em especial, o negócio de empréstimos do BNDES deixou o balanço patrimonial do governo dependente demais das transferências de recursos. Por exemplo, em consequência das flutuações dos preços e do câmbio, o BNDES passou a perder dinheiro, em vez de ganhar, ao indexar os empréstimos à inflação, em 1989. Além disso, no final da década de 1970 e ao longo da de 1980, o BNDES enfrentou prejuízos com a garantia de empréstimos em moeda estrangeira (a maioria para a importação de máquinas). É durante esse período, como já descrevemos, que o modelo de negócios do BNDES entrou em crise, pois os empréstimos deixaram de ser lucrativos. Além do mais, o governo e o Tesouro se empenharam explicitamente em usar o BNDES e em subindexar os empréstimos à inflação para subsidiar os empresários.

Figura 9.4. Linhas e perdas por linha de negócios, BNDES, 1994-2009

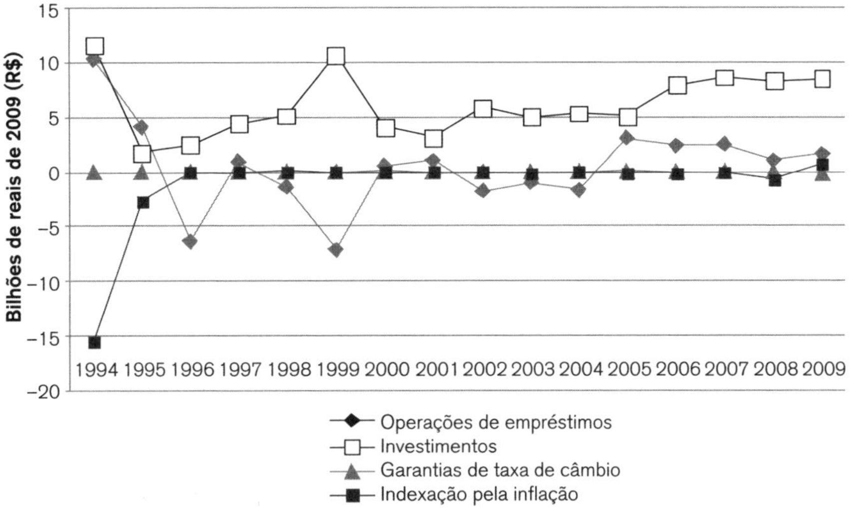

- ◆ Operações de empréstimos
- □ Investimentos
- ▲ Garantias de taxa de câmbio
- ■ Indexação pela inflação

FONTE: Calculado pelos autores, com base em BNDES (1953-2010).

BNDES DEPOIS DA PRIVATIZAÇÃO

O BNDES sobreviveu e continuou importante mesmo depois da onda de liberalização e de privatização da década de 1990, iniciada por Fernando Collor de Mello (1990-2) e impulsionada por Fernando Henrique Cardoso (1995-2002). Na verdade, o banco atuou como protagonista dessas reformas em pelo menos três papéis: planejamento e execução das privatizações, financiamento dos adquirentes e compra de participações acionárias minoritárias em várias ex-estatais. Sobretudo no segundo governo do presidente Luiz Inácio Lula da Silva (2007-10), o BNDES também se envolveu em várias operações de grande escala e ajudou a coordenar fusões e aquisições, no intuito de construir campeões nacionais em diversos setores (ver capítulo 7).

O modelo de receita do BNDES mudou significativamente depois da execução do programa nacional de privatização e da estabilização dos preços, com o Plano Real, em 1995. É claro que, a essa altura, grande parte da receita do banco decorria do negócio de investimentos em ações, que, como mostra a figura 9.4, gerava lucros contínuos. O negó-

Figura 9.5. Retornos dos investimentos do BNDES em títulos mobiliários de empresas, 1968-2009 (retornos em R$, média móvel de cinco anos)

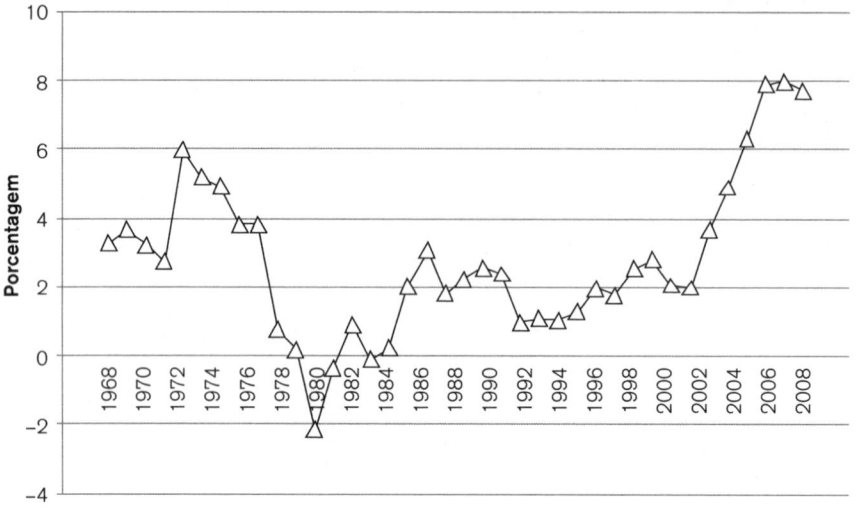

FONTE: Calculado pelos autores, com dados do BNDES.[46] Os retornos são computados como lucros dos investimentos em portfólio do BNDES (*carteira de participações*) — principalmente por intermédio do BNDESPAR — sobre o estoque desses investimentos. Todos os dados foram deflacionados com base no índice IGP-DI.

cio de empréstimos, em contraste, só se tornou lucrativo depois de 2004. Na figura 9.4, compara-se o comportamento errático do lucro dos empréstimos, depois de 1995, com a rentabilidade consistente do negócio de investimentos em ações.

Em face da carência de dados sobre o portfólio completo do BNDESPAR em participações acionárias, não podemos comparar exatamente seu desempenho com os índices do mercado de ações brasileiro, mas realmente sabemos, pelos relatórios anuais, o lucro gerado por esses investimentos a cada ano e podemos comparar esses resultados com o estoque de investimentos constante dos balanços patrimoniais para chegar a uma estimativa do retorno anual desses investimentos (ambos os números foram deflacionados, de modo a representar retornos reais). Na figura 9.5, vemos que esses retornos oscilaram entre 3% e 6%, na década de 1970, diminuindo significativamente na de 1980 (além de prejuízos em alguns anos), para depois

O LEVIATÃ COMO EMPRESTADOR:
BANCOS DE DESENVOLVIMENTO E CAPITALISMO DE ESTADO

Figura 9.6. Retorno médio do BNDES versus o de bancos brasileiros, 1996-2009

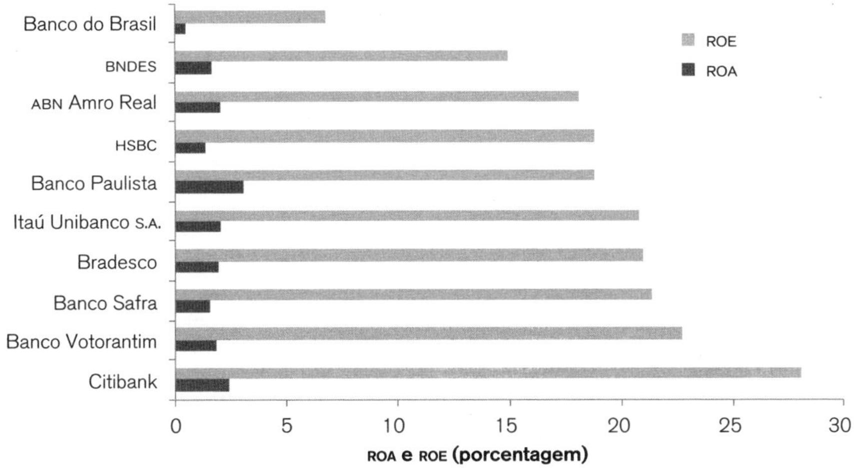

[Gráfico de barras comparando ROE e ROA (porcentagem) dos bancos: Banco do Brasil, BNDES, ABN Amro Real, HSBC, Banco Paulista, Itaú Unibanco S.A., Bradesco, Banco Safra, Banco Votorantim, Citibank. Eixo horizontal: 0 a 30.]

FONTE: Calculado pelos autores, usando dados do Bankscope.

estabilizar-se em torno de 2%, entre meados da década de 1990 e 2002. Entre 2003 e 2011, os investimentos do BNDES apresentaram desempenho ainda melhor, rendendo entre 3% e 8% ao ano. Como o tamanho do portfólio também cresceu, o BNDES dependia muito desses retornos para alcançar a lucratividade total.

Embora, até 2011, o negócio de investimentos em ações do BNDES fosse muito lucrativo, a maré começou a mudar contra o banco em 2012. Conforme analisamos no capítulo 6, a presidente Dilma passou a intervir em muitos setores, afetando diretamente empresas que participavam do portfólio do BNDESPAR — como a Petrobras e inúmeras outras de energia. Ainda que o índice do mercado de ações local (IBOVESPA) aumentasse 7,4% entre 2011 e 2012, o valor do portfólio de ações do BNDESPAR encolheu 12,9%. Complicando ainda mais a questão, os campeões nacionais engendrados durante o segundo mandato do presidente Lula apresentaram desempenho muito pior do que se esperava de início. Uma única empresa do portfólio, LBR Lácteos do Brasil (resultante da fusão de duas empresas processadoras de laticínios), infligiu perda de 330 milhões de dólares ao patrimônio líquido total do banco.[47]

O BNDES, portanto, é um animal estranho. É banco de desenvolvimento que, durante algum tempo, parecia ser bom em gerar lucro com o negócio de investimentos em ações, mas não é muito lucrativo no negócio de empréstimos. Quando comparado com os bancos comerciais no Brasil, que estão entre os mais lucrativos do mundo, vemos que, em termos de retorno sobre o ativo (ROA) e retorno sobre o patrimônio líquido (ROE), o BNDES é o menos lucrativo dos bancos que incluímos na figura 9.6. O alto ROE pode ser consequência da estrutura de capital do BNDES, mantendo alguns fundos perpétuos como dívidas subordinadas (ver abaixo análise mais minuciosa do funding do BNDES). Todavia, embora a figura 9.6 mostre que o BNDES não atua no negócio de ganhar dinheiro, não podemos dizer que atua no negócio de perder dinheiro. Como analisamos em seguida, porém, parte substancial dos resultados positivos do banco se explica por seu modelo de funding, ou estrutura de capital, com base em poupanças forçadas e em subsídios do governo.

Modelo de funding do BNDES

Uma das críticas comuns aos bancos de investimento é que o custo de capital deles não reflete o custo de oportunidade dos recursos angariados. Em outras palavras, os resultados do BNDES podem estar inflados em consequência dos benefícios implícitos associados às suas fontes de capital. Nesta seção, explicamos o modelo de funding do BNDES e analisamos indicadores mais realistas do custo de capital do banco (ou seja, o custo de oportunidade dos recursos que usa para conceder empréstimos ou para investir em ações de empresas).

O modelo de negócios do BNDES é mais fácil de compreender se começarmos examinando as fontes de fundos do banco. A figura 9.7 mostra os tipos de funding entre 1952 e 2007. Vê-se que o BNDES experimentou dois modelos básicos de funding nos primeiros sessenta anos. Começou como instituição dependente das transferências e depósitos do governo. Na década de 1960, as maiores fontes de fundos, entre as transferências e depósitos, eram as transferências de receitas

O LEVIATÃ COMO EMPRESTADOR:
BANCOS DE DESENVOLVIMENTO E CAPITALISMO DE ESTADO

Figura 9.7. Fontes de fundos por tipo, como porcentagem dos fundos totais, BNDES, 1952-2007

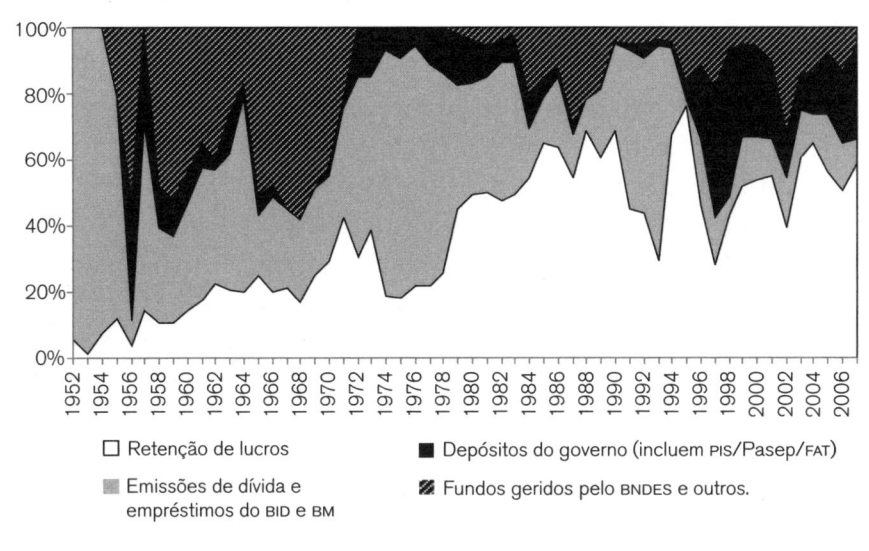

- ☐ Retenção de lucros
- ▓ Emissões de dívida e empréstimos do BID e BM
- ■ Depósitos do governo (incluem PIS/Pasep/FAT)
- ▨ Fundos geridos pelo BNDES e outros.

FONTE: Criado pelos autores, usando dados de Prochnik e Machado.[48]

do imposto de renda e dos depósitos do governo das chamadas "reservas monetárias".[49] O Brasil não teve um banco central adequado até 1985; antes disso, os órgãos do governo, o Tesouro e os bancos estatais conduziam a política monetária e gerenciavam as reservas.

O modelo de financiamento do BNDES mudou drasticamente em 1974, quando o governo lançou duas novas contribuições sobre a folha de pagamento, o Programa de Integração Social (PIS) e o Programa de Formação do Patrimônio do Servidor Público (Pasep). As contribuições se destinavam, de início, ao financiamento do seguro-desemprego, mas se converteram em parte permanente do capital do banco, como dívida subordinada. A princípio, o governo determinou que o BNDES remunerasse os depósitos do PIS/Pasep com retorno básico de 3% (mais indexação à inflação pelo índice da ORTN) ou o retorno líquido do investimento desses fundos (sem custos administrativos).[50]

As quantias oriundas das contribuições sobre a folha de pagamento transferidas pelo governo mudaram em 1990, quando o governo consolidou os fundos de seguro-desemprego do trabalhador sob o Fundo de Amparo ao Trabalhador (FAT).⁵¹ Os fundos do FAT são transferidos para o BNDES em perpetuidade e, portanto, são considerados dívida subordinada no balanço patrimonial do BNDES.⁵² Logo, a ideia subjacente ao desenho do BNDES era que, com o FAT como fonte de capital, o governo canalizaria as poupanças forçadas dos trabalhadores para o banco a fim de promover novos investimentos.

O BNDES dispõe de um pool de dinheiro do fundo FAT sobre o qual paga juros a taxas que variam de acordo com a destinação dos recursos. Portanto, o BNDES remunera essas fontes com a chamada taxa de juros de longo prazo (TJLP), pelos empréstimos em moeda nacional, e a taxa interbancária de Londres — e qualquer ganho ou perda cambial —, pelos empréstimos em moeda estrangeira.⁵³, ⁵⁴ Depois de 2009, parcela desproporcional do funding do banco passou a originar-se de empréstimos a longo prazo do Tesouro, a taxas de juros baixas, entre TJLP e TJLP + 2,5%.⁵⁵

A mudança mais importante no modelo de financiamento do BNDES na década de 1980, contudo, foi a substituição das contribuições sobre a folha de pagamento pela retenção de lucros. De 1980 a 2008, a retenção de lucros no BNDES aumentou, convertendo-se na principal fonte de fundos, consequência, em grande parte, dos retornos sobre os investimentos em títulos mobiliários por meio do BNDESPAR. Durante esse período, os depósitos e as transferências do governo tornaram-se quase irrelevantes para o funding das operações, exceto a transferência obrigatória de fundos do seguro-desemprego.

Desde o começo, o banco financiou parte de suas operações com fundos do governo destinados a indústrias específicas ou a programas sociais. A partir dos anos 1980, um dos mais importantes desses fundos tem sido o Fundo Nacional de Desenvolvimento (FND), cujo objetivo é apoiar empresas dos setores de matérias-primas e bens de consumo. O FND obtém financiamento de duas maneiras. Primeiro, as empresas estatais trocam as próprias ações por quotas do fundo, possibilitando ao fundo usar os retornos dessas quotas para investir ou emprestar. Segundo, e mais importante, o FND emite obrigações que são vendidas a investidores privados. O BNDES paga ao FND retorno composto de TJLP mais os dividendos oriundos dos investimentos em ações. Outros fundos incluem, por exemplo, o Fundo da Marinha Mercante, voltado para a indústria de construção naval e para o setor de eletricidade.

FUNDING DO BNDES E SUAS DISTORÇÕES

De acordo com muitos observadores, o atual modelo de funding do BNDES gera importantes distorções na economia brasileira.

Primeiro, as parcelas dos fundos do BNDES decorrentes das contas do seguro-desemprego dos trabalhadores (FAT e PIS/Pasep) são parte de várias contribuições sobre a folha de pagamento, recolhidas pelas empresas brasileiras. De acordo com o *Doing Business Indicators*, de 2010, a carga tributária total das empresas brasileiras, como porcentagem do lucro, é de 69,2%, em comparação com 64,75% na Índia, 25,3% no Chile e 46,3% nos Estados Unidos.[56]

Segundo, depois de 2008, a proporção do funding total do BNDES proveniente direto do governo aumentou significativamente. Esses fundos eram financiados com a dívida pública pela qual o governo pagava juros entre 9% (em 2011) e 8% (em 2012). Ao pagar taxas tão altas pelos fundos que toma emprestado, o governo talvez esteja sufocando o investimento privado.

Terceiro, uma crítica ao governo brasileiro é a de estar financiando o BNDES com dívidas, aumentando, em consequência, a dívida bruta. Os gestores do BNDES, porém, argumentam que esse funding não aumenta a dívida líquida (ou seja, o total da dívida bruta menos o total dos ativos do governo). Assim é porque o dinheiro que o Tesouro brasileiro canaliza para o BNDES é usado para comprar ativos, como ações ou debêntures, ou para conceder empréstimos. O problema desse raciocínio é que, mesmo na hipótese de a dívida líquida não aumentar em termos de valores contábeis, há o risco de o valor de mercado dos ativos comprados pelo BNDES com o funding do governo tornar-se inferior ao valor contábil. Portanto, se os ativos do BNDES forem totalmente marcados a mercado, a dívida líquida do Brasil provavelmente teria aumentado no cenário de crise pós-2008-9, considerando que alguns dos investimentos em ações do BNDES perderam valor. Além disso, alguns dos empréstimos concedidos pelo BNDES são convertidos em ações e, portanto, ficam expostos às flutuações da avaliação de mercado. Isso significa que o governo está aumentando sua dívida líquida ao tomar empréstimos para financiar o BNDES, o que não está contabilizado adequadamente em seus livros.

O BNDES está atuando como banco?

Os bancos atuam no negócio de intermediação financeira. Recebem depósitos de poupadores e emprestam esses fundos a empreendedores ou a governos para financiar projetos que geram retornos pelo menos iguais às taxas de juros que pagam aos bancos. Portanto, os bancos ganham dinheiro com a diferença entre a taxa de empréstimo e a de captação, a denominada margem líquida de juros (MLJ). Os bancos comerciais brasileiros, por exemplo, já auferiram algumas das maiores margens líquidas de juros do mundo e até hoje ainda são muito prósperos.

Já os bancos de desenvolvimento atuam no negócio de emprestar fundos do governo a indústrias ou a empresas específicas para executar projetos de longa maturação ou de alto impacto social cujo financiamento seria pouco atraente para bancos comerciais. Os bancos de desenvolvimento financiam suas operações principalmente tomando dinheiro do governo, como reservas monetárias ou em moeda estrangeira, tributos especiais destinados a amparar indústrias específicas, contas de poupança de trabalhadores e transferências diretas do Tesouro. Os bancos de desenvolvimento, em geral, também emitem títulos de dívida para financiar suas operações. Em teoria, emprestam esses fundos na tentativa de resolver falhas de mercado.

Portanto, a margem líquida de juros dos bancos de desenvolvimento deve ser baixa, pelo menos em comparação com a dos bancos comerciais. Na figura 9.8, comparamos as margens líquidas de juros do BNDES com as de alguns dos maiores bancos comerciais do Brasil. Vemos que o BNDES cobra a mais baixa margem líquida de juros entre os bancos de nossa amostra, qualquer que seja a metodologia de

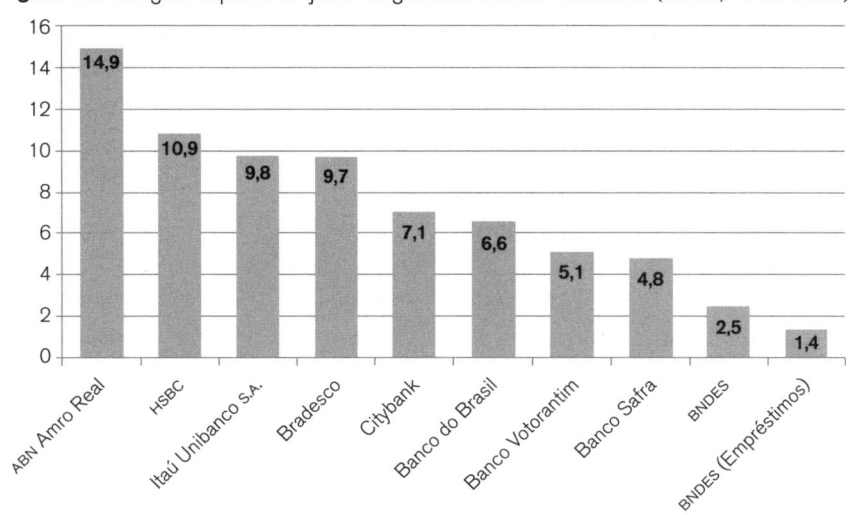

Figura 9.8. Margens líquidas de juros de grandes bancos brasileiros (média, 1996-2009)

Banco	MLJ (%)
ABN Amro Real	14,9
HSBC	10,9
Itaú Unibanco S.A.	9,8
Bradesco	9,7
Citybank	7,1
Banco do Brasil	6,6
Banco Votorantim	5,1
Banco Safra	4,8
BNDES	2,5
BNDES (Empréstimos)	1,4

FONTE: Todos os dados são de Bankscope e BNDES, *Annual Reports*, 1997-2010. Margens líquidas de juros calculadas com dados do Bankscope como lucro líquido de juros sobre ativos rentáveis, exceto para os empréstimos do BNDES, que estimamos usando dados da demonstração de resultados e do balanço patrimonial. Nesse segundo caso, as MLJ são calculadas como rendimento de juros sobre empréstimos dividido por empréstimos totais menos pagamento de juros e encargos sobre funding (depósitos, dívidas e transferências do Tesouro).

cálculo. Apresentamos duas estimativas. A primeira é a receita total de juros e encargos gerada por ativos rentáveis sobre o total de ativos rentáveis, que mostra margem de intermediação de 2,4%. A segunda, aplicada apenas ao negócio de empréstimos do BNDES, considera somente a receita de juros e encargos gerada por empréstimos, menos os custos de juros, sobre o total de empréstimos. Os resultados do segundo método são menores, com margem de 1,4%. Em outras palavras, o BNDES aufere margens muito pequenas no negócio de empréstimos, mas também concede empréstimos de baixo risco. Em 2010, o índice geral de créditos de liquidação duvidosa do BNDES era de apenas 0,15% do total de empréstimos.[57]

Não achamos, contudo, que os bancos de desenvolvimento podem ser julgados como bancos comuns não só por não cobrarem juros de mercado pelos empréstimos, mas também por não pagarem juros de mercado pelo funding. De fato, desfrutam de baixo custo de capital, pois captam fundos do governo e de contas de poupança compulsórias. Portanto, seus custos de capital não refletem o custo de oportunidade dos recursos que obtêm. Além disso, não é fácil estimar os custos de capital dos bancos de desenvolvimento. Abaixo, tentamos estimar a MLJ do BNDES, considerando o custo de oportunidade dos fundos e medida mais realista do custo de capital.

Primeiro, calculamos a média ponderada do custo de capital (MPCC) e a comparamos com a taxa de juros de referência no Brasil, como maneira de ter uma ideia do custo de capital que o BNDES teria de pagar para financiar suas operações a juros de mercado. Calculamos a MPCC para cada ano entre 1995 e 2009 usando a seguinte fórmula:

$$\text{MPCC}_{\text{BNDES}} = i_d \times \frac{\text{depósitos}}{\text{ativos}} + i_{fc} \times \frac{\text{dívida} + \text{fundos dos trabalhadores} + \text{transferências do Tesouro}}{\text{ativos}} + i_s \times \frac{\text{patrimônio líquido}}{\text{ativos}},$$

em que i_d é o custo dos depósitos e i_{fc} é o custo financeiro que o BNDES paga pela dívida que emite, pelos fundos que obtém da poupança forçada dos trabalhadores e pelas transferências diretas que recebe do Tesouro brasileiro. Calculamos essas duas taxas usando a demonstração do resultado e o balanço patrimonial do BNDES. O custo de capital referente ao patrimônio líquido do BNDES, i_e, é computado usando uma fórmula simples de precificação de ativos de capital — $i_{rf} + \beta_{patrimônio} \times [E(r_{mercado}) - i_{rf}]$ —, que é a soma da taxa de juros livre de risco e o beta do patrimônio líquido do BNDES vezes o prêmio de risco de todo o mercado de ações brasileiro (isto é, a diferença entre o índice esperado do mercado de ações Ibovespa e a taxa livre de risco). Como as ações do BNDES não são negociadas em Bolsas de Valores, partimos da premissa de que seu beta se comporta como o do Banco do Brasil, o maior banco estatal do Brasil.[58]

A tabela 9.3 mostra nossas estimativas da MPCC, de 2002 a 2009, em comparação com a taxa de juros de referência no Brasil. Vê-se que a MPCC do BNDES é significativamente mais baixa — em média, cerca de 7,5% mais baixa — que a taxa de juros de referência. O

Tabela 9.3. Média ponderada do custo de capital do BNDES e comparação com a taxa de juros de referência, 1995-2009

	MPCC do BNDES	Taxa de juros de referência (Selic)
1995	16,6	53,1
1996	16,3	27,4
1997	11,6	24,8
1998	8,4	28,8
1999	15,7	25,6
2000	1,4	17,4
2001	0,7	17,3
2002	11,8	19,2
2003	6,2	23,3
2004	5,5	16,2
2005	4,5	19,0
2006	5,3	15,1
2007	4,8	11,9
2008	4,7	12,5
2009	4,4	9,9

FONTE: Calculada pelos autores, usando a média ponderada do custo de capital (por fonte de funding) e o beta das ações do Banco do Brasil como proxy do custo do patrimônio líquido do BNDES. Estimamos o beta rodando uma regressão MQO (mínimos quadrados ordinários) do Banco do Brasil contra o índice Ibovespa, com base nos preços diários obtidos na Bloomberg. A taxa do Banco Central (Selic) foi extraída do site do Banco Central. Disponível em: <http://www.bcb.gov.br/?INTEREST>. Acesso em: 21 jun. 2014.

BNDES, então, empresta parte de seus fundos a juros ligeiramente mais altos (com MLJ de 1,4% a 2,5%) ou os investe em obrigações ou ações.

Finalmente, examinamos a margem líquida de juros do BNDES considerando não o custo real de seu funding, mas o custo de oportunidade de seu funding. Por exemplo, os recursos que fluem para os bancos de desenvolvimento poderiam ser usados para reduzir o endividamento total do governo ou para outros propósitos, talvez gerando taxa de retorno social mais alta ou melhorando o bem-estar social. Não podemos fazer análise completa do bem-estar comparando o impacto dos empréstimos do BNDES com as alternativas, pois teríamos de calcular os retornos que esses fundos renderiam em outros usos. O que podemos supor é que os recursos obtidos pelo BNDES do governo devem gerar, no mínimo, algo próximo do custo de capital do governo (Selic). Temos

Tabela 9.4. Margens de intermediação do BNDES usando o custo de oportunidade de seu funding, 1995-2009

	MLJ1 (juros líq./empréstimos — Selic)	MLJ2 (TJLP — Selic)
1995	−36,6	−35,4
1996	−13,0	−16,4
1997	−14,1	−14,9
1998	−18,6	−10,7
1999	−6,6	−13,1
2000	−5,7	−7,7
2001	0,1	−7,3
2002	1,9	−9,2
2003	−20,0	−12,3
2004	−8,5	−6,5
2005	−12,8	−9,3
2006	−8,9	−8,2
2007	−7,4	−5,6
2008	−0,6	−6,2
2009	−8,2	−3,9

FONTE: Estimativas contrafatuais, usando a taxa média de juros cobrada sobre empréstimos (receita de juros de empréstimos sobre empréstimos totais) menos a taxa de referência — Selic. Também incluímos a diferença simples entre a taxa de juros cobrada pelo BNDES sobre os empréstimos (TJLP) e a Selic como outra aproximação da MLJ efetiva do banco. As diferenças entre as duas séries decorrem do fato de que a MLJ1 inclui lucros e perdas cambiais em transações e encargos. Dados do BNDES, Relatórios Anuais, 1997-2010, e site do Banco Central. Disponível em: <http://www.bcb.gov.br/?INTEREST>. Acesso em: 25 jun. 2014.

condições, pois, de executar exame contrafatual simples de qual seria a margem líquida de juros do BNDES se tivesse de pagar a taxa Selic para financiar suas operações de empréstimo.

Na tabela 9.4, vê-se que se o BNDES financiasse suas operações a taxa de juros mais próxima da taxa de referência (Selic), suas margens líquidas de juros seriam negativas na maioria dos anos. A diferença entre a taxa de juros cobrada pelo BNDES e a Selic é muito próxima da diferença entre a TJLP e a Selic. A principal diferença seria o que o BNDES cobra por empréstimos em moeda estrangeira. Em suma, os subsídios implícitos nos empréstimos do BNDES o levam a pagar aproximadamente 7,5 centavos por dólar emprestado.

Conclusões e implicações

Neste capítulo, explicamos o modelo de negócios do BNDES. O governo brasileiro criou o BNDES para financiar projetos industriais e de infraestrutura que não seriam financiados pelos mecanismos de mercado, em consequência do prazo de maturação e da necessidade de capital. Entre as décadas de 1950 e 1970, essa motivação era extremamente relevante, considerando a situação dos mercados financeiros no Brasil e a baixa intensidade do fluxo de capitais internacionais para o país (sujeita a restrições parciais impostas por barreiras à entrada e por controle de capitais). No entanto, os fatores que entusiasmaram Alexander Gerschenkron e Rondo Cameron em relação aos bancos de desenvolvimento nas décadas de 1960 e 1970 talvez não se sustentem no contexto brasileiro do século XXI. Com o desenvolvimento dos mercados financeiros, a extensão em que o BNDES ainda resolve falhas de mercado tende a reduzir-se (ver capítulo 10).

Além disso, se esse impacto já não é grande, é preciso prestar atenção às distorções geradas pelo modelo de funding do banco.

Mostramos que o BNDES é lucrativo e que os gestores obtêm margens líquidas de juros positivas principalmente por contarem com custo de capital extremamente baixo (em comparação com as taxas de mercado) e em razão de grande parte dos lucros ser oriunda de investimentos. Suas margens, contudo, dependem principalmente de capital subsidiado, fornecido pelo governo. Se computarmos o verdadeiro custo de capital do banco, o panorama final é muito menos positivo. Evidentemente, a estratégia de admitir margens negativas ou baixas no negócio de empréstimos e compensá-las com os retornos dos investimentos faz sentido para um banco de desenvolvimento se os empréstimos forem usados para financiar projetos que, do contrário, não teriam financiamento. Para iluminar esse debate, estudamos no próximo capítulo o comportamento do BNDES nos empréstimos e como o banco afeta o desempenho e os investimentos das empresas-alvo.

10
O Leviatã como emprestador: Política industrial versus política partidária

NESTE CAPÍTULO, apresentamos evidências empíricas sobre o papel dos bancos de desenvolvimento, de acordo com as visões de *política industrial* e de *política partidária*. Para tanto, recorremos à parte do banco de dados já usado no capítulo 7, que monitora as características e o desempenho de companhias abertas no Brasil, junto com o banco de dados original que rastreia os empréstimos do BNDES a empresas com ações negociadas na Bolsa de Valores de São Paulo. Como o BNDES não revela dados sobre empréstimos específicos, concentramos o foco em companhias abertas, que são obrigadas a fornecer informações detalhadas sobre as origens de suas dívidas.

Como o leitor talvez se lembre, a visão de política industrial supõe que os bancos de desenvolvimento operam em contextos de escassez de capital. Ao especializar-se em financiamentos de longo prazo, negligenciados pelo setor privado, os bancos de desenvolvimento facilitam a execução de investimentos e de projetos valiosos, que, do contrário, não seriam realizados.[1] Os bancos de desenvolvimento também podem impor altos padrões às empresas e emprestar-lhes sob condição de atingir determinadas metas.[2] De acordo com essa visão, portanto, os bancos de desenvolvimento devem melhorar o investimento e o desempenho. Por exemplo, se as empresas sofrem restrições de financiamento a longo prazo, os empréstimos dos bancos de desenvolvimento podem ajudá-las a realizar economias de escala ou a adquirir novas tecnologias. Os resultados daí decorrentes se manifestariam como melhoria da lucratividade (retorno sobre o ativo [ROA]) e do desempenho operacional (EBITDA/ativo) ou como aumento do valor de mercado, usando o q de Tobin (valor de mercado das ações mais dívidas/ativo). Evidentemente, o aumento observado na lucratividade pode ser, em vez disso, consequência dos empréstimos e financiamentos subsidiados (isto é, redução das despesas financeiras sobre a dívida total). Se os empréstimos do banco de desenvolvimento, porém, promoverem investimentos em projetos valiosos, o efeito sobre o desempenho, nesse caso, pode ir além da simples redução das despesas financeiras. Seguindo a mesma lógica, os empréstimos do BNDES também devem afetar positivamente as despesas de capital da empresa e seu estoque de capital fixo.

Quanto aos determinantes das alocações de empréstimos, a visão da política industrial, por um lado, argumentaria que os empréstimos dos bancos de desenvolvimento deveriam destinar-se às empresas detentoras de projetos valiosos, para os quais o mercado não pode ou não se dispõe a fornecer capital suficiente ou investimentos complementares.[3] No entanto, se essas vantagens forem "latentes", os bancos de desenvolvimento talvez não mirem, necessariamente, empresas com desempenho superior, no presente ou no passado. Não é de esperar, portanto, que as empresas de alto desempenho sejam as mais propensas a conseguir financiamento, a não ser que usem os recursos para financiar projetos intensivos em capital, de longa maturação. Os bancos de desenvolvimento, por outro lado, podem escolher empresas com bom desempenho para impulsionar "campeões nacionais" ou para garantir a amortização dos empréstimos.[4]

A visão da política partidária, em contraste, atribui mais ênfase ao processo de seleção. Os governos podem usar os bancos de desenvolvimento para socorrer empresas em dificuldade (hipótese da *restrição orçamentária fraca*) ou para beneficiar politicamente capitalistas relacionados (o que denominamos hipótese da *busca de renda*). Por exemplo, empresas bem relacionadas podem receber empréstimos subsidiados de bancos de desenvolvimento em troca de favores a políticos, inclusive doações para campanhas. Dinç descobriu que, durante os anos de eleições em mercados emergentes, a concessão de empréstimos pelos bancos do governo é maior que pelos bancos privados.[5] Claessens et al. mostram que, no Brasil, as doações de empresas para campanhas se correlacionam com acesso preferencial a financiamentos.[6] Carvalho estudou os critérios para a alocação dos empréstimos do BNDES e descobriu que as empresas situadas em regiões governadas por políticos aliados com o governo federal recebem mais financiamento do BNDES.[7]

Portanto, atores bem relacionados podem ter maior capacidade de atrair empréstimos ou investimentos de bancos de desenvolvimento, mesmo no caso de projetos para os quais poderiam atrair capital de outras fontes.[8] Uma vez que, de acordo com essa visão, o BNDES pode conceder empréstimos por outros motivos que não sejam a eficiência, não há como prever com nitidez o efeito dos empréstimos sobre os níveis de desempenho ou de investimento das empresas. Mesmo quando os bancos de desenvolvimento promovem a criação de campeões nacionais por meio da consolidação industrial, o efeito final das alocações não é direto. A redução da competição pode aumentar as rendas econômicas, mas também pode criar incentivos para a restrição da produção e dos investimentos. De acordo com a visão de política partidária, o único efeito positivo claro a esperar da alocação de empréstimos é o da redução das despesas financeiras das empresas que obtêm crédito subsidiado. Quando o BNDES concede empréstimos a empresas que não precisam deles ou que os requerem apenas para diminuir o custo de capital, essas transações não passam de transferências de recursos do Estado para capitalistas privados, sem produzir necessariamente qualquer efeito sobre a atividade econômica ou sobre o nível de investimento.

Neste capítulo, testamos essas previsões, usando dois tipos de regressão.[9] O primeiro conjunto examina o impacto das alocações dos empréstimos do BNDES sobre o desempenho e os investimentos da empresa, enquanto o segundo conjunto avalia os determinantes das alocações, usando, de um lado, os empréstimos do BNDES como variáveis dependentes e, de outro, o desempenho da empresa e os fatores políticos como variáveis independentes. Em ambos os casos, para controlar fatores não observados, adotamos especificações de efeitos fixos, inclusive efeitos fixos da empresa invariáveis no tempo, e efeitos ano e indústria-ano variáveis no tempo. Portanto, medimos, basicamente, como as variações nos empréstimos do BNDES afetam as variações do desempenho da empresa e como as características da empresa afetam o nível dos empréstimos recebidos.

Empréstimos do BNDES: visão geral

DADOS

Usamos parte do banco de dados descrito no capítulo 7, mas, desta vez, monitoramos o valor dos empréstimos recebidos por companhias abertas. Coletamos dados exclusivos dos relatórios anuais de 286 empresas com ações negociadas na BM&F Bovespa, a Bolsa de Valores de São Paulo, entre 2002 e 2009 (não tivemos acesso a dados de anos anteriores). Identificamos os empréstimos do BNDES de duas maneiras: por meio da verificação direta das fontes declaradas dos financiamentos (BNDES ou outros bancos) ou, quando não dispúnhamos dessa informação, por meio do exame das taxas de juros informadas nos relatórios. Como o BNDES e subsidiárias emprestam a taxa de juros subsidiada — TJLP (ver capítulo 9), supomos que as empresas tinham recebido empréstimos do BNDES quando relatavam pagar níveis de juros compatíveis com a TJLP.

Além de algumas das questões analisadas no capítulo 7, é importante considerar de antemão duas limitações de nossos dados. Primeiro, o BNDES não seleciona as empresas ao acaso. Portanto, é possível que nossos dados estejam sujeitos ao viés de seleção. Abordamos esse aspecto no fim do capítulo, esclarecendo quais seriam esses problemas e usando diferentes técnicas de estimativa para estudar a escolha (entre companhias abertas) e mostrar a irrelevância dessa seleção no tocante a nossos resultados.

Segundo, há uma segunda espécie de problema de seleção com nossos dados. Nosso banco de dados sobre empréstimos do BNDES cobre pouco mais de 30% do total da carteira de empréstimos (com base em dados de 2009), uma vez que alguns empréstimos para empresas de capital fechado não são divulgados pelo BNDES. Nossos dados, porém, são ideais para estudar as alocações de crédito do BNDES entre companhias abertas, e nossos resultados indicam que há lições importantes a serem aprendidas sobre como essas grandes empresas se comportam quando recebem empréstimos subsidiados.

Advertência importante, antes de prosseguirmos, é sobre a necessidade de desemaranhar as relações entre os investimentos e os empréstimos do BNDES. Embora 84,5% das empresas que recebem investimentos em ações do BNDES também se beneficiem de empréstimos da mesma instituição, quase 90% das empresas com empréstimos do BNDES (87,9% para ser exato) não têm investimentos em ações do banco. Achamos, portanto, que podemos segregar os estudos sobre empréstimos e sobre investimentos. De fato, conforme relatado no capítulo 7, a correlação entre ter empréstimos do BNDES e ter investimentos do BNDES é um tanto pequena — 0,034.

Evidência em corte seccional

Comecemos com uma análise em corte seccional simples para responder à seguinte pergunta: Como as empresas com e sem empréstimos do BNDES diferem entre si? Consideramos numerosas características das empresas, relacionadas com as previsões acima, sobre os efeitos e determinantes da atividade de empréstimos do BNDES (ver apêndice 10.1). O primeiro conjunto de variáveis se refere ao desempenho e aos investimentos da empresa. Portanto, a lucratividade é medida pelo *ROA* (lucro líquido sobre ativo) e *EBITDA/ativo* (lucro operacional sobre ativo). Esse último indicador é especialmente importante porque o subsídio associado aos empréstimos do BNDES pode distorcer a análise da lucratividade pelo ROA, pois se considera o lucro líquido depois das despesas financeiras. Também consideramos o desempenho das empresas com base na avaliação do mercado de ações, mediante proxy simplificada do q de Tobin. Como os empréstimos do BNDES podem ajudar a reduzir o custo de capital, também adicionamos a variável

Tabela 10.1. Características das empresas com e sem empréstimos do BNDES

Variável	Empresas sem empréstimos do BNDES			Empresas com empréstimos do BNDES		
	N	Média	Desvio padrão	N	Média	Desvio padrão
ROA	290	0,039	0,008	887	0,056*	0,003
EBITDA/ativo	279	0,075	0,009	887	0,123***	0,004
q de Tobin	239	1,199	0,071	887	1,147	0,032
Despfin/dívida	129	0,328	0,020	689	0,265***	0,007
Despcap/ativo	273	0,069	0,008	852	0,078	0,003
Ativo fixo/ativo	290	0,157	0,013	887	0,266***	0,008
Ln(ativo)	290	12,287	0,107	887	13,119***	0,053
q de Tobin	239	1,199	0,071	887	1,147	0,032

FONTE: Baseada em Lazzarini et al.[10]
NOTA: Asteriscos denotam a significância estatística de um teste de comparação de médias com duas caudas, em que *, ** e *** representam $p < 0,05$, $p < 0,01$ e $p < 0,001$, respectivamente.

Despfin/dívida, que mede o índice das despesas financeiras da empresa (pagamento de empréstimos) sobre a dívida. Essas duas últimas variáveis se relacionam com investimentos: *Despcap/ativo* e *Ativo fixo/ativo* medem as despesas de capital anuais e o estoque total de capital fixo em relação ao estoque total de ativos, respectivamente.

O primeiro padrão importante constatado em nossos dados é que a variação entre empresas não mostra que as empresas receptoras de empréstimos do BNDES são de maior porte e apresentam desempenho superior, em termos de *ROA* mais alto, *EBITDA/ativo* mais alto e *Despfin/dívida* mais baixo (ver tabela 10.1). Embora esse último indicador talvez tenha a ver com subsídios a empréstimos, parece que, do ponto de vista transeccional, os empréstimos do BNDES se associam a empresas com desempenho operacional superior (antes das despesas financeiras). As empresas que recebem empréstimos também parecem ter maior proporção de ativo fixo, o que, à primeira vista, talvez seja consistente com a visão da política industrial, conforme já analisado.

Quando analisamos a distribuição de empréstimos em nosso banco de dados por indústria ou por empresa, vemos que o BNDES, no passado, concentrava os empréstimos em empresas de eletricidade e de comunicação, mas, a partir de 2009, deslocou o foco para commodities.

Tabela 10.2. Porcentagem de empréstimos do BNDES em nosso banco de dados, por empresa

Companhia	Porcentagem do total de empréstimos em nosso banco de dados	
	Em 2004	Em 2009
Petrobras (petróleo)	14,5	39,4
Telemar Norte Leste (telecomunicação)	10,4	7,7
Vale do Rio Doce (mineração)	—	8,5
Suzano (papel e energia)	3,4	2,6
Brasil Telecom	—	3,2
Neoenergia (eletricidade)	3,2	2,5
CPFL Energia (eletricidade)	6,8	—
VBC Energia (eletricidade)	2,7	2,0
CSN (siderurgia)	4,2	2,3
Klabin (papel)	1,3	2,1
Aracruz (celulose)	2,4	—
Cesp (eletricidade)	11,2	—
Sadia (alimento e agronegócio)	3,2	—
CPFL Geração (eletricidade)	—	2,1
Embraer (aviões)	—	1,4

FONTE: Nossos cálculos, com base em nosso banco de dados de companhias abertas.[11]

Na figura 10.1, mostramos as porcentagens de empréstimos, em nosso banco de dados, por setor (2002-9). Os dois setores dominantes são serviços públicos — como eletricidade, gás e saneamento — e extração de petróleo e gás. A tabela 10.2 mostra a distribuição de empréstimos por empresa. Vemos que, em 2004, a distribuição de empréstimos entre as quinze maiores empresas era mais difusa, com as de eletricidade na condição de maiores tomadoras. Em 2009, porém, a Petrobras tornou-se a maior devedora, absorvendo cerca de 40% dos empréstimos daquele ano concedidos a companhias abertas.

De acordo com a visão de política industrial, seria de esperar que o BNDES emprestasse a empresas de setores em que fossem maiores as restrições de crédito, talvez em consequência de terem projetos com prazos de maturação mais longos e de gerarem caixa em moeda nacional. Já os setores que geram caixa em moeda estrangeira e que, portanto, podem contrair empréstimos no exterior a custos mais baixos não deveriam incluir-se entre os maiores tomadores do BNDES. Entretanto,

O LEVIATÃ COMO EMPRESTADOR:
POLÍTICA INDUSTRIAL VERSUS POLÍTICA PARTIDÁRIA

Figura 10.1. Empréstimos do BNDES por indústria como percentual do total de empréstimos, 2002-9

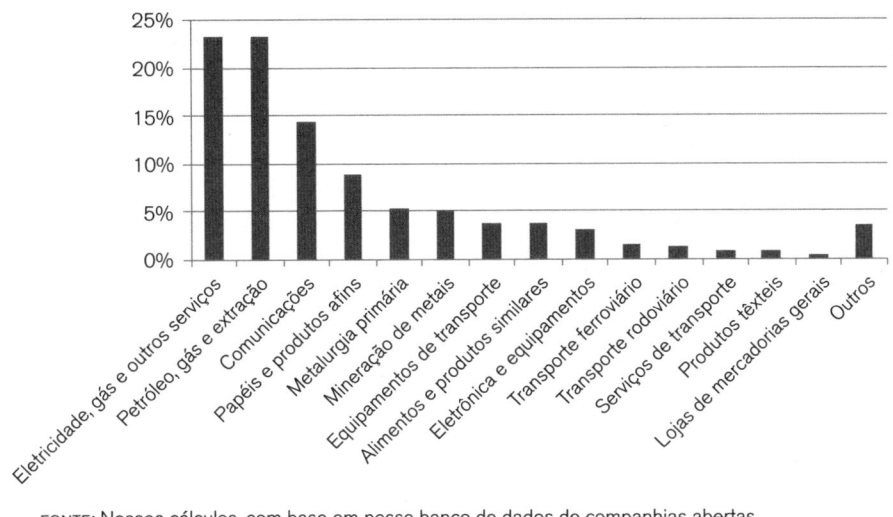

FONTE: Nossos cálculos, com base em nosso banco de dados de companhias abertas.

na figura 10.1 e na tabela 10.2, vemos que a realidade no Brasil é diferente. Constata-se grande concentração de empréstimos nas empresas intensivas em recursos, como Petrobras (petróleo e extração de gás) e Vale (mineração). Almeida observou que, durante período de nossa análise, o BNDES se concentrou nos setores de commodities básicas, como mineração, petróleo e agronegócios.[12]

Uma das justificativas apresentadas pelos executivos do BNDES é que esses setores são aqueles nos quais as empresas brasileiras têm vantagem comparativa, criando, pois, oportunidades naturais para desenvolver campeões nacionais. Luciano Coutinho, presidente do BNDES, explicou a lógica desse tipo de seleção industrial:

> Optamos pelos setores onde o Brasil tinha maior competitividade, a agroindústria e as commodities [...]. O Brasil era um grande exportador, mas não havia possibilidade de projetar empresas internacionais nesses setores. Por isso, definimos que, onde havia capacidade competitiva, essa internacionalização seria implementada.[13]

Esse padrão de escolha também pode explicar nossa descoberta em corte seccional de que o BNDES tende mirar grandes empresas lucrativas (tabela 10.1), candidatas naturais à escolha como campeãs nacionais. Esses resultados, todavia, são meramente descritivos e não controlam numerosos fatores que influenciam os empréstimos. Usando métodos econométricos mais robustos, examinamos em seguida se os empréstimos realmente contribuíram para o desempenho e para os investimentos da empresa. Também avaliamos com mais detalhes os fatores que influenciam a escolha de empresas pelo BNDES.

Será que os empréstimos afetam o desempenho e os investimentos da empresa?

A tabela 10.3 apresenta os resultados de regressão de como o BNDES afeta o desempenho da empresa (*ROA, EBITDA/ativo* e *q de Tobin*) e as variáveis de investimento, usando regressões de efeito fixo. Avaliamos os financiamentos do BNDES no âmbito de empresas em termos absolutos e relativos (porcentagem). Portanto, *Ln(empréstimos do BNDES)* mede o valor total (logarítmico) dos empréstimos, e *%empréstimos do BNDES* avalia a extensão dos empréstimos do BNDES em relação à dívida total. Embora os efeitos dos investimentos em ações já tenham sido analisados no capítulo 7, também incluímos variáveis de investimentos de ações em nossa análise para avaliar seus efeitos em conjunto com os de empréstimos. Em todas as especificações, adicionamos valores passados dessas variáveis para acomodar possíveis efeitos escalonados dessas alocações. Conforme descrito em Lazzarini et al.,[14] regressões sem defasagens mostraram resultados semelhantes.

Em praticamente todas as especificações do modelo (1 a 6), não encontramos efeitos significativos das variáveis do BNDES sobre o desempenho das empresas. Nossos dados, portanto, são inconsistentes com nossas previsões, decorrentes da visão da política industrial, de que os empréstimos de bancos de desenvolvimento melhoram o desempenho da empresa ao criar condições para que invistam em projetos valiosos que, do contrário, não teriam financiamento. Quando controlamos certos traços da indústria e do setor, verificamos que as alocações dos empréstimos do BNDES não exercem efeitos específicos sobre a lucratividade nem sobre o valor de mercado.

Tampouco se encontram efeitos decorrentes de investimentos em ações. Embora no capítulo 7 mostremos efeitos positivos dos investimentos em ações pelo BNDES sobre o desempenho e os investimentos das empresas, a significância desaparece em anos mais recentes. Explicação possível, analisada neste capítulo, é que o desenvolvimento do mercado de capitais local atenuou graves restrições de financiamento que afligiam as empresas brasileiras no século passado.

Como seria de esperar, as especificações 7 e 8 da tabela 10.3 mostram que as empresas tomadoras de empréstimos do BNDES pagam menos juros no total. O subsídio dos empréstimos do BNDES reduz o custo de capital das empresas. Com base nos coeficientes estimados das especificações 7 e 8, Lazzarini et al.[15] calculam que os empréstimos do BNDES reduziram o custo do capital em diferencial de porcentagem (pontos percentuais) da ordem de 4,5% a 12%, o que é mais ou menos consistente com o subsídio incluído nas taxas de juros do BNDES (ver capítulo 9).

Embora não encontremos efeitos significativos dos investimentos em ações pelo BNDES sobre o desempenho das empresas, a especificação 8 revela impacto interessante: aumento de 1 ponto percentual no investimento em ações pelo BNDES reduz em 2,1 pontos percentuais as despesas financeiras da empresa. O aumento dos investimentos em ações pelo BNDES aparentemente serve como garantia implícita de amortização dos empréstimos. Esse resultado é compatível com a visão de política industrial, segundo a qual a participação acionária do Estado ajuda a reduzir as falhas do mercado de crédito. Também é consistente, todavia, com a visão de política partidária segundo a qual, na percepção dos credores, as empresas com participação acionária do BNDES serão socorridas pelo governo em caso de mau desempenho.

Quanto aos efeitos dos empréstimos e dos investimentos em ações do BNDES, os resultados não são muito consistentes entre as diferentes especificações. Embora se constate efeito positivo quando se considera o valor logarítmico dos empréstimos (especificação 9), o efeito torna-se não significativo se levarmos em conta o índice de empréstimos do BNDES sobre a dívida total da empresa (especificação 10). Além disso, ao avaliar o efeito dos empréstimos do BNDES no índice estoque de capital fixo sobre ativo, não encontramos resultado significativo, exceto efeito negativo com significância marginal de *%empréstimos do BNDES* na última coluna.

No todo, esses resultados são inconsistentes com a visão de política industrial: empréstimos subsidiados parecem ser simples transferência de renda do Estado para grandes empresas, sem qualquer efeito consistente em termos de investimento ou lucratividade. O exame do processo pelo qual o BNDES seleciona as empresas-alvo, exposto abaixo, lança mais luz sobre essa constatação.

O BNDES seleciona boas ou más empresas?

A falta de efeitos consistentes dos empréstimos do BNDES, em termos de melhoria do desempenho ou dos investimentos, pode ser explicada de duas maneiras. Primeiro, como sugere a hipótese de restrição orçamentária fraca (da visão de política partidária), o BNDES pode conceder empréstimos a empresas com mau desempenho e até socorrer empresas falidas. Essas empresas com mau desempenho podem sobreviver artificialmente, mesmo que não tenham vantagem competitiva. Como alternativa, o banco pode simplesmente escolher empresas que, para começar, não precisariam de crédito subsidiado. Portanto, se o BNDES empresta para empresas com bom desempenho, em vez de para aquelas com mau desempenho, é possível argumentar que o banco está "escolhendo vencedoras".

Não há nada de errado na escolha de vencedoras se as empresas beneficiárias estiverem tomando empréstimos por motivos relacionados com a visão de política industrial — ou seja, por necessidade, não por oportunismo. O BNDES, contudo, talvez esteja escolhendo vencedoras capazes de investir em projetos lucrativos, mesmo sem empréstimos subsidiados ou em condições de contrair financiamento por outros meios (ou seja, empresas que não enfrentam restrições de capital). Nessas condições, o aumento dos empréstimos pelo BNDES não resultará necessariamente em mais investimentos nem em melhoria do desempenho da empresa.

Tabela 10.3. Efeitos dos financiamentos do BNDES sobre o desempenho e os investimentos da empresa, 2002-9 (regressões de efeito fixo)

	ROA		EBITDA/ativo		q de Tobin		Despfin/dívida		Despcap/ativo		Ativo fixo/ativo	
	(1)	(2)	(3)	(4)	(5)	(6)	(7)	(8)	(9)	(10)	(11)	(12)
Empréstimos												
Ln(empréstimos do BNDES)$_t$	-0,002 (0,002)		-0,003 (0,003)		-0,009 (0,008)		-0,013* (0,005)		0,004* (0,002)		-0,002 (0,005)	
Ln(empréstimos do BNDES)$_{t-1}$	0,001 (0,003)		0,002 (0,003)		-0,01 (0,015)		0,005 (0,006)		-0,001 (0,002)		0,000 (0,002)	
Ln(empréstimos do BNDES)$_{t-2}$	-0,001 (0,003)		-0,004 (0,004)		-0,03 (0,021)		-0,001 (0,006)		-0,004 (0,002)		-0,004 (0,003)	
%(empréstimos do BNDES)$_t$		0,018 (0,026)		0,025 (0,031)		0,085 (0,173)		0,101 (0,065)		0,000 (0,021)		-0,041† (0,024)
%(empréstimos do BNDES)$_{t-1}$		0,038 (0,029)		0,028 (0,036)		-0,078 (0,127)		-0,124** (0,047)		-0,007 (0,024)		-0,018 (0,031)
%(empréstimos do BNDES)$_{t-2}$		-0,011 (0,027)		-0,012 (0,029)		-0,074 (0,173)		0,093 (0,069)		-0,063 (0,061)		-0,020 (0,045)
Investimentos em ações												
Ln(investimentos do BNDES)$_t$	-0,002 (0,002)		-0,004 (0,003)		0,000 (0,006)		0,001 (0,006)		-0,003 (0,003)		0,001 (0,002)	
Ln(investimentos do BNDES)$_{t-1}$	-0,001 (0,004)		0,001 (0,004)		-0,024 (0,016)		-0,014 (0,009)		0,001 (0,002)		0,003 (0,002)	
Ln(investimentos do BNDES)$_{t-2}$	0,004 (0,005)		0,003 (0,005)		0,030 (0,019)		0,003 (0,007)		-0,001 (0,002)		-0,001 (0,004)	
%(investimentos do BNDES)$_t$		-0,092 (0,151)		-0,156 (0,186)		0,692 (1,084)		0,277 (0,352)		-0,135 (0,284)		0,182 (0,207)
%(investimentos do BNDES)$_{t-1}$		-0,07 (0,272)		0,069 (0,258)		-1,529 (0,982)		-2,100*** (0,496)		-0,003 (0,120)		0,109 (0,133)
%(investimentos do BNDES)$_{t-2}$		0,315 (0,367)		0,191 (0,383)		2,561 (1,955)		-0,171 (1,704)		-0,135 (0,204)		-0,048 (0,184)
N(total)	600	553	590	545	501	468	422	416	582	539	600	553
N(empresas)	172	161	168	159	160	150	130	129	168	158	172	161
p(teste F)	<0,001	<0,001	<0,001	<0,001	<0,001	<0,001	<0,001	<0,001	<0,001	<0,001	<0,001	<0,001

NOTA: Todas as especificações incluem os seguintes controles: ativo fixo sobre ativo total, se a empresa é estrangeira, se a empresa pertence a grupo de negócios, o log do total de ativos e a alavancagem (endividamento). As especificações também incluem efeitos fixos de empresa, ano e indústria-ano. Teste de duas caudas em que †, *, ** e *** representam $p < 0,10$, $p < 0,05$, $p < 0,01$ e $p < 0,001$, respectivamente. Erros-padrão significativos entre parênteses, reunidos por empresa. Resultados mais detalhados encontram-se em Lazzarini et al.[16]

Na tabela 10.4, examinamos se o BNDES empresta a empresas com bom ou mau desempenho. Apresentamos um conjunto de regressões que verificam os determinantes dos empréstimos do BNDES, medidos em termos de logaritmo do valor dos empréstimos e de índice empréstimos do BNDES sobre a dívida total (como porcentagem). Nosso objetivo era descobrir se variáveis passadas referentes ao desempenho da empresa (*ROA*, *EBITDA/ativo* e *q de Tobin*) têm alta correlação com o valor dos empréstimos que a empresa recebe do BNDES.

As especificações 7 a 9 da tabela 10.4 revelam alguns efeitos positivos de *ROA* e *EBITDA/ativo* em algumas especificações, mas o nível de significância é marginal. Também não detectamos nenhum efeito significativo do *q de Tobin*. Embora não encontremos efeitos consistentes fortes nas variáveis de desempenho, nossos dados ao menos nos permitem rejeitar a hipótese de restrição orçamentária fraca, de que o BNDES sempre socorre empresas com mau desempenho.

Portanto, se for o caso, os empréstimos em geral não se destinam a maus projetos. É possível que, realmente, o BNDES tente selecionar bons candidatos a campeões nacionais ou garantir a amortização dos empréstimos, evitando emprestar sistematicamente a más empresas. O leitor deve lembrar-se, como tratamos no capítulo anterior, que só depois de 2004 constatamos que o BNDES vinha obtendo resultados positivos com os empréstimos. Nossos dados, porém, mostram que a correlação entre empréstimos do BNDES e desempenho parece ser significativa apenas no sentido de desempenho-empréstimos, não no sentido oposto. Quando, porém, as grandes empresas conseguem empréstimos subsidiados, elas não investem em projetos intensivos em capital nem em projetos que aumentam a lucratividade.

Sempre que perguntamos a executivos do BNDES, a autoridades do governo ou a empreendedores que empresas haviam passado pelo processo de tomar empréstimos do BNDES, ouvíamos a mesma história.[17] O tomador potencial precisa apresentar um plano de negócios, explicando a destinação do dinheiro e o impacto esperado do projeto. Os projetos, então, são avaliados por um comitê técnico, que indica ou contraindica o empréstimo. No caso de grandes empréstimos, o projeto também é submetido a um comitê de empréstimos, composto de altos executivos do banco, que decide com base em critérios técnicos e de política industrial. Em consequência do processo, o banco em geral apresenta baixos níveis de inadimplência em seus empréstimos. Isso ajuda a explicar nossa conclusão de que, ao contrário da hipótese de restrição orçamentária fraca, o BNDES normalmente não mira maus projetos.

O BNDES empresta a empresas com ligações políticas?

Se as empresas que recebem empréstimos subsidiados do BNDES não estão, em consequência, aumentando as despesas de capital nem melhorando o desempenho, mas sim desfrutando de despesas financeiras mais baixas, é de indagar se influências políticas não estão determinando a escolha das empresas beneficiárias. Em especial, muitos estudos descobriram que, no Brasil, o financiamento de campanhas políticas é mecanismo crucial para que as empresas estabeleçam conexões políticas. Grandes distritos eleitorais e votação em lista aberta criam incentivos para que os políticos ofereçam "favores" em troca de dinheiro privado, em apoio a campanhas dispendiosas.[18] Portanto, analisamos a seguir as ligações entre doações de empresas para campanhas e valor dos empréstimos subsidiados concedidos pelo BNDES a essas empresas.

As empresas brasileiras, ao contrário das dos Estados Unidos, podem fazer doações em dinheiro diretamente aos candidatos, em vez de aos partidos, assim como empresas estrangeiras com subsidiárias no país. O limite oficial para empresas nacionais é 2% da receita bruta, mas, "via caixa dois", as doações são generalizadas.[19] Além disso, embora seja prática comum no Brasil, o lobby nem sempre é conduzido por associações empresariais. Em consequência da inexistência ou da debilidade das associações empresariais, as empresas têm incentivos para estabelecer os próprios laços com políticos. De acordo com Schneider:

> No papel, as associações empresariais brasileiras, representativas de quase todos os setores, têm grandes recursos, que gastam com pesquisas sofisticadas e com departamentos bem equipados, e sempre aparecem na imprensa, emitindo opiniões sobre os temas do dia. No entanto, empresários de maior

destaque e altas autoridades do governo admitem de imediato que essas entidades impressionantes são de fato fracas e pouco representativas, sendo contornadas com regularidade pelas elites econômicas e políticas.[20]

Nesse contexto, os laços políticos no âmbito das empresas tornam-se extremamente importantes. Favores, proteção e outras formas de apoio do governo podem depender de ligações diretas que as empresas estabelecem com os políticos por meio do financiamento de campanhas. De fato, alguns estudos constataram forte correlação no Brasil entre doações para campanhas políticas e lucratividade das empresas,[21] financiamento preferencial (Claessens et al., 2008) e acesso a contratos com o governo.[22]

Em consonância com esses estudos, consideramos as informações sobre doações para campanhas indicador da extensão das ligações políticas da empresa. Felizmente, para nós, os candidatos são obrigados a revelar todas as doações que recebem ao Tribunal Superior Eleitoral, que, por seu turno, divulga os dados sobre o financiamento da campanha de cada candidato. Usamos esses dados para confrontar as contribuições individuais das empresas aos políticos com os resultados das eleições. Assim, para cada empresa, temos o número de candidatos (concorrendo a presidente, senador, deputado federal ou deputado estadual) para cuja campanha ela contribuiu oficialmente na eleição anterior. Considerando que nossos dados sobre desempenho da empresa e empréstimos do BNDES se estendem de 2002 a 2009, examinamos se os dados sobre doações para campanhas para as eleições de 2002 e 2006 nos ajudam a compreender que empresas obtiveram empréstimos subsequentes do BNDES. Usamos os dados da campanha de 2002 para verificar se há correlação com os resultados obtidos entre 2003 e 2006. Em seguida, consideramos as doações para campanhas nas eleições de 2006 para examinar a correlação com empréstimos concedidos entre 2007 e 2009.

Obviamente, pode ocorrer autosseleção nos dados sobre doações para campanhas, ou seja, as empresas mais lucrativas tendem a ser procuradas por mais candidatos. Portanto, separamos doações para candidatos que venceram e doações para candidatos que perderam, considerando que os

Tabela 10.4. Determinantes dos empréstimos do BNDES, 2002-9 (regressões de efeito fixo)

	Ln(empréstimos do BNDES)								% empréstimos do BNDES			
	(1)	(2)	(3)	(4)	(5)	(6)	(7)	(8)	(9)	(10)	(11)	(12)
Variáveis de desempenho												
ROA_t	0,924 (1,459)											
ROA_{t-1}	2,868† (1,663)											
ROA_{t-2}	0,676 (1,535)											
$EBITDA/ativo_t$		1,430 (1,360)					0,195† (0,114)	0,204† (0,118)				
$EBITDA/ativo_{t-1}$		2,157 (1,625)					0,141 (0,118)	0,106 (0,124)				
$EBITDA/ativo_{t-2}$		1,744 (1,757)					0,178† (0,107)	0,215† (0,116)				
q de $Tobin_t$			0,134 (0,270)						0,036 (0,027)			
q de $Tobin_{t-1}$			0,244 (0,210)						0,046 (0,030)			
q de $Tobin_{t-2}$			0,321 (0,331)						-0,021 (0,027)			
Doações												
Número total				0,000 (0,008)						0,000 (0,001)		
Para candidatos vitoriosos					0,170** (0,062)						0,015** (0,005)	
Para candidatos derrotados					-0,147** (0,049)						-0,013** (0,004)	
Para vencedores menos os perdedores						0,146** (0,051)						0,013** (0,004)
N(total)	1212	1136	910	1243	1243	1243	1212	1136	910	1243	1243	1243
N(empresas)	267	253	226	286	286	286	267	253	226	286	286	286
p(teste F)	<0,001	<0,001	<0,001	<0,001	<0,001	<0,001	<0,001	<0,001	<0,001	<0,001	<0,001	<0,001

NOTA: Todas as especificações incluem os seguintes controles: ativo fixo sobre ativo total, se a empresa pertence ao grupo de negócios, o log do total de ativos e a alavancagem (endividamento). As especificações também incluem efeitos fixos de empresa, ano e indústria-ano. Teste de duas caudas em que †, *, ** e *** representam $p < 0,10$, $p < 0,05$, $p < 0,01$ e $p < 0,001$, respectivamente. Erros-padrão significativos entre parênteses, reunidos por empresa. Resultados mais detalhados encontram-se em Lazzarini et al.[23]

resultados das eleições têm componente exógeno decorrente de eventos aleatórios que afetam a competição política.[24] Além disso, computamos uma variável que denominamos *Doações para vencedores menos os perdedores*, que monitora o número de doações feitas a candidatos vencedores menos o número de doações feitas a candidatos perdedores. Essa variável, portanto, mede as apostas das empresas de maneira mais exógena, pois as empresas, sem dúvida, não controlam quais dos candidatos que apoiaram ganharão ou perderão a eleição.

Partimos das regressões de seleção da seção anterior e adicionamos nossas variáveis políticas. Os resultados também estão na tabela 10.4. Constatamos que as doações *em geral* não afetam os empréstimos (especificações 4 e 10). Os efeitos são claros, contudo, quando separamos doações para vencedores e doações para perdedores — seja quando consideramos essas variáveis separadamente, seja quando usamos a diferença entre o número de vencedores e o de perdedores. As doações para candidatos vencedores aumentam o valor dos empréstimos recebidos, enquanto se observa efeito oposto nas doações para candidatos perdedores (especificações 5-6 e 11-12).

Com base nessas estimativas e no tamanho médio dos empréstimos do BNDES em nosso banco de dados (166 milhões de dólares), Lazzarini et al. estimam que os ganhos para as empresas doadoras, decorrentes de cada doação adicional para um vencedor, corresponderiam a benefícios líquidos entre 1,1 milhão e 3,4 milhões de dólares.[25] Em contraste, a doação média de cada empresa de nosso banco de dados por candidato vencedor foi de 22 820 dólares, em 2002, e 43 903 dólares, em 2006. Mesmo se considerarmos que pode haver doações substanciais por baixo da mesa — estimadas por Araújo como algo correspondente a de duas a dez vezes os números oficiais —, a magnitude dos efeitos estimados não é de modo algum trivial. Além disso, esses laços políticos podem ajudar as empresas a receber outros benefícios, além de empréstimos.[26]

Como o resultado de uma eleição tem componente exógeno provocado por fatores aleatórios que influenciam a competição política,[27] nossas conclusões, segregadas por vencedores e perdedores, sugerem que os resultados não são induzidos por mera autosseleção. Pode-se argumentar, porém, que as empresas com boa geração de caixa (que tendem a ser miradas pelo banco) têm mais dinheiro para doar a políticos e até mais capacidade para identificar os vencedores mais prováveis.[28] Não se verifica, porém, correlação significativa entre doações para vencedores e variáveis de desempenho da empresa. E embora haja correlação significativa entre doações para perdedores e as variáveis de desempenho *ROA* e *EBITDA/ativo*, o coeficiente de correlação é pequeno e *positivo* (0,06). Em outras palavras, empresas com bom desempenho se associam mais a doações a *perdedores* que a doações a vencedores. O efeito das doações também continua significativo quando adicionamos à mesma regressão variáveis de desempenho financeiro, como *ROA* e *EBITDA/ativo*.[29]

Como interpretar esses resultados? Não achamos que eles sejam evidência de relacionamento ostensivo "toma lá dá cá" entre o BNDES e as empresas que fazem doações para campanhas. Conforme já observamos, a seleção de empréstimos tende a ser altamente técnica. O BNDES é bem conhecido por ter pessoal competente, que analisa a capacidade de pagamento do tomador do empréstimo.[30] Em nossa opinião, outro canal explica esses resultados. Há evidências de que as empresas que doam a candidatos vencedores são mais propensas a participar de contratos com o governo.[31] Portanto, vencer contrato com o governo aumenta as chances de que a empresa receba financiamento substancial do banco. Alternativamente, é maior a probabilidade de que certos doadores sejam selecionados pelo governo como campeões nacionais, assim como é mais provável que seus setores sejam escolhidos como alvo da política industrial. Como na economia brasileira vários são os candidatos a campeões nacionais, é possível que as doações aumentem a probabilidade de que determinada empresa seja escolhida e apoiada para receber empréstimos maciços.

Conclusão

Em conjunto, nossos resultados indicam que os empréstimos do BNDES são aparentemente transferências de subsídios para grandes empresas, sem quaisquer benefícios especiais em termos de melhoria do desempenho ou dos investimentos da empresa. Além disso, em consonância com a hipótese de busca de renda, descobrimos que as doações para campanhas parecem influenciar as alocações do BNDES, embora, aparentemente, esse efeito não leve as empresas com mau desempenho a ser selecionadas sistematicamente. Portanto, não é fato que o BNDES em geral escolha maus projetos, com implicações negativas para a própria saúde financeira da instituição. Explicação provável para nossos resultados é que as empresas com laços políticos em nosso banco de dados não apresentam, em geral, mau desempenho. Essas companhias querem crédito barato, mas não são empresas falidas que necessitam de salva-vidas financeiro. Mesmo as empresas saudáveis têm incentivos para manter laços políticos como maneira de conseguir empréstimos subsidiados. Além disso, essas empresas podem recorrer às conexões como proteção contra decisões políticas adversas.

Portanto, embora nossos resultados não estejam alinhados com a literatura sobre política industrial, que vê os bancos de desenvolvimento como mecanismos para destravar investimentos produtivos por meio de crédito estatal, eles não apoiam de todo a perspectiva oposta, dos bancos de desenvolvimento como ferramentas para ajudar e socorrer empresas falidas. Isso não significa dizer, porém, que as operações de socorro nunca acontecem. Por exemplo, em 1998, um grupo de empresas, inclusive Électricité de France (EDP) e AES Corporation, adquiriu o controle da Eletropaulo, ex-empresa estatal do setor de eletricidade. O BNDES ofereceu aos adquirentes empréstimos no valor de 1,2 bilhão de dólares. Em 2003, contudo, os adquirentes estavam à beira da inadimplência, o que levou o BNDES a converter parte dos empréstimos em ações e em debêntures conversíveis. Sequência de eventos semelhantes repetiu-se no caso da JBS, processadora de carnes, que, como analisamos na introdução, recebeu empréstimos, na forma de debêntures conversíveis, para executar programa de expansão internacional. Os planos, porém, envolviam dívidas substanciais, e em 2011 a JBS e o BNDES concordaram em converter parte dos empréstimos em ações. No entanto, embora esses casos sejam importantes, nossas conclusões indicam que não são a norma, pelo menos no período coberto por nosso banco de dados.

Uma advertência, contudo, é que concentramos o foco apenas na lucratividade e no investimento. Não avaliamos se as alocações apoiam iniciativas sociais nem se geram externalidades não consideradas em nosso banco de dados. Por exemplo, um projeto privado, mesmo que, em si, não seja lucrativo, pode estimular investimentos complementares em indústrias correlatas ou contribuir para o nível de emprego agregado. Portanto, não temos condições de rejeitar totalmente a perspectiva de política industrial. Ademais, nossos resultados se aplicam apenas a grandes empresas brasileiras para as quais conseguimos coletar dados sobre empréstimos em âmbito individual. Apesar dessa limitação, nossos resultados não devem ser interpretados, de modo algum, como irrelevantes quanto ao impacto exercido pelo BNDES sobre a economia como um todo. Pelo menos, devemos questionar por que o banco visa grandes empresas que, aparentemente, têm outras fontes de financiamento.[32]

Em suma, o papel do BNDES como emprestador e como acionista minoritário matiza a análise sobre o papel do governo nos negócios. As conclusões deste capítulo não mostram o BNDES fazendo o que os bancos de desenvolvimento devem fazer, ou, pelo menos, não encontramos resultados convincentes em apoio a essa expectativa. Os resultados do capítulo 7, porém, revelam que o BNDES como investidor pode ajudar a resolver algumas das falhas do mercado de capitais que despontam nos países emergentes. Considerando que o banco de dados usado neste capítulo cobre período posterior a 2002, explicação plausível desses resultados divergentes é a de que as empresas brasileiras, mais recentemente, passaram a sofrer menos restrições no acesso a financiamentos externos. Grandes companhias abertas, como as de nosso banco de dados, tornaram-se menos dependentes do capital estatal. Aparentemente, são mais atraídas pelos subsídios dos empréstimos que pelos empréstimos em si.

No capítulo de conclusão, consolidamos nossas constatações com um conjunto de implicações teóricas e práticas para o estudo do capitalismo de Estado.

Apêndice

Tabela 10.A. Banco de dados usado para avaliar o efeito dos empréstimos, 2002-9

Variável	Descrição	Média (desvio padrão)	Mín.	Máx.
Desempenho, investimento				
ROA	Desempenho, investimento: Lucro líquido /ativo total	0,025 (0,118)	−0,464	0,308
EBITDA/ativo	Lucro operacional (antes de juros depreciação e impostos)/ ativo total	0,088 (0,121)	−0,377	0,403
q de Tobin	(Valor de mercado das ações mais dívidas)/ativo total	0,880 (0,794)	0,062	4,831
Despfin/dívida	Despesas financeiras (pagamento de empréstimos)/dívida total	0,303 (0,204)	0,000	0,994
Despcap/ativo	Despesas de capital/ativo total	0,073 (0,092)	0,000	0,998
Ativo fixo/ativo	Ativo fixo/ativo total	0,293 (0,248)	0,000	0,995
Financiamento do BNDES:				
Ln(empréstimos do BNDES)	Valor logarítmico dos empréstimos do BNDES divulgados no balanço patrimonial (US$1000)	7,479 (4,731)	0,000	16,781
Ln(investimentos do BNDES)	Valor logarítmico dos investimentos do BNDES (% de participação × valor contábil do investimento, US$1000)	0,835 (2,988)	0,000	16,205
%empréstimos do BNDES	Empréstimos do BNDES/total de empréstimos	0,244 (0,271)	0,000	1,000
%investimentos do BNDES	Investimento do BNDES/ total do PL	0,011 (0,049)	0,000	0,450

(continua)

Tabela 10.A. (continuação)

Variável	Descrição	Média (desvio padrão)	Mín.	Máx.
Variáveis políticas				
Doações	Número de candidatos que receberam doações da empresa nas últimas eleições	5,814 (17,972)	0	171
Doações para vencedores	Número de candidatos que receberam doações e venceram as últimas eleições	3,320 (10,130)	0	89
Doações para perdedores	Número de candidatos que receberam doações e perderam as últimas eleições	2,488 (8,119)	0	82
Doações para vencedores menos perdedores	Doações para vencedores menos doações para perdedores	0,832 (3,748)	−8	38
Controles				
Pertence a um grupo	Variável dummy codificada como 1 se a empresa pertencer a grupo de negócios	0,473 (0,499)	0	1
Ln(ativos)	Valor logarítmico do ativo total (US$1000)	12,636 (1,686)	1,386	19,015
Alavancagem	Dívida total/ativo total	0,186 (0,174)	0,000	0,957
Estrangeira	Variável dummy codificada como 1 se a empresa for controlada por estrangeiro	0,200 (0,400)	0	1

FONTE: Lazzarini et al.[33]

Conclusões e ensinamentos

NESTE LIVRO, analisamos a reinvenção do capitalismo de Estado que ocorreu em todo o mundo no final do século XX. O modelo de capitalismo de Estado em que o governo era proprietário e gestor (modelo que denominamos *Leviatã como empreendedor*) alcançou a maturidade na década de 1970, mas enfrentou grave crise na década de 1980, quando o aperto de liquidez global o submeteu a graves provações. Os governos perceberam que, com poucos controles sobre a atuação dos gestores das empresas estatais e em face da tentação para usá-las com propósitos políticos e sociais durante a crise (por exemplo, empregar mais trabalhadores do que o necessário ou forçar as empresas a emitir dívidas em nome do governo), o modelo se tornara custoso demais. As estatais deixaram de ser ferramentas de desenvolvimento para tornar-se entraves ao crescimento e encargos nas finanças públicas.

Os choques econômicos da década de 1980, argumentamos, não só impuseram reformas prementes, mas também levaram as organizações multilaterais a induzir os países com empresas estatais a melhorar os instrumentos de monitoramento e os relatórios financeiros. Por exemplo, em 1986, o FMI publicou, pela primeira vez, um guia para estatísticas financeiras públicas do qual constava expressamente que o lucro líquido ou a variação líquida do ativo das estatais deveria ser divulgado como parte das contas do governo. À medida que os governos dos países emergentes reestruturavam suas dívidas perante os bancos dos países desenvolvidos e iniciavam a conversão da dívida em bônus soberanos negociáveis nas maiores Bolsas de Valores, eles se deram conta de que tinham de alijar a carga de grande número de empresas estatais deficitárias. O elã de privatização, portanto, ajudou esses governos a ordenar suas finanças e a descartar algumas das empresas mais ineficientes. E, como maneira de atrair capital privado minoritário, muitas das empresas estatais remanescentes adotaram novas práticas de governança, como abertura de capital e gestão profissional. A conjunção de capital privado minoritário, abertura de capital e controle estatal deu origem a um novo modelo de capitalismo de Estado, o *Leviatã como investidor majoritário*.

A onda de reformas e o surto de privatização da década de 1990 acarretaram ainda outro modelo de capitalismo de Estado. Os governos continuaram controlando grande número de estatais, mas mudaram a maneira como conduziam as suas principais empresas, por meio da corporatização ou da abertura de capital, negociando suas ações em Bolsas de Valores. O Estado mantinha participações acionárias minoritárias em algumas das empresas privatizadas — às vezes com direitos de veto embutidos nas chamadas *golden shares* — e começou a usar com mais intensidade fundos soberanos, empresas de participação (holdings) e bancos de desenvolvimento para adquirir posições minoritárias em empresas privadas. Em alguns casos, recorria deliberadamente a investimentos minoritários para promover a consolidação industrial ou fomentar a expansão de empresas nacionais, precipitando o surgimento de novos campeões nacionais. Essa transformação trouxe a lume o modelo de capitalismo de Estado que denominamos *Leviatã como investidor minoritário*.

A ascensão do Leviatã como investidor majoritário e minoritário mudou os incentivos no âmbito das estatais. Em algumas das maiores empresas estatais dos mercados emergentes, os problemas de agência mais comuns encontrados nas empresas antes da década de 1980 foram atenuados, embora não eliminados. Em parte como resultado dessas mudanças, as estatais em muitos países passaram a atuar como atores globais lucrativos e vorazes. Os rankings das maiores empresas do mundo agora incluíam estatais dos maiores países emergentes. Muitas multinacionais emergentes combinam propriedade privada com alguma forma de participação estatal minoritária. O novo panorama do capitalismo de Estado é diferente do padrão de intervenção estatal prevalecente nas economias socialistas e mistas, anteriores aos anos 1980. O capitalismo de Estado transformou-se em fenômeno complexo e multifacetado, caracterizado por um aparato de modelos distintos.

Daí *não* se deve concluir, todavia, que esses novos modelos sempre melhoraram o desempenho das empresas estatais ou as tornaram alternativa superior à propriedade pura. Ao contrário, argumentamos que não mais devemos considerar as empresas estatais entidades monolíticas recheadas de problemas de agência e eivadas de má governança. O livro mostra que é possível melhorar os arranjos de governança dessas empresas e mitigar alguns dos problemas de agência mais comuns. A intervenção política também pode ser domada em países onde predominam o estado de direito, certos freios e contrapesos à ação governamental, e burocracia técnica até certo ponto autônoma, que decide quando o governo deve investir em empresas privadas. Conforme explicamos a seguir, certas contingências podem levar os governos a escolher cada um dos novos modelos de propriedade estatal para realizar com mais eficácia a política industrial ou os objetivos de desenvolvimento.

Condições que aumentarão os benefícios de cada modelo

Propomos uma visão contingente do capitalismo de Estado. Em vez de tentar demonstrar que os investimentos estatais em empresas são sempre superiores ou inferiores aos investimentos privados, encaramos a situação de maneira diferente. Para nós, as empresas estatais têm espaço na economia desde que certas contingências fundamentais estejam presentes. Em muitos países, os modelos Leviatã como empreendedor, Leviatã como investidor majoritário, Leviatã como investidor minoritário e propriedade privada pura tendem a coexistir. Portanto, a agenda deve consistir em examinar as *condições* que tornarão cada modelo mais relevante e mais propício à eficiência da empresa e ao desenvolvimento do país.

Evidentemente, o nível de propriedade estatal na economia é determinado por fatores políticos, ideológicos e históricos. Por exemplo, países com ideologia política inclinada para o estatismo talvez confiem mais nos modelos do Leviatã como empreendedor ou do Leviatã como investidor majoritário, enquanto governos mais liberais talvez prefiram minimizar a propriedade do Estado nas empresas. Mesmo se concordarmos que fatores ideológicos ou políticos são de importância crucial para a escolha de determinado modelo, a descrição de interações políticas complexas e a análise de como mudam os objetivos do governo vão além do escopo deste livro.

Assim, tomando como dados esses efeitos dependentes da trajetória, a tabela 1 explica três condições que devem influenciar a eficácia de cada modelo de propriedade estatal. São elas (a) a extensão das *externalidades que exigem coordenação econômica*, (b) o desenvolvimento dos *mercados de capitais locais*, e (c) *outros atributos institucionais* relacionados com a qualidade da burocracia, com o estado de direito e com a regulação dos setores. A seguir, analisamos detalhadamente cada condição.

EXTERNALIDADES QUE EXIGEM COORDENAÇÃO ECONÔMICA

Quando falta infraestrutura básica, os empreendedores privados enfrentarão dificuldades extremas para fazer negócios. Por exemplo, conforme mencionamos nos capítulos 2 e 3, para desenvolver a indústria siderúrgica (privada ou pública), precisa-se de infraestrutura que abasteça as usinas com carvão e coque. Também são indispensáveis minas em operação, fontes de energia, meios de transportes e assim por diante. Conforme explicamos nos capítulos 3 e 9, no Brasil e em outros países, o modelo do Leviatã como empreendedor contribuiu para

Tabela 1. Condições que levam cada modelo de capitalismo de Estado a funcionar com mais eficácia para realizar a política industrial e os objetivos de desenvolvimento

	Leviatã como empreendedor	Leviatã como investidor majoritário	Leviatã como investidor minoritário	Propriedade privada
Externalidades que exigem coordenação econômica	Falhas de mercado generalizadas, difíceis de coordenar	Altas a moderadas	Moderadas	Baixas
Desenvolvimento dos mercados de capitais locais	Extremamente restrito	Desenvolvimento médio a alto, com proteções para os acionistas minoritários	Moderadamente restrito, contando, porém, com a presença de empresas com boas práticas de governança que podem se tornar alvos	Altamente desenvolvido, com fortes proteções para os investidores
Outros atributos institucionais	Burocracia técnica dirigindo as empresas estatais (patronagem restrita)	Freios e contrapesos contra a interferência do governo nas empresas estatais (regulação eficaz e algum grau de competição dentro do setor)	Burocracia técnica dirigindo órgãos responsáveis pela política industrial (compadrio restrito)	Regulação governamental eficaz

o "grande empurrão", quando os empreendedores e os capitais privados eram escassos ou demasiado receosos de investir.

Quando a necessidade de coordenar diferentes setores ou atores é de alta a moderada, o modelo em que o Leviatã é investidor majoritário pode funcionar bem — por exemplo, quando não há ou são poucos os investidores privados dispostos a assumir o risco de realizar grandes projetos, capazes de gerar muitas externalidades positivas. Nessas condições, o governo assumir grande parte do risco pode gerar o impulso necessário para dar a partida em tais projetos. Além disso, o modelo pode ser eficaz para o governo forjar alianças e compartilhar a propriedade da empresa com o capital estrangeiro a fim de, por exemplo, desenvolver nova indústria ou absorver tecnologia estrangeira.[1]

Em contraste, o modelo do Leviatã como investidor minoritário será mais benéfico quando a necessidade de coordenação for moderada — quando houver empreendedores dispostos a assumir riscos, mas que precisam da ajuda do governo para financiar os projetos, uma vez que os intermediários financeiros privados os consideram demasiado arriscados ou muito difíceis de avaliar (ver capítulo 7). O Estado também pode associar-se a capitais privados se houver oportunidades para aprimorar as capacidades locais ou desenvolver novos setores usando a infraestrutura existente. Com o passar do tempo, por meio do aprendizado das externalidades, os empreendedores privados aos poucos podem entrar e promover novas empresas e projetos.[2] À medida que a economia local se diversifica, com muitas ligações intersetoriais, os benefícios do capital estatal para a coordenação tenderão a diminuir, levando a propriedade privada a tornar-se cada vez mais prevalecente.

DESENVOLVIMENTO DOS MERCADOS DE CAPITAIS LOCAIS

A visão de política industrial afirma que a ação governamental no âmbito setorial será especialmente útil quando o subdesenvolvimento dos mercados de capitais, ainda restritos, impedirem a ação empresarial privada (ver capítulos 2 e 7). Em nossa opinião, a restrição dos mercados de capitais não só dificulta o acesso das empresas privadas às fontes de capital, mas também obstrui os canais de informação dos investidores privados no âmbito das empresas, como condição para monitorar e disciplinar os gestores. Além disso, os mercados de ações com investidores ativos e alta liquidez reduzem os problemas de agência ao tornarem os gestores preocupados com ameaças de tomada de controle. Nos mercados de capitais menos desenvolvidos, as tomadas de controle são menos prováveis, o que amplia os conflitos de governança.[3]

Portanto, em nossa opinião, o modelo do Leviatã como empreendedor tende a ser mais benéfico em países onde os mercados de capitais ainda se encontram nos primeiros estágios de desenvolvimento. A comparação de bancos estatais e de bancos privados na Índia, feita por Sarkar et al.,[4] dá algum respaldo à nossa alegação. Os autores concluem que, na falta de mercados de capitais eficazes, as empresas privadas não são inequivocamente superiores às estatais. Bortolotti et al. concluem que a privatização tende a associar-se positivamente a mercados financeiros desenvolvidos.[5] Quando os mercados de capitais têm liquidez e oferecem proteção forte aos investidores, os benefícios da propriedade privada tendem a aumentar substancialmente.[6]

O modelo em que o Leviatã é acionista minoritário, em contraste, será mais benéfico quando a restrição dos mercados de capitais for apenas moderada. Usamos o qualificativo "moderado" porque, sem um mínimo de desenvolvimento do mercado de capitais, os governos talvez não contem com um setor privado, com títulos mobiliários negociados em Bolsas de Valores, que lhes permita a canalização de recursos e depois o monitoramento dos investimentos. À medida que se desenvolvem os mercados de capitais, os benefícios dos investimentos do governo em participações minoritárias em empresas privadas provavelmente diminuirão. As empresas terão acesso crescente a financiamentos externos e a alternativas de capitalização, como ofertas públicas iniciais (IPOs, na sigla em inglês), debêntures negociadas em Bolsas de Valores e recibos de depósito. Entendemos, portanto, que o modelo do Leviatã como investidor minoritário será mais apropriado nos estágios intermediários de desenvolvimento do mercado de capitais.

No capítulo 7, por exemplo, descobrimos que o efeito positivo das participações acionárias minoritárias do BNDES sobre o desempenho e o investimento das empresas era significativo na década de 1990, mas depois perdeu relevância. Argumentamos que a explicação provável dessa tendência foi o rápido crescimento dos mercados de capitais no Brasil depois de 2003. Também mostramos que os benefícios da participação acionária minoritária do Estado dependia em grande parte da governança das empresas-alvo. Em especial, nossos resultados sugerem que os governos devem evitar investimentos em grupos de negócios piramidais que não só contam com mercados de capitais internos, mas também envolvem o risco de expropriação dos acionistas minoritários (ou seja, o capital estatal pode ser "desviado" pela pirâmide em apoio a projetos privados dos acionistas controladores ou em socorro a outras empresas do grupo). O modelo do Leviatã como acionista minoritário, então, tende a ser mais benéfico não só quando os mercados de capitais são moderadamente restritos, mas também quando o Estado é capaz de encontrar empresas com boa governança, mas carentes de capital adicional para desenvolver novos projetos.

Quanto ao modelo do Leviatã como investidor majoritário, entendemos que ele funcionará melhor quando os mercados de capitais forem bastante desenvolvidos e os acionistas minoritários estiverem protegidos contra expropriações. Talvez se pergunte: se os mercados de capitais fossem desenvolvidos, por que, para começo de conversa, se precisaria de investimentos majoritários do Estado? Lembre-se, contudo, que o modelo do Leviatã como investidor majoritário pode surgir quando a ideologia política dominante não for favorável à plena privatização e quando o governo ainda quiser garantir o duplo resultado nas empresas estatais consideradas estratégicas. Portanto, se a plena privatização não for escolha, os mercados de capitais desenvolvidos podem ajudar os governos a disciplinar as estatais e atrair capital adicional.

A reforma da governança das empresas estatais exige leis que protejam os acionistas. A abertura de capital deve melhorar a governança na medida em que garantir a divulgação de informações sobre a empresa e aumentar a eficácia do monitoramento por investidores externos. Conforme observamos no capítulo 7, todavia, o problema é como proteger os investidores minoritários do mau comportamento dos acionistas controladores, principalmente quando o grupo controlador for o próprio governo. Portanto, os modelos tanto do investidor majoritário quanto do investidor minoritário funcionarão melhor se houver menos abuso por parte dos acionistas controladores.[7] De fato, com mecanismos mais eficazes de proteção aos investidores, os governos terão muito mais facilidade em atrair os investidores para comprar posições minoritárias em estatais com ações negociadas em Bolsas de Valores.

OUTROS ATRIBUTOS INSTITUCIONAIS

Consideramos problemático o modelo do Leviatã como empreendedor em termos de responsabilidade e prestação de contas, pois os governos podem usar as empresas estatais no intuito de auferir quase rendas para propósitos econômicos e para projetos que sejam de interesse especial para executores. Por exemplo, a literatura sobre a denominada "maldição dos recursos naturais" enfatiza que a profusão de reservas petrolíferas ou minerais pode ser usada para financiar e perpetuar regimes autoritários.[8]

Portanto, o desempenho do modelo do Leviatã como empreendedor tende a melhorar quando os governos priorizam a seleção de gestores profissionais competentes, com mentalidade pública. A gestão das empresas estatais, conforme essa visão, deve ser delegada a servidores públicos com senso de dever e inclinação para a retidão e para o profissionalismo.[9] Embora, à primeira vista, essa reforma possa exacerbar o problema de agência — ou seja, os gestores profissionais podem sentir-se menos responsáveis perante seus governos —, também é possível que a autonomia gerencial crie os próprios incentivos para o desenvolvimento de uma classe burocrática qualificada, com longas carreiras nos respectivos setores. Trebat alega que "um staff competente pode desenvolver, com o passar do tempo, reputação de profissionalismo que desestimula interferências por servidores públicos não tão bem treinados no ministério".[10]

No capítulo 4, por exemplo, testamos empiricamente a importância da seleção do CEO para as empresas estatais e descobrimos que os gestores formados pelas melhores universidades locais superam em desempenho os outros gestores. Se parte da variação no desempenho dessas empresas for explicada pela capacidade e pelo networking dos CEOS, os governos precisam escolher bons CEOS para evitar que as estatais se transformem em ônus para as finanças públicas em tempos normais e talvez para reduzir as dificuldades durante as crises. Isso, por seu turno, exige o desenvolvimento de quadros de gestores capazes, formados por universidades de elite. Vários governos do sul da Ásia foram excelentes durante décadas na seleção e no treinamento de burocratas e de empregados de empresas estatais. Ao aumentar a competição para o ingresso no serviço público e ao continuar estimulando os empregados a desenvolver novas habilidades, esses governos atenuaram parte dos problemas de gestão que afligem as empresas tradicionais.[11]

No modelo do Leviatã como investidor majoritário, o estado de direito (além de forte proteção aos investidores) será fundamental para que os acionistas minoritários privados tenham condições de monitorar os gestores da empresa e contrabalançar o poder majoritário do governo. Ou seja, para atrair investidores privados, a "mão espoliadora" deve ser contida, tanto dentro da empresa (por meio de melhor governança) quanto fora dela (por meio de um Judiciário independente e de agências reguladoras). Por exemplo, se o Estado abusa do poder de acionista controlador e os tribunais não coíbem essa prática, o modelo de capitalismo de Estado será menos eficiente na garantia de autonomia gerencial e na busca de resultado único para as estatais. Como discutimos no capítulo 6, as empresas petrolíferas nacionais reconhecidas como mais eficientes adotam sistemas de governança corporativa mais sofisticados e tendem a operar em países com estado de direito mais forte e de freios e contrapesos mais eficazes, por parte de agências regulatórias independentes. Ao analisar concessionárias de serviços públicos europeias, Bortolotti et al.[12] também concluíram que a regulação eficaz aumenta o valor de mercado das estatais.

Uma advertência — também discutida no capítulo 6 — é que, quando uma estatal busca o duplo resultado, há sempre o risco para os investidores privados minoritários de os governos intervirem para auferir ganhos políticos. Desde que as normas sejam relativamente estáveis e se imponham freios e contrapesos às ações do governo, os investidores podem aceitar que parte da estratégia da estatal seja cumprir certos objetivos sociais e, ao mesmo tempo, garantir lucratividade satisfatória. Quando, porém, o governo muda com frequência o tipo e a intensidade das intervenções, os investidores privados (minoritários) relutarão cada vez mais em fornecer capital adicional às empresas estatais.

A boa legislação antitruste também pode garantir que as estatais busquem constantemente ganhos de eficiência. Vários autores salientaram que o desempenho das estatais é afetado pelo ambiente competitivo.[13] Quando as empresas precisam competir por contratos e clientes, há menos espaço para interferência governamental excessiva; em especial, é menor a margem de manobra com vistas à transferência de recursos das estatais para o governo, o que deixaria as empresas menos capazes de investir e de competir. Em consonância com essa hipótese, a análise empírica de Bartel e Harrison, sobre empresas privadas e públicas na Indonésia, revela que

> podem surgir problemas de agência relacionados com a propriedade pelo setor público, mas apenas quando as empresas têm acesso a financiamento do governo ou são protegidas contra a competição das importações ou contra a propriedade estrangeira.[14]

Segundo os autores, as reformas que aumentam as pressões competitivas sobre as empresas estatais podem ser úteis e talvez sejam mais fáceis de implementar em países onde são mais fortes as objeções à privatização.

O modelo em que o governo é acionista minoritário tende a funcionar nos países onde os formuladores de políticas têm etos burocrático bem estabelecido de profissionalismo e de espírito público,[15] pois, como mostram Ades e Di Tella em seu modelo teórico, há risco de corrupção quando os burocratas são incumbidos de selecionar campeões nacionais que receberão favores do governo, como crédito subsidiado.[16] No capítulo 10, mostramos que, embora o BNDES não socorra sistematicamente empresas em dificuldade, alguns de seus empréstimos parecem destinar-se a empresas com ligações políticas superiores. É por isso que a literatura sobre política industrial enfatiza a importância de que as decisões sobre onde investir o dinheiro do governo estejam em mãos de pessoal técnico qualificado, dotado de capacidade analítica superior e de senso de profissionalismo aguçado, no exercício das funções de formuladores de políticas.[17] Se os investimentos do governo seguirem critérios claros na avaliação dos alvos e incluírem mecanismos rigorosos para a interrupção das injeções de capital quando o desempenho for ruim, os efeitos negativos do compadrio nesse modelo de propriedade do Estado serão muito atenuados.

Finalmente, os benefícios da propriedade privada aumentarão significativamente quando os governos desenvolverem sistemas regulatórios que promovam investimentos, mas, ao mesmo tempo, combatam as possíveis distorções que podem ocorrer quando as empresas negligenciam os aspectos do desempenho valorizados pela população.[18] Wallsten, por exemplo, examina a privatização das telecomunicações na África e na América Latina e observa que enquanto a privatização promovida simultaneamente com sistemas regulatórios eficazes pareceu melhorar numerosos componentes da qualidade dos serviços, a privatização realizada isoladamente resultou em menor difusão dos serviços entre a população.[19]

Ensinamentos

LIÇÕES PARA OS GOVERNOS

Este livro tem muitas lições para os formuladores de políticas. A principal mensagem, à luz das análises realizadas, é que os governos devem agir *seletivamente*, alinhando cada modelo de organização do Estado às condições específicas a fim de melhorar seu desempenho (ver tabela 1). Por exemplo, o modelo do Leviatã como investidor minoritário parece ser mais eficaz como meio de resolver restrições de capital para empresas privadas quando os mercados financeiros não são suficientemente aprofundados. Os investimentos do Estado em ações de empresas com acesso a fontes de financiamento nacionais e estrangeiras serão menos eficazes na geração de despesas de capital e na promoção de projetos potencialmente lucrativos. O modelo do Leviatã como investidor majoritário, em contraste, parece ser mais adequado quando há freios e contrapesos à interferência política ostensiva. A reforma das estatais pela abertura de capital, a fim de melhorar a transparência e a governança, não será suficiente se os governos ainda se sentirem tentados a interferir na gestão, dispondo de meios para tanto, de maneira que destrua valor para os acionistas minoritários. Os governos devem estar conscientes das consequências de suas intervenções para sua própria reputação, especialmente se elas infligirem danos financeiros aos acionistas minoritários.

Com base no capítulo 1, deve ter ficado óbvio que, embora a privatização seja capaz de resolver muitos dos problemas relacionados com as empresas estatais, vários outros podem surgir quando a regulação é deficiente e quando ainda resta alguma tentação para interferir. Além disso, os governos têm dificuldade, por motivos políticos, de privatizar as principais estatais, as petrolíferas nacionais e outras concessionárias de serviços públicos. Sob essas restrições, talvez faça mais sentido reformar que substituir as empresas estatais e, ao mesmo tempo, criar freios e contrapesos contra intervenções discricionárias.

Outra consideração importante é que os modelos de capitalismo de Estado aqui analisados não são mutuamente excludentes. Em muitos países, vários modelos coexistem e até se reforçam uns aos outros. Por exemplo, empresas privadas podem exercer pressões competitivas sobre as estatais e ajudá-las a ser mais eficientes; e o Estado pode fazer investimentos minoritários em *start-ups* privadas para promover a entrada no mercado e a criação de novas capacidades. Embora não faltem no debate público discussões polarizadas sobre os méritos da intervenção governamental em comparação com os mercados livres, várias são as formas, na verdade, de capitalismo de Estado capazes de manejar diferentes tipos de falhas de mercado e até de ajudar a promover o desenvolvimento econômico.

LIÇÕES PARA INVESTIDORES EM EMPRESAS ESTATAIS

Também os investidores devem reconhecer os benefícios e riscos dos vários modelos de capitalismo de Estado. No modelo do Leviatã como investidor majoritário, os investidores devem compreender que as estatais perseguem o duplo resultado e que em certas ocasiões o Leviatã não resistirá à tentação de intervir e de abusar de seu poder como acionista controlador, desviando lucros da empresa para realizar os próprios objetivos políticos. Isso não significa, contudo, que as empresas estatais devam ser evitadas como alvos de investimento. Elas podem ser extremante valiosas porque, em geral, exploram recursos naturais e executam grandes projetos públicos. Uma hipótese é mirar apenas empresas estatais com governança superior e antecedentes de intervenção governamental mínima, mas a ironia é que essas empresas podem estar superavaliadas, sem falar na possibilidade de a não intervenção ser temporária (ver, por exemplo, o caso da Petrobras, no capítulo 6). Os investidores, portanto, de preferência, devem almejar empresas com potencial para gerar rendas valiosas (isto é, com projetos latentes) e com indícios de reduzida intervenção política, desde que esses fatores ainda não estejam plena ou excessivamente precificados no seu valor de mercado. Outros fatores críticos são o monitoramento da ideologia do governo e a análise do contexto político, capazes de influenciar a disposição do governo para intervir.

No modelo do Leviatã como investidor minoritário, os investidores devem procurar empresas autônomas — fator importante para evitar o desvio de recursos — com potencial de crescimento e avaliar o risco de interferência residual. Isso talvez exija uma análise minuciosa da participação acionária de diferentes veículos de propriedade estatal (bancos de desenvolvimento, fundos de pensão e assim por diante), bem como exame meticuloso da possibilidade de conluio entre atores estatais e não estatais. Vimos no capítulo 8 que tais acumpliciamentos podem facilitar muito a interferência em empresas com capital estatal minoritário. Além disso, o risco de interferência residual é maior em indústrias com quase rendas elevadas — exatamente o alvo preferido de muitos investidores. Portanto, a compreensão de como funcionam os vários veículos de propriedade estatal, sobretudo quanto à permeabilidade à interferência estatal, é de importância crucial.

LIÇÕES PARA EMPRESAS PRIVADAS QUE COMPETEM OU FAZEM NEGÓCIOS COM ESTATAIS

Advertimos quanto aos riscos de ser acionista minoritário em empresas estatais, sobretudo em setores estratégicos, como petróleo e mineração. A intervenção governamental, porém, também pode afetar outras empresas no mesmo setor ou nas adjacências. Por exemplo, desde quando o governo do Brasil passou a controlar os preços da gasolina, a lucratividade das empresas produtoras de etanol, produto que pode ser usado como substituto da gasolina, sofreu forte redução. Portanto, companhias sujeitas à influência de estatais no mercado devem analisar não só os objetivos dessas empresas, mas também as condições políticas e as tendências que afetam a probabilidade de intervenção.

Outra fonte de risco importante são os campeões nacionais que atuam no mercado. A seleção de campeões nacionais não raro se baseia em objetivos ideológicos ou geopolíticos, em vez de em critérios puramente econômicos. Os governos que apoiam esses campeões nacionais podem também provocar fortes distorções nos mercados. As empresas que não recebem apoio equivalente, portanto, terão dificuldade em competir, nesse campo de jogo desnivelado, com as campeãs nacionais. Em tais contextos, as empresas privadas precisam compreender os canais de apoio estatal a essas concorrentes preferenciais — por meio de bancos de desenvolvimento ou de fundos de investimento — e monitorar as tendências referentes à extensão e ao tipo de interferência governamental. Por exemplo, será extremamente arriscado adotar estratégia de expansão agressiva quando o apoio governamental maciço leva os campeões nacionais a investir demais nos respectivos setores. Alternativamente, algumas empresas privadas talvez tentem criar as próprias conexões para receber apoio. Essa manobra, contudo, pode ser igualmente arriscada, considerando que, como vimos no capítulo 8, os governos podem recorrer aos investimentos minoritários para intrometer-se na estratégia e na gestão das empresas.

Escolher o parceiro certo em contexto de intervenção estatal também pode ser desafiador. Desde a transformação do capitalismo de Estado, nas décadas de 1980 e 1990, as empresas multinacionais ocidentais que atuam em mercados emergentes tiveram de redobrar os cuidados em relação aos parceiros com que se associam nos países anfitriões. Essa consideração é especialmente importante em termos de como conquistam contratos com empresas nacionais das quais o governo local participa como acionista minoritário. Por exemplo, com base em disposições do Foreign Corrupt Practices Act (Estados Unidos), Anti-Bribery Act (Reino Unido) e outras leis de países da OCDE, as empresas não podem subornar executivos de uma empresa para conseguir contratos, mesmo que a participação do governo seja apenas minoritária. Em 2010, o Departamento de Justiça dos Estados Unidos multou a empresa francesa Alcatel-Lucent por pagamentos irregulares à Telekon Malaysia, empresa de telecomunicações em que o governo malaio detém 43% das ações.

Como as multinacionais geralmente usam intermediários e agentes para conseguir contratos, a complicação para essas empresas será como descobrir o proprietário final. Lembre-se, dos capítulos 1 e 2, que os governos às vezes usam holdings que, por seu turno, têm coligadas e controladas que são acionistas de empresas privadas. Como nenhuma lei ou regulamento obriga a revelação de participação acionária indireta do governo como proprietário final, determinar se o governo é proprietário pode ser problemático. O exame cuidadoso da natureza e das motivações dos acionistas finais torna-se crítico.

Nova agenda

Nossa proposta de taxonomia das variedades de capitalismo de Estado e os resultados empíricos aqui apresentados sugerem que pesquisas futuras devem examinar modelos alternativos de maneira mais matizada, identificando as condições sob as quais cada modelo tende a ser mais lucrativo, produtivo e proveitoso para o bem-estar do país. Muitas são as oportunidades para examinar com mais detalhes os efeitos das reformas da governança das empresas estatais e as implicações para o desempenho, em vários países, dos investimentos estatais minoritários.

Também é possível explorar melhor os canais de capital estatal não examinados aqui com bastante profundidade. Por exemplo, embora no capítulo 1 registremos a ascensão de fundos soberanos e de outros investidores institucionais relacionados com o Estado (como fundos de pensão), não promovemos discussão mais aguda dos benefícios e riscos para o investimento estatal e das implicações desses investimentos para as empresas receptoras. Esperamos que os resultados sejam semelhantes aos que encontramos para os investimentos do BNDES no Brasil, mesmo porque os fundos soberanos e os de pensão tendem a ser investidores ativos.

Além disso, o exame dos efeitos dos investimentos efetuados por fundos nacionais e por bancos de desenvolvimento, fora do país, pode suscitar questões interessantes. Em 2011, o fundo soberano da Noruega mantinha investimentos em ações em cerca de 8400 empresas em todo o mundo,[20] e os investimentos transfronteiriços podem provocar tensões diplomáticas. Em 2006, a aquisição parcial da Shin Corporation, da Tailândia, pelo fundo Temasek, de Cingapura, provocou protestos contra a propriedade estrangeira e até contribuiu para um golpe local.[21] E esses fundos oferecerão vantagens para o país anfitrião? Não tratamos desses assuntos, sobretudo não abordamos como organizações apoiadas pelo Estado podem afetar os investimentos estrangeiros e as relações internacionais.

Além disso, considerando que a maioria de nossos capítulos usa dados do Brasil, alguns desses resultados talvez sejam típicos desse país e de seus mecanismos específicos de participação estatal majoritária e minoritária. Futuros trabalhos, portanto, podem replicar ou adaptar nossas análises, aplicando-as a outras economias em desenvolvimento ou emergentes e examinando os efeitos de outros veículos de capitalismo de Estado e de outros tipos de resultados. Em especial, precisamos de muitos outros estudos que investiguem por que as participações acionárias minoritárias do Estado continuam tão generalizadas. No capítulo 7, admitimos que esses investimentos minoritários podem ajudar as empresas sujeitas a restrições de financiamento. Assim sendo, como explicar as participações acionárias minoritárias do Estado em economias mais desenvolvidas, com mercados de capitais ativos e líquidos?[22] Explicação plausível, já discutida aqui, é que esses investimentos decorrem de pressões políticas contra a privatização total. Nesse caso, pode-se admitir que mudança na ideologia da coalizão política dominante talvez influencie a extensão e o alcance dessas participações acionárias minoritárias do Estado. Testar explicações alternativas para a presença de investimentos governamentais majoritários e minoritários talvez seja outra trajetória possível para pesquisas futuras.

Além disso, necessitamos de mais estudos sobre o risco potencial de más alocações relacionadas com o capitalismo de Estado. Por exemplo, nossas análises dos empréstimos do BNDES, no capítulo 10, mostram que grandes empresas no Brasil não estão usando empréstimos do BNDES para investir em projetos que, do contrário, não teriam financiamento. De fato, parece que o BNDES está emprestando a empresas de alto desempenho que pagarão os empréstimos (e farão os executivos do BNDES parecer gestores diligentes). Se esse é o caso, os governos precisam escolher com mais cuidado as empresas-alvo. De um lado, o funding dos bancos estatais pode gerar uma série de distorções, como o aumento das contribuições na folha de pagamento. Em especial, se o governo toma empréstimos para financiar o banco ou usa poupanças que poderiam destinar-se a outras finalidades, é possível que assim esteja sufocando investimentos privados. É provável que o problema seja agravado se, ao emprestar a grandes empresas, o governo iniba o desenvolvimento de mercado privado para crédito de longo prazo. Nesse cenário, os bancos privados podem relutar em conceder crédito a empresas menores, mais arriscadas, que devem ser alvos naturais de bancos de desenvolvimento. Precisamos, contudo, de mais estudos para examinar outros canais de má alocação de capital subsidiado.[23]

Finalmente, mas não menos importante, não abordamos o fator-chave que pode ser afetado pelo capitalismo de Estado: *inovação*.[24] Alguns autores argumentaram enfaticamente que o Estado era fundamental para o fomento de pesquisa básica em vários setores, como computação, saúde e agricultura.[25] Aghion et al. descobriram que a presença de investidores "institucionais" pode afetar positivamente a inovação, talvez porque esses investidores tenham condições de aumentar os incentivos gerenciais à execução de projetos mais arriscados e de mais longa maturação.[26] Como discutimos no capítulo 2, o Estado em si deve atuar como investidor "paciente", de longo prazo. Portanto, seria importante estudar se níveis diferentes de propriedade do Estado geram níveis mais altos de inovação, ou se as pressões de políticos, em busca de objetivos políticos ou outros de curto prazo, atenuam esses esforços.

Ao longo dessas linhas, poder-se-ia examinar o efeito da propriedade do Estado sobre as despesas com P&D, patentes e externalidades positivas entre empresas (ou dentro de empresas) antes e depois de receberem investimentos governamentais. Esse exame pode ajudar os governos a elucidar como distribuir seus recursos para promover a inovação. Por exemplo, devem os governos investir diretamente nas empresas ou seria preferível que apenas promovessem a infraestrutura para que empresas privadas tenham melhores condições para executar pesquisas? Que alternativa é preferível: empréstimos ou investimentos para financiar novos empreendedores? Que condições favorecem a adoção de cada modelo?

Em suma, novos estudos devem investigar as várias alternativas de capitalismo de Estado em vez de encarar o capitalismo de Estado como modelo monolítico, oposto ao mercado livre. O debate sobre se o Leviatã deve ou não participar da economia é irrelevante, porque, em muitos países, o Estado é ator importante, que tão cedo não deixará o palco. Agenda mais interessante e frutífera será examinar as condições propícias à eficácia do Leviatã — como transformar a "mão espoliadora" do Estado em "mão cuidadora", favorável ao desenvolvimento industrial e econômico.

AGRADECIMENTOS

ESTE LIVRO É FRUTO DE CONVERSAS E DE COOPERAÇÃO muito proveitosas com colegas do Brasil, do México, dos Estados Unidos e da Europa. Muitos deles foram extremamente generosos e apresentaram longos comentários sobre nossos papéis de trabalho e sobre as versões preliminares de nosso livro. Em especial, queremos agradecer a Rawi Abdelal, à falecida Alice Amsden e a Werner Baer, Dirk Boehe, Rafael Di Tella, Stanley Engerman, Paulo Furquim, Elio Gaspari, Andrea Goldstein, Claudio Haddad, Geoff Jones, Joe Love, Carlos Melo, Tom Nicholas, Mariana Pargendler, Julio Rotenberg, Ben Ross Schneider, Alberto Simpser, Judy Tendler, Gunnar Trumbull e Richard Vietor.

Alguns dos capítulos foram analisados como trabalhos, em seminários no Brasil e nos Estados Unidos. Entre os participantes desses seminários, agradecemos pelos comentários de Patrick Behr, Effi Benmelech, Ricardo Brito, Vinicius Carrasco, Carlos Cinelli, Mariano Cortes, Rohit Despande, Elizabeth Farina, Erik Feijen, Cláudio Ferraz, Carola Frydman, Marcio Garcia, Martin Goetz, Tarun Khanna, Catiana Garcia-Kilroy, Eric Hilt, Emanuel Kohlscheen, Lakshmi Iyer, Alain Ize, Gabriel Madeira, Ricardo Madeira, Rosilene Marcon, João Manoel P. de Mello, Luiz Mesquita, Steven Nafziger, Walter Novaes, Marcos Rangel,

Carlos Saiani, Marcelo Santos, Jordan Siegel, Rodrigo Soares, Augusto de la Torre, Lou Wells e Eric Werker. Também somos gratos a outros participantes de seminários na Harvard Business School, PUC-Rio, FEA/USP, Insper, Universidad de Desarrollo, Universidade de Illinois em Urbana-Champaign, Banco Mundial, Banco Central do Brasil e Conferência Especial da Strategic Management Society, de 2011, no Rio. John Nellis e Mary Shirley expuseram suas opiniões sobre os esforços do Banco Mundial para reformar empresas estatais. Delfim Netto e Shigeaki Ueki nos forneceram importantes informações sobre a gestão de empresas estatais brasileiras durante a ditadura militar (1964-85). Além disso, Aldo Musacchio deseja agradecer aos colegas da Business, Government, and the International Economy Unit e da Business History Initiative, ambas da Harvard Business School, pelos comentários úteis sobre versões anteriores do livro.

Parte da pesquisa para o livro foi realizada durante dois invernos, em Boston, quando Sergio Lazzarini era pesquisador visitante no Weatherhead Center for International Affairs da Universidade Harvard, com apoio financeiro do Insper e CAPES (processo BEX 3835/09-0), e na Harvard Business School (HBS). Aldo Musacchio agradece pelo apoio financeiro da HBS, Insper e Universidade de São Paulo, durante viagens ao Brasil, em 2009, 2011 e 2012. Sergio Lazzarini também é grato pelo apoio financeiro do CNPq (Conselho Nacional de Desenvolvimento Científico e Tecnológico, do Brasil) e Insper. Grande parte do projeto, no entanto, foi financiada pelo Dean for Research and Faculty Development da Harvard Business School.

Alguns dos capítulos se baseiam em pesquisas que conduzimos com nossos colegas. O capítulo 3 resulta de trabalho que fizemos com Claudia Bruschi, para Working Paper intitulado "Do the CEOs of State-Owned Enterprises Matter? Evidence from Brazil, 1973-1993". O capítulo 6 se baseia em nosso trabalho com Mariana Pargendler para o trabalho "In Strange Company: The Puzzle of Private Investment in State-Controlled Firms", *Cornell International Law Journal*, v. 46, n. 3, 2013. O capítulo 7 resume algumas das conclusões de nosso trabalho com Carlos Inoue, "Legiathan as a Minority Shareholder: Firm-Level Implications of Equity Purchases by the State", *Academy of Management Journal*, v. 56, n.

6, 2013. Finalmente, o capítulo 10 usa algumas das conclusões de nosso trabalho com Rodrigo Bandeira-de-Mello e Rosilene Marcon, "What Do Development Banks Do? Evidence from Brazil, 2002-2009", Harvard Business School Working Paper, n. 12 047, dez. 2011.

Jamais teríamos conseguido reunir todos os bancos de dados deste livro não fosse o trabalho incrível de Claudia Bruschi, coordenando assistentes de pesquisa e fazendo pesquisa original, usando material de arquivo, revistas e o site da Comissão de Valores Mobiliários, do Brasil. Além disso, Carlos Inoue, Jenna Berhardson, Daniel Miranda e Rodolfo Diniz nos ajudaram a desenhar e a reunir alguns dos mais importantes bancos de dados do livro. Finalmente, somos gratos a grande número de alunos que, ao longo dos anos, nos ajudaram na coleta de dados, entre eles Guilherme de Moraes Attuy, Fernando Graciano Bignotto, Rodolfo Diniz, Diego Ferrante, Rafael de Oliveira Ferraz, Fabio Renato Fukuda, Carlos Laercio de Goes, Lucille Assad Goloni, Luciana Shawyuin Liu, Marcelo de Biazi Goldberg, Carlos Inoue, Gustavo Joaquim, Darcio Lazzarini, Diego Ten de Campos Maia e William Nejo Filho.

Por trás de todo livro acadêmico há sempre um editor de texto e um grupo de bibliotecários que merecem crédito. Primeiro, queremos agradecer a John Elder que, diligentemente, editou diferentes versões do manuscrito, e a G. Novak, que fez a edição final para a Harvard University Press. Além disso, também somos gratos a bibliotecários no Brasil e nos Estados Unidos, que nos auxiliaram a conseguir relatórios, documentos e livros de todo o hemisfério ocidental. No Brasil, queremos agradecer a Suzana Monteiro Huguenin de Carvalho e a Shirlene Silva, da biblioteca do BNDES, Rio de Janeiro, pela ajuda. O pessoal das bibliotecas da FGV Rio de Janeiro, FGV São Paulo, Universidade de Campinas, Harvard Widener Library, Insper e FEA-USP nos ajudou a reunir a mais abrangente coleção de cópias fotostáticas e escaneadas de relatórios de empresas estatais brasileiras e de documentos sobre a história do BNDES. Na Baker Library, da Harvard Business School, Leslie Burmeister e Julie Savsovitz garantiram a disponibilidade de livros relevantes, oriundos dos Estados Unidos, durante todo o tempo necessário. Deb Wallace, diretor da Baker Library, também foi grande apoiador de nossa pesquisa. Kathleen Ryan, Kristine Rivera e James

Zeitler nos ajudaram a desbravar as complexidades dos bancos de dados da s&p Capital iq e da Bloomberg.

Acima de tudo, somos gratos pelo apoio e pelo amor de nossas famílias. Elas foram solidárias durante todo o processo de desenvolvimento deste livro e demonstraram muito amor e tolerância durante os longos períodos que passamos longe delas.

NOTAS

INTRODUÇÃO [pp. 9-31]

1. Para mais detalhes sobre as aquisições da JBS, ver: David E. Bell; Catherine Ross, "JBS Swift & Co", *Harvard Business School Case*, n. 9-509-021, 2008. Para uma análise do apoio do BNDES à JBS, ver: Mansueto Almeida, "Desafios da real política industrial brasileira no século XXI", Texto para discussão 1452, Ipea, 2009.
2. Conceituamos as SOEs (*state-owned enterprises*) como *empresas*, ou seja, elas produzem e vendem bens e serviços. Essas organizações se distinguem das entidades governamentais incumbidas de prestar serviços públicos (como tribunais, polícia, previdência social e saúde pública), que, em geral, não assumem forma societária empresarial e se subordinam diretamente aos ditames de autoridades públicas.
3. Nosso trabalho, portanto, contribui para a literatura atual sobre as variedades de capitalismo (A. Peter A. Hall; David Soskice. "An Introduction to Varieties of Capitalism". In: _____. *Varieties of Capitalism: The Institutional Foundations of Comparative Advantage*. Oxford: Oxford University Press, 2001, pp. 1-70; Ben Ross Schneider; David Soskice, "Inequality in Developed Countries and Latin America: Coordinated, Liberal and Hierarchical Systems". *Economy and Society*, v. 38, n. 1, pp. 17-52. 2009), ao propor uma classificação das maneiras como os Estados intervêm na gestão de empresas. Ou seja, estamos interessados na variação da propriedade e da governança corporativa no nível de empresa, enquanto a literatura sobre as diferentes formas de capitalismo examina a coordenação das economias como um todo — as ligações entre governos, empresas e trabalho. Essa literatura prestou pouca atenção à propriedade estatal, apesar do fato de o governo ainda ser acionista de algumas das maiores em-

presas dos países da OCDE (Organização para a Cooperação e Desenvolvimento Econômico). Uma exceção é Gourevitch e Shinn (*Political Power and Corporate Control: The New Global Politics of Corporate Governance*. Princeton, NJ: Princeton University Press), que vincula explicitamente o papel ativo dos governos como investidores em companhias abertas a maior coordenação entre os atores econômicos.
4. "China Buys Up the World". *The Economist*, 13 nov. 2010. Ver também a análise na edição especial da revista *The Economist* sobre capitalismo de Estado (Adrian Wooldridge, "The Visible Hand". *Economist*, 21 jan. 2012).
5. "Corporate Governance of State-Owned Enterprises: A Survey of OECD Countries". Organization for Economic Co-operation and Development. Paris, 2005.
6. Fizemos esses cálculos usando dados da Capital IQ sobre capitalização de mercado e participação acionária para depois chegar à composição acionária final. Ou seja, para cada empresa, identificamos o acionista controlador e, em seguida, levantamos a composição acionária total. Na China, a SASAC e outras holdings estatais são, em última instância, os proprietários e controladores de boa parte do mercado de ações. Na Índia, o governo e a Life Insurance Corporation têm participação acionária em centenas de empresas; no Brasil, o governo detém participação direta em algumas empresas e usa seu banco de desenvolvimento, o BNDES, para controlar outras; na Rússia, o governo usa suas principais estatais para ter participações acionárias em outras empresas. Ver capítulo 2 para mais exemplos.
7. Entre as maiores operações se incluem os IPOs do Agricultural Bank of China, que levantou 22,1 bilhões de dólares, e do Industrial and Commercial Bank of China, que levantou 21,9 bilhões de dólares, e a colocação secundária de ações da Petrobras, que, no papel, levantou 70 bilhões de dólares. Sobre a lista de IPOs, ver: "State Capitalism's Global Reach: New Masters of the Universe. How State Enterprise Is Spreading", *The Economist*, 21 jan. 2012. Para detalhes a respeito da oferta da Petrobras, ver: Rob Dwyer, "How Petrobras Struck 70 Billion Dollars", *Euromoney*, 2011.
8. Morgan Stanley, "EEMEA & Latam Equity Strategy: State Controlled Companies: Where to Invest Now". *Mortan Stanley Research Europe*, p. 1, 24 maio 2012.
9. Todas as listas foram extraídas do site de *Fortune* "Global 500". Disponível em: <http://money.cnn.com/magazines/fortune/global500/>. Acesso em: 11 jun. 2014.
10. Ian Bremmer, *The End of the Free Market: Who Wins the War between States and Corporations?*. Nova York: Portfolio/Penguin, 2010.
11. Ibid., p. 35.
12. Joseph L. Bower et al. *Capitalism at Risk: Rethinking the Role of Business*. Boston: Harvard Business Review Press, 2011.
13. Franco Amatori et al. *Reappraising State-Owned Enterprise: A Comparison of the UK and Italy. Routledge International Studies in Business History*. Nova York: Routledge, 2011.
14. William L. Megginson; Jeffry M. Netter, "From State to Market: a Survey of Empirical Studies of Privatization". *Journal of Economic Literature*, v. 29, 2001.
15. Observe-se nossa ênfase no fato de as comparações serem *em média*. Em certas condições, as empresas sob propriedade ou controle estatal apresentam desempenho

igual ou até melhor que os das empresas privadas; por exemplo, quando as empresas enfrentam ambiente competitivo (Ann P. Bartel; Ann Harrison, "Ownership versus Environment: Disentangling the Sources of Public-Sector Inefficiency". *Review of Economics and Statistics*, v. 87, n. 1, pp. 135-47. 2005). Além disso, as estatais parecem operar tão bem quanto as empresas privadas quando seguem práticas de gestão e de governança corporativa das empresas privadas (Stacey Kole; J. Harold Mulherin, "The Government as a Shareholder: A Case from the United States". *Journal of Law and Economics*, v. 40, n. 1, pp. 1-22. 1997).

16. Eduardo Levy Yeyati et al. "Should the Government Be in the Banking Business? The Role of State-Owned and Development Banks". *Research Working Papers* 4379, Banco Interamericano de Desenvolvimento, Departamento de Pesquisa, 2004.

17. Rafael La Porta; Florencio López-de-Silanes, "The Benefits of Privatization: Evidence from Mexico", *Quarterly Journal of Economics*, v. 114, pp. 1193-242. 1999; A. E. Boardman; A. R. Vining. "Ownership and Performance in Competitive Environments: A Comparison of the Performance of Private, Mixed, and State-Owned Enterprise". *Journal of Law and Economics*, v. 32, pp. 1-33. 1989; John Vickers; George Yarrow, *Privatization: An Economic Analysis*. Cambridge, MA: MIT Press, 1988; Ravi Dharwadkar et al. "Privatization in Emerging Economies: An Agency Theory Perspective". *Academy of Management Review*, v. 25, n. 3, pp. 650-69. 2000.

18. Mary Shirley; John Nellis, *Public Enterprise Reform: The Lessons of Experience*. Washington, DC: Economic Development Institute of the World Bank, 1991; Chong-En Bai; Lixin Colin Xu, "Incentives for CEOs with Multitasks: Evidence from Chinese State-Owned Enterprises". *Journal of Comparative Economics*, v. 33, pp. 517-39. 2005.

19. John Vickers; George Yarrow, *Privatization: An Economic Analysis*. Cambridge, MA: MIT Press, 1988; Janos Kornai, "Resource-Constrained versus Demand-Constrained Systems". *Econometrica*, v. 47, n. 4, pp. 801-19. 1979; Andrei Shleifer; Robert W. Vishny, *The Grabbing Hand: Government Pathologies and Their Cures*. Cambridge, MA: Harvard University Press, 1998; Maxim Boycko et al. 1996. "A Theory of Privatization". *Economic Journal*, v. 106, n. 435, pp. 309-19. 1996.

20. O termo "mão espoliadora" (*grabbing hand*) é de Andrei Shleifer; Robert W. Vishny, op. cit. e representa a ideia de que os governos ou os burocratas dirigem as empresas estatais com objetivos políticos, em vez de em busca de soluções para falhas de mercado ou para gerar lucro.

21. Eduardo Levy Yeyati, op. cit.; Rondo E. Cameron, *France and the Economic Development of Europe*. Princeton, NJ: Princeton University Press, 1961; Alexander Gerschenkron, *Economic Backwardness in Historical Perspective*. Cambridge, MA: Harvard University Press, 1962.

22. Dani Rodrik, *One Economics, Many Recipes: Globalization, Institutions, and Economic Growth*. Princeton, NJ: Princeton University Press, 2007; Alice Amsden, *The Rise of "The Rest": Challenges to the West from Late- Industrializing Economies*. Oxford: Oxford University Press, 2001; Peter Evans, *Embedded Autonomy: States and Industrial Transformation*. Princeton, NJ: Princeton University Press, 1995.

23. Sob esse aspecto, contribuímos para a literatura existente sobre os determinantes da participação privada em ex-empresas estatais e sobre as possíveis implicações de privatizações parciais (Ravi Ramamurti, "A Multilevel Model of Privatization in Emerging Economies". *Academy of Management Review*, v. 25, n. 3, pp. 525-50. 2000; Jonathan P. Doh, "Entrepreneurial Privatization Strategies: Order of Entry and Local Partner Collaboration as Sources of Competitive Advantage". *Academy of Management Review*, v. 25, n. 3, pp. 552-71. 2000; Id. et al., "Balancing Private and State Ownership in Emerging Markets' Telecommunications Infrastructure: Country, Industry, and Firm Influences". *Journal of International Business Studies*, v. 35, pp. 233-50. 2004; Ravi Dharwadkar et al. "Privatization in Emerging Economies: An Agency Theory Perspective". *Academy of Management Review*, v. 25, n. 3, pp. 650-69. 2000; Nandini Gupta, "Partial Privatization and Firm Performance". *Journal of Finance*, v. 60, pp. 987-1015. 2005).
24. Mary M. Shirley, "Why is Sector Reform so Unpopular in Latin America?". *The Independent Review*, v. 10, n. 2, pp. 195-207. 2005.
25. Ian Bremmer, *The End of the Free Market: Who Wins the War between States and Corporations?* Nova York: Portfolio/Penguin, 2010.
26. Franco Amatori et al. *Reappraising State-Owned Enterprise: A Comparison of the UK and Italy*. Routledge International Studies in Business History. Nova York: Routledge, 2011; Bernardo Bortolotti; Mara Faccio, "Government Control of Privatized Firms". *Review of Financial Studies*, v. 22, n. 8, pp. 2907-39. 2009.
27. Mary M. Shirley, "Bureaucrats in Business: The Roles of Privatization versus Corporatization in State-Owned Enterprise Reform". *World Development*, v. 27, n. 1, pp. 115-36. 1999; José Antonio Gómez-Ibañez, "Alternatives to Infrastructure Privatization Revisited: Public Enterprise Reform from the 1960s to the 1980s". *Policy Research Working Paper*. Washington, DC: Banco Mundial, 2007.
28. Banco Mundial, *Bureaucrats in Business: The Economics and Politics of Government Ownership*. Oxford: Oxford University Press, 1996.
29. Jeffry A. Frieden, *Debt, Development, and Democracy: Modern Political Economy and Latin America, 1965-1985*. Princeton, NJ: Princeton University Press, 1991.
30. William L. Megginson, *The Financial Economics of Privatization*. Nova York: Oxford University Press, 2005.
31. Bernardo Bortolotti; Mara Faccio, op. cit.
32. Hans Christiansen, "The Size and Composition of the SOE Sector in OECD Countries". *OECD Corporate Governance Working Papers*, n. 6, Paris. 2011.
33. Michael C. Jensen; William H. Meckling, "Theory of the Firm: Managerial Behavior, Agency Costs and Ownership Structure". *Journal of Financial Economics*, n. 3, pp. 305-60. 1976; Henry Hansmann; Reinier Kraakman, "The End of History for Corporate Law". In: J. N. Gordon; M. J. Roe (Orgs.). *Convergence and Persistence in Corporate Governance*. Cambridge: Cambridge University Press, 2004, pp. 33-68; Rakesh Khurana, *Searching for a Corporate Savior: The Irrational Quest for Charismatic CEOs*. Princeton, NJ: Princeton University Press, 2002.

34. Na realidade, o processo de aprendizagem e experimentação referente a reformas de SOES não parece tão longo em comparação com o lento processo de transformação do regime de governança corporativa das maiores empresas dos Estados Unidos. Na virada para o século XXI, os investidores ainda se surpreendiam com os escândalos empresariais, com os infames pacotes de remuneração dos executivos, com os conselhos de administração que não monitoravam com eficácia os gestores etc. Para uma análise desse processo de transformação das empresas privadas, ver capítulo 3 de Rakesh Khurana, op. cit.
35. Howard Bodenhorn, *State Banking in Early America: A New Economic History*. Nova York: Oxford University Press, 2003; Franco Amatori, *Storia dell'IRI. 2. Il "miracolo" economico e eil ruolo dell'IRI*. 2 v. *Storia e Societa*. Roma, Itália: Laterza, v. 2, 2012; Richard Sylla et al. "Banks and State Public Finance in the New Republic: The United States, 1790-1860". *Journal of Economic History*, v. 47, n. 2, pp. 391-403. 1987.
36. Ian Bremmer, op. cit.
37. Yair Ahroni, *The Evolution and Management of State-Owned Enterprises*.Cambridge, MA: Ballinger Publishing, 1986.
38. Bom exemplo dos tons de cinza entre os extremos da propriedade estatal plena e da propriedade privada plena é a análise da privatização de empresas de telecomunicações por Doh et al. (op. cit.), em que se explica por que os investidores privados preferem investir mais ou menos em parcerias com o governo.
39. Para exemplos de pirâmide de controle estatal na Europa, ver Bernardo Bortolotti; Mara Faccio (op. cit.).
40. Esse modelo híbrido de capitalismo de Estado também deve ser diferenciado das *parcerias público-privadas*, constituídas para executar projetos de infraestrutura específicos ou para prestar serviços públicos como água, transporte e prisões (John Bennett; Elisabetta Iossa, "Building and Managing Facilities for Public Services". *Journal of Public Economics*, v. 90, pp. 2143-60. 2006; Sandro Cabral et al. "Private Operation with Public Supervision: Evidence of Hybrid Modes of Governance in Prisons". *Public Choice*, v. 145, n. 1-2, pp. 281-93. 2010).
41. Beatriz Armendáriz de Aghion, "Development Banking". *Journal of Development Economics*, v. 58, pp. 83-100. 1999; Eduardo Levy Yeyati et al., op. cit.; Alice Amsden, op. cit.; Gerard George; Ganesh N. Prabhu, "Developmental Financial Institutions as Catalysts of Entrepreneurship in Emerging Economies". *Academy of Management Review*, v. 25, n. 3, pp. 620-9. 2000.
42. Gerard Caprio et al. *The Future of State-Owned Financial Institutions*. Washington, DC: Brookings Institution Press, 2004; Thorsten Beck; Ross Levine, "Legal Institutions and Financial Development". In: C. Menard; M. M. Shirley (Orgs.). *Handbook of New Institutional Economics*. Amsterdam: primavera 2005, pp. 251-80.
43. Por exemplo, uma série de trabalhos estuda como os empréstimos nos bancos comerciais de propriedade estatal se correlacionam com ciclos políticos (Shawn Cole, "Fixing Market Failure or Fixing Elections? Agricultural Credit in India". *American Economic*

Journal: Applied Economics, v. 1, n. 1, pp. 219-50. 2009; Paola Sapienza, "The Effects of Government Ownership on Bank Lending". *Journal of Financial Economics*, v. 72, n. 2, pp. 357-84. 2004; I. Sendar Dinç, "Politicians and Banks: Political Influences on Government Owned Banks in Emerging Markets". *Journal of Financial Economics*, v. 77, pp. 453-79. 2005) e como os empreendedores com ligações políticas são mais tendentes a obter empréstimos de bancos de propriedade estatal que a média dos empreendedores (Warren Bailey et al. "Bank Loans with Chinese Characteristics: Some Evidence on Inside Debt in a State-Controlled Banking System". *Journal of Financial and Quantitative Analysis*, v. 46, n. 6, pp. 1795-830. 2011; Asim Ijaz Khwaja; Atif Mian, "Do Lenders Favor Politically Connected Firms? Rent Provision in an Emerging Financial Market". *Quarterly Journal of Economics*, v. 120, n. 4, pp. 1371-411. 2005). A literatura sobre bancos comerciais de propriedade estatal no Brasil é bastante ampla (Werner Baer; Nader Nazmi, "Privatization and Restructuring of Banks in Brazil". *Quarterly Review of Economics and Finance*, v. 40, pp. 3-24. 2000; Harry M. Makler, "Bank Transformation and Privatization in Brazil: Financial Federalism and Some Lessons about Privatization". *Quarterly Review of Economics and Finance*, v. 40, pp. 45-69. 2000; Walter L. Ness, "Reducing Government Bank Presence in the Brazilian Financial System: Why and How". *Quarterly Review of Economics and Finance*, v. 40, pp. 71-84. 2000; Thorsten Beck et al. "State Bank Transformation in Brazil — Choices and Consequences". *Journal of Banking and Finance*, v. 29, n. 8-9, pp. 2223-57. 2005), mas se concentra principalmente em explicar por que eles foram privatizados e em avaliar seu desempenho antes e depois da privatização.
44. Alice Amsden, op. cit.
45. Thomas J. Trebat, *Brazil's State-Owned Enterprises: A Case Study of the State as Entrepreneur*. Cambridge: Cambridge University Press, 1983; Werner Baer et al. "The Changing Role of the State in the Brazilian Economy". *World Development*, v. 11, n. 1, pp. 23-34. 1973.
46. Bernardo Bortolotti; Mara Faccio, op. cit.
47. "Corporate Governance of State-Owned Enterprises: A Survey of OECD Countries". Organization for Economic Co-operation and Development. Paris, 2005.
48. O estudo de Robert Millward ("State Enterprise in Britain in the Twentieth Century". In: P. A. Toninelli (Org.). *The Rise and Fall of State Owned Enterprise in the Western World*. Cambridge: Cambridge University Press, 2000, pp. 157-84) é uma das exceções na literatura. Ele mostra que, antes da década de 1980, a produtividade das SOEs no Reino Unido era, de fato, mais alta que a produtividade de empresas privadas americanas comparáveis.

1. ASCENSÃO E QUEDA DO LEVIATÃ COMO EMPREENDEDOR [pp. 35-73]

1. Pier Angelo Toninelli, "The Rise and Fall of Public Enterprise: The Framework". In: _____. (Org.). *The Rise and Fall of Public Enterprise in the Western World*.

Cambridge: Cambridge University Press, 2000, pp. 3-24; Robert Millward, *Private and Public Enterprise in Europe: Energy, Telecommunications and Transport, 1830-1990*. Cambridge: Cambridge University Press, 2005.
2. Ulrich Wengenroth, "The Rise and Fall of State-Owned Enterprise in Germany". In: P. A. Toninelli (Org.). *The Rise and Fall of Public Enterprise in the Western World*. Cambridge: Cambridge University Press, 2000, p. 106.
3. A relação entre crises e propriedade estatal na América Latina é analisada em: Carlos Marichal, "El estado empresarial en América Latina: Pasado y presente". *H-industri@. Revista de Historia de Industria, los Servicios y las Empresas en América Latina*, v. 5, n. 9, pp. 1-9. 2011.
4. Ibid.
5. Dan Bogart, "Nationalizations and the Development of Transport Systems: Cross Country Evidence from Railroad Networks, 1860-1912". *Journal of Economic History*, v. 69, n. 1, pp. 202-37. 2009.
6. Bureau of Railway Economics, "A Brief Survey of Public Ownership and Operation of Railways in Fifteen Foreign Countries". *Bureau of Railway Economics*. Washington, DC: Bureau of Railway Economics, 1935.
7. William M. Timpson, *147 Practical Tips for Teaching Sustainability: Connecting the Environment, the Economy, and Society*. Madison, WI: Atwood, 2006.
8. Dan Bogart, op. cit.; Id.; Latika Chaudhary. "Regulation, Ownership, and Costs: A Historical Perspective from Indian Railways". *American Economic Journal: Economic Policy*, v. 4, n. 1, pp. 28-57. 2012.
9. Pasquale Saraceno, "IRI: Its Origin and Its Position in the Italian Industrial Economy (1933-53)". *Journal of Industrial Economics*, v. 3, n. 3, pp. 197-221. 1955.
10. Andrea Colli, "Coping with the Leviathan: Minority Shareholders in State-Owned Enterprises: Evidence from Italy". *Business History*, v. 55, n. 2, pp. 190-214. 2013.
11. Ibid.; Franco Amatori; Andrea Colli. "Corporate Governance: The Italian Story". 2000. Disponível em: <ftp://ns1.ystp.ac.ir/YSTP/1/1/ROOT/DATA/PDF/unclassified/CGITALY.PDF>. Acesso em: 14 jun. 2014.
12. A literatura sobre o IRI é longa demais para ser resumida aqui. Para mais referências, ver a história em dois volumes do IRI (Valerio Castronovo, *Storia dell'IRI. 1. Dalle origini al dopoguerra*, 2 v. Storia e società, v. 1. Roma: Itália: Laterza. 2012 Franco Amatori, *Storia dell'IRI. 2. Il "miracolo" economico e eil ruolo dell'IRI*. 2 v. Storia e Societa. Roma, Itália: Laterza, v. 2, 2012) ou o resumo recente da história do IRI (Leandro Conte; Giandomenico Piluso, "Finance and Structure of the State-Owned Enterprise in Italy: IRI from the Golden Age to the Fall". In: F. Amatori, R. Millward e P. M. Toninelli (Orgs.). *Reappraising State-Owned Enterprise: A Comparison of the UK and Italy*. Nova York: Routledge, 2011, pp. 119-44).
13. Robert Millward, op. cit.
14. Geoffrey Jones, *The State and the Emergence of the British Oil Industry. Studies in Business History*. Londres: Macmillan; Departamento de História dos Negócios, Universidade de Londres, 1981.

15. Robert Millward, "State Enterprise in Britain in the Twentieth Century". In: P. A. Toninelli (Org.). *The Rise and Fall of State Owned Enterprise in the Western World*, Cambridge: Cambridge University Press, 2000, pp. 157-84.
16. Emmanuel Chadeau, "The Rise and Decline of State-Owned Industry in Twentieth--Century France". In: P. A. Toninelli (Org.), op. cit., pp. 185-207.
17. Franco Amatori; Andrea Colli, op. cit.
18. Richard Brahm, "National Targeting Policies, High-Technology Industries, and Excessive Competition". *Strategic Management Journal*, v. 16, pp. 71-91. 1995.
19. Albert Carreras et al. "The Rise and Decline of Spanish State-Owned Enterprises", op. cit., pp. 208-36.
20. Naomi R. Lamoreaux, "Scylla or Charybdis? Historical Reflections on Two Basic Problems of Corporate Governance". *Business History Review*, v. 83, pp. 9-34. 2009.
21. William L. Megginson. *The Financial Economics of Privatization*. Nova York: Oxford University Press, 2005, p. 11.
22. Ulrich Wengenroth, op. cit., p. 116.
23. R. J. Overy, *War and Economy in the Third Reich*. Oxford: Oxford University Press, 1994, pp. 162-3; Ultich Wengenroth, op. cit., p. 117.
24. Sharp (Samuel L. Sharp, *Nationalization of Key Industries in Eastern Europe*. Washington, DC: Foundation for Foreign Affairs, 1946, p. 4) observa que as SOEs dominavam o sistema econômico da Polônia mesmo antes da guerra. Em 1938, o governo polonês tinha 100% da "produção de sais de potássio, álcool, tabaco, aviões, automóveis, transporte aéreo, correios, telégrafo e rádio", assim como mais de 90% de transporte marítimo, ferrovias, produção de tinturas e seguro contra incêndio. O governo polonês também detinha o controle majoritário das atividades de exploração de sal, refino de metais, seguros, spas e resorts. Ainda detinha a propriedade minoritária de empresas produtoras de gás, carvão, produtos químicos, madeira e ferramentaria.
25. Emmanuel Chadeau, op. cit.
26. Andrew Shonfield, *Modern Capitalism: The Changing Balance of Public and Private Power*. Londres: Oxford University Press, 1965.
27. Robert Millward, "State Enterprise in Britain in the Twentieth Century", op. cit., p. 164.
28. Ibid., p. 165.
29. L. Hannah, "A Failed Experiment: The State Ownership of Industry". In: R. Floud; P. Johnson (Orgs.). *The Cambridge Economic History of Modern Britain*, v. 3, *Structural Change and Growth, 1939-2000*. Cambridge: Cambridge University Press, 2004, pp. 84-111.
30. Carreras et al., op. cit.
31. Samuel L. Sharp, *Nationalization of Key Industries in Eastern Europe*. Washington, DC: Foundation for Foreign Affairs, 1946; Mario Einaudi, "Nationalization of Industry in Western Europe: Recent Literature and Debates". *American Political Science Review*, v. 44, n. 1, pp. 177-91. 1950.

32. Dieter Stiefel, "Fifty Years of State-Owned Industry in Austria, 1946-1996". In: P. A. Toninelli (Org.), op. cit., p. 238.
33. Ibid.
34. Ulrich Wengenroth, op. cit.
35. Richard Brahm, op. cit.
36. Carreras et al., op. cit.
37. Pier Angelo Toninelli, op. cit.
38. Robert Millward, "State Enterprise in Britain in the Twentieth Century", op. cit.
39. R. J. Monsen; K. D. Walters, *Nationalized Companies: A Threat to American Business*. Nova York: McGraw-Hill Co., 1983.
40. Ibid.
41. Ibid.
42. Paul Gregory, "The Stalinist Command Economy". *Annals of the American Academy of Political and Social Sciences*, v. 507, pp. 18-25. 1990.
43. Robert Millward, *Private and Public Enterprise in Europe: Energy, Telecommunications and Transport, 1830-1990*, op. cit.
44. Ver tabelas 14.7 e 14.8 em ibid., pp. 227-79.
45. Stephen J. Kobrin, "Expropriation as an Attempt to Control Foreign Firms in LDCs: Trends from 1960 to 1979". *International Studies Quarterly*, v. 28, n. 3, pp. 329-48. 1984; Michael S. Minor, "The Demise of Expropriation as an Instrument of LDC Policy, 1980-1992". *Journal of International Business Studies*, v. 25, n. 1, pp. 177-88. 1994.
46. Chowdhury Emdadul Haque, *Bangladesh: Politics, Economy, and Society*. Winnipeg: Bangladesh Studies Assemblage, Universidade de Manitoba, 1987, p. 123.
47. Geoffrey Jones, *Multinationals and Global Capitalism: From the Nineteenth to the Twenty-First Century*. Oxford: Oxford University Press, 2005.
48. Embora não tenhamos dados detalhados sobre estatizações na Europa depois da Segunda Guerra Mundial, elas também desempenharam papel importante na ascensão do capitalismo de Estado. Enquanto nos países em desenvolvimento as estatizações foram uma forma de evitar a propriedade estrangeira de empresas, sobretudo a propriedade por empresas das antigas potências coloniais, a estatização na Europa teve um tom protecionista e foi também consequência do mau desempenho que os governos tinham promovido.
49. Christopher Warshaw, "The Political Economy of Expropriation and Privatization in the Oil Sector". In: D. R. Hults et al. (Orgs.), op. cit., pp. 35-61.
50. Paul Stevens, "Kuwait Petroleum Corporation (KPC): An Enterprise in Gridlock". In: D. R. Hults et al. (Orgs.), op. cit., pp. 334-78; _____. "Saudi Aramco: The Jewel in the Crown". In: D. R. Hults et al. (Orgs.), op. cit. pp. 173-233.
51. Osmel Manzano; Francisco Monaldi, "The Political Economy of Oil Production in Latin America". *Economia*, v. 9, n. 1, pp. 59-98. 2008.
52. Werner Baer, *The Development of the Brazilian Steel Industry*. Nashville, TN: Vanderbilt University Press, 1969.

53. Peter Evans, *Embedded Autonomy: States and Industrial Transformation*. Princeton, NJ: Princeton University Press, 1995; Ravi Ramamurti, *State-Owned Enterprises in High Technology Industries: Studies in India and Brazil*. Londres: Praeger, 1987.
54. Peter Evans, *Dependent Development: The Alliance of Multinational, State, and Local Capital in Brazil*. Princeton, NJ: Princeton University Press, 1979; Id., *Embedded Autonomy: States and Industrial Transformation*, op. cit.
55. Guillermo Guajardo Soto, "Empresas públicas en América Latina: Historia, conceptos, casos y perspectivas futuras". *Revista de Gestión Pública*. Disponível em: <http://www.revistadegestionpublica.cl/Vol_II_No_1/Guajardo.pdf>. Acesso em: 23 jun. 2014.
56. Patricio Meller, *Un siglo de economía política chilena (1890-1990)*. Santiago, Chile: Editorial Andrés Bello, 1996.
57. Robert Millward, *Private and Public Enterprise in Europe: Energy, Telecommunications and Transport, 1830-1990*, op. cit., p. 184.
58. Ibid.
59. Geoffrey Jones, *Multinationals and Global Capitalism: From the Nineteenth to the Twenty-First Century*. Oxford: Oxford University Press, 2005.
60. Eytan Sheshinski; Luis López-Calva, "Privatization and Its Benefits: Theory and Evidence". *CESifo Economic Studies*, v. 49, n. 3, pp. 429-49. 2003.
61. John R. Nellis, "Back to the Future for African Infrastructure? Why State-Ownership Is No More Promising the Second Time Around". Center for Global Development Working Paper 84, 2006, p. 6.
62. P. Aghion et al., "The Behavior of State Firms in Eastern Europe Pre-privatization". *European Economic Review*, v. 38, pp. 1327-49. 1994.
63. Richard E. Messick, *World Survey of Economic Freedom, 1995-1996. A Freedom House Study*. New Brunswick, NJ: Transaction Publishers, 1996.
64. Banco Mundial, *Bureaucrats in Business: The Economics and Politics of Government Ownership*. Oxford: Oxford University Press, 1996.
65. P. Aghion et al., op. cit.
66. Todos esses números são do excelente estudo de R. P. Short sobre tamanho das empresas estatais nas economias mistas. Ver: R. P. Short, "The Role of Public Enterprises: An International Statistical Comparison". In: R. H. Floyd et al. (Orgs.). *Public Enterprise in Mixed Economies: Some Macroeconomic Aspects*. Washington DC: Fundo Monetário Internacional, 1984, pp. 110-81.
67. Mary Shirley; John Nellis, *Public Enterprise Reform: The Lessons of Experience*. Washington, DC: Economic Development Institute of the World Bank, 1991.
68. José Antonio Gómez-Ibañez, "Alternatives to Infrastructure Privatization Revisited: Public Enterprise Reform from the 1960s to the 1980s". Policy Research Working Paper. Washington, DC: Banco Mundial, 2007, p. 4.
69. Ibid., pp. 8-9.
70. O governo japonês também tentou exportar seu modelo de planejamento econômico. De acordo com Mary Shirley, que serviu como assessora de empresas estatais e

conselheira sênior no Banco Mundial na década de 1980, o Ministério do Comércio Internacional e da Indústria, do Japão, tentava exportar seu modelo e oferecia ajuda externa para apoiar reformas das SOEs dos países em desenvolvimento (entrevista com Mary Shirley, Maryland, jan. 2012).

71. John R. Nellis, "Contract Plans: A Review of the International Experience". In: R. Ramamurti; R. Vernon (Orgs.). *Privatization and Control of State-Owned Enterprises*. Washington, DC: Banco Mundial, 1991, p. 279.
72. Ibid., p. 280.
73. Emmanuel Chadeau, op. cit.; José Antonio Gómez-Ibañez, op. cit.
74. José Antonio Gómez-Ibañez, op. cit., p. 23.
75. Mary M. Shirley, *The Reform of State-Owned Enterprises: Lessons from World Bank Lending*. In: T. W. Bank (Org.). Policy & Research Series. Washington, DC: Banco Mundial, 1989; Mary M. Shirley; John Nellis, op. cit.; José Antonio Gómez-Ibañez, op. cit.
76. Como exemplo da maneira que essas médias ponderadas funcionavam na Índia, ver Trivedi (Prajapati Trivedi, "Performance Evaluation System for Memoranda of Understanding", *Economic and Political Weekly*, v. 24, n. 21, M55-M59. 1989).
77. John Nellis, op. cit.
78. Mary M. Shirley, "Enterprise Contracts: A Route to Reform". *Finance and Development*, v. 33, n. 3, pp. 6-9. 1996; José Antonio Goméz-Ibañez, op. cit.
79. Entrevista com Mary Shirley, Public Enterprise Adviser e Senior Adviser do Banco Mundial, Maryland, jan. 2012.
80. Mary M. Shirley, op. cit.
81. Id.; Lixin Colin Xu, "The Empirical Effects of Performance Contracts: Evidence from China". Policy Research Working Paper. Washington, DC: Banco Mundial, Development Research Group, 1998.
82. José Antonio Goméz-Ibañez, op. cit.
83. Robert Millward, "State Enterprise in Britain in the Twentieth Century", op. cit., p. 174.
84. R. J. Monsen; K. D. Walters, op. cit.
85. R. P. Short, op. cit.
86. Jeffry A. Frieden, *Debt, Development, and Democracy: Modern Political Economy and Latin America, 1965-1985*. Princeton, NJ: Princeton University Press, 1991.
87. Explicamos as causas e consequências da crise da dívida da América Latina, de 1982, com mais detalhes no capítulo 5.
88. Entrevista com John Nellis, Bethesda, MD, 11 jan. 2013.
89. Enrico Camillo Perotti; Bruno Biais, "Machiavellian Privatization". *American Economic Review*, v. 92, n. 1, pp. 240-58. 2002.
90. Stathis N. Kalyvas, "Hegemony Breakdown: The Collapse of Nationalization in Britain and France". *Politics & Society*, v. 22, n. 3, pp. 316-48. 1994.
91. Lee J. Alston et al. *Beliefs, Leadership and Critical Transitions: Brazil, 1964-2014*. Manuscrito não publicado, 2013.

92. Entrevista com John Nellis, Bethesda, MD, 11 jan. 2013.
93. Para uma análise das razões pelas quais o FMI adotou essas novas medidas, ver "A Manual on Governmental Financial Statistics (GFSM 1986)". Disponível em: <http://www.imf.org/external/pubs/ft/gfs/manual/1986/eng/>. Acesso em: 23 jun. 2014. O Banco Mundial também pediu aos países beneficiários apoio para a reforma das SOEs que adotassem critérios semelhantes na divulgação da situação financeira das SOEs. Ver o guia em Mary M. Shirley, *The Reform of State-Owned Enterprises: Lessons from World Bank Lending*. Org. T. W. Bank. Policy & Research Series. Washington DC: Banco Mundial, 1989.
94. A estrutura dos Brady Bonds variava de acordo com o tipo de instrumento escolhido por cada banco. O secretário do Tesouro Nicholas Brady tornou essas obrigações palatáveis para investidores externos ao oferecer-lhes em troca das condições originais "garantia total do principal, com base em títulos do Tesouro dos Estados Unidos com cupom zero, que os países compravam usando reservas e financiamentos de instituições financeiras internacionais [...]. Além disso, as reservas [de países em desenvolvimento] eram penhoradas para cobrir qualquer interrupção no pagamento de juros durante o período de até um ano" (Federico Sturzenegger; Jeromin Zettelmeyer, *Debt Defaults and Lessons from a Decade of Crises*. Cambridge, MA: MIT Press, 2006, p. 18).
95. Paolo Mauro et al. *Emerging Markets and Financial Globalization: Sovereign Bond Spreads in 1870-1913 and Today*. Oxford: Oxford University Press, 2006.
96. Rawi Abdelal, *Capital Rules: The Construction of Global Finance*. Cambridge, MA: Harvard University Press, 2007; Sebastian Edwards, *Capital Controls and Capital Flows in Emerging Economies: Policies, Practices, and Consequences*. National Bureau of Economic Research Conference Report. Chicago: University of Chicago Press, 2007.
97. Ver, por exemplo: Rafael La Porta; Florencio López-de-Silanes, "The Benefits of Privatization: Evidence from Mexico". *Quarterly Journal of Economics*, v. 114, pp. 1193-242. 1999; William L. Megginson; Jeffry M. Netter, "From State to Market: A Survey of Empirical Studies of Privatization". *Journal of Economic Literature*, v. 39, pp. 321-89. 2001.
98. Bernardo Bortolotti et al. "Privatisation Around the World: Evidence from Panel Data". *Journal of Public Economics*, v. 88, n. 1-2, pp. 305-32. 2004.
99. Anuatti-Neto et al. "Costs and Benefits of Privatization: Evidence from Brazil". In: A. Chong; F. López-de-Silanes (Orgs.). *Privatization in Latin America: Myths and Reality*. Washington, DC: Banco Mundial e Stanford University Press, 2005, pp. 145-96.
100. William L. Megginson; Jeffry M. Netter, op. cit., p. 15.
101. Ibid.
102. Elliot Berg; Mary M. Shirley, "Divestiture in Developing Countries". World Bank Discussion Paper WDP 11, Washington, DC, 1987, p. 5.
103. Para dados detalhados sobre privatizações em diferentes países durante a década de 1980, ver Elliot Berg; Mary M. Shirley, op. cit.

104. Bernardo Bortolotti; Mara Faccio, "Government Control of Privatized Firms". *Review of Financial Studies*, v. 22, n. 8, pp. 2907-39. 2009.
105. Mauro F. Guillén, *The Rise of Spanish Multinationals: European Business in the Global Economy*. Cambridge: Cambridge University Press, 2005.
106. OCDE, "Corporate Governance of State-Owned Enterprises: A Survey of OECD Countries". Organization for Economic Co-operation and Development. Paris, 2005.
107. Agata Waclawik-Wejman, "Corporate Governance of State-Owned Enterprises in Poland". Banco Mundial, 2005.
108. OCDE, op. cit.
109. Achamos que esses números divulgados pela OCDE (tabela 1.3) subestimam em muito o número de SOEs. Na Alemanha, por exemplo, um relatório sobre privatização mostrou que, em 2003, ainda havia 192 empresas estatais, com cerca de 159 mil empregados. Ver: Jens Hermann Treuner, "Privatization: The German Example", apresentação em PowerPoint para o Intosai Working Group on the Audit of Privatization. Disponível em pdf em: <http://www.intosaiksc.org/archives/10thmeeting/10thgermany.pdf>. Acesso em: 23 jun. 2014.
110. OCDE, op. cit., p. 34. É difícil avaliar o controle exercido por esses governos com suas participações minoritárias porque, em alguns casos, eles têm *"golden shares"*, que lhes confere poder de veto em certas decisões. Para mais análises sobre a complexidade de tentar apurar a participação do governo no capital próprio, ver Bernardo Bortolotti; Mara Faccio, "Government Control of Privatized Firms". *Review of Financial Studies*, v. 22, n. 8, pp. 2907-39. 2009.
111. Tarun Khanna; Krishna Palepu, "The Future of Business Groups in Emerging Markets: Long-Run Evidence from Chile". *Academy of Management Journal*, v. 43, n. 3, pp. 268-85. 2000; Tarun Khanna; Yishay Yafeh, "Business Groups in Emerging Markets: Paragons or Parasites?" *Journal of Economic Literature*, v. 45, pp. 331-72. 2007.
112. No Brasil, exceção notável é Trebat (Thomas J. Trebat, *Brazil's State-Owned Enterprises: A Case Study of the State as Entrepreneur*. Cambridge: Cambridge University Press, 1983).
113. Li-Wen Lin; Curtis J. Milhaupt, 2011. "We Are the (National) Champions: Understanding the Mechanisms of State Capitalism in China". Working Paper, Universidade Columbia, 2011.
114. Essas informações se baseiam em análise dos investimentos da LIC nas privatizações (desinvestimentos) da NPC, NMDC, SJVN, Engineers India, Power Grid Corporation, Shipping Corporation of India, PTC India Financial Services e ONGC. Em abril de 2012, a LIC tinha prejuízos acumulados de 24% nesses investimentos. Para dados sobre as propriedades do governo da Índia e da LIC, assim como sobre o desempenho dos investimentos da LIC, ver Sanjeev Vaidyanathan; Aldo Musacchio, "State Capitalism in India and Its Implications for Investors." Harvard Business School. Mimeografado, 2012.

115. Sergio G. Lazzarini, *Capitalismo de laços: Os donos do Brasil e suas conexões*. Rio de Janeiro: Campus/Elsevier, 2011.
116. Ver: <http://1-million-dollar-blog.com/top-300-worlds-largest-pension-funds-2012/>. Acesso em: 23 jun. 2014.
117. Sobre a evolução e profissionalização dos fundos de riqueza soberanos. Ver: Rawi Abdelal et al. "Where Oil-Rich Nations Are Placing Their Bets", *Harvard Business Review*, v. 86, n. 9, pp. 119-28. 2008; Edwin M. Truman, *Sovereign Wealth Funds: Threat or Salvation?* Washington, DC: Peterson Institute for International Economics, 2010.
118. Dados extraídos de: <http://www.temasekreview.com.sg/portfolio/major_companies.html>. Acesso em: 17 maio 2012. Andrea Goldstein; Pavida Pananond ("Singapore Inc. Goes Shopping Abroad: Profits and Pitfalls". *Journal of Contemporary Asia*, v. 38, n. 3, pp. 417-38. 2008), contudo, sugerem que, de fato, a Temasek atua mais como holding.
119. Informação do site da Mubadala: <http://www.mubadala.com/en/what-we-do>. Acesso em: 23 jun. 2014.

2. VISÕES SOBRE O CAPITALISMO DE ESTADO [pp. 74-99]

1. Para uma análise focada nos bancos estatais ver: Eduardo Levy Yeyati et al. "Should the Government Be in the Banking Business? The Role of State-Owned and Development Banks". Research Working Papers 4379, Banco Interamericano de Desenvolvimento, Departamento de Pesquisa, 2004.
2. Ross Levine, "Finance and Growth: Theory and Evidence". In: P. Aghion; S. Durlauf (Orgs.). *Handbook of Economic Growth*. Amsterdam: Elsevier, 2005, pp. 865-934.
3. Nicholas Bruck, "The Role of Development Banks in the Twenty-First Century". *Journal of Emerging Markets*, v. 3, pp. 39-67. 1998; Eduardo Levy Yeyati et al., op. cit.
4. Beatriz Armendáriz de Aghion, "Development Banking". *Journal of Development Economics*, v. 58, pp. 83-100. 1999; Rondo Cameron, *France and the Economic Development of Europe*. Princeton, NJ: Princeton University Press, 1961; Alexander Gerschenkron, *Economic Backwardness in Historical Perspective*. Cambridge, MA: Harvard University Press, 1962.
5. Paul Krugman, "The Current Case for Industrial Policy". In: D. Salvatores (Org.). *Protectionism and World Welfare*. Cambridge: Cambridge University Press, 1993, pp. 160-79; Alfred Marshall, *Principles of Economics*. Londres: Macmillan, 1920; Dani Rodrik, *One Economics, Many Recipes: Globalization, Institutions, and Economic Growth*. Princeton, NJ: Princeton University Press, 2007.
6. Albert O. Hirschman, *The Strategy of Economic Development*. New Haven, CT: Yale Economic, 1958.

7. Kevin M. Murphy et al. "Industrialization and the Big Push". *The Journal of Political Economy*, v. 97, n. 5, pp. 1003-26. 1989; Paul N. Rosenstein-Rodan, "Problems of Industrialization of Eastern and South-Eastern Europe". *Economic Journal*, v. 53, pp. 202-11. 1943.
8. Thomas J. Trebat, *Brazil's State-Owned Enterprises: A Case Study of the State as Entrepreneur*. Cambridge: Cambridge University Press, 1983, p. 116.
9. Dani Rodrik, "Industrial Policy for the Twenty-First Century". CEPR Discussion Paper, 2004.
10. Id. *One Economics, Many Recipes: Globalization, Institutions, and Economic Growth*, op. cit., pp. 105-6.
11. Mariana Mazzucato, *The Entrepreneurial State*. Londres: Demos, 2011, p. 77.
12. Alice H. Amsden, *Asia's Next Giant: South Korea and Late Industrialization*. Nova York: Oxford University Press, 1989.
13. Para uma história em língua inglesa da intervenção do governo brasileiro no mercado de etanol, ver: Vanessa M. Cordonnier, "Ethanol's Roots: How Brazilian Legislation Created the International Ethanol Boom". *William and Mary Environmental Law and Policy Review*, v. 33, n. 1, pp. 287-317. 2008. (Em português, ver: Sílvio Carlos Bray et al. *As políticas da agroindústria canavieira e o PROALCOOL no Brasil*. Marília, SP: Unesp-Marília Publicações, 2000; Santos, 1993). Sobre o desenvolvimento do etanol de celulose pela Petrobras, ver: "Cellulosic ethanol in Brazil by 2013: Petrobras, KL Energy Partner". Disponível em: *BioBasedDigest*, <http://www.biofuelsdigest.com/bdigest/2010/08/24/cellulosic-ethanol-in-brazil-by-2013-petrobras-kl-energy-partner/>. Acesso em: 23 jun. 2014.
14. Howard Pack; Kamal Saggi, "Is There a Case for Industrial Policy? A Critical Survey". *World Bank Research Observer*, v. 21, n. 2, pp. 267-97. 2006; Neil M. Coe et al. "Global Production Networks: Realizing the Potential". *Journal of Economic Geography*, v. 8, n. 3, pp. 271-95. 2008.
15. Yair Ahroni, *The Evolution and Management of State-Owned Enterprises*. Cambridge, MA: Ballinger, 1986; Carl Shapiro; Robert D. Willig, "Economic Rationales for the Scope of Privatization". In: E. N. Suleiman; J. Waterbury (Orgs.). *The Political Economy of Public Sector Reform and Privatization*. Londres: Westview, 1990, pp. 55-87; Chong-En Bai; Lixin Colin Xu, "Incentives for CEOs with Multitasks: Evidence from Chinese State-Owned Enterprises". *Journal of Comparative Economics*, v. 33, pp. 517-39. 2005; Mary M. Shirley, *The Reform of State-Owned Enterprises: Lessons from World Bank Lending*. Org. T. W. Bank. Policy & Research Series. Washington, DC: Banco Mundial, 1989.
16. Mary M. Shirley; John Nellis, *Public Enterprise Reform: The Lessons of Experience*. Washington, DC: Economic Development Institute of the World Bank, 1991.
17. Nicholas Kaldor, "Public or Private Enterprise: The Issue to Be Considered". In: W. J. Baumol (Org.). *Public and Private Enterprises in a Mixed Economy*, 1-12. Nova York: St. Martin's, 1980, pp. 1-12.

18. Gerald A. McDermott, *Embedded Politics: Industrial Networks and Institutional Change in Postcommunism*. Ann Arbor: University of Michigan Press, 2003, p. 22.
19. Aldo Musacchio; Emil Staykov, "Sovereign Wealth Funds: Barbarians at the Gate or White Knights of Globalization?". Harvard Business School Case Study 712-022, 2011, p. 7.
20. Oliver E. Williamson, "Public and Private Bureaucracies: A Transaction Cost Economics Perspective". *Journal of Law, Economics and Organization*, v. 15, n. 1, 1999, p. 322.
21. Ibid., p. 321.
22. Ibid., p. 325.
23. Oliver Hart et al. "The Proper Scope of Government: Theory and an Application to Prisons". *Quarterly Journal of Economics*, v. 112, n. 4, pp. 1127-61. 1997.
24. Alberto Chong; Florencio López-de-Silanes (Orgs.). *Privatization in Latin America: Myths and Reality*. Washington, DC: Banco Mundial; Stanford University Press, 2005; Rafael La Porta; Florencio López-de-Silanes, "The Benefits of Privatization: Evidence from Mexico". *Quarterly Journal of Economics*, v. 114, pp. 1193-242. 1999; Andrei Shleifer, "State versus Private Ownership". *Journal of Economic Perspectives*, v. 12, n. 4, pp. 133-50. 1998; Andrei Shleifer; Robert W. Vishny, "Politicians and Firms". *Quarterly Journal of Economics*, v. 109, pp. 995-1025. 1994.
25. Andrei Shleifer; Robert W. Vishny, *The Grabbing Hand: Government Pathologies and Their Cures*. Cambridge, MA: Harvard University Press, 1998, p. 10.
26. Janos Kornai, "Resource-Constrained versus Demand-Constrained Systems". *Econometrica*, v. 47, n. 4, pp. 801-19. 1979; Justin Y. Lin; Guofu Tan, 1999. "Policy Burdens, Accountability, and the Soft Budget Constraint". *American Economic Review*, v. 89, n. 2, pp. 426-31. 1999.
27. Stephen Haber, "Introduction: The Political Economy of Crony Capitalism". In: _____. (Org.). *Crony Capitalism and Economic Growth in Latin America: Theory and Evidence*. Stanford, CA: Hoover Institution, 2002, pp. xi-xxi.
28. Por exemplo: Mara Faccio, "Politically Connected Firms". *American Economic Review*, v. 96, n. 1, pp. 369-86. 2006; Anne O. Krueger, "Government Failures in Development". *Journal of Economic Perspectives*, v. 4, n. 3, pp. 9-23. 1990; David Kang, *Crony Capitalism: Corruption and Development in South Korea and the Philippines*. Cambridge: Cambridge University Press, 2002.
29. Por exemplo: Stijin Claessens et al. "Political Connections and Preferential Access to Finance: The Role of Campaign Contributions". *Journal of Financial Economics*, v. 88, pp. 554-80. 2008; I. Serdar Dinç, "Politicians and Banks: Political Influences on Government Owned Banks in Emerging Markets". *Journal of Financial Economics*, v. 77, pp. 453-79. 2005; Paola Sapienza, "The Effects of Government Ownership on Bank Lending". *Journal of Financial Economics*, v. 72, n. 2, pp. 357-84. 2004.
30. Oliver Falck et al. "Arguments for and against Policies to Promote National Champions". In: _____ et al. (Orgs.). *Industrial Policy for National Champions*. Cambridge, MA: MIT, 2011, pp. 3-9.

31. Alberto Ades; Rafael Di Tella, "National Champions and Corruption: Some Unpleasant Interventionist Arithmetic". *Economic Journal*, v. 107, n. 443, pp. 1023-42. 1997.
32. Ian Bremmer, *The End of the Free Market: Who Wins the War between States and Corporations?* Nova York: Portfolio/Penguin, 2010.
33. Bernardo Bortolotti; Mara Faccio, "Government Control of Privatized Firms". *Review of Financial Studies*, v. 22, n. 8, pp. 2907-39. 2009.
34. Katharina Pistor; Joel Turkewitz, "Coping with Hydra-State Ownership after Privatization". In: R. Frydman et al. (Orgs.). *Corporate Governance in Central Europe and Russia*. Budapeste: Central European University Press, 1996, p. 217.
35. Ibid., p. 231.
36. Charles Calomiris et al. "Profiting from Government Stakes in a Command Economy: Evidence from Chinese Asset Sales". *Journal of Financial Economics*, v. 96, n. 3, pp. 399-412. 2010.
37. Morten Bennedsen, "Political Ownership". *Journal of Public Economics*, v. 76, pp. 559-81. 2000.
38. Maxim Boycko et al. "A Theory of Privatization". *Economic Journal*, v. 106, n. 435, pp. 309-19. 1996.
39. Daniel Kaufmann; Paul Siegelbaum, "Privatization and Corruption in Transition Economies". *Journal of International Affairs*, v. 50, n. 2, pp. 419-58. 1996.
40. Andrei Shleifer; Robert W. Vishny, "Politicians and Firms", op. cit., p. 998.
41. Com foco na China, Nee e Opper (Victor Nee; Sonja Opper, "On Policized Capitalism". In: V. Nee; R. Swedberg (Orgs.). *On Capitalism*. Stanford, CA: Stanford University Press, 2007, pp. 93-127) descrevem o que denominam "capitalismo politizado", que se caracteriza por interações complexas de governos e atores privados. No entanto, embora os autores vejam o capitalismo politizado como situação de "desequilíbrio" (Ibid., p. 96), entendemos que as trocas políticas são elemento essencial do capitalismo de Estado híbrido, que tem sido forma mais ou menos estável em vários países.
42. Douglass C. North, *Institutions, Institutional Change and Economic Performance, Political Economy of Institutions and Decisions*. Cambridge: Cambridge University Press, 1990.
43. William L. Megginson, *The Financial Economics of Privatization*. Nova York: Oxford University Press, 2005; Bernardo Bortolotti et al. "Privatization around the World: Evidence from Panel Data". *Journal of Public Economics*, v. 88, n. 1-2, pp. 305-32. 2004.
44. David Stark, "Path Dependence and Privatization Strategies in East-Central Europe". In: János Mátyás (Org.). *Transition to Capitalism?: The Communist Legacy in Eastern Europe*. New Brunswick, NJ: Transaction Publishers, 1994, pp. 63-99; Id. "Recombinant Property in East European Capitalism". *American Journal of Sociology*, v. 101, n. 4, pp. 993-1027. 1996.
45. Ibid.

46. Id., "Path Dependence and Privatization Strategies in East-Central Europe", op. cit., p. 1001.
47. Lucian A. Bebchuk; Mark J. Roe, "A Theory of Path Dependence in Corporate Ownership and Governance". *Stanford Law Review*, v. 52, n. 1, pp. 127-70. 1999.
48. David Stark, "Path Dependence and Privatization Strategies in East-Central Europe", op. cit., p. 65.
49. Robert F. Durant; Jerome S. Legge Jr., "Politics, Public Opinion, and Privatization in France: Assessing the Calculus of Consent for Market Reforms". *Public Administration Review*, v. 62, n. 3, pp. 307-23. 2002; Albert Hirschman, *Shifting Involvements: Private Interest and Public Action*. Princeton, NJ: Princeton University Press, 1982.
50. Pedro-Pablo Kuczynski, "Privatization and the Private Sector". *World Development*, v. 27, n. 1, pp. 215-24. 1999.
51. David Stark, "Recombinant Property in East European Capitalism", op. cit.
52. Sergio G. Lazzarini, *Capitalismo de laços: Os donos do Brasil e suas conexões*. Rio de Janeiro: Campus/Elsevier, 2011; Carlos F. K. V. Inoue et al. "Leviathan as a Minority Shareholder: Firm-Level Performance Implications of Equity Purchases by the Government". *Academy of Management Journal*, v. 56, n. 6, pp. 1775-801. 2013.
53. Germano Mendes de Paula et al. "Economic Liberalization and Changes in Corporate Control in Latin America". *Developing Economies*, v. 40, n. 4, 2002, p. 482.
54. Bernardo Bortolotti et al., op. cit.
55. Não está claro que esse resultado também se aplica a países em desenvolvimento, nos quais governos não democráticos promoveram alguns dos programas de privatização mais completos. Ademais, evidências recentes da Índia mostram que os governos retardaram as privatizações em regiões onde o partido no poder enfrentava oposição mais intensa (I. Serdar Dinç; Nandini Gupta, "The Decision to Privatize: Finance and Politics". *Journal of Finance*, v. 66, n. 1, pp. 241-69. 2011).
56. Banco Mundial, *Bureaucrats in Business: The Economics and Politics of Government Ownership*. Oxford: Oxford University Press, 1996.
57. Ver, por exemplo, Ian Bremmer, op. cit., p. 122.
58. Rafael La Porta et al. "What Works in Securities Laws?". *Journal of Finance*, v. 61, n. 1, pp. 1-32. 2006.
59. Por exemplo: A. E. Boardman; A. R. Vining, "Ownership and Performance in Competitive Environments: A Comparison of the Performance of Private, Mixed, and State-Owned Enterprise". *Journal of Law and Economics*, v. 32, pp. 1-33. 1989; Alberto Chong; Florencio López-de-Silanes (Orgs.), op. cit.; Sunita Kikeri et al. *Privatization: The Lessons of Experience*. Washington, DC: Banco Mundial, 1992; Rafael La Porta; Florencio López-de-Silanes, op. cit.; Daphne Yiu et al. "Understanding Business Group Performance in an Emerging Economy: Acquiring Resources and Capabilities in Order to Prosper". *Journal of Management Studies*, v. 42, n. 1, pp. 183-206. 2005; William L. Megginson; Jeffry M. Netter, "From State to Market: A Survey of Empirical Studies of Privatization". *Journal of Economic Literature*, v. 39, pp. 321-89. 2001; Ravi Dharwadkar et al. "Privatization in Emerging Economies:

An Agency Theory Perspective". *Academy of Management Review*, v. 25, n. 3, pp. 650-69. 2000.
60. Michael C. Jensen; William H. Meckling, "Theory of the Firm: Managerial Behavior, Agency Costs and Ownership Structure". *Journal of Financial Economics*, n. 3, pp. 305-60. 1976.
61. Trata-se, evidentemente, de questão contenciosa, pois há muitos problemas de agência em empresas privadas, que, mesmo nos mercados mais sofisticados do mundo, não foram resolvidos (Simeon Djankov et al., "The Law and Economics of Self-Dealing". *Journal of Financial Economics*, v. 88, n. 3, pp. 430-65. 2008).
62. Bengt Holmstrom; Paul Milgrom, "Multitask Principal-Agent Analyses: Incentive Contracts, Asset Ownership, and Job Design". *Journal of Law, Economics and Organization*, v. 7, pp. 24-52. 1991.
63. Armen A. Alchian, "Some Economics of Property Rights". *Il Politico*, v. 30, pp. 816-29. 1965; L. De Alessi, "The Economics of Property Rights: A Review of the Evidence". *Research in Law and Economics*, v. 2, pp. 1-47. 1980.
64. Avinash Dixit, "Incentives and Organizations in the Public Sector: An Interpretative Review". *Journal of Human Resources*, v. 37, n. 4, pp. 696-727. 2002; Terry M. Moe, "The New Economics of Organization". *American Journal of Political Science*, v. 28, n. 4, pp. 739-77. 1984.
65. Ouvimos essa opinião em entrevistas com funcionários do Banco do Brasil. Isso também acontece em outros países; ver, por exemplo: Tarun Khanna et al. "Indian Railways: Building a Permanent Legacy?". Harvard Business School Case 710-008, 2009; Aldo Musacchio et al. "Banco Ciudad (A): Who Is the Owner?". Harvard Business School Case 712-029. 2011.
66. Chong-En Bai; Lixin Colin Xu, op. cit.
67. Mary M. Shirley; John Nellis, op. cit.; José Antonio Gómez-Ibañez, "Alternatives to Infrastructure Privatization Revisited: Public Enterprise Reform from the 1960s to the 1980s". Policy Research Working Paper. Washington, DC: Banco Mundial, 2007.
68. Sandro Cabral; Sergio G. Lazzarini, "The 'Guarding the Guardians' Problem: An Empirical Analysis of Investigations in the Internal Affairs Division of a Police Organization". Working Paper, 2010; Leonid Hurwicz, "But Who Will Guard the Guardians?" *American Economic Review*, v. 98, n. 3, pp. 577-85. 2008.
69. Andrei Shleifer, op. cit.; John Vickers; George Yarrow, *Privatization: An Economic Analysis*. Cambridge, MA: MIT Press, 1988.
70. A. E. Boardman; A. R. Vining, op. cit.; Nandini Gupta, "Partial Privatization and Firm Performance". *Journal of Finance*, v. 60, pp. 987-1015. 2005.
71. Jonathan Di John, *From Windfall to Curse? Oil and Industrialization in Venezuela, 1920 to the Present*. University Park: Penn State University Press, 2009; Thomas J. Trebat, op. cit.; Robert Wade, *Governing the Market: Economic Theory and the Role of Government in East Asian Capitalism*. Princeton, NJ: Princeton University Press, 1990; Leroy Jones; Il Sakong, *Government, Business, and Entrepreneurship in Economic Development: The Korean Case*. Cambridge, MA: Harvard University Press, 1980.

72. Li-Wen Lin; Curtis J. Milhaupt, "We Are the (National) Champions: Understanding the Mechanisms of State Capitalism in China". Working Paper, Universidade Columbia, 2011.
73. Michael E. Porter, "The Competitive Advantage of Nations". *Harvard Business Review*, mar.-abr., pp. 73-93. 1990.
74. Alice H. Amsden, op. cit.; Dani Rodrik, *One Economics, Many Recipes: Globalization, Institutions, and Economic Growth*, op. cit.
75. Stijin Claessens et al., op. cit.; Daniel Carvalho, "The Real Effects of Government-Owned Banks: Evidence from an Emerging Market". Working Paper, USC Marshall School of Business, 2010.
76. W. J. Baumol et al. *Good Capitalism, Bad Capitalism, and the Economics of Growth and Prosperity*. New Haven, CT: Yale University Press, 2007; Ian Bremmer, op. cit.; Yair Ahroni, op. cit.
77. Richard E. Messick, *World Survey of Economic Freedom, 1995-1996. A Freedom House Study*. New Brunswick, NJ: Transaction, 1996.
78. David Kang, op. cit.

3. EVOLUÇÃO DO CAPITALISMO DE ESTADO NO BRASIL [pp. 103-41]

1. Brasil SEST. *Relatório anual SEST*. v. Brasília: Secretaria de Controle de Empresas Estatais, 1985-94; Werner Baer et al. "The Changing Role of the State in the Brazilian Economy". *World Development*, v. 11, n. 1, pp. 23-34. 1973; Steven Topik, *The Political Economy of the Brazilian State, 1889-1930*. 1ª ed. Latin American Monographs /Institute of Latin American Studies, the University of Texas at Austin. Austin: University of Texas Press, 1987.
2. Sobre a história dos subsídios às ferrovias brasileiras, ver: William Roderick Summerhill, *Order against Progress: Government, Foreign Investment, and Railroads in Brazil, 1854-1913*. Social Science History. Stanford, CA: Stanford University Press, 2003; Julian Smith Duncan, *Public and Private Operation of Railways in Brazil*. Nova York: Columbia University Press, 1932; Flávio Azevedo Marques de Saes, *As ferrovias de São Paulo, 1870-1940*, Coleção Estudos históricos. São Paulo: Hucitec em convênio com o Instituto Nacional do Livro, Ministério da Educação e Cultura, 1981. Sobre a história do aumento gradual da propriedade estatal nas ferrovias brasileiras, ver: Aldo Musacchio, *Experiments in Financial Democracy: Corporate Governance and Financial Development in Brazil, 1882-1950*. Cambridge: Cambridge University Press, 2009, pp. 250-1.
3. Dan Bogart, "Nationalizations and the Development of Transport Systems: Cross Country Evidence from Railroad Networks, 1860-1912". *Journal of Economic History*, v. 69, n. 1, pp. 202-37. 2009; Bureau of Railway Economics, "A Brief Survey of Public Ownership and Operation of Railways in Fifteen Foreign Countries". In: Bureau of Railway Economics. Washington, DC: Bureau of Railway Economics,

1935; Werner Baer et al. "The Changing Role of the State in the Brazilian Economy". *World Development*, v. 11, n. 1, pp. 23-34. 1973.
4. Centro de Memória da Eletricidade. *Energia Elétrica no Brasil: 500 Anos*. Rio de Janeiro: Centro de Memória da Eletricidade, 2000; Werner Baer et al., op. cit.
5. W. Dean, *The Industrialization of São Paulo, 1880-1945*. Austin: Institute of Latin American Studies; University of Texas Press, 1969.
6. Ibid.; Aldo Musacchio, *Experiments in Financial Democracy: Corporate Governance and Financial Development in Brazil, 1882-1950*. Cambridge: Cambridge University Press, 2009, p. 249; John D. Wirth, *The Politics of Brazilian Development, 1930-1954*. Stanford, CA: Stanford University Press, 1970.
7. Aldo Musacchio, op. cit.
8. Brasil SEST, *Relatório SEST*, v. Brasília: Secretaria de Controle de Empresas Estatais, 1981-5.
9. Em 1965, o presidente Castelo Branco abriu o setor de refino para a concorrência do setor privado. Peter Evans (*Dependent Development: The Alliance of Multinational, State, and Local Capital in Brazil*. Princeton, NJ: Princeton University Press. 1979) descreve como o setor privado participou, às vezes em parceria com a Petrobras, de diferentes projetos de refino na década de 1970 (ver, especialmente, capítulo 4).
10. BNDES. *Privatização no Brasil*. Ministério do Desenvolvimento, Indústria e Comércio Exterior, Rio de Janeiro, 2002; Ben Ross Schneider, *Politics within the State: Elite Bureaucrats and Industrial Policy in Authoritarian Brazil*. Pittsburgh: University of Pittsburgh Press, 1991; Werner Baer, *The Development of the Brazilian Steel Industry*. Nashville, TN: Vanderbilt University Press, 1969.
11. BNDES, *A promoção do desenvolvimento: Os 50 anos do BNDES e do Banco do Nordeste*. Rio de Janeiro: BNDES e José Olympio, 2003.
12. Sônia Draibe, *Rumos e metamorfoses: Um estudo sobre a constituição do Estado e as alternativas da industrialização no Brasil, 1930-1960*. Rio de Janeiro: Paz e Terra, 1985.
13. Ver Apêndice, tabela 3.A., em que consta uma lista das SOEs brasileiras, de acordo com o ano de criação.
14. Atul Kohli, *State-Directed Development: Political Power and Industrialization in the Global Periphery*. Cambridge: Cambridge University Press, 2004, p. 207.
15. Thomas J. Trebat, *Brazil's State-Owned Enterprises: A Case Study of the State as Entrepreneur*. Cambridge: Cambridge University Press, 1983.
16. Beatriz Wahrlich, "Controle político das empresas estatais federais no Brasil: Uma contribuição ao seu estudo". *Revista de Administração Pública*, v. 14, n. 2, pp. 69-82. 1980.
17. As empresas eram tão independentes que, na hora de selecionar executivos para algumas das maiores SOEs, Paulo Roberto Motta ("O controle de empresas estatais no Brasil". *Revista de Administração Pública*, v. 14, n. 2, pp. 69-82. 1980) argumenta que "o ministro [incumbido de supervisioná-la] — na maioria das vezes

— não tinha poder para nomear o presidente ou os diretores [da SOE]", porque os altos executivos da empresa "eram politicamente mais importantes que o próprio ministro" (Ibid., p. 75).

18. Thomas J. Trebat, op. cit.
19. Marcos P. Vianna, "Estatização da economia brasileira. Nota confidencial para o ministro Reis Velloso". In: P. d. R. S. N. d. Informações. Brasília, 1976.
20. Agradecemos a Elio Gaspari por chamar a nossa atenção para esse memorando e por fornecer-nos uma cópia dele.
21. Centro de Estudos Fiscais, "Atividade empresarial dos governos federal e estaduais". *Conjuntura Econômica*, jun. 1973, p. 80.
22. *Visão*. "A filogênese das estatais". *Visão. Quem é Quem*, pp. 88-111, 31 ago. 1976.
23. Rogerio Werneck, *Empresas estatais e política macroeconômica*. Rio de Janeiro: Campus, 1987.
24. Sobre as dificuldades que as SOEs enfrentaram depois de 1982 e sobre as mudanças na regulação pertinente, ver: Rogério Werneck, *Empresas estatais e política macroeconômica*. Rio de Janeiro: Campus, 1987; Thomas J. Trebat, op. cit.; relatórios da SEST e Decreto nº 92 005, 28 nov. 1985, que determina redução de 10% nas despesas com folha de pagamento entre 1985 e 1986. Em teoria, os CEOs e os membros do Conselho de Administração podiam perder o emprego se não cumprissem as metas; na verdade, o decreto raramente foi aplicado.
25. A partir de 1976, o governo brasileiro exigiu que as empresas "corrigissem" o valor de seus ativos fixos, de acordo com a inflação, usando índices oficiais que não raro subestimavam a inflação. As empresas são obrigadas a reavaliar seus ativos fixos com base em índices oficiais e aumentar o capital social no mesmo valor desses ajustes. Ver Lei nº 6404, 15 dez. 1976.
26. Celso Furtado, *Formação econômica do Brasil*. Rio de Janeiro: Fundo de Cultura, 1959.
27. Entrevista com Delfim Netto, ex-ministro da Fazenda e ministro do Planejamento, São Paulo, Brasil, ago. 2012.
28. Ibid.
29. E. Cardoso, "The Macroeconomics of the Brazilian External Debt". In: J. D. Sachs (Org.). *Developing Country Debt and the World Economy*. Chicago: University of Chicago Press, 1989, pp. 81-100; Jeffry A. Frieden, *Debt, Development, and Democracy: Modern Political Economy and Latin America, 1965-1985*. Princeton, NJ: Princeton University Press, 1991.
30. Carlos F. Díaz-Alejandro, "Latin American Debt: I Don't Think We Are in Kansas Anymore". *Brookings Papers on Economic Activity*, v. 2, 1984, pp. 335-403.
31. Jennifer Hermann, "Auge e declínio do modelo de crescimento com endividamento: O II PND e a crise da dívida externa", 2005. In: F. Giambiagi; A. A. Villela (Orgs.). *Economia brasileira contemporânea*. Rio de Janeiro: Elsevier, Campus, pp. 94-115.
32. Thomas E. Skidmore, *The Politics of Military Rule in Brazil, 1964-85*. Nova York: Oxford University Press, 1988.

33. Albert Fishlow, *Starting Over: Brazil since 1985. A Brookings Latin America Initiative Book*. Washington, DC: Brookings Institution, 2011, p. 6.
34. Thomas E. Skidmore, op. cit.
35. Werner Baer, *The Brazilian Economy: Growth and Development*. 6ª ed. Boulder, CO: Lynne Rienner, 2008.
36. Para análise mais detalhada da mudança nas atitudes e nos direitos sociais e como redundaram em déficits orçamentários e em instabilidade econômica, ver Lee J. Alston et al., *Beliefs, Leadership and Critical Transitions: Brazil, 1964-2014*. Manuscrito não publicado, 2013.
37. Albert Fishlow, op. cit.
38. Para um excelente resumo de como cada plano foi implementado e como fracassou ou funcionou, ver Albert Fishlow, op. cit., capítulo 4.
39. Albert Fishlow, op. cit.; Armando Castelar Pinheiro, "The Brazilian Privatization Experience: What's Next?". Centro de Estudos Brasileiros da Universidade de Oxford, Working Paper CBS-30-02, 2002.
40. Albert Fishlow, op. cit., p. 52.
41. Armando Castelar Pinheiro; Fabio Giambiagi, "Lucratividade, dividendos e investimentos das empresas estatais: Uma contribuição para o debate sobre a privatização no Brasil". *Revista Brasileira de Economia*, v. 51, pp. 93-131. 1994.
42. Essa seção se baseia principalmente em Armando Castelar Pinheiro, op. cit.
43. Werner Baer, *The Brazilian Economy: Growth and Development*, op. cit.
44. Para mais detalhes sobre o programa de privatização e as moedas usadas no estágio inicial do PND, ver BNDES, *Privatização no Brasil*. Ministério do Desenvolvimento, Indústria e Comércio Exterior, Rio de Janeiro, 2002.
45. Ver Fishlow (op. cit.) para estimativas ligeiramente diferentes das receitas de privatização, de modo especial no capítulo 2.
46. Werner Baer, *The Brazilian Economy: Growth and Development*, op. cit.; BNDES, *Privatização no Brasil*, op. cit.
47. Anuatti-Neto et al. "Costs and Benefits of Privatization: Evidence from Brazil". In: A. Chong; F. López-de-Silanes (Orgs.). *Privatization in Latin America: Myths and Reality*. Washington, DC: Banco Mundial e Stanford University Press, 2005, pp. 145-96; Germano Mendes de Paula et al. "Economic Liberalization and Changes in Corporate Control in Latin America". *Developing Economies*, v. 40, n. 4, pp. 467-96. 2002; Sergio G. Lazzarini, *Capitalismo de laços: Os donos do Brasil e suas conexões*. Rio de Janeiro: Campus/Elsevier, 2011.
48. Mansueto Almeida, "Desafios da real política industrial brasileira no século XXI", Texto para discussão 1452, Ipea, 2009.
49. Para mais detalhes, ver a Lei nº 6404, de 1976, em especial a seção IV do capítulo X (acionista controlador), e o capítulo XIX (sociedade de economia mista). O link já inclui as legislações posteriores.
50. Aldo Musacchio et al. "Petrobras in Ecuador (A)". Harvard Business School Case Study, 309-107, 2009.

51. Susan Perkins; Ed Zajac, "Signal or Symbol? Interpreting Firms' Strategic Response to Institutional Change in the Brazilian Stock Market". Mimeo MIT, 2012.
52. Ver decisão da Bovespa a esse respeito disponível em: <http://cvmweb.cvm.gov.br/SWB/Sistemas/SPW/FRelevantes/Arq/68EC0BBFF2944A4E8D6B71D812B5E244.pdf>.
53. Ver "Sabesp entrará no Novo Mercado", *Estado de S. Paulo*, 26 jan. 2001.

4. O LEVIATÃ COMO GESTOR: SÃO IMPORTANTES OS CEOS DE EMPRESAS ESTATAIS? [pp. 142-67]

1. Sabemos que os CEOs de muitas SOEs de capital aberto são selecionados pelo conselho de administração ou pelos acionistas. Mesmo nessas empresas, porém, conforme argumentamos no próximo capítulo, é muito comum ver o governo nomeando membros do conselho de administração e, portanto, indiretamente, escolhendo o CEO.
2. Na verdade, as razões para demitir CEOs em SOEs não são muito diferentes das encontradas na literatura sobre empresas privadas (Beverly Virany et al. "Executive Succession and Organization Outcomes in Turbulent Environments: An Organization Learning Approach". *Organization Science*, v. 3, n. 1, pp. 72-91. 1992; Jeffrey Pfeffer; Gerald R. Salancik, *The External Control of Organizations*. Nova York: Harper & Row, 1978).
3. Por exemplo: Julio J. Rotemberg; Garth Saloner, "Leadership Style and Incentives". *Management Science*, v. 39, n. 11, pp. 1299-318. 1993; Id., "Visionaries, Managers, and Strategic Direction". *RAND Journal of Economics*, v. 31, n. 4, pp. 693-716. 2000.
4. Stanley Lieberson; James F. O'Connor, "Leadership and Organizational Performance: A Study of Large Corporations". *American Sociological Review*, v. 37, n. 2, pp. 117-30. 1972; A. Thomas, "Does Leadership Make a Difference to Organizational Performance?". *Administrative Science Quarterly*, v. 33, pp. 388-400. 1988; Jeffrey Pfeffer; Gerald R. Salancik, *The External Control of Organizations*. Nova York: Harper & Row, 1978.
5. N. Weiner, "Situational and Leadership Influence on Organization Performance". *Proceedings of the Academy of Management*, pp. 230-4. 1978; N. Weiner; T. A. Mahoney, "A Model of Corporate Performance as a Function of Environmental, Organizational, and Leadership Influences". *Academy of Management Journal*, v. 24, pp. 453-70. 1981; Noam Wasserman et al. "When Does Leadership Matter?". In: N. Nohria; R. Khurana (Orgs.). *Handbook of Leadership Theory and Practice: A Harvard Business School Centennial Colloquium*. Cambridge, MA: Harvard University Press, 2010, pp. 27-63; Randolph P. Beatty; Edward J. Zajac, 1987. "CEO Change and Firm Performance in Large Corporations: Succession Effects and Manager Effects". *Strategic Management Journal*, v. 8, pp. 305-17. 1987.
6. Gerald R. Salancik; Jeffrey Pfeffer, "Constraints on Administrator Discretion: The Limited Influence of Mayors on City Budgets." *Urban Affairs Quarterly*, v. 12, pp. 475-98. 1977.

7. Renee Adams et al. "Powerful CEOs and Their Impact on Corporate Performance". *Review of Financial Studies*, v. 18, n. 4, pp. 1403-32. 2005.
8. Ben Ross Schneider, op. cit.
9. Ibid., pp. 67-8.
10. Marianne Bertrand; Antoinette Schoar, "Managing with Style: The Effect of Managers on Firm Policies". *Quarterly Journal of Economics*, v. 118, n. 4, pp. 1169-208. 2003.
11. Stanley Lieberson; James F. O'Connor, op. cit.
12. N. Weiner, "Situational and Leadership Influence on Organization Performance", op. cit.; Id.; T. A. Mahoney, op. cit.
13. Thomas E. Skidmore, op. cit.
14. Noam Wasserman et al., op. cit.
15. Gerald R. Salancik; Jeffrey Pfeffer, op. cit.
16. Produtividade total dos fatores (PTF) é a contribuição para a produção decorrente de melhorias na eficiência com que se usam os fatores de produção.
17. Yair Ahroni, *The Evolution and Management of State-Owned Enterprises*. Cambridge, MA: Ballinger, 1986.
18. Os CEOs que incluímos nessa amostra diferem apenas ligeiramente dos constantes de nosso banco de dados. Por exemplo, os CEOs que mudavam de empresa mais provavelmente haviam estudado no exterior ou tinham pós-graduação. No entanto, somente 22% deles tinham frequentado universidades de elite.
19. Marianne Bertrand; Antoinette Schoar, op. cit.
20. Ibid.
21. Max Weber, *Economy and Society: An Outline of Interpretive Sociology*. 3 v. Nova York: Bedminster Press, 1968, p. 973.
22. Alice H. Amsden, *Asia's Next Giant: South Korea and Late Industrialization*. Nova York: Oxford University Press, 1989.
23. Ben Ross Schneider, op. cit.; Carlos Estevam Martins, *Tecnocracia e capitalismo: A política dos técnicos no Brasil*. São Paulo: Brasiliense, 1974; Janet Kelly Escobar, "Comparing State Enterprises across International Boundaries: The Corporacion Venezolana de Guayana and the Companhia Vale do Rio Doce". In: L. P. Jones (Org.). *Public Enterprise in Less-Developed Countries*. Cambridge: Cambridge University Press, 1982, pp. 103-27.
24. Janet Kelly Escobar, op. cit.
25. Ulrike Malmendier et al., "Overconfidence and Early-Life Experiences: The Impact of Managerial Traits on Corporate Financial Policies". NBER Working Paper 15 659.
26. Efraim Benmelech; Carola Frydman, "Military CEOs". Working Paper, 2010.
27. Ben Ross Schneider, op. cit.
28. G. S. Becker, "Investment in Human Capital: A Theoretical Analysis". *Journal of Political Economy*, v. 70, n. 5, pp. 9-49, 1962.
29. Boris Groysberg et al. "Which of These People Is Your Future CEO?". *Harvard Business Review*, pp. 80-5, nov. 2010.

30. Além disso, as academias militares no Brasil têm longa tradição de ser instituições progressistas, que ensinam aos oficiais habilidades de liderança que podem ser aplicadas tanto nos campos de batalha quanto na política. Os dois primeiros presidentes do Brasil (na década de 1890) foram oficiais militares. Getúlio Vargas, presidente do Brasil de 1930 a 1945 e de 1950 a 1955, também se formou por uma academia militar.
31. Joe Griesedieck, "Military Experience and CEOS: Is There a Link?". Los Angeles: Korn/Ferry International, 2006.
32. Poucos CEOs de nossa amostra estudaram no exterior e os que o fizeram geralmente tinham bacharelado por uma universidade brasileira. Os CEOs de SOEs que estudaram no exterior não haviam frequentado universidades de elite.
33. No Apêndice explicamos nosso método exato de codificação.
34. Dados de Schneider, op. cit., p. 53.
35. James Wade, "Dynamics of Organizational Communities and Technological Bandwagons: An Empirical Investigation of Community Evolution in the Microprocessor Market". *Strategic Management Journal*, v. 16, pp. 111-33. 1995.
36. Jeffrey Pfeffer; Gerald R. Salancik, op. cit.
37. Marianne Bertrand et al., "Politicians, Firms and the Political Business Cycle: Evidence from France", 2007. Disponível em: <http://www.crest.fr/ckfinder/userfiles/files/Pageperso/kramarz/politics_060207_v4.pdf>. Acesso em: 23 jun. 2014.
38. Ben Ross Schneider, op. cit.
39. As empresas eram obrigadas a reavaliar o ativo imobilizado com base no índice de inflação oficial, e o valor do reajuste era lançado no passivo como reserva de reavaliação a ser incorporada ao capital social. Ver Lei nº 6404, de 15 de dezembro de 1976.
40. O IGP-DI (Índice Geral de Preços — Disponibilidade Interna), calculado pela Fundação Getúlio Vargas, é a média aritmética ponderada de três outros índices de preços: Índice de Preços ao Produtor Amplo — IPA (60%), Índice de Preços ao Consumidor — IPC (30%), Índice Nacional de Custo da Construção — INCC (10%). "DI" significa que o índice considera apenas preços internos e não inclui os preços de exportações. Nossa lógica ao escolher esse índice foi usar um deflator que superestimaria a inflação. No entanto, mesmo com esse índice, nossos dados, no final da década de 1980 — o período de hiperinflação — têm grandes saltos.

5. A QUEDA DO LEVIATÃ COMO EMPREENDEDOR NO BRASIL [pp. 168-92]

1. Ann P. Bartel; Ann Harrison, "Ownership versus Environment: Disentangling the Sources of Public-Sector Inefficiency". *Review of Economics and Statistics*, v. 87, n. 1, pp. 135-47. 2005.
2. Stacey R. Kole; J. Harold Mulherin, "The Government as a Shareholder: A Case from the United States". *Journal of Law and Economics*, v. 40, n. 1, pp. 1-22. 1997.

3. Infelizmente, em face da natureza histórica de nossos dados, não conseguimos obter informações precisas sobre o momento exato em que o governo ou o conselho de administração, conforme o caso, substituiu o CEO de uma SOE ou de uma empresa privada, tampouco conhecemos as razões da mudança. Computamos essa variável apenas quando temos informações sobre o nome do CEO em dois anos subsequentes. Do contrário, consideramos a informação inexistente. Também excluímos os poucos casos em que as SOEs tinham dois CEOs. Para uma descrição do banco de dados de CEOs, ver o capítulo 4.
4. Gary Chamberlain, "Analysis of Covariance with Qualitative Data". *Review of Economic Studies*, v. 47, pp. 225-38. 1980.
5. Takao Kato; Cheryl Long. "Executive Turnover and Firm Performance in China". *American Economic Review*, v. 96, n. 2, pp. 363-7. 2006.
6. Por exemplo: Edward C. Norton, "Computing Interaction Effects and Standard Errors in Logit and Probit Models". *Stata Journal*, v. 4, n. 2, pp. 154-67. 2004.
7. Uma desvantagem desse método é que, sem interações, o efeito das variáveis de mudanças políticas pode ser confundido com os efeitos de ano. Portanto, em regressões de amostras cindidas, omitimos as dummies de ano por serem colineares com eventos de mudança presidencial.
8. Elio Gaspari, "A privataria quer mais dinheiro". *Folha de S.Paulo*, 20 ago. 2000; Id., *A ditadura envergonhada*. São Paulo: Companhia das Letras, 2002; Id., *A ditadura escancarada*. São Paulo: Companhia das Letras, 2002; Id., *A ditadura derrotada*. São Paulo: Companhia das Letras, 2003; Id., *A ditadura encurralada*. São Paulo: Companhia das Letras, 2003.
9. Martin C. McGuire; Mancus Olson Jr., "The Economics of Autocracy and Majority Rule: The Invisible Hand and the Use of Force". *Journal of Economic Literature*, v. 34, n. 1, pp. 72-96. 1996; Kevin Grier; Robin Grier, "Political Cycles in Non-traditional Settings: Theory and Evidence from Mexico". *Journal of Law and Economics*, v. 43, n. 1, pp. 239-63. 2000.
10. Ben Ross Schneider, *Politics within the State: Elite Bureaucrats and Industrial Policy in Authoritarian Brazil*. Pittsburgh: University of Pittsburgh Press, 1991.
11. Andrei Shleifer, "State versus Private Ownership". *Journal of Economic Perspectives*, v. 12, n. 4, pp. 133-50. 1998; John Vickers; George Yarrow, *Privatization: An Economic Analysis*. Cambridge, MA: MIT Press, 1988; Chong-En Bai; Lixin Colin Xu, "Incentives for CEOs with Multitasks: Evidence from Chinese State-Owned Enterprises". *Journal of Comparative Economics*, v. 33, pp. 517-39. 2005.
12. Yair Ahroni, *The Evolution and Management of State-Owned Enterprises*. Cambridge, MA: Ballinger, 1986; Carl Shapiro; Robert D. Willig, "Economic Rationales for the Scope of Privatization". In: E. N. Suleiman; J. Waterbury (Orgs.). *The Political Economy of Public Sector Reform and Privatization*. Londres: Westview, pp. 55-87. 1990; Pier Angelo Toninelli, "The Rise and Fall of Public Enterprise: The Framework". In: _____. (Org.). *The Rise and Fall of Public Enterprise in the Western World*. Cambridge: Cambridge University Press, 2000.

13. Como em: D. Card; A. Krueger, "Minimum Wages and Employment: A Case Study of the Fast-Food Industry in New Jersey and Pennsylvania". *American Economic Review*, v. 84, n. 4, pp. 772-93. 1994.
14. James J. Heckman et al. "Matching as an Econometric Evaluation Estimator: Evidence from Evaluating a Job Training Programme". *Review of Economic Studies*, v. 64, n. 4, pp. 605-54. 1997.
15. Austin Nichols, "Causal Inference with Observational Data". *Stata Journal*, v. 7, pp. 507-41. 2007.
16. James J. Heckman et al., op. cit.
17. Os coeficientes das variáveis interativas relatadas representam as reações das soes em comparação com as das empresas privadas.
18. Entrevista com Delfim Netto, São Paulo, Brasil, ago. 2012.
19. A. Przeworski, *Democracy and the Market: Political and Economic Reforms in Eastern Europe and Latin America*. Cambridge: Cambridge University Press, 1991; D. Acemoglu; J. A. Robinson, *Economic Origins of Dictatorship and Democracy*. Cambridge: Cambridge University Press, 2006; Werner Baer, *The Brazilian Economy: Growth and Development*. 6ª ed. Boulder, CO: Lynne Rienner, 2008.
20. S. Haggard, *Pathways from the Periphery: The Politics of Growth in the Newly Industrializing Countries*. Ithaca, NY: Cornell University Press, 1990, p. 262.
21. Lakshmi Iyer; Anandi Mani, "Traveling Agents: Political Change and Bureaucratic Turnover in India". *Review of Economics and Statistics*, v. 94, n. 3, p. 724. Ago. 2012.

6. DOMANDO O LEVIATÃ? GOVERNANÇA EM EMPRESAS PETROLÍFERAS ESTATAIS
[pp. 193-225]

1. Thomas Kenyon, "Socializing Policy Risk: Capital Markets as Political Insurance", 2006. Disponível em: <http://papers.ssrn.com/sol3/papers.cfm?abstract_id=896562>. Acesso em: 18 jun. 2014.
2. A privatização de participações acionárias minoritárias em grandes soes foi sugerida pela primeira vez como estratégia a ser seguida pelos governos para sinalizar aos eleitores o compromisso com a privatização e com os mercados por Enrico Perotti e Bruno Biais ("Machiavellian Privatization". *American Economic Review*, v. 92, n. 1, pp. 240-58. 2002). A ideia foi que o eleitor típico se tornaria acionista e que os políticos ganhariam apoio na medida em que se comprometessem com o novo regime de privatização parcial.
3. Silvana Tordo et al. "National Oil Companies and Value Creation". World Bank Group. Washington, DC, 2011.
4. Varouj Aivazian et al. "Can Corporatization Improve the Performance of State-Owned Enterprises Even without Privatization?". *Journal of Corporate Finance*, v. 11, 2005, p. 792.
5. Michael Ross, *The Oil Curse: How Petroleum Wealth Shapes the Development of Nations*. Princeton, NJ: Princeton University Press, 2012.

NOTAS

6. Mariana Pargendler, "State Ownership and Corporate Governance". *Fordham Law Review*, v. 80, n. 6, pp. 2917-73. 2012.
7. Mariana Pargendler et al. "In Strange Company: The Puzzle of Private Investment in State-Controlled Firms". *Cornell International Law Journal*, v. 46, n. 3. 2013.
8. José Antonio Gómez-Ibañez, "Alternatives to Infrastructure Privatization Revisited: Public Enterprise Reform from the 1960s to the 1980s". Policy Research Working Paper. Washington, DC: Banco Mundial, 2007.
9. Hans Christiansen, "The Size and Composition of the SOE Sector in OECD Countries". *OECD Corporate Governance Working Papers*, n. 6, Paris. 2011.
10. William L. Megginson, *The Financial Economics of Privatization*. Nova York: Oxford University Press, 2005, pp. 105-7.
11. Nandini Gupta, "Partial Privatization and Firm Performance". *Journal of Finance*, v. 60, pp. 987-1015. 2005.
12. Varouj Aivazian et al., op. cit.
13. Tian Zhu, "China's Corporatization Drive: An Evaluation and Policy Implications". *Contemporary Economic Policy*, v. 17, n. 4, pp. 530-9. 1999.
14. Mary M. Shirley; Lixin Colin Xu, "The Empirical Effects of Performance Contracts: Evidence from China". Washington, DC: Banco Mundial, Development Research Group, 1998.
15. Xiaozu Wang et al. "State-Owned Enterprises Going Public: The Case of China". *Economics of Transition*, v. 12, n. 3, pp. 467-87. 2004.
16. Silvana Tordo et al., op. cit.
17. David R. Hults et al., *Oil and Governance: State-Owned Enterprises and the World Energy Supply*. Cambridge, Reino Unido; Nova York: Cambridge University Press, 2012.
18. Paul Stevens, "Kuwait Petroleum Corporation (KPC): An Enterprise in Gridlock". In: D. R. Hults et al. (Orgs.), op. cit., pp. 334-78.
19. Michael Ross, op. cit.
20. Aldo Musacchio et al. "Angola and the Resource Curse". Harvard Business School Case study 711-016. 2009.
21. Enrico Camillo Perotti; Bruno Biais, op. cit., pp. 240-58. 2002.
22. PIW. "*PIW* Ranks the World's Top 50 Oil Companies". *Petroleum Intelligence Weekly*, 2011.
23. Mariana Pargendler et al., op. cit.
24. Ibid.
25. Mark C. Thurber; Benedicte T. Istad, "Norway's Evolving Champion: Statoil and the Politics of State Enterprise". Program on Energy and Sustainable Development, Universidade de Stanford, Working Paper 92, 2010.
26. Mariana Pargendler et al., op. cit.
27. Bernardo Bortolotti et al. "Reluctant Regulation". *Journal of Comparative Economics*, v. 41, n. 3, pp. 804-28. 2013.

28. "Ministros e diretor da ANP vão prestar esclarecimentos no Senado", revista *Época*, 4 ago. 2011.
29. Mark C. Thurber; Benedicte T. Istad, op. cit.
30. Ibid., p. 9.
31. Ibid., p. 33.
32. Mariana Pargendler, "The Unintended Consequences of State Ownership: The Brazilian Experience". *Theoretical Inquiries in Law*, v. 13, pp. 503-23. 2012.
33. Os detalhes da transação são de conhecimento público no Brasil. Baseamos nossa análise no trabalho detalhado de Rob Dwyer ("How Petrobras Struck $70 Billion". *Euromoney*, 2011).
34. Alguns desses argumentos saíram na imprensa, mas também ouvimos outros deles de um dos mais influentes acionistas minoritários, que preferiu manter-se anônimo.
35. "Graça defende correção do preço dos combustíveis", *Agência Estado*, 27 fev. 2012.
36. Renato Rostás, "Estrangeiros criticam eleição de conselho e plano da Petrobras". *Valor Econômico*, 9 maio 2012.
37. "O longo e pedregoso caminho que Graça Foster começou a trilhar", *Valor Econômico*, 20 jul. 2012.
38. Cristiano Romero, "Crise econômica mundial mudou convicções de Dilma". *Valor Econômico*, A14, 17 ago. 2012.
39. Rodrigo Polito et al. "Medidas podem restringir os investimentos". *Valor Econômico*, 12 set. 2012.

7. O LEVIATÃ COMO ACIONISTA MINORITÁRIO [pp. 229-53]

1. Para uma nota sobre a compra pela GM de ações da Peugeot, ver Jonathan Karl, "An American Auto Bailout — For France?". Disponível em: <http://abcnews.go.com/blogs/politics/2012/03/an-american-auto-bailout-for-france/>. Acesso em: 23 jun. 2014.
2. Neste capítulo, adotamos uma abordagem muito simples para refletir sobre as participações acionárias minoritárias do governo. Buscamos testes empíricos mais complexos em: Carlos F. K. V. Inoue et al. "Leviathan as a Minority Shareholder: Firm-Level Performance Implications of Equity Purchases by the Government". *Academy of Management Journal*, v. 56, n. 6, pp. 1775-801. 2013.
3. Oliver E. Williamson, "Corporate Finance and Corporate Governance". *Journal of Finance*, 43, pp. 567-91. 1988.
4. Ishtiaq Mahmood; Carlos Rufin, "Government's Dilemma: The Role of Government in Imitation and Innovation". *Academy of Management Review*, v. 30, v. 2, pp. 338-60. 2005; Rondo E. Cameron, *France and the Economic Development of Europe*. Princeton, NJ: Princeton University Press, 1961.
5. Isaac Ehrlich et al. "Productivity Growth and Firm Ownership: An Analytical and Empirical Investigation", *Journal of Political Economy*, v. 102, n. 5, pp. 1006-38.

1994; Jonathan M. Karpoff, "Public versus Private Initiative in Arctic Exploration: The Effects of Incentives and Organizational Structure". *Journal of Political Economy*, v. 109, n. 1, pp. 38-78. 2001; Armen A. Alchian, "Some Economics of Property Rights". *Il Politico*, v. 30, pp. 816-29. 1965.

6. Katharina Pistor; Joel Turkewitz, "Coping with Hydra-State Ownership after Privatization". In: R. Frydman et al. (Orgs.). *Corporate Governance in Central Europe and Russia*. Budapeste: Central European University Press, 1996, pp. 192-246; David Stark, "Recombinant Property in East European Capitalism". *American Journal of Sociology*, v. 101, n. 4, pp. 993-1027. 1996; Gerald A. McDermott, *Embedded Politics: Industrial Networks and Institutional Change in Postcommunism*. Ann Arbor: University of Michigan Press. 2003.

7. Alberto Ades; Rafael Di Tella, "National Champions and Corruption: Some Unpleasant Interventionist Arithmetic". *Economic Journal*, v. 107, n. 443, pp. 1023-42. 1997.

8. Ainda outra possibilidade é que o governo, embora acionista minoritário, seja capaz de afetar as empresas com participação acionária minoritária. Esse problema de interferência estatal residual no modelo do Leviatã como investidor minoritário é analisado em profundidade no capítulo 8.

9. Nathaniel H. Leff, "Industrial Organization and Entrepreneurship in the Developing Countries: The Economic Groups". *Economic Development and Cultural Change*, v. 26, n. 4, pp. 661-75. 1978.

10. Tarun Khanna; Krishna Palepu, "The Future of Business Groups in Emerging Markets: Long-Run Evidence from Chile". *Academy of Management Journal*, v. 43, n. 3, pp. 268-85. 2000; Tarun Khanna; Yishay Yafeh, "Business Groups in Emerging Markets: Paragons or Parasites?". *Journal of Economic Literature*, v. 45, pp. 331-72. 2007; William P. Wan; Robert E. Hoskisson, "Home Country Environments, Corporate Diversification Strategies, and Firm Performance". *Academy of Management Journal*, v. 46, n. 1, pp. 27-45. 2003.

11. Randall Morck, *Concentrated Corporate Ownership*. A National Bureau of Economic Research Conference Report. Chicago: University of Chicago Press, 2000.

12. Randall Morck et al. "Corporate Governance, Economic Entrenchment, and Growth". *Journal of Economic Literature*, v. 43, n. 3, pp. 655-720. 2005.

13. Kee-Hong Bae et al. "Tunneling or Value Added? Evidence from Mergers by Korean Business Groups". *Journal of Finance*, v. 57, n. 6, pp. 2695-740. 2002; Marianne Bertrand et al. 2007. "Obtaining a Driver's License in India: An Experimental Approach to Studying Corruption". *Quarterly Journal of Economics*, v. 122, n. 4, pp. 1639-76. 2007.

14. Mariassunta Giannetti; Luc Laeven, "Pension Reform, Ownership Structure, and Corporate Governance: Evidence from a Natural Experiment". *The Review of Financial Studies*, v. 22, n. 10, pp. 4091-127. 2009.

15. A literatura sobre as condições institucionais que inibem ou promovem o desenvolvimento dos mercados financeiros é extremamente vasta (entre os trabalhos mais relevantes, ver: Thorsten Beck; Ross Levine, "Legal Institutions and Financial De-

velopment". In: C. Menard; M. M. Shirley (Orgs.). *Handbook of New Institutional Economics*. Amsterdam: Springer, 2005, pp. 251-80; Stephen H. Haber et al. *Political Institutions and Financial Development*. Social Science History. Stanford, CA: Stanford University Press, 2008; Rafael La Porta et al. "Law and Finance". *Journal of Political Economy*, v. 106, n. 6, pp. 1113-55. 1998; Naomi R. Lamoreaux, *Insider Lending: Banks, Personal Connections, and Economic Development in Industrial New England*. NBER Series on Long-Term Factors in Economic Development. Cambridge: Cambridge University Press, 1994; Stanley L. Engerman; Lance Edwin Davis. *Finance, Intermediaries, and Economic Development*. Cambridge: Cambridge University Press, 2003; Stephen Haber, "Politics and Banking Systems". In: S. L. Engerman; K. L. Sokoloff (Orgs.). *Economic Development in the Americas since 1500: Endowments and Institutions*. Cambridge: Cambridge University Press, 2012, pp. 31-56; Philip T. Hoffman, *Priceless Markets: The Political Economy of Credit in Paris, 1660-1870*. Chicago: University of Chicago Press, 2000.

16. Enrico Camillo Perotti; Ernst-Ludwig von Thadden, "The Political Economy of Corporate Control and Labor Rents", *Journal of Political Economy*, v. 114, n. 1, pp. 145-75. 2006; Raymond William Goldsmith, *Brasil 1850-1984: Desenvolvimento financeiro sob um século de inflação*. São Paulo: Banco Bamerindus do Brasil; Harper & Row do Brasil, 1986; Mark J. Roe; Jordan Siegel, "Legal Origin and Modern Stock Markets". *Harvard Law Review*, v. 120, pp. 460-527. 2006.

17. Stephen H. Haber et al. *Political Institutions and Financial Development*. Social Science History. Stanford, CA: Stanford University Press, 2008.

18. Rafael La Porta et al. "Law and Finance". *Journal of Political Economy*, v. 106, n. 6, pp. 1113-55. 1998.

19. Alexander Dyck; Luigi Zingales, "Private Benefits of Control: An International Comparison". *Journal of Finance*, v. 59, n. 2, pp. 537-600. 2004; T. Nenova, "Control Values and Changes in Corporate Law in Brazil". *Latin American Business Review*, v. 6, n. 3, pp. 1-37. 2005.

20. Dyck e Zingales ("Private Benefits of Control: An International Comparison". *Journal of Finance*, v. 59, n. 2, pp. 537-600. 2004) denominaram esse abuso contra os acionistas minoritários "benefícios privados do controle societário" e o quantificaram com base na diferença de preço entre as ações com e sem direito a voto na época da tomada do controle.

21. Simon Johnson et al. "Tunnelling". *American Economic Review*, v. 90, n. 2, pp. 22-7. 2000.

22. J. S. Sarkar; S. K. Bhaumik, "Does Ownership Always Matter? Evidence from the Indian Bank Industry". *Journal of Comparative Economics*, v. 26, pp. 262-81. 1998.

23. Outras contingências institucionais também podem afetar os benefícios da propriedade estatal em comparação com os da propriedade privada. Avaliando projetos de infraestrutura no setor de telecomunicações, Doh, Teegen e Mudambi (Jonathan P. Doh et al. "Balancing Private and State Ownership in Emerging Markets' Telecommunications Infrastructure: Country, Industry, and Firm Influences". *Journal*

of International Business Studies, v. 35, pp. 233-50. 2004) concluem que a propriedade privada aumenta com a extensão do desenvolvimento econômico local e da liberalização do mercado. Em tom diferente, Paul M. Vaaler e Burkhard N. Schrage ("Residual State Ownership: Policy Stability and Financial Performance following Strategic Decisions by Privatizing Telecoms". *Journal of International Business Studies*, v. 40, pp. 621-41. 2009) argumentam que a propriedade estatal minoritária pode ser benéfica ao sinalizar a disposição do Estado para apoiar proprietários privados de empresas privatizadas. Também defendem e concluem que esse efeito positivo será menor em condições de estabilidade política no país.

24. Susan Perkins; Ed Zajac, "Signal or Symbol? Interpreting Firms' Strategic Response to Institutional Change in the Brazilian Stock Market". Mimeo, MIT, 2012.
25. Jeffrey M. Wooldridge, *Econometric Analysis of Cross-Section and Panel Data*. Cambridge, MA: MIT Press, 2002.
26. Compilamos os dados acionários e financeiros dos bancos de dados Economática, Interinvest e Valor Grandes Grupos. Outras informações financeiras e a maioria dos dados sobre propriedade foram compilados de relatórios das empresas, arquivados na Comissão de Valores Mobiliários — CVM.
27. Carlos F. K. V. Inoue et al. "Leviathan as a Minority Shareholder: Firm-Level Performance Implications of Equity Purchases by the Government". *Academy of Management Journal*, v. 56, n. 6, pp. 1775-801. 2013.
28. Tarun Khanna; Krishna Palepu, op. cit.; Tarun Khanna; Yishay Yafeh, op. cit.; William P. Wan; Robert E. Hoskisson, op. cit.
29. Marianne Bertrand et al. "Ferreting Out Tunneling: An Application to Indian Business Groups". *Quarterly Journal of Economics*, v. 117, n. 1, pp. 121-48. 2002.
30. Sergio G. Lazzarini et al. "What Do Development Banks Do? Evidence from Brazil, 2002-2009", Working Paper, Insper, 2012. Disponível em: <http://www.hbs.edu/faculty/Publication%20Files/12-047.pdf>. Acesso em: 20 jun. 2014.
31. Raghuram G. Rajan; Luigi Zingales, "Financial Dependence and Growth". *American Economic Review*, v. 88, n. 3, pp. 559-86. 1996.
32. Carlos F. K. V. Inoue et al., op. cit.
33. Parthiban David et al., "Strategic Investments in Japanese Corporations: Do Foreign Portfolio Owners Foster Underinvestment or Appropriate Investment?". *Strategic Management Journal*, v. 27, pp. 591-600. 2006.
34. Assim, casos com $q=1$ indicam que o aumento de uma unidade no ativo total deve gerar aumento superior a uma unidade monetária no valor de mercado da empresa. Em outras palavras, a empresa pode criar valor de mercado expandindo seus ativos (Ibid.). Proxy do q de Tobin é o valor de mercado das ações mais o valor contábil da dívida dividido pelo valor contábil do ativo total.
35. Steven Fazzari et al. "Financing Constraints and Corporate Investment". *Brookings Papers on Economic Activity*, v. 1, pp. 141-95. 1988; Patrick Behr, "Financial Contraints of Private Firms and Bank Lending Behavior". Working Paper, Ebape (Escola Brasileira de Administração Pública e de Empresas), 2012.

36. Howard Pack; Kamal Saggi, "Is There a Case for Industrial Policy? A Critical Survey". *World Bank Research Observer*, v. 21, n. 2, pp. 267-97. 2006; Mansueto Almeida, "Desafios da real política industrial brasileira no século XXI", Texto para discussão 1452, Ipea, 2009.
37. Stephen Haber, "Introduction: The Political Economy of Crony Capitalism". In: _____. (Org.). *Crony Capitalism and Economic Growth in Latin America: Theory and Evidence*. Stanford, CA: Hoover Institution, 2002, pp. xi-xxi; David Kang, *Crony Capitalism: Corruption and Development in South Korea and the Philippines*. Cambridge: Cambridge University Press, 2002.
38. Mansueto Almeida, op. cit.
39. Entrevista à revista *Veja*, 27 jul. 2011.
40. Em nossas análises, usamos valores passados de *ROA*, *Alavancagem* e *Fixos* porque o BNDES provavelmente levará em conta o desempenho passado nas decisões sobre alocação. Ademais, considerando que o *BNDES* é variável discreta e que queremos controlar características inobserváveis específicas da empresa, que podem afetar a escolha de empresas pelo BNDES, usamos o chamado modelo Logit condicional (Gary Chamberlain, "Analysis of Covariance with Qualitative Data". *Review of Economic Studies*, v. 47, pp. 225-38. 1980), que é especificação de efeito fixo para dados discretos. Para verificar se os efeitos mudam, quando consideramos a porcentagem das participações diretas do BNDES, rodamos outras regressões MQO [mínimos quadrados ordinários], com efeitos fixos, usando nossa medida contínua, *BNDESDir*, como variável dependente. Ver Inoue et al., op. cit.
41. Obviamente surgiria um problema se houvesse um universo de empresas nas quais o BNDESPAR investisse que não estivessem em nossa amostra. Nossa amostra de investimentos em ações, contudo, abrange quase 70% do total de ações detidas pelo BNDES em 2009. Portanto, podemos assumir que os investimentos não incluídos em nossa amostra apresentaram desempenho semelhante aos dos de nossa amostra, para generalizar nossos resultados. Infelizmente, há investimentos de *private equity* em empresas de capital fechado que não incluímos em nosso banco de dados.
42. Ver "Continua financiamento da Globo iniciado em 1997", *Gazeta Mercantil*, 11 jul. 1999; "Mídia nacional acumula dívida de 10 bilhões de reais", *Folha de S.Paulo*, 15 fev. 2004.
43. Entrevista no artigo de jornal "Para BNDES, ajuda à Globo não é garantida", *O Estado de S. Paulo*, 17 mar. 2002.
44. Ver "Securitization of Eletrobras Debt Will Benefit Energy Sector", *Gazeta Mercantil Invest News*, 10 nov. 1997; "Agora, Eletrobras quer pagar à vista dívida de Furnas com geradoras", *Folha de S.Paulo*, 28 dez. 2000; "Eletrobras Wants to Measure 'True Amount of Excess Costs'", *Gazeta Mercantil Invest News*, 29 jan. 1997; e "Dez anos de Petrobras e Eletrobras", *O Estado de S. Paulo*, 16 set. 2007.
45. "Brazil's Eletrobras Transfers Shares of Light to BNDESPAR", *Bloomberg*, ago. 1999.
46. Do Relatório Anual e do Form 20-F, apresentado à U. S. Securities and Exchange Commission.

47. Eduardo E. Spers, "Aracruz Celulose S.A.: Uma estratégia financeira de emissão de ADRS". Pensa, Estudo de caso, Universidade de São Paulo, 1997.
48. "BNDES Explains Director's Position in Aracruz", *Gazeta Mercantil Invest News*, 24 abr. 1997.
49. Ian Bremmer, *The End of the Free Market: Who Wins the War between States and Corporations?*. Nova York: Portfolio/Penguin, 2010.
50. Por exemplo, Tarun Khanna et al. "Strategies That Fit Emerging Markets". *Harvard Business Review*, pp. 63-76, jun. 2005.
51. Adrian Wooldridge, "The Visible Hand". *Economist*, 21 jan. 2012.
52. Sanjeev Vaidyanathan; Aldo Musacchio, "State Capitalism in India and Its Implications for Investors". Harvard Business School, mimeografado. 2012

8. A TENTAÇÃO DO LEVIATÃ: O CASO VALE [pp. 254-70]

1. Benjamin Klein et al. "Vertical Integration, Appopriable Rents, and the Competitive Contracting Process". *Journal of Law and Economics*, v. 21, pp. 297-326. 1978.
2. Raymond Vernon, *Sovereignty at Bay: The Multinational Spread of U. S. Enterprises*. Londres: Longman, 1971.
3. Michael Ross, *The Oil Curse: How Petroleum Wealth Shapes the Development of Nations*. Princeton, NJ: Princeton University Press, 2012, p. 41.
4. Na literatura econômica organizacional, esse problema de barganha geralmente é conhecido como o problema do "*holdup*" [assalto].
5. Para descrição detalhada de como a barganha obsolescente pode desenrolar-se em serviços de utilidade pública, ver: Louis T. Wells; Rafiq Ahmed, *Making Foreign Investment Safe: Property Rights and National Sovereignty*. Oxford: Oxford University Press, 2007.
6. Michael Ross, op. cit.
7. Gail D. Triner, *Mining and the State in Brazilian Development. Perspectives in Economic and Social History*. Londres: Pickering & Chatto, 2011.
8. Minério de ferro é uma substância mineral da qual se extrai ferro metálico. É a matéria-prima para a produção de ferro-gusa, o principal insumo — junto com coque (derivado de carvão) e calcário — para a fabricação de aço. Embora o ferro possa ser vendido em *fines* (minério de ferro moído em partículas diminutas), *lumps* (torrões, caroços) ou *pellets* (pelotas, minério de ferro em esferas), as duas últimas formas são as preferidas para a produção de aço, uma vez que podem ser processadas de maneira mais eficaz pelas usinas siderúrgicas.
9. Tarun Khanna et al. "Vale: Global Expansion in the Challenging World of Mining". Harvard Business School, Case 710-054, 2010.
10. "Evolução do desempenho da Vale", Vale, DEFB/DIRI, set. 2009, p. 2.
11. Gail D. Triner, op. cit., p. 94
12. Thomas J. Trebat, *Brazil's State-Owned Enterprises: A Case Study of the State as Entrepreneur*. Cambridge: Cambridge University Press, 1983, p. 103.

13. Eliezer Batista foi CEO da Vale de 1961 a 1964 e de 1979 a 1986.
14. Thomas J. Trebat, op. cit., p. 52.
15. Rogerio Werneck, *Empresas estatais e política macroeconômica*. Rio de Janeiro: Campus, 1987.
16. Armando Castella Pinheiro; Fabio Giambiagi, "Lucratividade, dividendos e investimentos das empresas estatais: Uma contribuição para o debate sobre a privatização no Brasil". *Revista Brasileira de Economia*, v. 51, pp. 93-131. 1994.
17. Guilherme Evelin; Raquel Ulhôa, "Senado estuda restrições à venda da Vale do Rio Doce", *Folha de S.Paulo*, 29 ago. 1995. Disponível em: <http://www1.folha.uol.com.br/fsp/1995/8/29/brasil/4.html> Acesso em: 24 jun. 2014.
18. F. H. Cardoso; R. A. Setti, *A arte da política: A história que vivi*. Rio de Janeiro: Civilização Brasileira, 2006.
19. Heródoto Barbeiro, "Transcrição da entrevista de Fernando Henrique Cardoso à Rádio CBN", *Folha de S.Paulo*, 19 abr. 1997. Disponível em: <http://www1.folha.uol.com.br/fsp/brasil/fc190416.htm>. Acesso em: 24 jun. 2014.
20. "Evolução do desempenho da Vale", Vale Company Report, set. 2009.
21. Citado em: Tarun Khanna et al. "Vale: Global Expansion in the Challenging World of Mining", op. cit., p. 5.
22. Sergio G. Lazzarini, *Capitalismo de laços: Os donos do Brasil e suas conexões*. Rio de Janeiro: Campus/Elsevier, 2011.
23. Dados do Ministério de Previdência Social. Disponível em: <http://www.mpas.gov.br/conteudoDinamico.php ?id=501>. Acesso em: 24 jun. 2014.
24. Magno Mello, *A face oculta da reforma previdenciária*. Brasília: Letrativa, 2003; Sergio G. Lazzarini, op. cit.
25. Sergio G. Lazzarini, op. cit.; Tarun Khanna et al. "Vale: Global Expansion in the Challenging World of Mining", op. cit.
26. Estimado por Sergio Lazzarini et al. ("Commodities no Brasil: Maldição ou bênção?" In: E. Bacha; M. B. de Bolle. *O futuro da indústria no Brasil*. Rio de Janeiro: Civilização Brasileira, 2013, pp. 201-26), usando dados do IBGE, Pesquisa Industrial Anual.
27. Por exemplo, Luiz Carlos Bresser Pereira, "The Dutch Disease and Its Neutralization: A Ricardian Approach". *Revista de Economia Política*, v. 28, n. 1, pp. 47-71. 2008.
28. "Lula afirma que empresários 'exageraram' nas demissões", *Folha de S.Paulo*, 14 fev. 2009. Disponível em: <http://www1.folha.uol.com.br/fsp/dinheiro/fi1402200926.htm>. Acesso em: 24 jun. 2014.
29. "Eike Batista negocia fatia da Vale e critica Agnelli", *O Estado de S. Paulo*, 11 out. 2009.
30. "Agnelli deixa Vale com lucro de 11,3 bi de reais", *Folha de S.Paulo*, 6 maio 2011.

9. O LEVIATÃ COMO EMPRESTADOR: BANCOS DE DESENVOLVIMENTO E CAPITALISMO DE ESTADO [pp. 271-99]

1. Gerard Caprio et al. *The Future of State-Owned Financial Institutions*. Washington, DC: Brookings Institution Press, 2004.
2. Beatriz Armendáriz de Aghion, "Development Banking". *Journal of Development Economics*, v. 58, pp. 83-100. 1999.
3. Ibid.; Rondo E. Cameron, *France and the Economic Development of Europe*. Princeton, NJ: Princeton University Press, 1961.
4. Raghuram G. Rajan; Luigi Zingales, *Saving Capitalism from Capitalists: Unleashing the Power of Financial Markets to Create Wealth and Spread Opportunity*. Princeton, NJ: Princeton University Press, 2004.
5. Celso Furtado, *Formação econômica do Brasil*. Rio de Janeiro: Fundo de Cultura, 1959; Raúl Prebisch, *The Economic Development of Latin America and Its Principal Problems*. Nova York: Nações Unidas, 1950; Albert O. Hirschman, *The Strategy of Economic Development*. New Haven, CT: Yale Economic Press, 1958.
6. Nicholas Bruck, "The Role of Development Banks in the Twenty-First Century". *Journal of Emerging Markets*, v. 3, pp. 39-67, 1998.
7. Alice H. Amsden, *Asia's Next Giant: South Korea and Late Industrialization*. Nova York: Oxford University Press, 1989.
8. Em janeiro de 2011, o Congresso dos Estados Unidos apresentou projeto de lei referente à criação de um Banco Nacional de Desenvolvimento da Infraestrutura [National Infrastructure Development Bank]. Disponível em: <http://www.opencongress.org/bill/112-h402/show>. Acesso em: 24 jun. 2012.
9. Por exemplo: Rondo E. Cameron, op. cit.; Alice H. Amsden, *The Rise of "The Rest": Challenges to the West from Late-Industrializing Economies*. Oxford: Oxford University Press, 2001; Dani Rodrick, "Industrial Policy for the Twenty- First Century". CEPR Discussion Paper, 2004; Selmo Aronovich; Andréa G. Fernandes, "A atuação do governo no mercado de capitais: Experiências de IFDs em países desenvolvidos. *Revista do BNDES*, v. 13, n. 25, pp. 3-34. 2006.
10. Alexander Gerschenkron, *Economic Backwardness in Historical Perspective*. Cambridge, MA: Harvard University Press, 1962.
11. Nicholas Bruck, op. cit.
12. Beatriz Armendáriz de Aghion, op. cit.
13. Eduardo Levy Yeyati et al. "Should the Government Be in the Banking Business? The Role of State-Owned and Development Banks". Research Working Papers 4379, Banco Interamericano de Desenvolvimento, Departamento de Pesquisa, RES Working Papers 4379, 2004; Dani Rodrick, op. cit.; Beatriz Armendáriz de Aghion, op. cit.; Alice H. Amsden, *The Rise of "The Rest": Challenges to the West from Late--Industrializing Economies*, op. cit.

14. Rondo E. Cameron, op. cit.; Alexander Gerschenkron, op. cit.; Beatriz Armendáriz de Aghion, op. cit.
15. Nicholas Bruck, op. cit.; Eduardo Levy Yeyati et al., op. cit.; Gerard George; Ganesh N. Prabhu, "Developmental Financial Institutions as Catalysts of Entrepreneurship in Emerging Economies". *Academy of Management Review*, v. 25, n. 3, pp. 620-9. 2000.
16. Joseph A. Kane, *Development Banking: An Economic Appraisal*. Lexington, MA: Lexington Books, 1975, p. 41.
17. Dani Rodrick, *One Economics, Many Recipes: Globalization, Institutions, and Economic Growth*. Princeton, NJ: Princeton University Press, 2007.
18. Rafael La Porta, "Ownership of Banks". *Journal of Finance*, v. 57, n. 1, pp. 265-302. 2002; Alberto Ades; Rafael Di Tella, "National Champions and Corruption: Some Unpleasant Interventionist Arithmetic". *Economic Journal*, v. 107, n. 443, pp. 1023-42. 1997; Mara Faccio, "Politically Connected Firms". *American Economic Review*, v. 96, n. 1, pp. 369-86. 2006; Christa Hainz; Hendrik Hakenes, "The Politician and the Banker". Working Paper, Max Planck Institute for Research on Collective Goods, 2008.
19. Essa é a hipótese da restrição orçamentária fraca, por exemplo: Janos Kornai, "Resource-Constrained versus Demand-Constrained Systems". *Econometrica*, v. 47, n. 4, pp. 801-19. 1979.
20. Alberto Ades; Rafael Di Tella, "National Champions and Corruption: Some Unpleasant Interventionist Arithmetic". *Economic Journal*, v. 107, n. 443, pp. 1023-42. 1997.
21. Stijin Claessens et al. "Political Connections and Preferential Access to Finance: The Role of Campaign Contributions". *Journal of Financial Economics*, v. 88, pp. 554-80. 2008; I. Serdar Dinç, "Politicians and Banks: Political Influences on Government Owned Banks in Emerging Markets". *Journal of Financial Economics*, v. 77, pp. 453-79. 2005; Paola Sapienza, "The Effects of Government Ownership on Bank Lending". *Journal of Financial Economics*, v. 72, n. 2, pp. 357-84. 2004.
22. Ernani Teixeira Torres Filho, "Mecanismos de direcionamento do crédito, bancos de desenvolvimento e a experiência recente do BNDES". In: F. M. R. Ferreira; B. B. Meirelles (Orgs.). *Ensaios sobre economia financeira*. Rio de Janeiro: BNDES, 2009, pp. 11-56.
23. Ibid.
24. Nathaniel H. Leff, *Economic Policy-Making and Development in Brazil, 1947-1964*. Nova York: John Wiley & Sons, 1968; Roberto de Oliveira Campos, "A Retrospect over Brazilian Development Plans". In: H. S. Ellis (Org.). *The Economy of Brazil*. Berkeley: University of California Press, 1969, pp. 317-44.
25. Roberto de Oliveira Campos, op. cit.
26. Mário Henrique Simonsen, "Inflation and the Money and Capital Markets of Brazil". In: H. S. Ellis (Org.). *The Economy of Brazil*. Berkeley: University of California Press, 1969, pp. 133-61; Aldo Musacchio, *Experiments in Financial Democracy: Corporate*

Governance and Financial Development in Brazil, 1882-1950. Cambridge: Cambridge University Press, 2009.

27. A capitalização do mercado de ações, correspondente a 17% do PIB em 1914, situava-se perto de 9% na década de 1940. O estoque total de títulos de dívida de empresas, que chegou a 15% do PIB, em 1914, caiu para cerca de 5%, na década de 1940. Ver: Aldo Musacchio, *Experiments in Financial Democracy: Corporate Governance and Financial Development in Brazil, 1882-1950*. Cambridge: Cambridge University Press, 2009, pp. 64-220.
28. Ben Ross Schneider, *Politics within the State: Elite Bureaucrats and Industrial Policy in Authoritarian Brazil*. Pittsburgh: University of Pittsburgh Press, 1991; Edson de Oliveira Nunes, *A gramática política do Brasil: Clientelismo e insulamento burocrático*. São Paulo: Zahar, 1997.
29. Para análise detalhada da economia política do BNDES, ver também: Rogerio Feital S. Pinto, "The Political Ecology of the Brazilian National Bank for Development (BNDE)". Organization of American States. Washington DC: OAS, 1969.
30. Judith Tendler, *Electric Power in Brazil*. Cambridge, MA: Harvard University Press, 1968.
31. BNDES, *50 Anos: Histórias setoriais*. São Paulo: DBA, 2002.
32. Cláudia Regina Baddini Curralero, "A atuação do sistema BNDES como instituição financeira de fomento no período 1952-1996". Instituto de Economia, Universidade Estadual de Campinas, Campinas, 1998.
33. Sheila Najberg, "Privatização de recursos públicos: Os empréstimos do sistema BNDES ao setor privado nacional com correção monetária parcial", Departamento de Economia, PUC-RIO, Rio de Janeiro, 1989.
34. Ibid., p. 18
35. BNDES, *Informações básicas*. Rio de Janeiro: BNDES, 1987.
36. Nathaniel H. Leff, *The Brazilian Capital Goods Industry, 1929-1964*. Cambridge, MA: Harvard University Press, 1968.
37. BNDES, *Informações básicas*, op. cit.
38. O II Plano Nacional de Desenvolvimento, de 1974 (conhecido no Brasil como PNDII) determinava que o governo e o BNDE também dedicassem atenção especial ao apoio das seguintes indústrias: aço, metais não ferrosos, produtos petroquímicos, fertilizantes, papel e celulose, cimento e materiais de construção, assim como as matérias-primas para essas indústrias (Brasil. *II Plano Nacional de Desenvolvimento (1975-1979)*. Rio de Janeiro: IBGE, 1974.
39. Ravi Ramamurti, *State-Owned Enterprises in High Technology Industries: Studies in India and Brazil*. Londres: Praeger, 1987.
40. Peter Evans, *Embedded Autonomy: States and Industrial Transformation*. Princeton, NJ: Princeton University Press, 1995; Dani Rodrick, *One Economics, Many Recipes: Globalization, Institutions, and Economic Growth*, op. cit.
41. BNDES, *50 anos: Histórias*, op. cit.
42. Cláudia Regina Baddini Curralero, op. cit.

43. Sheila Najberg, op. cit., p. 34.
44. Ibid.
45. André Villela, "Taxa de investimento e desempenho do BNDES: 1985/94". *Revista do BNDES*, v. 2, n. 4, pp. 129-42. 1995.
46. BNDES, *Annual Reports, 1953-2010*. Rio de Janeiro: BNDES, 1953-2010.
47. Vinicius Neder, "Perdas com estatais e 'campeãs nacionais' derrubam lucro do BNDES", em *O Estado de S. Paulo*, 25 fev. 2013. Disponível em: <http://economia.estadao.com.br/noticias/economia-geral,perdas-com-estatais-e-campeas-nacionais-derrubam-lucro-do-bndes,145063,0.htm>. Acesso em: 24 jun. 2014.
48. Marta Prochnik, "Fontes de recursos do BNDES". *Revista do BNDES*, v. 2, n. 4, pp. 143-80. 1995.
49. Ver Lei complementar nº 26, 11 set. 1975, para mais detalhes.
50. Ver Lei nº 8019, 11 abr., e Lei nº 7998, 11 jan. 1990.
51. Dois são esses fundos de trabalhadores, o fundo de seguro-desemprego, conhecido como Fundo de Amparo do Trabalhador (FAT) e o FAT Constitucional. Este último leva 40% das contas individuais dos trabalhadores, conhecidas como PIS e Pasep. Para mais informações, ver: Marta Prochnik; Vivian Machado, "Fontes de recursos do BNDES 1995- 2007". *Revista do BNDES*, v. 14, n. 29, pp. 3-34. 2008; e o site do Ministério do Trabalho: <http://www.mte.gov.br/fat/historico.asp>. Acesso em: 26 nov. 2011.
52. Marta Prochnik, "Fontes de recursos do BNDES". *Revista do BNDES*, v. 2, n. 4, pp. 143-80. 1995; Id.; Vivian Machado, "Fontes de recursos do BNDES 1995-2007". *Revista do BNDES*, v. 14, n. 29, pp. 3-34. 2008.
53. Ibid.
54. É importante observar que, para as contas dos trabalhadores depositadas no BNDES, o banco paga a TJLP, até o máximo de 6% ao ano. Se a TJLP for maior que 6%, o pagamento da diferença de juros se acumula na conta do FAT, que, na prática, é uma dívida perpétua do BNDES para com as contas dos trabalhadores no Ministério do Trabalho. A única circunstância em que o BNDES amortizaria parte da dívida perante o FAT é se os fundos do seguro-desemprego mantidos no Ministério do Trabalho não forem suficientes para cobrir os pagamentos (por exemplo, durante uma recessão profunda). Ver Porchnik e Machado (op. cit.), principalmente a p. 15.
55. Guilherme Lamenza, "A capacidade de desembolso do BNDES durante a década de 2010". *Revista do BNDES*, v. 36, pp. 43-88. 2011.
56. Dado extraído de *Doing Business Report 2010*. Disponível em: <www.doingbusiness.org>. Acesso em: out. 2010.
57. BNDES, *Annual Reports, 1953-2010*, op. cit.
58. Calculamos o beta bruto com base nas cotações diárias das ações do Banco do Brasil e o Ibovespa numa regressão simples. Consideramos os preços das ações do Banco do Brasil disponíveis na Bloomberg.

10. O LEVIATÃ COMO EMPRESTADOR: POLÍTICA INDUSTRIAL VERSUS POLÍTICA PARTIDÁRIA [pp. 300-21]

1. Eduardo Levy Yeyati et al. "Should the Government Be in the Banking Business? The Role of State-Owned and Development Banks". Research Working Papers 4379, Banco Interamericano de Desenvolvimento, Departamento de Pesquisa, 2004; Nicholas Bruck, "The Role of Development Banks in the Twenty-First Century". *Journal of Emerging Markets*, v. 3, pp. 39-67, 1998; Beatriz Armendáriz de Aghion, "Development Banking". *Journal of Development Economics*, v. 58, pp. 83-100. 1999.
2. Alice H. Amsden, *The Rise of "The Rest": Challenges to the West from Late-Industrializing Economies*. Oxford: Oxford University Press, 2001.
3. Por exemplo: Dani Rodrik, "Getting Interventions Right: How South Korea and Taiwan Grew Rich". *Economic Policy*, v. 20, pp. 55-107. 1995; Justin Lin; Ha-Joon Chang, "Should Industrial Policy in Developing Countries Conform to Comparative Advantage or Defy It? A Debate between Justin Lin and Ha-Joon Chang". *Development Policy Review*, v. 27, n. 5, pp. 483-502. 2009; Gerard George; Ganesh N. Prabhu, "Developmental Financial Institutions as Catalysts of Entrepreneurship in Emerging Economies". *Academy of Management Review*, v. 25, n. 3, pp. 620-9. 2000.
4. Alice H. Amsden, op. cit.
5. I. Serdar Dinç, "Politicians and Banks: Political Influences on Government Owned Banks in Emerging Markets". *Journal of Financial Economics*, v. 77, pp. 453-79. 2005.
6. Stijin Claessens et al. "Political Connections and Preferential Access to Finance: The Role of Campaign Contributions". *Journal of Financial Economics*, v. 88, pp. 554-80. 2008.
7. Daniel Carvalho, "The Real Effects of Government-Owned Banks: Evidence from an Emerging Market". Working Paper, USC Marshall School of Business, 2010.
8. Stephen Haber, "Introduction: The Political Economy of Crony Capitalism". In: _____. (Org.). *Crony Capitalism and Economic Growth in Latin America: Theory and Evidence*. Stanford, CA: Hoover Institution, 2002, pp. xi-xxi; Anne O. Krueger, "Government Failures in Development". *Journal of Economic Perspectives*, v. 4, n. 3, pp. 9-23. 1990; Alberto Ades; Rafael Di Tella, "National Champions and Corruption: Some Unpleasant Interventionist Arithmetic". *Economic Journal*, v. 107, n. 443, pp. 1023-42. 1997.
9. Sergio G. Lazzarini et al. "What Do Development Banks Do? Evidence from Brazil, 2002-2009", Working Paper, Insper, 2012. Disponível em: <http://www.hbs.edu/faculty/Publication%20Files/12-047.pdf>. Acesso em: 20 jun. 2014.
10. Ibid.
11. Ibid.
12. Mansueto Almeida, "Desafios da real política industrial brasileira no século XXI", Texto para discussão 1452, Ipea, 2009. Ver também: Mario G. Schapiro, "Ativismo estatal e industrialismo defensivo: instrumentos e capacidades na política industrial brasileira". Texto para discussão, Ipea, Brasília, 2013.
13. Consuelo Dieguez, "O desenvolvimentista". *Piauí*. 2010.

14. Sergio G. Lazzarini et al., op. cit.
15. Ibid.
16. Ibid.
17. Para proteger a identidade dos executivos entrevistados, não revelamos os nomes.
18. David Samuels, "Pork Barreling Is Not Credit Claiming or Advertising: Campaign Finance and the Sources of Personal Vote in Brazil". *Journal of Politics*, v. 64, n. 3, pp. 846-63. 2002.
19. Caetano Ernesto Pereira de Araújo, "Financiamento de campanhas eleitorais". *Revista de Informação Legislativa*, v. 41, pp. 59-66. 2004.
20. Ben Ross Schneider, *Politics within the State: Elite Bureaucrats and Industrial Policy in Authoritarian Brazil*. Pittsburgh: University of Pittsburgh Press, 1991.
21. Rodrigo Bandeira-de-Mello; Rosilene Marcon, "Unpacking Firm Effects: Modeling Political Alliances in Variance Decomposition of Firm Performance in Turbulent Environments". *Brazilian Administration Review*, v. 2, n. 1, pp. 21-37. 2005.
22. Taylor Boas et al. "The Spoils of Victory: Campaign Donations and Government Contracts in Brazil". Working Paper, Universidade de Boston, 2011.
23. Sergio G. Lazzarini et al., op. cit.
24. Stijin Claessens et al., op. cit.
25. Sergio G. Lazzarini et al., op. cit.
26. Caetano Ernesto Pereira de Araújo, op. cit.
27. Stijin Claessens et al., op. cit.
28. Ibid.
29. Os resultados não são apresentados aqui, mas estão disponíveis, a pedido.
30. Ben Ross Schneider, *Politics within the State: Elite Bureaucrats and Industrial Policy in Authoritarian Brazil*, op. cit.; Peter Evans, *Embedded Autonomy: States and Industrial Transformation*. Princeton, NJ: Princeton University Press, 1995.
31. Taylor Boas et al., op. cit.; Sergio G. Lazzarini, *Capitalismo de laços: Os donos do Brasil e suas conexões*. Rio de Janeiro: Campus/Elsevier, 2011.
32. Estudos realizados por grandes agências de pesquisa do governo, com base em conjuntos de dados mais amplos (que não são revelados ao público por motivos de confidencialidade), também não descobriram efeitos consistentes de aumento da produtividade produzidos pelos empréstimos do BNDES. Por exemplo, Gianmarco I. P. Ottaviano e Filipe Lage Sousa ("The Effect of BNDES Loans on the Productivity of Brazilian Manufacturing Firms". Working Paper, 2007) constataram que, embora algumas linhas de crédito do BNDES afetem a produtividade, outras exercem efeito negativo. Em outro estudo, Filipe Lage Sousa ("Custos, BNDES e produtividade". Textos para discussão, Universidade Federal Fluminense, 2010) analisa o efeito geral nulo desses empréstimos sobre a produtividade. Danilo Coelho e João Alberto De Negri ("Impacto do financiamento do BNDES sobre a produtividade das empresas: Uma aplicação do efeito quantílico de tratamento". Working Paper, Ipea, 2010) concluíram que os empréstimos geram efeito maior em empresas mais produtivas. De Negri et al. ("The Impact of Public Credit Programs on Brazilian Firms". IDB

Working Papers, IDB-WP-293, 2011) descobrem efeito dos empréstimos sobre o emprego e as exportações, mas não sobre a produtividade.
33. Sergio G. Lazzarini et al., op. cit.

CONCLUSÕES E ENSINAMENTOS [pp. 322-40]

1. Peter Evans, *Dependent Development: The Alliance of Multinational, State, and Local Capital in Brazil*. Princeton, NJ: Princeton University Press, 1979; Fernando Henrique Cardoso; Enzo Faletto, *Dependência e desenvolvimento na América Latina: Ensaio de interpretação sociológica*. Rio de Janeiro: Civilização Brasileira, 2004.
2. Ricardo Hausmann; Dani Rodrik, "Economic Development as Self-Discovery". *Journal of Development Economics*, v. 72, pp. 603-33. 2003.
3. Alexander Dyck; Luigi Zingales, "Private Benefits of Control: An International Comparison". *Journal of Finance*, v. 59, n. 2, pp. 537-600. 2004; T. Nenova, "Control Values and Changes in Corporate Law in Brazil". *Latin American Business Review*, v. 6, n. 3, pp. 1-37. 2005.
4. J. S. Sarkar; S. K. Bhaumik, "Does Ownership Always Matter? Evidence from the Indian Bank Industry". *Journal of Comparative Economics*, v. 26, pp. 262-81. 1998.
5. Bernardo Bortolotti et al. "Privatization around the World: Evidence from Panel Data". *Journal of Public Economics*, v. 88, n. 1-2, pp. 305-32. 2004.
6. Poderia argumentar-se, alternativamente, que a atuação do governo como empreendedor pode sufocar o desenvolvimento dos mercados de capitais e das empresas privadas. Todavia, nas economias com muitas falhas de mercado e com estado de direito frágil, os investidores privados não realizarão grandes investimentos em infraestrutura. Os governos talvez precisem, primeiro, desenvolver esses setores para em seguida privatizá-los, depois de construir a infraestrutura básica. Concessões e parcerias público-privadas podem ser alternativa para esse modelo, mas se os empreendedores privados forem extremamente avessos ao risco, o Leviatã como empreendedor talvez possa ser a única opção.
7. Simeon Djankov et al. "The Law and Economics of Self-Dealing". *Journal of Financial Economics*, v. 88, n. 3, pp. 430-65. 2008.
8. Por exemplo: Jeffrey Sachs; Andrew Warner, "The Curse of Natural Resources". *European Economic Review*, v. 45, n. 4-6, pp. 827-38. 2001; Michael Ross, *The Oil Curse: How Petroleum Wealth Shapes the Development of Nations*. Princeton, NJ: Princeton University Press, 2012.
9. James O. Wilson, *Bureaucracy: What Government Agencies Do and Why They Do It*. Nova York: Basic Books, 1989.
10. Thomas J. Trebat, *Brazil's State-Owned Enterprises: A Case Study of the State as Entrepreneur*. Cambridge: Cambridge University Press, 1983.
11. A delegação da gestão a profissionais técnicos qualificados pode ser acompanhada pela adoção de salários e bônus ou prêmios baseados no cumprimento de objetivos

específicos e de promoções por mérito dentro do governo. Na China, por exemplo, contratos baseados no desempenho para gestores de SOEs são comuns (Chong-En Bai; Lixin Colin Xu, "Incentives for CEOs with Multitasks: Evidence from Chinese State-Owned Enterprises". *Journal of Comparative Economics*, v. 33, pp. 517-39. 2005; Taye Mengistae; Lixin Colin Xu. 2004. "Agency Theory and Compensation of CEOs of Chinese State Enterprises". *Journal of Labor Economics*, v. 22, pp. 615-37, 2004). Além disso, profissionais técnicos qualificados podem desenvolver competências diferenciadas nos respectivos setores ou atividades (Peter G. Klein et al., "Capabilities and Strategic Enterpreneurship in Public Organizations". *Strategic Entrepreneurship Journal*, v. 7, pp. 70-91. 2013); a autonomia, portanto, demandará mais aprendizado e especialização.

12. Bernardo Bortolotti et al. "Reluctant Regulation". *Journal of Comparative Economics*, v. 41, n. 3, pp. 804-28. 2013.
13. Ann P. Bartel; Ann Harrison, "Ownership versus Environment: Disentangling the Sources of Public-Sector Inefficiency". *Review of Economics and Statistics*, v. 87, v. 1, pp. 135-47. 2005; A. E Boardman; A. R. Vining, "Ownership and Performance in Competitive Environments: A Comparison of the Performance of Private, Mixed, and State-Owned Enterprise". *Journal of Law and Economics*, v. 32, pp. 1-33. 1989; Douglas W. Caves; Laurits R. Christensen, "The Relative Efficiency of Public and Private Firms in a Competitive Environment: The Case of Canadian Railroads". *Journal of Politica Economy*, v. 88, n. 5, pp. 958-76. 1980; S. Lioukas et al. "Managerial Autonomy of State-Owned Enterprises: Determining Factors". *Organization Science*, v. 4, n. 4, pp. 645-66. 1993; John Vickers; George Yarrow, *Privatization: An Economic Analysis*. Cambridge, MA: MIT Press, 1988.
14. Ann P. Bartel; Ann Harrison, op. cit., p. 142.
15. Peter Evans, *Embedded Autonomy: States and Industrial Transformation*. Princeton, NJ: Princeton University Press, 1995; Oliver E. Williamson, "Public and Private Bureaucracies: A Transaction Cost Economics Perspective". *Journal of Law, Economics and Organization*, v. 15, n. 1. 1999.
16. Alberto Ades; Rafael Di Tella, "National Champions and Corruption: Some Unpleasant Interventionist Arithmetic". *Economic Journal*, v. 107, n. 443, pp. 1023-42. 1997.
17. Peter Evans, op. cit.; Ben Ross Schneider, *Politics within the State: Elite Bureaucrats and Industrial Policy in Authoritarian Brazil*. Pittsburgh: University of Pittsburgh Press, 1991.
18. Bernardo Bortolotti; Enrico Perotti, "From Government to Regulatory Governance: Privatization and the Residual Role of the State". *World Bank Research Observer*, v. 22, n. 1, pp. 53-66. 2007.
19. Scott J. Wallsten, "An Econometric Analysis of Telecom Competition, Privatization, and Regulation in Africa and Latin America". *Journal of Industrial Economics*, v. 49, n. 1, pp. 1-19. 2001.
20. David Chambers et al. 2011. "The Norway Model", 2011. Disponível em: <ssrn.com/abstract=1936806>. Acesso em: 21 jun. 2014.

21. Andrea Goldstein; Pavida Pananond, "Singapore Inc. Goes Shopping Abroad: Profits and Pitfalls". *Journal of Contemporary Asia*, v. 38, n. 3, pp. 417-38. 2008.
22. OECD. "Corporate Governance of State-Owned Enterprises: A Survey of OECD Countries". Organization for Economic Co-operation and Development, Paris, 2005.
23. António Antunes, "The Effects of Credit Subsidies on Development", Working Paper, 2012; Robert J. Cull et al. "Government Connections and Financial Constraints: Evidence from a Large Representative Sample of Chinese Firms". Washington, DC: Banco Mundial, Working Paper 6352, 2013.
24. Ishtiaq Mahmood; Carlos Rufin, "Government's Dilemma: The Role of Government in Imitation and Innovation". *Academy of Management Review*, v. 30, v. 2, pp. 338-60. 2005.
25. Margaret B. W. Graham, "Entrepreneurship in the United States, 1920-2000". In: D. S. Landes; J. Mokyr; W. J. Baumol (Orgs.), *The Invention of the Enterprise: Entrepreneurship from Ancient Mesopotamia to Modern Times*. Princeton: Princeton University Press, 2010, pp. 401-42; Mariana Mazzucato, *The Entrepreneurial State*. Londres: Demos, 2011; David C. Mowery, "Firm Structure, Government Policy, and the Organization of Industrial Research: Great Britan and the United States, 1900-1950." *The Business History Review*, v. 58, n. 4, pp. 504-31. 1984.
26. Philippe Aghion et al. "Innovation and Institutional Ownership". *American Economic Review*, v. 103, n. 1, pp. 277-304. 2013.

ÍNDICE REMISSIVO

abertura de capital (lançamento de ações em bolsas de valores), 10, 12, 193-7, 323; empresas petrolíferas estatais e, 193-7; governança em empresas estatais brasileiras de capital aberto (século XXI), 131-4; *vs* corporatização de empresas petrolíferas estatais, *198-9*, 200-1

administração pública *ver* CEOS e desempenho da empresa; Leviatã como empreendedor

África, 12, 17, 37-8, 44-6, *48-9*, 53, *65*, 72; Bancos de Desenvolvimento na, 273, *274*

África do Sul, 17, *65*, 72, *204-5*

Agência, visão de, e problemas, 13, 19, 22, 89, *90*, 91-2, 324; CEOS desempenho da empresa e, 142; condições em que o capitalismo de Estado é mais eficaz e, 325, *326*, 327-30, 332-3; em empresas petrolíferas estatais, corporatizadas *vs* de capital aberto, 195-7, *198-9*, 207, 219; gestores profissionais e, 330; pressões competitivas e, 332; propriedade minoritária e, 231, 251, 323; *ver também* monitoramento

Agnelli, Roger (CEO da Vale), 261, 263-4, 268

Agricultural Bank of China (ABC), 10-1, 15

Alemanha, 17, 36, 40, 42-3, *274*, *278*; número de empresas estatais com participações minoritárias do governo em países da OCDE (2005), *63*; produção das empresas estatais sobre o PIB em economias mistas (média 1978-85), *48*

alocação dos empréstimos do BNDES e desempenho das empresas, 31, 300-2; análise transeccional de, 304-7; características de empresas com e sem empréstimos do BNDES, *305*; determinantes dos empréstimos do BNDES (2002-9, regressões de efeito fixo), *315*; distribuição de empréstimos do BNDES entre projetos públicos e privados (1952-78), *281*; efeitos dos financiamentos do BNDES sobre o desempenho e os investimentos das empresas (2002-9, regressões de efeito fixo), 309, *311*; empréstimos para empresas com bom e mau desempenho, 310, 312-3, *315*; empréstimos por setor como porcentagem dos empréstimos totais, 2002-9, *307*; financiamento de campanhas políticas e, 95, 313-4, *315*, 316, 318-9; porcentagem de empréstimos do BNDES em nosso banco de dados, por empresa, *306*; seleção de dados para, 303

América Latina, 14, *45*, 46; Companhia Siderúrgica Nacional (CSN), 257; estatização e industrialização na, 38, *45*, 46-7, *93*; Rejeição da privatização na, 14; vulnerabilidade das empresas estatais na, 56

Aracruz, fábrica de papel, 249

autonomia financeira, 30, 54; Empresas petrolíferas estatais (EPE) e, *198-9*, 206

Banco do Brasil, *125-7*, 133, 222, 224, 260, *289*, 296

Banco Interamericano de Desenvolvimento (BID), 277, *278*

bancos comerciais, 23, 294-6, 298-9

bancos de desenvolvimento, 10-1, 19, 20; compadrio (capitalismo de laços) na distribuição de créditos subsidiados por meio dos, 95; definição, 272; em todo o mundo, número de (2011), 273, *274*; esferas de ação dos, 275-6; margem líquida de juros (MLJ) dos *vs* dos bancos comerciais, 294-6, 298-9; negligência da literatura sobre os, 23, 273; visão de política industrial sobre os, 76, 275-6, 300-1, 318-9; visão de política partidária sobre os, 276, 301-2; *ver também* BNDES como investidor minoritário; BNDES, modelo de negócio

barganha obsolescente, 255

barreiras à entrada e à saída, *90*, 97, 299

Batista, Eike, homem mais rico do Brasil (2009), e suas relações com a Vale, 268

Batista, Eliezer, CEO da Vale (1961-4; 1979-86), ministro das Minas e Energia (1962-3) e ministro da Secretaria de Assuntos Estratégicos — SAE (1992), 258, 268

bem-estar social, 93, 254

BNDES como investidor minoritário, 9, 11, 31, 108, 121, 123, 229, 236-8; casos de investimentos em participações acionárias minoritárias do, 246-8, 250; desenvolvimento do mercado de capitais e restrições, 241, 243-5, 255; efeitos sobre a alavancagem (endividamento), 241; efeitos sobre desempenho e investimento, 238, *239*, 240; mudanças de governo e, 245-6; participações acionárias do BNDESPAR em amostra de companhias abertas (com ações negociadas em bolsa de valores) (1995– 2009), *123*; seleção de empresas e, 244; *ver também* participações acionárias minoritárias do governo em empresas privadas

BNDES, modelo de negócio, 108-9, 272, 277, 279, 290, *291*, 292, 294; críticas às fontes de funding, 293; custo médio ponderado de capital do BNDES *vs* taxa de referência (1995-2009), *297*; desempenho pós-privatização e, 287, *288*, 289-90; distribuição dos empréstimos do BNDE entre projetos públicos e privados (1952-78), *281*; fontes de funding e, 290, 292; fontes de fundos por tipo, como % dos fundos totais, *291*; margem líquida de juros (MJL) *vs* de bancos comerciais, 294,

296, 298-9; margem líquida de juros em grandes bancos do Brasil (média, 1996-2009), *295*; margens de intermediação, usando o custo de oportunidade do funding (1995-2009), *298*; modelo de receita do (1950s a 1974), 279-80, 282-3; modelo de receita do (período inflacionário de 1974-anos 1980), 283, 285; resultados por linha de negócios, *282, 286-8*; retornos médios — BNDES *vs* bancos brasileiros (1996-2009), *289*; *vs* outros bancos de desenvolvimento (2010), *278*

BNDESPAR, 25, 66, 109; casos de investimentos minoritários do, 246-8, 250; modelo de receita do BNDES e, 289, 292; participações acionárias do BNDESPAR numa amostra de companhias abertas (com ações em bolsas de valores) (1995-2009), 122, *123*; Vale (empresa de mineração brasileira), 261, 265

Bortolotti, Bernardo, 17, 24, 62, 82, 84

Bovespa (Bolsa de Valores de São Paulo), *125-9*, 131-4, *235*, 236

Brasil: auge das SOEs (empresas estatais [state-owned enterprises]) nos anos 1970, 109-13, 115; Comissão Mista de Desenvolvimento Brasil — Estados Unidos [Joint Brazil-United States Development Commission] (Dezembro 1949), 279; como estudo de caso do capitalismo de Estado, 23-5, 29, 31, 134, 148, 168-9; Constituição de 1988 e, 117; criação da Petrobras e do BNDES, 107-8; crise econômica de 1979-83 no, 114-7; empresas estatais brasileiras por ano de criação, *136-41*; empresas estatais e holdings estatais com participação majoritária de governos estaduais, *128-9*; empresas estatais e holdings estatais com participação majoritária do governo federal, *125-9*; ferrovias no, 104-5, *106*, 256; financiamento de campanhas políticas no, 313-4, *315*, 316, 318; governança em empresas estatais brasileiras de capital aberto (século XXI), 131-4; lei da Reforma Administrativa (Decreto-Lei 200, Brasil, 1967), 111; Lloyd Brasileiro (empresa de navegação), 104; número de empresas estatais constituídas a cada ano, por tipo de política (1857-1991), *111*; número de empresas estatais não financeiras por ano 1857-1986, *110*; programa de privatização no, 103, 112, 117-9, 121-3, 130, 132, 135, 287; resiliência do Leviatã como empreendedor e como investidor majoritário no, 121-31; Secretaria de Controle de Empresas Estatais — SEST (hoje Departamento de Coordenação e Governança das Empresas Estatais — DEST), 113, 148, 170; sob Getúlio Vargas (década de 1940 e começo da de 1950), 105, 107; empresas estatais no, 11; empresas estatais sob o governo militar (1964-85), 109, *110-1*, 113, 115-7; transição para a democracia, em 1985, 116-7

Bremmer, Ian, 12, 15, 18

BRIC (países): capitalização de mercado das empresas estatais em relação ao tamanho do mercado, *69*; desempenho de empresas privadas e estatais com mais de 10% e de 50% de participação acionária do governo, com base no retorno sobre o ativo (2007-9), *26*; distribuição do número de participações acionárias estatais em grandes empresas de capital aberto nos países BRIC, *67*; privatização e, 14

Caixa Econômica Federal, 124, *125-7*, 222, 260

campeões nacionais, 9, 11, 26, 28, 93, 323, 336; bancos de desenvolvimento e, 270, 276; como fontes de risco, 336
capitalismo de Estado: "planos contratuais", 52-4; apreensão com, 12; capitalização de mercado das empresas estatais em relação ao tamanho do mercado local, *69*; choques econômicos de fins da década de 1970 e dos anos 1980, 54-6; condições que aumentam a eficácia de cada modelo de, 324, *326*, 327-30, 332-3; crise financeira global de 2008 e, 15; definição, 10; distribuição do número de participações acionárias estatais em companhias abertas, *67*; estatizações e industrialização (1860-1935), 39, 41-5, 47; evolução de novas variedades de, 16, 18, 29, 35; evolução de novas variedades de, 62-70; fontes para estudar os padrões de, 71-3; hipóteses testáveis de novas variedades de, 29, 74, 98; inovação e, 339; modelo tradicional de, 10; nos mercados emergentes, 71-3; opiniões sobre o surgimento dos, 74-5; privatizações e, 59-68; propriedade estatal de ferrovias no mundo (1860-1935), *37*; resiliência nos países em desenvolvimento, 64, *65*; visão geral histórica do (século XIX a 1930), 36, 38; *ver também* Leviatã como empreendedor; Leviatã como investidor majoritário; Leviatã como investidor minoritário
Cardoso, Fernando Henrique (presidente do Brasil, 1994-2002), 121, 260, 287
Centrais Elétricas de Santa Catarina, *128-9*, 134, *136-41*
CEOs e desempenho da empresa, 29, 142-4, 146; decomposição da variância e efeitos do CEO, 146, 148, *149-51*, 152; distribuição da formação dos CEOs de empresas estatais no Brasil (1973-93), *159*; efeitos do CEO nas empresas estatais (1973-94), 149, *150*; formação técnica, militar e educacional e, 156-8, 160-1, 163; incentivos a assumir poucos riscos e restrições orçamentárias fracas, 144; intervenção política e, 144; mandato do CEO e, *150-2*; mudança de empresa e, 152-3, *154*, 156; regressões da formação dos CEOs e desempenho da estatal (1973-93), *161*, 162-3; restrições aos, nas empresas estatais *vs* empresas privadas, 143; seleção de gestores oriundos de universidades de elite, influência sobre a eficácia das, 164, *326*; turnover do CEO pelo regime político, 153, *154*, 155, 181, *182*; *ver também* choques econômicos de fins da década de 1970 e dos anos 1980
Chile, 46, *48*, 56; evolução dos mercados de capitais no (em comparação com os do Brasil e dos Estados Unidos, 1995-2009), *235*
China: Agricultural Bank of China, 10-1, 15; bancos de desenvolvimento e, *278*; CNOOC, Sinopec, e Petro China (empresas petrolíferas estatais) e, 203, *204*, *205*, *211*; compadrio (capitalismo de laços) na, 94; corporatização e, 54, 201; desempenho de empresas privadas e estatais com mais de 10% e 50% de propriedade do governo na (2007-9), *26*; empresas estatais na, 12, 17, *65*, 66-8, *69*, 70-1; minério de ferro da Vale (empresa brasileira de mineração) e, 262-3, 268; privatização na, 15, 60, *61*; *ver também* BRIC (países)
choques do petróleo, 16, 45, 54, 56; *ver também* choques econômicos de fins da década de 1970 e dos anos 1980

ÍNDICE REMISSIVO

choques econômicos de fins da década de 1970 e dos anos 1980, 16, 25, 30, 113-4, 116-7, 135, 322; análise de diferenças-em-diferenças e resultados, 178-80, 187, *188*; comportamento das empresas estatais *vs* empresas privadas e, 169-70, 172; controles pelo tamanho da empresa, valor dos ativos e número de empregados, 175; crescimento do PIB e prejuízos de empresas privadas e estatais no Brasil (1973-93), *172*; efeito da mudança do regime político sobre o turnover do CEO e sobre as demissões coletivas, 172-3, 175, *177*, 180, *181*, *183-4*, 185-6, *187*, 188; estatísticas descritivas comparativas de turnover do CEO e de demissões coletivas, *181*; estimativa em painel (efeito fixo) e, 175, 178; queda do Leviatã como empreendedor e, 54-6; regressões de amostra dividida, comparando turnover e demissões coletivas entre empresas estatais e empresas privadas, 185-6, *187*, 188; variáveis dos choques econômicos e políticos, 173; visão política e social do turnover do CEO e demissões coletivas, 98, 188-9, 191; *ver também* CEOs e desempenho da empresa

Cia Energética de Minas Gerais (Cemig), 128-9, 134, *136-41*

Cia Energética de São Paulo, *128-9*, 134, *136-41*

Cia Paranaense de Energia, *128-9*, 134, *136-41*

Cia. de Saneamento Básico do Estado de São Paulo (Sabesp), *128-9*, 134, *136-41*

Cia. de Saneamento de Minas Gerais, *128-9*, 134, *136-41*

ciclos eleitorais, 81

CNOOC (empresa petrolífera nacional) (China), 203, *204-5*, 206, *211*

Collor de Mello, Fernando (presidente do Brasil), 118, 120, *177*, 287

Comissão Mista de Desenvolvimento Brasil-Estados Unidos [Joint Brazil--United States Development Commission] (dez 1949), 279

compadrio (capitalismo de laços), 81, 89, *90*, 94, 96-7

Companhia Siderúrgica Nacional (CSN), 107, 120, *136-41*, 257, 260, *306*

Companhia Vale do Rio Doce (CVRD) *ver* Vale (empresa de mineração brasileira)

corporatização, 54, 193; definição, 195; *vs* abertura de capital de empresas petrolíferas estatais, 197, *198-9*, 200-1

Coutinho, Luciano, presidente do BNDES (2007-), 245, 307

crise de liquidez *ver* choques econômicos de fins da década de 1970 e dos anos 1980

crise financeira global (2008), 15; *ver também* choques econômicos de fins da década de 1970 e dos anos 1980

custos de descoberta , 76

de Aghion, Armendáriz, 272, 275

Defense Advanced Research Projects Agency (DARPA) (EUA), 77

demissões coletivas *ver* emprego e empregados

desenvolvimento do mercado de capitais local, 325, *326*, 327, 329

doações para campanhas, 81, 95, 313, 316, 318

duplo resultado (double bottom line), 21-2, 78, 88, *111*, 144, 148, 169, 334; empresas petrolíferas estatais e, 196, *198-9*, 200, 208

economias mistas, *48*, 50, 82, 84, *85-8*, 324

economias socialistas, 47, *50*, 56, 64, 83-6, 324; produção das empresas estatais

sobre o PIB em 1980 *vs* número de estatais federais por milhão de pessoas (*c.* 2010), 85-6
Eletrobras (empresa de eletricidade brasileira), 121, 124, 130, 133, *136-41*, 224, 248-9
Embraer (fabricante de aeronaves brasileira), 120, *136-41*, 270
empreendedorismo, governos e *ver* Leviatã como empreendedor
emprego e empregados, 47, 81, 96, 212; demissões na Vale, 267; efeitos de mudanças políticas e de choques econômicos sobre, no Brasil, 172-4, *177*, 179-80, *183-4*, 185, *187*
empresas de participação (holdings): BNDES como, 108, 112, 120-1, 123-4, *128-9*, 246-8, 250, 280; holdings estatais, *18*, *125-9*; Valepar como (da Vale), 259-60
empresas estatais (SOEs): apreensões dos empreendedores e dos formuladores de políticas em relação às, 12; capitalização de mercado das, em relação ao tamanho do mercado (2009), *69*; crise financeira global de 2008 e, 15-6; desempenho das empresas privadas *vs* o das, nos países BRIC, *26*; distribuição do número de participações acionárias do governo em companhias abertas, *67*; eficiências e ineficiências das, 13, *18*, 20, *21-2*, 23, 25; empresas estatais brasileiras por ano de criação, *136-41*; estatização e industrialização e, 39, 41-4, 47; evolução de novas variedades de, 15-7, *18*, 29, 35, 62-70; governança em empresas estatais brasileiras de capital aberto (século XXI), 131-4; heterogeneidade dos modelos de propriedade e, 27; influência da legislação antitruste sobre a eficácia das, *326*, 331; influência das externalidades que exigem coordenação econômica sobre a eficácia das, 325-7; influência do desenvolvimento do mercado de capitais local sobre a eficácia das, 325, *326*, 327-9; necessidade de monitoramento do ambiente político pelos investidores nas, 334, 336; nos países da OCDE, 17; número de, com participações acionárias do governo, nos países da OCDE (2005), *63*; política, ideologia e história como fatores na determinação da quantidade de, em diferentes países, 325; privatização e, 59-68; produção média das, sobre PIB, na década de 1980, 47, *48-50*; produção sobre PIB em ex-economias socialistas e mistas (*c.* 2010), *85*; produção sobre PIB nos anos 1980 *vs* empresas estatais federais por milhão de pessoas (*c.* 2010), *86*; produção sobre PIB *vs* número de empresas com o governo como acionista minoritário por milhão de pessoas (*c.* 2010), *87*; programas de reforma antes da década de 1990 e, 50-1, 53; propriedade de ferrovias no mundo (1860-1935), 36, *37*; seleção de gestores oriundos de universidades de elite, influência sobre a eficácia das, *326*, 329-30; tamanho das, 12; *ver também* CEOs e desempenho da empresa; bancos de desenvolvimento; choques econômicos de fins da década de 1970 e dos anos 1980; Leviatã como empreendedor; Leviatã como investidor majoritário; Leviatã como investidor minoritário; empresas petrolíferas estatais (EPE)
empresas petrolíferas estatais (EPEs), 30; aberturas de capital e, 194; característica da governança das, 202, *204-5*, 206-9, 331; conselho de administração das, *198-9*, 203; corporatização

vs abertura de capital, *198-9*, 200-1; governança e desempenho da empresa, 210-2; governança e produtividade do trabalho nas, *211*; governança e retorno sobre o ativo nas, *211*; índice de governança corporativa (independência das EPES), *198-9*, 206-7, 209; problemas de agência e, 194-5, 197, *198-9*, 207, 219; propriedade das, *198-9*, 202; razões para estudar, 195-7; regulação das, 218-9, 331; transformação do Leviatã como empreendedor em investidor majoritário e, 193, 195-200, 202; transparência financeira e monitoramento das, *198-9*, 206; *ver também* choques do petróleo; Pemex (empresa petrolífera mexicana); Petrobras (empresa petrolífera brasileira)

empréstimos do governo *ver* BNDES, modelo de negócio; alocações de empréstimos do BNDES e desempenho das empresas

empréstimos e concessões de empréstimos, 23; má alocação de, 338; *ver também* modelo de negócios do BNDES; alocação dos empréstimos do BNDES e desempenho das empresas

Espanha, 39, 41-2, *48*, 59, *63*, 64

Estados Unidos, 15, 44, *48*, 54, 56, 229; bancos de desenvolvimento nos, 273; Comissão Mista de Desenvolvimento Brasil-Estados Unidos [Joint Brazil-United States Development Commission] (dez 1949), 279; efeito do CEO sobre o desempenho das empresas nos, 150, 157; evolução dos mercados de capitais nos (em comparação com Brasil e Chile, 1995-2009), *235*; Foreign Corrupt Practices Act, 336

estatização e industrialização: na Europa, 39, 41-4; nos países em desenvolvimento, 38, 44, *45*, 47

estruturas acionárias piramidais, 66, 122, 248; na Vale (empresa de mineração brasileira), 264, *265*; recomendações para evitar, 252, 328

Faccio, Mara, 17, 24, 62, 82

facilidade de entrada e saída, 89, *90*

falhas de mercado, 75, 77-8, 93, 272, 294, 299, 319; novos modelos de capitalismo de Estado voltados para, 334

Farquhar, Percival, 105, 256

Ferreira, Murilo, selecionado como CEO da Vale, 269

ferrovias: no Brasil, 104-5, *106*; propriedade estatal de ferrovias em todo o mundo (1860-1935), 36, *37*

Figueiredo, João (presidente do Brasil), 120, 173, *177*

Finame, 281, 283

financiamento de campanha política, 95, 313-4, *315*

Fishlow, Albert, 118

flexibilidade de alocações (facilidade de entrada e saída), 96-7

Foreign Corrupt Practices Act (EUA), 336

Foster, Graça (Maria das Graças), CEO da Petrobras, *216*; e controle de preços da gasolina, 221; e refino de petróleo, 221

França, 39, 40, 42-3, 46, 53, 57, 59, 62, 64; Empresas petrolíferas estatais, 202, *204-5*; plano contratual na reforma das empresas estatais, 51-3; Produção das empresas estatais sobre o PIB em economias mistas (média 1978-85), *48*

freios e contrapesos, 15, *22*, 27, 29-30, 98, 130, 324, *326*, 331; eliminação dos, pelo presidente Vargas, 106; Leviatã como investidor majoritário em ações e, 333; pelas agências reguladoras autônomas sobre as empresas petrolíferas estatais, 219, 331; sobre os CEOs e acionistas pelos arranjos de

governança nas empresas petrolíferas estatais e, *198-9*, 200, 207, 210
Fundo Monetário Internacional (FMI), 57, 114-5, 208, 322
fundos de pensão, 11, 31, 62, 68, 122-3, 209, 214, *216*, 218, 222, 233, 337; Vale e, 255, 257, 260, 266, 270
fundos soberanos, 19, 80, 323, 337; tensões diplomáticas e, 338

Geisel, Ernesto, CEO da Petrobras (1969-73) e presidente do Brasil (1974-9), 109, *110-1*, *177*
General Motors, 229
gestão e gestores, 18, 30, 51, 54, 66, 68; gestão profissional, 19, *21*, 168, 197, *198-9*; seleção de gestores oriundos de universidades de elite, influência sobre a eficácia, 164, *326*, 330; *ver também* CEOS e desempenho da empresa
gestão profissional, 18, *21*, 168, 197, *198-9*, 323
governança corporativa, 24; empresas estatais brasileiras de capital aberto (século XXI), 131-4; necessidade de esquemas de propriedade sustentável nas empresas estatais, 25, 27; *ver também* empresas petrolíferas estatais (EPES)
Guerra Mundial, primeira, 104-5
Guerra Mundial, segunda, 38-40, 43, 44, 55

hipótese de busca de renda, 75, 276, 301, 318
Hungria, 41, *50*, 83

ideologia política *ver* visão da dependência da trajetória (do capitalismo de Estado)
Índia, 19, *49*, 53-5, 64, *65*, 66-7, *69*, 71, *85*, 86-7, 201, *204-5*; *ver também* BRIC (países)

indústria de mineração, 47, 255; *ver também* minério de ferro
indústria siderúrgica, 108, 264, 280
industrialização por substituição de importações (ISI), 106
inovação, 339
Instituto Tecnológico de Aeronáutica (ITA), 158
interferência residual, 19, *21*, 92-3, 335; propriedade residual no Brasil, 104-5; Vale (empresa de mineração brasileira), 94, 254, 256, 266, 270
International Financial Reporting Standards — IFRS [Normas Internacionais de Relatórios Financeiros], 217
IPOS (Oferta Pública Inicial), 10, 12; *ver também* abertura de capital
Itália, 11, 39; Instituto Italiano para a Reconstrução Industrial (IRI), 37-9

JBS (empresa de processamento de carne), 9, 11, 15, 232, 318
Joint Brazil-United States Development Commission (Dez 1949) *ver* Brasil: Comissão Mista de Desenvolvimento Brasil — Estados Unidos

Legislação antitruste, 331
Lei da Reforma Administrativa (Decreto-Lei 200, Brasil, 1967), 111
Lei das Sociedades por ações (1976, 2001), 131, 236
Leviatã como empreendedor, 10, *18*; apogeu do (produção das empresas estatais sobre PIB, média, nos anos 1980), 47, *48-50*; ascensão resultante das estatizações e do socialismo (Segunda Guerra Mundial e pós-guerra), 38-9, 41-2; compadrio (capitalismo de laços), 94; comparação com outros modelos de capitalismo de Estado, *90*; definição, 10; eficiências e ine-

ficiências, *18*, 20, *21-2*, 23; esforços de reforma antes da década de 1990, 50-1, 53; mercados de capitais e, 327; no Brasil sob o presidente Vargas, 107-9; privatização e, 59-60, 62-6, 68; queda do, nas décadas de 1980 e 1990, 54, 55-8, 191; resiliência do, no Brasil, 121-31; *ver também* CEOs e desempenho das empresas; choques econômicos de fins da década de 1970 e dos anos 1980

Leviatã como emprestador *ver* alocação dos empréstimos do BNDES e desempenho das empresas

Leviatã como investidor majoritário, 11, 20; ajustes flexíveis e facilidade de entrada, 97; ascensão do, 193, 323; compadrio (capitalismo de laços) e, *95*; comparação com outros modelos de capitalismo de Estado, *90*; desempenho das empresas privadas *vs* o das empresas estatais (2007-9), *26*; eficiências e ineficiências, *18*, 20, *21-2*, 23, *26*; empresas e holdings estatais sob propriedade majoritária estadual, *128-9*; empresas e holdings estatais sob propriedade majoritária federal, *125-9*; patronagem e, *96*; recomendações de freios e contrapesos para, 27, 98, 333; resiliência no Brasil, 121-31; *ver também* empresas petrolíferas estatais (EPES)

Leviatã como investidor minoritário, 11, 15, 26-7, 29, 62, *63*, 64, *65*, 66, *67*, 68; ajustes flexíveis e facilidade de entrada, 97; ascensão do, 323; bancos de desenvolvimento e, 20; Brasil como estudo de caso e, 23-4, 26; compadrio (capitalismo de laços) e, *95*; comparação com outros modelos de capitalismo de Estado, *90*; eficiências e ineficiências, 19-20, *21-2*; interferência residual e, 19, 92-3, 254, 256, 266, 269-70; mercados de capitais e, 27, 328, 333; monitoramento das empresas estatais e, 230; número de, com participações acionárias minoritárias do governo nos países da OCDE (2005), *63*; patronagem, 96; problemas de agência e, 19, 27, *90*, 92; problemas sociais, coordenação econômica e, 19, 93; recomendação para evitar estruturas acionárias piramidais e, 252, 328; *ver também* BNDES como investidor minoritário; participação acionária minoritária do governo em empresas privadas

Life Insurance Corporation (LIC), 19, 20, 67

Lula da Silva, Luiz Inácio (presidente do Brasil), 222-3, 244, 246, 259, 266-8; BNDES e, 287, 289

"maldição dos recursos naturais", 330
margens líquidas de juros (MLJ), 294-6, 298
mercado de ações *ver* Bovespa (Bolsa de Valores de São Paulo)
mercado de capitais: de empresas estatais em relação ao tamanho do mercado nos países BRIC (2009), *69*; desenvolvimento do mercado de capitais local, 325, *326*, 327-8, 330; evolução nos Estados Unidos *vs* Brasil, *235*
México, 16-7, 46, *48*, *65*, 72, 114-5; planos contratuais no, 53-4; privatização no, 56; *ver também* economias mistas
minério de ferro, 40, 76, 256-7, 259-61, 263, 267; China e, 263, 268
monitoramento, 13, *22*, 25, 89, 234, 322, 327-9, 331; Banco Mundial e, 91; de empresas estatais no Brasil, 111, 130, 133-4; de empresas petrolíferas estatais, 194, *198-9*, 200-1, 206, 224; do

ambiente político pelos investidores, 335-6; International Financial Reporting Standards — IFRS [Normas Internacionais de Relatórios Financeiros] e, 217; Leviatã como acionista minoritário e, 230; mudanças no, como processo de tentativa e erro, 35, 54, 57

Nellis, John, 50
NET (grupo Globo, Brasil), 246-7
Netto, Delfim, ministro da fazenda(1969-74), da agricultura (1979), e do planejamento (1979-85), 115, 189
Normas Internacionais de Relatórios Financeiros *ver* International Financial Reporting Standards — IFRS
Noruega, 43, 338; *ver também* Statoil (empresa petrolífera norueguesa)

países da OCDE: empresas estatais nos, 17; número de empresas estatais com participações minoritárias do governo em (2005), 63
países e regiões em desenvolvimento: média da produção das empresas estatais sobre PIB em 1980, 47, *48-50*; modelo do Leviatã como investidor minoritário em, 11; número de estatizações (expropriações) 1960-92, *44-5*; resiliência do capitalismo de Estado, 64, *65*; sistema de planos contratuais para empresas estatais nas reformas dos anos 1980, 53; *ver também* BRIC (países), países e regiões específicas
participação acionária minoritária do governo em empresas privadas: desempenho da empresa e, 230, 232, 251; desenvolvimento do mercado de capitais e restrições de capital, *235*, 236, 241, 243-5, 251, 254; empresas pertencentes a grupos de negócios e, 233; necessidade de pesquisas futuras sobre, 338; número de empresas com participação acionária minoritária do governo e índice de capitalização do mercado de capitais sobre PIB em 28 países, *245*; número de empresas com participação acionária minoritária do governo e índice de crédito privado sobre PIB em 28 países, 243, *244*; viés de seleção, 243-6; visão da dependência da trajetória, 231; *ver também* BNDES como investidor minoritário
patronagem, 89, *90*, 96, 130, 144
Pemex (empresa petrolífera mexicana), 30, 212, *213*, 214-5, *216*, 217-8; governança na, 212, *213*, 214-5; governança, retorno sobre ativos e produtividade do trabalho, *211*; regulação da, 218; relatórios financeiros e transparência, 217; seleção de CEOs, incentivos e relatórios na, 215, *216*, 217
Petro China (empresa petrolífera nacional), 203, *204-5*, 206, *211*
Petrobras (empresa petrolífera brasileira), 30, 132-3, 193-4, 219-23; criação da, 107; governança na, *211*, 212, *213*, 214-5; regulação da, 218-9; relatórios financeiros e transparência, 217; seleção de CEOs, incentivos e relatórios na, 215, *216*, 217
Plano Nacional de Desenvolvimento de 1974, 283
Portugal, 43, *48*
privatização, 14, 29, 35, 56-60, 62-8, 70; ascensão do Leviatã como investidor majoritário e, 323; ascensão do Leviatã como investidor minoritário e, 323; choque dos anos 1980 e, 169, 191; da Vale (empresa brasileira de mineração), 259-62, 264-5; desempenho das empresas e, *90*, 92, 98; na Europa Oriental, 83; no Brasil, 103, 112, 117-9, 121-3, 130, 132, 135, 287;

número de operações de privatização por ano (1988-2008), *60*; receitas de privatização no mundo (1977-2008), *61*; reforma das empresas estatais *vs*, 334; *ver também* corporatização
probidade, 79
produtividade total dos fatores (PTF), 44
propriedade, *198-9*, 202; *ver também* Leviatã como empreendedor
propriedade minoritária *ver* participação acionária minoritária do governo em empresas privadas

quase rendas, 255, 264, 269, 330, 335

regulação de empresas petrolíferas estatais, 218
Reino Unido, 39-40, 42-4, 59; privatização no, 59
restrições orçamentárias fracas, 81, 93, 301, 310, 313
Rousseff, Dilma (presidente do Brasil), 131; apoio a Murilo Ferreira como CEO da Vale, 269; e o preço da gasolina, 221; influência no conselho de administração da Petrobras, 222; intervenção para reduzir taxas de juros e preços da eletricidade, 224; ligações com Maria das Graças Foster, *216*
Rússia: Gazpron na, 67; empresas estatais na, 11; *ver também* BRIC (países)

Secretaria de Controle de Empresas Estatais — SEST (hoje Departamento de Coordenação e Governança das Empresas Estatais — DEST), 113, 148, 170
Shirley, Mary, 50, 53
Sinopec (empresa petrolífera nacional chinesa), 12, 203, *204-5*, *211*
sistemas de planos contratuais, 52-4
socialismo, 38, 47, *50*, 56, 64, 83-6, *87*, 324

Socorro de empresas, 10, 13, *21*, 144, *198-9*, 276, 301; BNDES e, 122, 309, 312, 318, 332; Instituto Italiano para a Reconstrução Industrial (IRI) e, 37-8; nos Estados Unidos, 15; nos primórdios do capitalismo de Estado, 36, 39, 42-3, 45-6; Participações acionárias minoritárias e, 229, 232; *ver também* visão de política partidária e intervenção política
Stark, David, 83-4
Statoil (empresa petrolífera norueguesa), 30, 212-8, 220-1; governança e retorno sobre o ativo, *211*, *213*; regulação da, 218; relatórios financeiros e transparência, 217; seleção de CEOs, incentivos e relatórios na, 215, *216*, 217
sul da Ásia: seleção de gestores oriundos de universidades de elite e, 330

tensão diplomática, 338
Trebat, Thomas J, 76, 110-1, 257, 330

União Soviética, 38, 43, *50*
Universidade de São Paulo (USP), 158

Vale (empresa brasileira de mineração), 31, 47, 94, 135, 252; dividendos da, 119; estrutura acionária da, em outubro de 2009, *265*; exportações de minério de ferro para a China e, 262, 264, 268; fundos de pensão e, 255, 257, 260, 266, 270; história da Vale como estatal (1942-97), 107, 112, 115, *136-41*, 256-7, 259-61; interferência residual, 254, 256, 265, 270; ofensiva do governo contra, sob o presidente Lula, 267-8; papel dos CEOs, 156, 160; privatização, 121-4; privatização parcial da, 259-61; tentativa de tomada de controle e saída do CEO Agnelli, 268; transformação, sob controle privado, 261-4, *265*; *ver também* Batista, Eliezer

401

Valemax, navios, 268
Valepar, holding e controladora da Vale, 123; e estrutura acionária da Vale, 264-5; na luta contra Roger Agnelli, 268; papel na privatização da Vale, 260
Vargas, Getúlio (presidente do Brasil), 105, 107, 109, 132; criação da Vale e, 257; criação do BNDES e, 280
Velloso, João Paulo dos Reis, 112
Vianna, Marcos P (presidente do BNDES), 112
vieses de seleção, 28-9, 243-6
visão da dependência da trajetória (do capitalismo de Estado), 75, 83-5, *86-8*, 231, 325; número de empresas estatais constituídas a cada ano, por tipo de política (Brasil, 1857-1991), *111*
visão da política industrial: bancos de desenvolvimento e, 75, 275-6, 300-1, 318-9; capacidade do Estado de coordenar e executar objetivos sociais na economia e, 93; compadrio (capitalismo de laços) e, 96; condições que tornam o capitalismo de Estado mais eficaz e, 325, *326*, 327-30, 332-3; custos de descoberta e, 77; defesa da eficiência das empresas estatais, 13; do capitalismo de Estado, 75-6, 78, *88*; falhas de mercado e, 75, 77-8, 319; modelo do Leviatã como investidor minoritário em ações e, 98; número de empresas estatais constituídas a cada ano, por tipo de política (Brasil, 1857-1991), 109, *111*; participação acionária minoritária e, 230, 250
visão de política partidária e intervenção política, 13, 75, 80-1, 83, *88*, 244, 254; capacidade do Estado de coordenar e executar objetivos sociais na economia e, 93; CEOs e desempenho da empresa, 142-4; compadrio (capitalismo de laços) e BNDES, 95; condições que aumentam a eficácia de cada modelo de capitalismo de Estado, 325, *326*, 327-30, 332-3; de bancos de desenvolvimento, 276, 301-2; em empresas petrolíferas estatais corporatizadas *vs* de capital aberto, *198-9*; em empresas petrolíferas estatais, de capital aberto e de capital fechado, 195, 209; Leviatã como investidor majoritário e, 20, 98; Leviatã como investidor minoritário e, 98; na Eletrobras (empresa de eletricidade brasileira), 224; na Petrobras (empresa petrolífera nacional), 219-23; número de empresas estatais constituídas a cada ano, por tipo de política (Brasil, 1857-1991), 111; participações acionárias minoritárias e, 231, 244, 254; turnover de CEOs e demissões coletivas durante choques econômicos, 98, 169, 188-9, 191; Vale (empresa de mineração brasileira) e, 94, 255, 266, 270; *ver também* freios e contrapesos
visão social, 13, 20, 75, 78-80, *88*; condições em que o capitalismo de Estado é mais eficaz, 325, *326*, 327-30, 332-3; em empresas petrolíferas estatais, corporatizadas *vs* de capital aberto, *198-9*; intervenções governamentais como duplo resultado e, 144; Leviatã como investidor majoritário e, 98; número de empresas estatais constituídas a cada ano, por tipo de política (Brasil, 1857-1991), 109, *111*; turnover de CEOs e demissões coletivas durante choques econômicos, 98, 189-90

Williamson, Oliver E, 79, 230

TIPOLOGIA Miller e Akzidenz
DIAGRAMAÇÃO Osmane Garcia Filho
PAPEL Pólen Soft
IMPRESSÃO Geográfica, janeiro de 2015

A marca FSC® é a garantia de que a madeira utilizada na fabricação do papel deste livro provém de florestas que foram gerenciadas de maneira ambientalmente correta, socialmente justa e economicamente viável, além de outras fontes de origem controlada.